29th Conference on Computational Linguistics and Speech Processing (ROCLING 2017)

Taipei, Taiwan
27 – 28 November 2017

ISBN: 978-1-5108-5549-6

Proceedings of the Twenty-Ninth Conference

on Computational Linguistics and Speech

Processing ROCLING XXIX (2017)

November 27-28, 2017

Nangang Exhibition Center, Taipei, Taiwan

Sponsored by:
Association for Computational Linguistics and Chinese Language
Processing

Co- Sponsored by:
Academic Sponsor
Institute of Information Science, Academia Sinica
Research Center for Information Technology Innovation, Academia Sinica

Industry Sponsors
Delta Electronics, Inc.
Cyberon Corporation
Chunghwa Telecom Laboratories
eLand Cloud Services
TenMax AD Tech Lab
hTC Corporation

Government Sponsor
Ministry of Science and Technology

Lun-Wei Ku, Yu Tsao, Chi-Chun Lee, Cheng-Zen Yang, Hung-Yi Lee, Richard T.-H. Tsai, Wen-Hsiang Lu, Shih-Hung Wu (eds.)

Proceedings of the Twenty- ninth Conference on Computational Linguistics and Speech Proceeding (ROCLING XXIX)
2017-11-27/2017-11-28
ACLCLP

2017-11

Welcome Message of the ROCLING 2017

On behalf of the organization committee and program committee, it is our pleasure to welcome you to Nangang Exhibition Center, Taipei, Taiwan, for the 29th Conference on Computational Linguistics and Speech Processing (ROCLING), the flagship conference on computational linguistics, natural language processing, and speech processing in Taiwan. ROCLING is the annual conference of the Computational Linguistics and Chinese Language Processing (ACLCLP) which is held in autumn in different cities and universities in Taiwan. This year, we received 38 valid submissions, each of which was reviewed by at least three experts on the basis of originality, significance, technical soundness, and relevance to the conference. In total, we have 19 oral papers and 13 poster papers, which cover the areas including spoken language processing and speech recognition, text-to-speech, natural language processing, speech emotion recognition, information extraction, and question answering. We are grateful to the contribution of the reviewers for their extraordinary efforts and valuable comments.

ROCLING 2017 also features two distinguished lectures from the renowned speakers in speech processing as well as natural language processing. Prof. Chin-Hui Lee (Professor at the School of Electrical and Computer Engineering, Georgia Institute of Technology) will lecture on "Speech Processing Research: Past, Present and Future", and Prof. Ting Liu (A vice dean and full professor of the School of Computer Science, Harbin Institute of Technology, P. R. China) will speak on "Data, knowledge, and Algorithm in NLP".

Finally, we thank the generous government, academic and industry sponsors and appreciate your enthusiastic participation and support. Best wishes a successful and fruitful ROCLING 2017 in Taipei.

General Chairs
Lun-Wei Ku and Yu Tsao

Program Committee Chairs
Chi-Chun (Jeremy) Lee and Cheng-Zen Yang

Organizing Committee

Honorary Chairs

Yuen-Hsien Tseng, National Taiwan Normal University

Conference Co-Chairs

Lun-Wei Ku, Academia Sinica

Yu Tsao, Academia Sinica

Program Chairs

Chi-Chun (Jeremy) Lee, National Tsinghua University

Cheng-Zen Yang, Yuan Ze University

Local Arrangement & Web Chair

Hung-Yi Lee, National Taiwan University

Richard T.-H. Tsai, National Central University

Publicity

Wen-Hsiang Lu, National Cheng Kung University

Publication Chair

Shih-Hung Wu, Chaoyang University of Technology

Keynote 1 –

Speech Processing Research: Past, Present and Future

Prof. Chin-Hui Lee
School of Electrical and Computer Engineering, Georgia
Institute of Technology
Monday, November 27, 2017 9:40-10:40
Location: Room 616
Biography
Dr. Lee received the B.S. degree in Electrical Engineering from
National Taiwan University, Taipei, in 1973, the M.S. degree in
Engineering and Applied Science from Yale University, New
Haven, in 1977, and the Ph.D. degree in Electrical Engineering with a minor in Statistics
from University of Washington, Seattle, in 1981.

Dr. Lee started his professional career at Verbex Corporation, Bedford, MA, and was involved in research on connected word recognition. In 1984, he became affiliated with Digital Sound Corporation, Santa Barbara, where he engaged in research and product development in speech coding, speech synthesis, speech recognition and signal processing for the development of the DSC-2000 Voice Server. Between 1986 and 2001, he was with Bell Laboratories, Murray Hill, New Jersey, where he became a Distinguished Member of Technical Staff and Director of the Dialogue Systems Research Department. His research interests include multimedia communication, multimedia signal and information processing, speech and speaker recognition, speech and language modeling, spoken dialogue processing, adaptive and discriminative learning, biometric authentication, and information retrieval. From August 2001 to August 2002 he was a visiting professor at School of Computing, The National University of Singapore. In September 2002, he joined the Faculty Georgia Institute of Technology.

Prof. Lee has participated actively in professional societies. He is a member of the IEEE Signal Processing Society (SPS), Communication Society, and the International Speech Communication Association (ISCA). In 1991-1995, he was an associate editor for the IEEE Transactions on Signal Processing and Transactions on Speech and Audio Processing. During the same period, he served as a member of the ARPA Spoken Language Coordination Committee. In 1995-1998 he was a member of the Speech Processing Technical Committee and later became the chairman from 1997 to 1998. In 1996, he helped promote the SPS Multimedia Signal Processing Technical Committee in which he is a founding member.

Abstract

Teaching machines to speak and listen to human languages has always been a fascination for scientists and engineers in modern history. Although such a dream is not easily realized, it is very common to visualize machines, computers and droids to do so in science fictions. Some of such wonders include HAL in 2001: A Space Odyssey, and R2-D2 and C-3PO in Star Wars. In the real world, speaking machines were first demonstrated by Homer Dudley of Bell Laboratories in 1939 World Fair in New York and the synthesized voice was radio-broadcasted to the US west coast. The technology has come a long way that we can now design machines to speak multiple languages fluently on various topics. On the other hand primitive listening machines were first developed at Bell Labs in the 1940s to recognize English digits. Nowadays we have seen many automated services and products that take human voice as inputs. The interactions between speech and production, hearing, language and acoustics were also studied a great deal around the same time, which later set the foundations for modern-day speech applications, such as speech coding and automatic recognition of speech, speaker and language. In the last thirty years of the 20th Century we witnessed a fast development of signal processing, speech modeling and digital hardware technologies which led to a global deployment of wireless speech communication and a widespread installations of speech recognition and synthesis products and services. More recently, a resurging of deep neural networks had started a new wave to speech technology advancements. Although the vision of developing machines to listen and talk had given speech researchers and engineers an amazing technology journey so far, we are also observing plenty of limitations that hinder the ubiquitous deployment of many speech applications to benefit the human society. Today we have now reached a new position that speech, language and acoustics research are being integrated into the emerging investment in artificial intelligence by internet companies and government agencies. Therefore speech processing research is expected to continue to prosper. Meanwhile, deep understanding on speech, hearing, language and acoustics will still be needed with increasing demands from challenging scenarios, such as machine acquisition of spoken languages, accent roles in language learning and communication, machine-aided human-human and human-machine communication, emotion and speech, speech and hearing impairs, speech disfluencies and potential neurological disorders, cocktail party effect, to name just a few.

Keynote 2 -

Data, Knowledge, and Algorithm in NLP

Prof. Ting Liu

A vice dean and full professor of the School of Computer Science, Harbin Institute of Technology, P. R. China

Tuesday, November 28, 2017 9:00-10:00
Location: Room 616

Biography

Liu Ting, Professor of Harbin Institute of Technology, director of Research Center of Social Computing and Information Retrieval. He served as area chair of the international conference ACL and EMNLP. His main research interests include Natural Language Processing and Social Computing. He developed Chinese Language Technology Platform (LTP) and Chinese language knowledge graph (Big Cilin) which has been widely used in Chinese NLP area.

Abstract

Derived by deep learning and big data, Natural Language Processing ushered in a golden age. Especially in the application field of full data, such as education, finance, justice, medical treatment and so on, Natural Language Processing constantly made important progress in the stage, and show unlimited broad prospects. This report examines the logic of Natural Language Processing's technological evolution, the current most important advances, and the challenges facing future applications from the three dimensions of data, knowledge, and algorithms.

Proceedings of the Twenty- Ninth Conference on Computational Linguistics and Speech Processing ROCLING XXIX (2017)

TABLE OF CONTENTS

The 2017 Conference on Computational Linguistics and Speech Processing
ROCLING 2017, pp. 1-4
© The Association for Computational Linguistics and Chinese Language Processing

以知識表徵方法建構台語聲調群剖析器

A Knowledge Representation Method to Implement
A Taiwanese Tone Group Parser

張佑竹　Yu-Chu Chang
國立中正大學語言學研究所
Institute of Linguistics
National Chung Cheng University
poirotdavid@yahoo.com.tw

摘要

聲調群剖析器是台閩語語音輸出系統的主要元件之一。本文提出聲調管轄假說，主張先將句內語詞定調，亦能決定台閩語聲調群分界的觀點，並以聲調群剖析器實作加以驗證。除了敘述如何應用預設調型、預設詞類和模式三種標記符號，將語言知識和經驗轉換為知識庫，並說明經由推論引擎與知識庫的連結，完成語詞定調的運作過程。目前內部測試平均變調正確率為 98.5%。外部測試平均變調正確率為 94%。本研究的實驗數據也顯示一個重要的線索：符號系統標記比規則推論對變調正確性有相對較高的貢獻率。

Abstract

A tone group parser could be one of the most important components of the Taiwanese text-to-speech system. In this paper, we offered the hypothesis of tonal government to emphasis the idea that if the allotone selection can be made for each word in a sentence then the tone groups will be separated within the sentence and supported our viewpoint with the implementation of a Taiwanese tone group parser. In addition to the description of using the symbol system to convert language expertise and heuristic knowledge into a knowledge base to cope with a frame-based corpus and a tone sandhi processor, the procedure of connecting the inference engine and the knowledge base to make allotone selection was also discussed. In the current version of the tone group parser, the average accuracy of inside test is 98.5%. The average accuracy of outside test is 94%. The experiment data of the study also reveals an important clue: the marking of the symbol system makes a higher contribution rate to the tone sandhi accuracy than the rule inference.

關鍵詞：台灣話，變調，聲調群剖析器，知識表徵，模擬

Keywords: Taiwanese, Tone Sandhi, Tone Group Parser, Knowledge Representation, Simulation

致謝

本論文之研究承蒙中正大學語言學研究所麥傑教授提供諸多建議，謹此致謝。

參考文獻

[1] K. Liim, "Medical Education and Research in Taiwanese Language Since 1990," presented at the *Symposium on Medical Taiwanese*, Kaohsiung, Taiwan, 2004, pp. 10-14.

[2] 田村志津枝，*初めて台湾語をパソコンに喋らせた男*，東京：現代書館，2010。

[3] B. Chiu, "The Phonetic Structure and Tone Behavior in Hagu (commonly known as the Amoy Dialect) and their Relation to Certain Questions in Chinese Linguistics," *T'oung Pao*, vol. 28, pp. 245-342, 1931.

[4] 王育德，台灣語の聲調，頁 3-11，*中國語學研究會中國語學 41 號*，1955。

[5] Y. C. Chang, "An introduction to Taiwanese Speech Notepad," Internet:

https://archive.org/details/TaiwaneseSpeechNotepadenglishVersion [Oct. 21, 2009].

[6] E. Selkirk, *Phonology and syntax: the relationship between sound and structure*, Cambridge. Mass: MIT Press, 1986.

[7] J. Tsay, "Bootstrapping into Taiwanese Tone Sandhi," in *Chinese Languages and Linguistics V: Interactions in Language.* vol. 5, ed. Taipei: Academia Sinica, 1999, pp. 311-333.

[8] N. Geschwind. Ed., "Specializations of the human brain," *Scientific American: Language, Writing, and the Computer.* New York: W. H. Freeman and Company, 1985.

[9] P. D. Eimas. Ed., "The perception of speech in early infancy," *Scientific American: Language, Writing, and the Computer.* New York: W. H. Freeman and Company, 1985.

[10] M. Minsky, *A framework for representing knowledge*, New York: McGraw-Hill, 1975.

[11] T. Y. Chang, *A multimedia-based bilingual instructional system using an expert system shell*, M.S. thesis, University of Central Missouri, Warrensburg, MO, 1992.

[12] R. Cheng, "Tone sandhi in Taiwanese," *Linguistics*, vol. 41, pp. 19-42, 1968.

[13] M. Y. Chen, "The syntax of Xiamen tone sandhi," *Phonology Yearbook*, vol. 4, 1987, pp. 109-149.

[14] J. W. Lin, "Lexical government and tone sandhi formation in Xiamen Chinese," *Phonology*, vol. 11, pp. 237-275, 1994.

[15] J. Tsay, J. Myers and X. J. Chen, "Tone sandhi as evidence for segmentation in Taiwanese," *Child Language Research Forum*, vol. 30, pp. 211-218, 2000.

[16] H. H. Pan, "Prosodic hierarchy and nasalization in Taiwanese," in *Proceeding of the 15th ICPhS,* 2003, pp. 575-578.

[17] M. S. Liang, R. C. Yang, Y. C. Chiang, D. C. Lyu, and R. Y. Lyu, "A Taiwanese text-to-speech system with applications to language learning," in *Proceedings of the 4th IEEE International Conference on Advanced Learning Technologies*, 2004,

pp. 91-95.

[18] U. G. Iunn, K. G. Lau, H. G. Tan-Tenn, S. A. Lee, and C. Y. Kao, "Modeling Taiwanese Southern-Min Tone Sandhi Using Rule-Based Methods," *International Journal of Computational Linguistics and Chinese Language Processing*, vol. 12, no. 4, pp. 349-370, 2007.

The 2017 Conference on Computational Linguistics and Speech Processing
ROCLING 2017, pp. 5-20
© The Association for Computational Linguistics and Chinese Language Processing

運用類神經網路方法之語音端點偵測研究

A Study on Voice Activation Detection by Using Neural Networks

鄧有志　Yu-Chih Deng
國立臺北大學通訊系
Department of Communication Engineering
National Taipei University
ted790.ycd@gmail.com

江振宇　Chen-Yu Chiang
國立臺北大學通訊系
Department of Communication Engineering
National Taipei University
cychiang@mail.ntpu.edu.tw

潘振銘　Chen-Ming Pan
中華電信研究院
Chunghwa Telecom Laboratories
chenming@cht.com.tw

摘要

本研究以深層類神經網路 (Deep Neural Network, DNN) 進行語音端點偵測，討論了以下影響語音端點偵測表現的幾個變量：(1) 特徵參數抽取時考量的分析視窗大小、(2) DNN 層數、(3) 訊躁比以及(4) 背景環境類型。實驗是使用台北大學雜訊語料庫 (NTPU Noise Corpus)，此資料庫是由智慧型手機錄製的各種背景雜訊以及 TCC300 語料庫混音而成，背景環境包含：(1) 公車站、(2) 捷運站、(3) 火車站、(4) 餐廳，而混音的訊躁比有：10dB、5dB、0dB 以及乾淨語音。系統評量的標準為音框正確率 (frame accuracy) 以及 equal error rate (EER)。實驗結果指出特徵參數分析視窗越大而在訓練與發展集合的表現有明顯變好的趨勢，但在測試集合則進步幅度較小。DNN 層數在 2 layer 時的 multi-condition 其表現較好，訊躁比越高則進步也比較顯著，尤其是在背景環境為餐廳的情況下。最後 multi-condition 訓練法中的各個 condition，在測試集合的表現皆優於 matched-condition，證實了 multi-condition 中的各個 condition，在 hidden layer 中能夠互相的學習。

Abstract

This study used DNN (Deep Neural Network) to process Voice Activation Detection, and discussed the following variable which affect the performance of VAD: (1) The analyzed window size of MFCC feature extraction, (2) Layer number of DNN, (3) Signal to Noise Ratio, and (4) The type of background condition. This experiment used NTPU Noise Corpus, which is mixed by many kinds of background noise recorded by smart phone and TCC300 Corpus. The background noise includes: (1) Bus Stop, (2) MRT, (3) Train Station, (4) Restaurant, and the SNR is 10 dB, 5 dB, 0 dB and clean speech. Evaluated standards of system are frame accuracy and equal error rate (EER). The experiment result indicated that when the feature parameter analyzed window is bigger, the performances of training and validation set obviously become better, but the improved range of outside test is smaller. When layers number of DNN in 2 layer, the performance of multi-condition is better, and when the SNR is higher, the improvement is obviously, in particularly, the background condition is restaurant. In conclusion, in every conditions of the multi-condition training, the performances of outside test are all better than in matched-condition, and it proved that every conditions in multi-condition can learn each other in the hidden layer.

關鍵詞：語音端點偵測，MLP，DNN，台北大學雜訊語料庫

Keywords: VAD, MLP, DNN, NTPU Additive Noise Corpus, layer #, feature frames, multi-condition, matched-condition, frame accuracy, EER.

一、緒論

（一）、研究動機

隨著時代劇進，科技的進步猶如一眨眼一瞬間。各式創新的技術及想法使得生活更加趨於便利及高效率，智慧型掌上裝置及人機互動裝置的普及已成現代人生活中不可或缺的部份。其中語音處理技術亦被廣泛的應用於智慧型掌上裝置中，提升了其使用頻率及便捷性，例如智慧型裝置上的通話雜訊消除及免持電話等，使用者可以直接地改善通話時的品質。

以類神經網路為基礎(NN-based)的語音端點偵測技術(Voice Activation Detection, VAD)逐漸成熟，在語音辨認的品質已有不錯的表現。在語音辨認系統中必須要有語音

端點偵測，這項技術是重要的關鍵。以通話雜訊消除系統為例，對於智慧型裝置使用者提供良好的語音端點偵測處理技術，可以節省行動裝置的負擔並提升其續航力。因此，為滿足應用在不同環境的實際需求，則必須對於語音端點偵測的性能做進一步的探討，以利開發較完善的語音辨認系統。

（二）、文獻回顧

語音端點偵測(Voice Activation Detection, VAD)目的是在於檢測語音訊號中，語音片段的開始與結束，對於 ASR 系統是很重要的前處理(Front-end)工作之一。因為語音端點偵測的效能，會直接影響 ASR 系統的辨識率，所以此類方法被應用於語音喚醒(Voice Trigger, VT)、語音會議(Audio conference)、語音編碼(Speech codding)、免持通話(Hands-free)、語音降噪(Speech enhancement)、聲音定位(Sound positioning)、語者辨識(Speaker Recognition)及語音辨識(Speech Recognition)裡。我們可以將眾多 VAD 的演算法分成以下四種方法，以 Energy-based[1][2]、Statistical-based[3][4]、GMM-based[5][6][7][8]與 NN-based[9][10][11][12]之檢測法。

在 Energy-based 檢測法中語音部分的 energy 明顯比雜訊 energy 大。所以我們可以在時域上定義一個簡單的 Threshold 來對於 Energy、Zero Crossing Rate (ZCR)和 Pitch 做判斷，並使用 VAD state machine 來描述語音的開始與結束。

Statistical-based 檢測法，此方法在過去的研究是觀察時域上某頻帶上語音訊號長期穩定的變化以及在頻域上觀察其平坦度，利用這些方法來判別出各該片段為語音還是非語音的變化。近期的 Statistical-based VAD 研究則是試圖去最佳化檢測雜訊的存在，例如是使用 low-variance spectrum 估計法並且配合統計檢測機制來確定最佳的 Threshold，並且搭配 Hangover state machine 來避免語音快結束時的語句，在 low-energy 的語音片段中出現誤判(false reject)。

GMM-based 檢測法，此方法主要是依據語音內容為基礎的非監督式訓練法，需要利用 Threshold 來對語音及非語音建立模型後做判斷。我們將此檢測法利用 TCC300 乾淨的語料庫實驗後可以發現，在實驗結果的 ROC (Receiver Operating Characteristics) curve 上其 EER (Equal Error Rate)的表現結果並不如預期。故此我們則使用 NN-based 檢測法於實驗中，希望能得到更佳的結果。

在 NN-based 檢測法中傳統是使用 MLP 的架構，但近年來許多學者對於 NN 有突破性的研究成果，所以逐漸有 DNN、RNN 甚至是 LSTM、GRU 等架構出現。DNN 改善了傳統 MLP 只有三層之架構(input layer、hidden layer 與 output layer)，增加了 MLP 在 hidden layer 的數目、hidden layer 裡面 node 的數目，使得整個 network 變得又寬且深。並且 DNN 加入了 dropout 及 mini-batch 在傳統的 MLP 訓練過程中，對於 neural network 的 unit 依照一定比例暫時性隨機的丟棄，其優點：是在於訓練數據較少時，則可以用於避免 over-fit；但是缺點：則會使訓練時間加長，但不影響其測試的時間，且每一個 mini-batch 都在訓練不同的 network。

（三）、研究方向

本研究考慮語音端點偵測對於 ASR 系統的影響，提出了以 NN-based 的檢測法應用於研究中，並自行建立台北大學雜訊語料庫。此訓練法可用來對訓練資料做模型的建立及分類，相關說明如下: 利用 MLP、DNN 類神經網路，對台北大學雜訊語料庫做訓練及測試，各別建立語音以及非語音模型，將個別類神經網路輸出之結果，用來探討語音端點偵測的表現。從 ASR 系統與科學的角度出發，對應用於 ASR 系統之語音端點偵測分析，並討論哪種神經網路之架構或方法更適合運用至 ASR 系統。

在過去的研究中，發現以 Energy-based 與 GMM-based 之語音端點偵測，對於 ASR 系統的表現其效果有限。本論文以 NN-based 的方法，提出一語音端點偵測之技術並探討不同種類的輸入資料對於語音端點偵測之影響。

二、語料庫簡介

（一）、TCC300 語料庫

本論文使用了 TCC300 語料庫[13]。TCC300 語料庫是由國立台灣大學、國立交通大學、國立成功大學各自擁有之語料庫集合而成，各校錄製之語料庫皆屬於麥克風是朗讀語音。其中台大語料庫主要包含詞語短句，文本經過仔細設計並考慮了音節及其相連出現機率，由 100 人錄製而成。交大及成大語料庫主要包含長文語料，文章由中研院提供之 500 萬詞詞類標示語料庫所選取，每篇文章包含數百字在切割成 3-4 段，每段包含至少 231 字由 200 人朗讀錄製，每人朗讀文章皆不相同。

表一：TCC300 語料庫資訊統計表

語料庫	文章屬性	語者總數		總音節數		檔案總數	
TCC300	長短句	男	152	男	193,167	男	4,614
		女	151	女	197,296	女	4,265
		總計	303	總計	390,463	總計	8,879

（二）、智慧型手機雜訊資料庫

隨著科技的進步，錄音裝置已經不僅限於傳統的外接麥克風，像是筆記型電腦、錄音筆、平板、智慧型手機等都具有麥克風錄音裝置。但在這些裝置中並無法掌控其錄音的品質，錄音裝置可能因為年久使用下而造成器材的損耗，然而這類的損耗以不影響人耳能夠識別的條件下並不會被更換，為了能夠保有錄音的便捷性及其真實性，則使用現代人都具備的智慧型手機來錄製其語料庫，以進行在多環境下的語音端點測試。

2、錄音計畫及內容

台北大學雜訊語料庫所錄製的內容為多種環境下的雜訊語料庫，所有語料檔案均以 Sampling Rate: 16kHz、Sound Encoding: Lin16 及 Channel: 1 的 PCM 格式設定進行錄製，並將音檔儲存成*.wav 檔案格式。錄音裝置使用 HTC Desire 並利用實驗室的 Android 錄音程式進行錄音。

雜訊資料庫共分成 4 個類別為台北大學學校餐廳、板橋火車站、板橋捷運站、板橋公車等候亭來進行錄製。每個類別皆會錄製近 60 分鐘長度的音檔，語料庫錄製者為 ycdeng。

表二：台北大學雜訊語料庫資訊統計表

雜訊種類	地點	日期	時間	錄製者	裝置	雜訊長度
學校餐廳	台北大學	12/27/2016	11:54~12:44	ycdeng	HTC Desire	50:48.96
火車站	板橋火車站	12/26/2016	19:02~20:02	ycdeng	HTC Desire	1:00:22.40
捷運站	捷運板南線	12/26/2016	20:11~21:03	ycdeng	HTC Desire	52:12.54
公車站牌	板橋公車站	12/26/2016	17:47~18:48	ycdeng	HTC Desire	1:01:08.35

3、語料庫使用

將錄製完的雜訊資料庫與 TCC300 語料庫做結合並形成加成性雜訊。將其隨機分成 7:2:1 的訓練集、測試集與發展集三部分進行實驗，且每一部分的加成性雜訊環境比例皆相同。

表三：台北大學雜訊語料庫

語料庫	NTPU Additive Noise Corpus	
取樣頻率	16kHz	
取樣編碼	Lin 16	
聲道	1	
語音內容	中研院 500 萬詞詞類標記語料庫	
語音長度	長句+短句(TCC300)	
模式種類	**Clean**	**Multiple Additive Noise**
Training Mode	無加成性噪音	加成性噪音: 餐廳(台北大學)、火車站(板橋)、捷運站(板橋)、公車站牌(板橋) SNR: 0、5、10 dB
Testing Mode	無加成性噪音	加成性噪音: 餐廳(台北大學)、火車站(板橋)、捷運站(板橋)、公車站牌(板橋) SNR: 0、5、10 dB
Development Mode	無加成性噪音	加成性噪音: 餐廳(台北大學)、火車站(板橋)、捷運站(板橋)、公車站牌(板橋) SNR: 0、5、10 dB

表四：台北大學雜訊語料庫細項說明

雜訊種類	SNR 種類	語者總數	男女比	Utterance	Utterance length	檔案總數
Restaurant	0、5、10 dB	131 人	65 : 66	131 句	50:48.96	393 筆
Train Station		157 人	78 : 79	157 句	1:00:22.40	471 筆
MRT		135 人	67 : 68	135 句	52:12.54	405 筆
Bus Stop		160 人	80 : 80	160 句	1:01:08.35	480 筆
Clean	∞ dB	160 人	98 : 62	160 句	52:45.04	160 筆

4、Noise Speech 之建立方法

Noisy speech 資料庫的建立方法如圖一所示，首先 TCC300 語料庫為一個在安靜環境下錄製的麥克風語料，所以我們可以假設 TCC300 語料為 clean speech，也就是 TCC300 的語音部分就可以視為 clean speech，可以利用語音的切割資訊 (label 檔案)來紀錄 TCC300 語料庫音檔的語音及非語音之段落，以便於用來計算使用於混音所需要的 SNR 資訊。

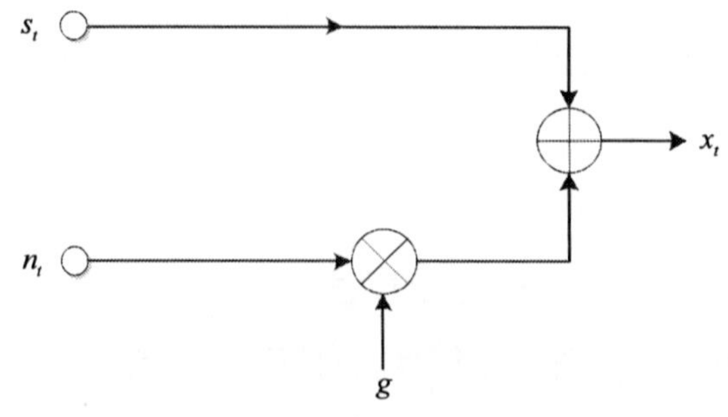

圖一：Noisy speech 資料庫建立方法圖

Noise speech x_t 建立之數學式如下式所示

$$x_t = s_t + g \cdot n_t \tag{1-1}$$

其中 s_t 為 TCC300 的語音部分(clean speech) n_t、則是雜訊的部分(noisy data)，然而 g 為雜訊部分 n_t 欲合成出資料 Noise speech x_t 所需要乘上之倍率並加上語音部分 s_t。一般來說標準已知定義的語句之 Global SNR 算法[14]如式(1-2)所示

$$GSNR = 10\log_{10}\left(\frac{\sigma_s^2}{\sigma_n^2}\right) \tag{1-2}$$

其中 σ_s^2 以及 σ_n^2 可分別為語音訊號的功率以及雜訊的功率，σ_s^2 可由式(1-3)計算：

$$\sigma_s^2 = \sum_{t=0}^{T-1} s_t^2 \cdot \delta_{speech}(t) \bigg/ \sum_{t=0}^{T-1} \delta_{speech}(t) \tag{1-3}$$

其中 s_t 代表某語句 (TCC300 語料之語句) 的第 t 個 sample 的 sample value，T 代表某語句以 sample 數為單位的長度，而 $\delta_{speech}(t)$ 代表第 t 個 sample 是否為語音信號，也就是

$$\delta_{speech}(t) = \begin{cases} 1, & \text{if sample } t \text{ is a speech sample} \\ 0, & \text{if sample } t \text{ is a non-speech sample} \end{cases} \tag{1-4}$$

而雜訊的功率 σ_n^2 可由式(1-5)計算得到

$$\sigma_n^2 = \frac{1}{L}\sum_{t=0}^{L-1} g^2 \cdot n_t^2 = g^2 \cdot \hat{\sigma}_n^2 \tag{1-5}$$

其中 n_t 代表某雜訊信號段落的第 t 的 sample 之 sample value； L 代表此雜訊段落的 sample 數； g 代表雜訊信號的放大倍率(magnification)； $\hat{\sigma}_n^2 = \frac{1}{L}\sum_{t=0}^{L-1} n_t^2$ 代表原始雜訊段落的 noise power。為了要使混音的 noisy speech 之 GSNR 符合實驗的要求值，我們必須調整 g 的值如式(1-6)所示

$$g = 10^{\left(\frac{GSNR}{20}\right)} \times \frac{\sigma_s}{\hat{\sigma}_n} \tag{1-6}$$

圖 2 之混音計算法是使用了改良式的混音計算法[15]。相較於以往的混音演算法，則是將多個輸入數據做線性疊加的方式，可以很明顯地聽到背景雜訊、波形會突變失真並且出現比較輕微得爆音，造成少數的語音並無法辨識並且會產生溢出的問題。改善方法；對於以往的混音計算法來說是使用更多的位元數來表示其音檔的一個 sample，在混音後降低其振幅並使其分布在 16bit 所能表式的範圍內，此種方法為 Normalize 做法[16]，但缺點則是混音後的聲音非常小且其效果不見理想。但改良式混音算法解決溢出的方法則是箝位 (clamping)，箝位以上的值為所能表式的最大值，當發生下溢位時則箝位平移後為所能表式的最小值如下式

$$x_t \leftarrow \begin{cases} MAX,\ x_t > MAX \\ MIN,\ x_t < MIN \\ x_t,\ otherwise \end{cases} \tag{1-7}$$

三、NN-based VAD 方法

（一）、Deep Neural Network (DNN)

Deep Learning 的概念是可以讓各個模組函數經過線性或是非線性的組合後能有具有 end-to-end global optimization 特性，其中最具代表性的 Deep Learning 是其推導出的 Deep Neural Network(DNN)[9][17][18]。若從其架構來看，DNN 與傳統的 Multilayer Perceptron(MLP)是相同的，但是傳統的 MLP 大多就只有使用到三層的架構來進行，這三層分別是一個輸入層(input layer x)、一個隱藏層(hidden layer)以及一個輸出層(output layer y)。然而 DNN 則是將其 hidden layer 的數目增加，hidden layer 內的 node 數目也增加，目的是要讓整個 Neural network 很深且很寬。在此處則不是以一般介紹 DNN 的示意圖來做表示，如圖二所示則是使用 Signal flow graph 來描述這樣的系統。

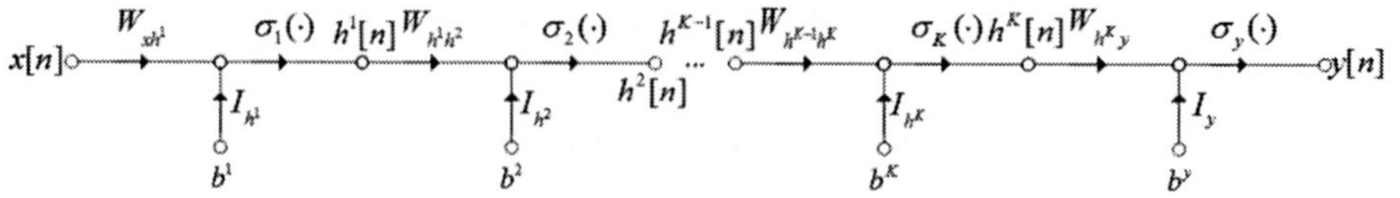

圖二：DNN signal flow graph

其中 x 和 y 分別代表是系統的輸入及輸出向量、h 代表是 hidden layer 的輸出、$\mathbf{W}$ 代表轉置矩陣、$\mathbf{b}$ 代表偏壓(bias)向量、$\mathbf{I}$ 代表是單位(identity)矩陣、$\sigma(\cdot)$ 代表為激發函數

(Activation function)以及最後 n 代表輸入或輸出參數的時間 index，下式為其輸入和輸出的數學關係式

$$\begin{cases} \mathbf{y}[n] = F(\mathbf{x}[n]) = \sigma_y(\mathbf{W}_{h^K y}\mathbf{h}^K[n] + \mathbf{I}_y\mathbf{b}^y) \\ \mathbf{h}^k[n] = \sigma_k(\mathbf{z}^k[n]) = \sigma_k(\mathbf{W}_{h^{k-1}h^k}\mathbf{h}^{k-1}[n] + \mathbf{I}_k\mathbf{b}^k), \ k = 2 \sim K \\ \mathbf{h}^1[n] = \sigma_1(\mathbf{z}^1[n]) = \sigma_1(\mathbf{W}_{xh^1}\mathbf{x}[n] + \mathbf{I}_1\mathbf{b}^1) \end{cases} \tag{4-1}$$

(4-1)式中的激發函數 $\sigma(\cdot)$ 可以是 element-wise 的 Sigmoid、Hyperbolic、Linear、Rectified linear functions，而訓練整個 DNN 的 criterion 可以是 Minimum mean squared error(MMSE) 或是 Maximum likelihood(ML)；其中 ML 的 criterion 在預估目標是以 category 的情況下就等同於 Minimum cross entropy(MCE)的條件，根據以上的條件，可以利用以下的數學式來表示 DNN 的訓練過程

$$\mathbf{W}^*, \mathbf{b}^* = \arg\min_{\mathbf{W},\mathbf{b}} J(\mathbf{W},\mathbf{b})$$

$$J(\mathbf{W},\mathbf{b}) = \begin{cases} \sum_{n=0}^{N-1} \left\| \hat{\mathbf{y}}[n] - F(\mathbf{x}[n]) \right\|_2^2 & \text{for MMSE} \\ -\sum_{n=0}^{N-1} (\hat{\mathbf{y}}[n])^T \log(F(\mathbf{x}[n])) & \text{for MCE} \end{cases} \tag{4-2}$$

其中 $\hat{y}[n]$ 代表是第 n 個的 input sample $x[n]$ 所對應到的正確答案(Reference)，而這樣的訓練過程是利用 Gradient decent 的方法 Integrative 來得到最佳解，因此每一層的 $\mathbf{W}$ 和 $\mathbf{b}$ 都是其他層 $\mathbf{W}$ 和 $\mathbf{b}$ 之函數，所以有 chain rule 的特性並可以歸納出著名的 Back propagation 演算法，此算法可以使 DNN 各層的參數估計是一個以統一的演算方法進行，並且便於訓練模型與各 layer 的串接模組化；在理論上如果當 K 層數越大則整個 DNN 的預估能力越強。在(4-2)式中是 DNN 常見的訓練準則，對於 MMSE 準則來說

$$J_{MMSE}(\mathbf{W},\mathbf{b};\mathbf{S}) = \frac{1}{M}\sum_{m=1}^{M} J_{MMSE}(\mathbf{W},\mathbf{b}\,|\,\mathbf{o}^m, \mathbf{y}^m)$$

$$J_{MMSE}(\mathbf{W},\mathbf{b}\,|\,o,y) = \frac{1}{2}\left\| \mathbf{h}^K - \mathbf{y} \right\|^2 = \frac{1}{2}(\mathbf{h}^K - \mathbf{y})^T(\mathbf{h}^K - \mathbf{y}) \tag{4-3}$$

M 為訓練資料的總數而 m 則代表其 index。對於 category 的情況來說，假設 $\mathbf{y}$ 是一個機率分布、C 表示類別數量而 i 為其 index，則 ML 準則為

$$J_{CE}(\mathbf{W},\mathbf{b}\,|\,\mathsf{S}) = \frac{1}{M}\sum_{m=1}^{M} J_{CE}(\mathbf{W},\mathbf{b}\,|\,\mathbf{o}^m,\mathbf{y}^m)$$

$$J_{CE}(\mathbf{W},\mathbf{b}\,|\,\mathbf{o},\mathbf{y}) = -\sum_{i=1}^{C} y_i \log h_i^K$$

(4-4)

給定了訓練準則、模型參數 $\{\mathbf{W},\mathbf{b}\}$，可以利用上述提到的 back propagation 演算法來做學習；模型參數可以使用以下公式來做優化

$$\mathbf{W}_{t+1}^k \leftarrow \mathbf{W}_t^k - \varepsilon\Delta\mathbf{W}_t^k$$

$$\mathbf{b}_{t+1}^k \leftarrow \mathbf{b}_t^k - \varepsilon\Delta\mathbf{b}_t^k$$

(4-5)

(4-5)式中 W_t^k 及 b_t^k 分別是在第 t 次迭代更新後第 k 層的權重矩陣和偏壓向量。

$$\Delta\mathbf{W}_t^k = \frac{1}{M_b}\sum_{m=1}^{M_b} \nabla_{\mathbf{w}_t^k} J(\mathbf{W},\mathbf{b}\,|\,\mathbf{o}^m,\mathbf{y}^m)$$

$$\Delta\mathbf{b}_t^k = \frac{1}{M_b}\sum_{m=1}^{M_b} \nabla_{\mathbf{b}_t^k} J(\mathbf{W},\mathbf{b}\,|\,\mathbf{o}^m,\mathbf{y}^m)$$

(4-6)

在上式中分別是在第 t 次迭代時的平均權重矩陣梯度和平均偏壓向量梯度。這之中 M_b 表示訓練 samples、ε 為 Learning rate。輸出層權重矩陣相對於訓練準則的梯度取決於其訓練準則，在 Category 的情況下則使用 CE 訓練準則(4-4)式和 softmax 輸出層

$$\nabla_{\mathbf{w}_t^K} J_{CE}(\mathbf{W},\mathbf{b}\,|\,\mathbf{o},\mathbf{y}) = \mathbf{e}_t^K (\mathbf{h}_t^{K-1})^T = (\mathbf{h}_t^K - \mathbf{y})(\mathbf{h}_t^{K-1})^T$$

$$\nabla_{\mathbf{b}_t^K} J_{CE}(\mathbf{W},\mathbf{b}\,|\,\mathbf{o},\mathbf{y}) = \mathbf{e}_t^K = (\mathbf{h}_t^K - \mathbf{y})$$

(4-7)

對於隱藏層 $(k = 2 \sim K-1)$ 則有

$$\nabla_{\mathbf{w}_t^k} J(\mathbf{W},\mathbf{b}\,|\,\mathbf{o},\mathbf{y}) = [\sigma_k^{'}(\mathbf{z}_t^k)\bullet\mathbf{e}_t^k](\mathbf{h}_t^{k-1})^T$$

$$\nabla_{\mathbf{b}_t^k} J(\mathbf{W},\mathbf{b}\,|\,\mathbf{o},\mathbf{y}) = \sigma_k^{'}(\mathbf{z}_t^k)\bullet\mathbf{e}_t^K$$

(4-8)

(4-8)中，$\mathbf{e}_t^k$　$\nabla_{\mathbf{h}_t^k} J(\mathbf{W},\mathbf{b}\,|\,\mathbf{o},\mathbf{y})$ 是在第 k 層的錯誤信號、$\bullet$ 表示元素相乘、$\sigma_k^{'}(\mathbf{z}_t^k)$ 則是激活函數的元素導數。錯誤訊號 $\mathbf{e}_t^k$ 的表示如下

$$\mathbf{e}_t^{K-1} = \nabla_{\mathbf{h}_t^{K-1}} J(\mathbf{W},\mathbf{b}\,|\,\mathbf{o},\mathbf{y}) = (\mathbf{W}_t^K)^T \mathbf{e}_t^K$$

$$\mathbf{e}_t^{k-1} = (\mathbf{W}_t^k)^T [\sigma_k^{'}(\mathbf{z}_t^k)\bullet\mathbf{e}_t^k]$$

(4-9)

在此對於 DNN 的 back propagation 演算法關鍵步驟做說明。

（二）、NN-based VAD 實驗設定

本實驗所使用的語料庫為表 1.3 所示，自行錄製雜訊及混音的台北大學雜訊語料庫。其特徵參數使用了 12 維度的 MFCC 再加上 1 維度之 energy，MFCC 設定裡則是使用了 24 個 filter bank 並且在 cepstrum 裡取前 12 個 cosine 來描述其波峰特性，MFCC 特徵參數抽取之參數設定如表五所示。音檔中語音及非語音之 label 是使用 HTK (Hidden Markov Model Toolkit)來做標記。

表五：MFCC 特徵參數抽取設定

Config of MFCC Feature Extraction	
SOURCEFORMAT	Alien
HEADERSIZE	0
SOURCERATE	625.0
TARGETKIND	MFCC_E
TARGETRATE	100000.0
WINDOWSIZE	320000.0
USEHAMMING	T
PREEMCOEF	0.97
NUMCHANS	24
CEPLIFTER	22
NUMCEPS	12
ENORMALISE	F
ZMEANSOURCE	T

為了要模擬實際系統的語音端點偵測，所以本論文使用將特徵參數 delay 的方式。如圖三所示，是因為在某個時間點下的語音能量(Energy)上升或是下降並無法當下就決定出是否為語音還是雜訊，需要往後或是往前多看幾個 frame 來判斷當下的 frame 為語音還是雜訊；換句話說，則是由 frame $n\text{-}l$ 到 frame $n\text{+}d$ 的 $(d\text{-}l\text{+}1)$個 frame (也就是 window size of feature frame) 的語音特徵參數來預測 frame n 的 VAD 狀態，n 代表目前預估 VAD 狀態的 frame index，d 表示為從目前時間點 n 所 delay 的 frame 數目，而 l 表示為從目前時間點 n 所提前的 frame 數目。NN-based 實驗參數設定如表六所示。

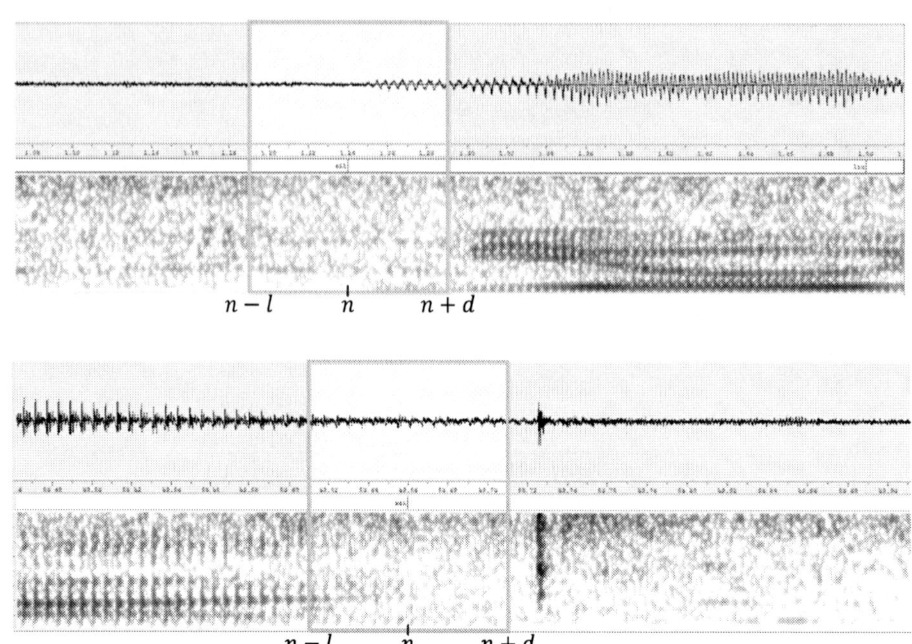

圖三：Windows size of feature frames 示意圖，(上) 語音開始、(下) 語音結束

表六：NN-based VAD 實驗設定

NN 種類	DNN
輸入資料	NTPU Additive Noise Corpus
Windows size of feature frames (d+l+1)	1、3、5、7、9、11 -frame
實驗設定	
Optimizer	Adam
Batch_size	64
Nb_epoch	1500
Data set	Train (7) : Validation (2) : Test (1)
Earlystopping patience	50
Activation function	ReLU
Loss function	categorical crossentropy
Node size	256
Dropout	0.3
Output layer function	Softmax

（三）、NN-based VAD 實驗結果與分析

本小節將不同種類 NN-based VAD 之 5 種問題，如: feature frames、layer 數目、matched-condition 與 multi-condition 和 delay decision 的問題進行主觀討論。NN-based 的 VAD 研究方法實做於 Tensorflow 平台上，在給定輸入以及輸出之答案後，依照不同的 NN 架構來決定每個 frame 是語音還是非語音。為了要與不同 NN 方法做比較，本研究挑選出較

具代表性之情況來探討。

1、DNN 下 feature frames 的討論

圖四表示兩極端情況下，DNN 的 feature frames 結果。橫軸為 feature frames 數目、縱軸分別是 accuracy (Acc.)以及 EER。圖四，隨著 feature frames 數目的上升其 Acc.以及 EER 在 training set 與 validation set 中的表現有明顯變好的趨勢。但是在 outside test 中其 EER 進步幅度較小。故此推論說，當 feature frames=8 時，就已 over-trained。

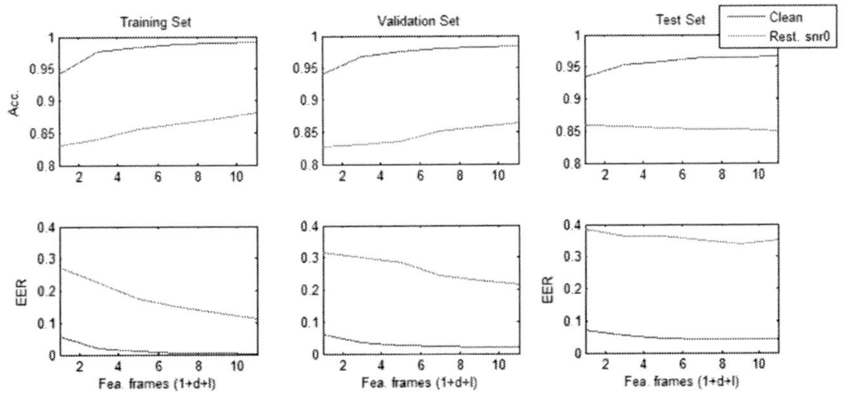

圖四：較具代表性情況下 DNN 之 feature frames 結果

2、DNN 下 layer 數目的討論

圖五表示在 multi-condition 中各個情況下，DNN 的 layer 數目結果。橫軸為每個 condition、縱軸分別是 Acc.以及 EER，其中橫軸的每個 condition 依序分別是：Clean 為乾淨、BusStop 為公車站、MRT 為捷運站、TrainStat 為火車站、Rest.為餐廳、Multi.為 multi-condition 的情況，而在 BusStop、MRT、TrainStat 與 Rest.的情況當中又包含有 snr=0, 5, 10 (dB)之結果。分析完圖五後可以得到的結論是，將每個 condition 的資料合併成 multi-condition 後，解決了資料量不足的情況。我們先從 DNN 的 layer 數目來觀察每個 layer 間彼此的關係，可以得到的結果是隨個 layer 數目的上升，其 Acc.與 EER 在 training set、validation set 與 outside test 中的表現有變好之趨勢，尤其是在各個 condition 中 snr=0 (dB)的時候。故此推論說在 hidden layer 越深時，每個 condition 可以互相學習各個 condition 間共同的特性。但是在 2 layers 與 3 layers 時的 Acc.與 EER 進步幅度較小，其原因是已 over-trained。

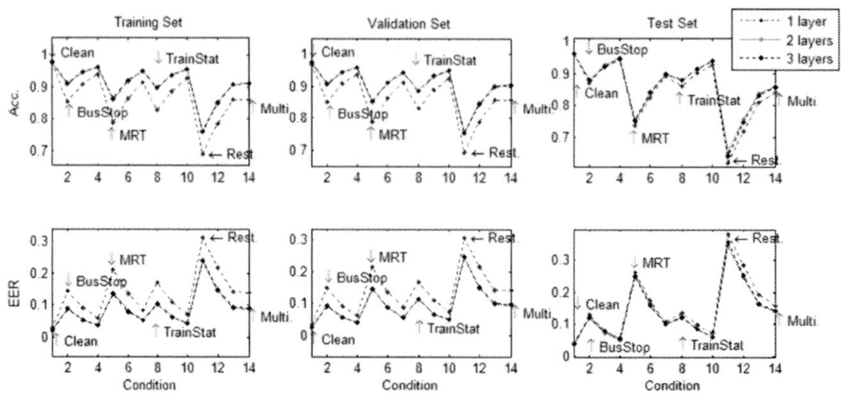

圖五：multi-condition 與 multi-condition 中各個情況之 DNN layer 數目結果，其中 BusStop 為公車站、MRT 為捷運站、TrainStat 為火車站、Rest.為餐廳、Multi.為 multi-condition，而在 BusStop、MRT、TrainStat、Rest.情況當中又包含有 snr=0, 5, 10 (dB)的結果

3、matched-condition 與 multi-condition 的討論

圖六表示 matched-condition 與 multi-condition 的結果，是在每個情況下挑選出最好的 layer 數目來做討論。橫軸為每個 condition、縱軸分別是 Acc.以及 EER，其中橫軸的每個 condition 依序分別是：Clean 為乾淨、BusStop 為公車站、MRT 為捷運站、TrainStat 為火車站、Rest.為餐廳、Multi.為 multi-condition 的情況，而在 BusStop、MRT、TrainStat 與 Rest.的情況當中又包含有 snr=0, 5, 10 (dB)之結果。由圖六可以得到以下之結論，在 training set 與 validation set 來觀察 Acc.與 EER 時，可以發現在最好設定下 overall 的 multi-condition 結果，是優於在 matched-condition 下最糟情況的 Rest.結果。但是從 outside test 來觀察 multi-condition 裡各個 condition 的結果後，可以發現其結果是優於 matched-condition 之結果，尤其是在 TrainStat snr=0 (dB)時進步幅度最為明顯。故此可以推論說，因為在 multi-condition 裡的 hidden layer 能夠學習到不同 condition 的特性，所以對於不同的環境跟情況下能夠更加強健(Robustness)。

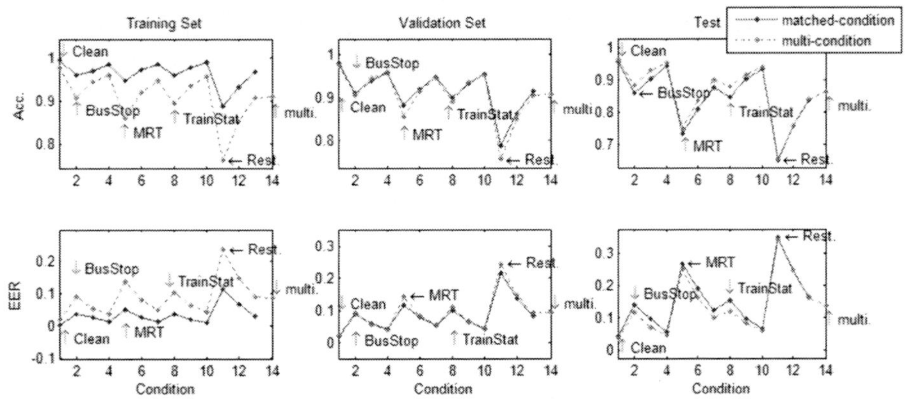

圖六：matched-condition 與 multi-condition 的結果

四、結論

本論文探討將類神經網路應用於語音端點偵測中，使用智慧型手機來錄製不同種類的雜訊，並且自行混音出特定之 SNR 種類，在由不同架構的類神經網路來做學習。

經過研究與分析，本論文在不同實驗下的類神經網路結果，可以得到以下之結論是：(1)DNN 的 frames 問題會隨著 layer 數目的增加，而使 Acc.與 EER 的表現有變好、(2)DNN 的 layer 數目問題，在 matched-condition 的結果並未隨著 layer 數目的上升而使 Acc.及 EER 有變好之趨勢，故推論其原因是在於訓練的資料量不足所造成，或是有些語音中重要之特性在轉換成 MFCC 參數的過程中，就被忽略了。在 multi-condition 的結果中可以發現隨著 layer 數目的上升，其 Acc.與 EER 的表現在各個 set 中有變好的趨勢，所以可以推論其原因是隨著 hidden layer 數目越深時，每個 condition 可以互相學習各個 condition 間共同的特性、(3)matched-condition 與 multi-condition 的問題，在 multi-condition 之 performance 優於 matched-condition (MRT 與 Rest. condition)，所以由此可推論出在 multi-condition 中的 hidden layer 能夠學習到不同 condition 之特性，明顯展現了深度學習的優勢。

五、參考資料

[1] Deng, C. Z. (2007, September). *Voice Activity Detection and Keyword Spotting System on Embedded Platform,* National Chiao Tung University, Hsinchu.
[2] Schafer, R., & Rabiner, L. (1975, April). Digital Representations of Speech Signals. *IEEE, 63*(4), 662-667. doi:10.1109/PROC.1975.9799.

[3] Davis, A., Nordholm, S., & Togneri, R. (2006, February). Statistical Voice Activity Detection Using Low-Variance Spectrum Estimation and an Adaptive Threshold. *IEEE Signal Processing Society, 14*(2), 412-424. doi:10.1109/TSA.2005.855842.

[4] Li, X., Horaud, R., & Girin, L. (2016, October). Voice Activity Detection Based on Statistical Likelihood Ratio with Adaptive Thresholding. *IWAENC*, China.

[5] Makhoul, J., Roucos, S., & Gish, H. (1985, November). Vector Quantization in Speech Coding. *Proceedings of the IEEE, 73*(11), 1551-1558. doi:10.1109/PROC. 1985.13340.

[6] Reynolds, D. (2008). *Gaussian Mixture Models.* Springer US.

[7] Dlamini, N. S. (2015, November). *Acoustic Model Training for Speech Recognition System,* National Taipei University, New Taipei City.

[8] Shen, Z., Wei, J., & Dang J. (2016, October). Voice Activity Detection Based on Sequential Gaussian Mixture Model and with Maximum Likelihood Criterion. *ISCSLP,* China.

[9] Rosenblatt, F. (1961). *Principles of neurodynamics. perceptrons and the theory of brain mechanisms.* Springer, Berlin, Heidelberg.

[10] Elamn, J., L. (1990, April). Finding structure in time. *Cognitive Science,14*(2), 179-211. doi:10.1207/s15516709cog1402_1.

[11] Jordan, M., I. (1997, September). Serial order: A parallel distributed processing approach. *Advances in Psychology, 121*(1), 471-495. doi:10.1016/S0166-4115(97)80111-2.

[12] Dong, Y., & Deng, L. (2016). 解析深度學習語音識別實踐. 電子工業出版社.

[13] 麥克風語料庫 TCC-300Edu.

[14] Vondasek, M., & Pollak, P. (2005). Methods for speech SNR estimation: Evaluation tool and analysis of VAD dependency. *Radioengineering, 14(1),* 6-11.

[15] Wei, Z., & Lou, P. (2009, September). *A new self-adaptive audio-mix algorithm's research and realization based on voice energy*, Beijing University of Posts and Telecommunications, Beijing.

[16] Hawwa, S. (2002, August). Audio mixing for centralized conferences in a SIP environment. *ICME, 2*(1), 269-272. doi:10.1109/ICME,2002.1035572.

[17] Geoffrey, E. H., Osindero, S., & Teh, Y. W. (2006, May). A fast learning algorithm for deep belief nets. *Neural computation 18(7),* 1527-1554. doi:10.1162/neco.2006.18.7.1527.

[18] Bengio, Y. (2006, January). Greedy layer-wise training of deep networks. *Advances in neural information processing systems, 19(NIPS'06),* 153-160.

[26] HTK Book 3.4.1.

[27] Garcia, A. L. (2009). *Probability, Statistics, and Random Process for Electrical Engineering (3rd Edition),* New Jersey: Pearson Prentice Hall.

[28] Vaseghi, S. V. (2007). *Multimedia Signal Processing, Theory and Applications in Speech, Music and Communications.* UK: John Wiley & Sons Ltd.

[29] 王小川（2012）。*語音訊號處理*。台北：全華。

[30] 謝秀琴（1996）。*數位語音訊號基本處理*。台北：全華。

The 2017 Conference on Computational Linguistics and Speech Processing
ROCLING 2017, pp. 21-36
© The Association for Computational Linguistics and Chinese Language Processing

基於卷積類神經網路之廣播節目音訊事件偵測系統

Automatic Audio Event Detection of Broadcast Radio Programs Based on Convolution Neural Networks

陳智偉 Jhih-wei Chen, 許吳華 Wu-Hua Hsu, 廖元甫 Yuan-Fu Liao

國立臺北科技大學電子工程系

Department of Electronic Engineering, National Taipei University of Technology

t104368109@gmail.com, asmayday24@gmail.com, yfliao@ntut.edu.tw

摘要

廣播電臺節目中通常包含語音，音樂與其他音訊事件（如笑聲或特效聲）。若能偵測並切割這些音訊事件，就能進一步對廣播節目進行加值運用。例如，轉寫語音片段的逐字稿，或是辨認音樂片段的歌名與曲名，以利檢索。針對此問題，在本論文中，我們首先設計，並以人工標註出一廣播節目音訊事件資料庫，再利用 Convolutional Neural Network (CNN)自動擷取有效的特徵音訊參數，對廣播電臺的音檔做音訊事件偵測與切割，最後轉成具時間資訊的音訊事件標註檔。實驗方面我們從教育電臺節目中，選出新聞類與不同性質的談話類節目共 14 個，經人工標注後，獲得總長度共約 60 小時的音檔，並用來訓練與測試 CNN 和傳統 Gaussian Mixture Model（GMM）的效能。實驗結果顯示以 CNN 直接搭配頻譜參數，在偵測語音與非語音，音樂與非音樂或其它與非其它音訊事件等的錯誤率（equal error rates，EER），分別為 2.27%、12.52%與 9.51%，皆低於傳統以 GMM 搭配 Mel-Frequency Cepstral Coefficients（MFCCs）的 3.65%、15.68%與 13.25%。

關鍵詞：廣播節目資料庫、音訊事件偵測、卷積類神經網路。

1.　簡介

　　過去在網路（尤其是行動網路）還不夠普及的時候，用收音機收聽廣播電臺節目是人們主要的資訊與娛樂來源。但現今網路已經非常發達，許多人皆改成直接用手機觀賞電視與電影等視頻類節目。因此大部分的廣播電臺也積極轉型因應，除設立網路廣播電臺，線上即時（online）直播節目內容，吸引年輕聽眾收聽外。更試著把播過的節目內容，離線（offline）放在網路上，建立電臺的廣播節目典藏庫（archive），供聽眾自由安排時間收聽任何節目，以獲取更多元的聽眾來源。

　　但是，因傳統上廣播節目是聽覺媒體，且具有傳播速度快，時效性強等特性。目前多數電臺的廣播節目典藏，大都只有保存節目音檔本身，少有付加與節目內容相關的後設資料（metadata）以利查詢。因此聽眾若想要查詢與檢索歷史節目時，就相當不容易，尤其是常常無法直接找到聽眾最有興趣的某節目中的某段重要的內容。

　　因此本論文嘗試偵測與切割廣播節目中的多種音訊事件[1][2]，因為，廣播電臺節目中通常包含語音，音樂與其他音訊事件（如笑聲或特效聲）。若能偵測並切割這些音訊事件[3]，就能進一步組織廣播節目內容進行進一步加值。尤其是若能自動轉寫每一語音片段的逐字稿，擷取出關鍵字與摘要，或是自動辨認出每一音樂片段的歌名或曲名，就能讓聽眾直接以文字進行全文檢索，找到相關節目內容，或是以哼唱方式找到想聽的音樂歌曲段落。

　　針對此問題，本論文的整體處理程序如圖 1 所示，主要的想法包含（1）建立廣播節目音訊事件資料庫，如圖 1（a）；（2）訓練音訊事件模型，如圖 1（b）；（3）進行自動廣播節目音訊事件偵測與標記，如圖 1（c）。

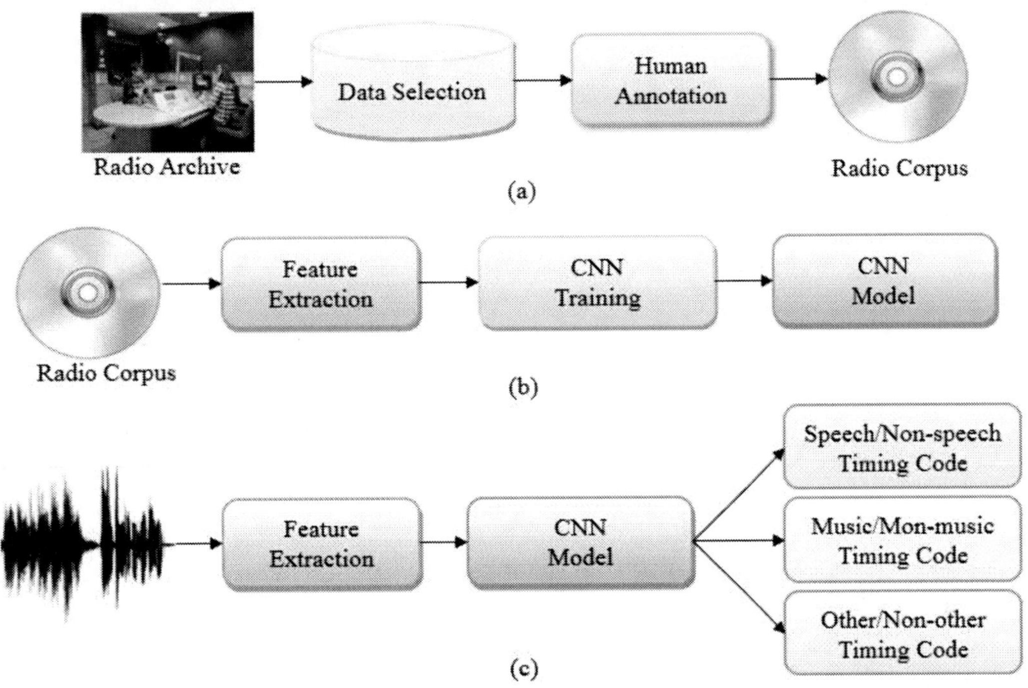

圖 1 音訊事件偵測系統架構圖

　　其中廣播節目音訊事件資料庫建立，將蒐集並對電臺節目做分類，再以人工進行標註，找出語音，音樂與其他音訊事件的起始與結束時間。音訊事件模型訓練，則是利用人工切割出之不同音訊事件的樣本與答案集，分別建立語音與非語音，音樂與非音樂，其他與非其他等音訊事件的模型。最後自動廣播節目音訊事件偵測與標記，就是利用所訓練出之三種音訊事件模型，偵測輸入之廣播節目中的各種音訊事件，並將其轉成與節目音檔相對應，具時間資訊的音訊事件標注檔。

　　本論文將使用 Convolutional Neural Network (CNN)[4]架構來完成我們的音訊偵測切割系統，一般音訊事件偵測系統競賽都是以傳統 GMM+MFCCs 架構來訓練，如 DCASE2016 Challenge[5]，我們將使用 CNN 架構與典型的 i-vector 系統 Kaldi speech recognition toolkit[6]中 Bn_music_speech 提供的一個 GMM 基礎作法做比較，主要是因為 CNN 具有以下特性：（1）對音訊事件在輸入參數序列中的位置，具有時間與頻帶上的平移不變性，可以容忍音訊事件在時間與頻譜上的變異、（2）能自我訓練如何擷取最佳化的音訊事件特徵參數，因此可以避免需專業知識，才能設計出適合的音訊參數的參數工程（feature engineering）問題。而能直接輸入頻譜參數，讓 CNN 自動去探索，除了傳統 MFCCs 外，還有哪些特徵參數對音訊事件偵測效能最好。

2. 廣播節目音訊事件資料庫

2.1. 廣播節目資料搜集與設計

我們首先將廣播節目類型分為純語音、語音＋音樂、語音＋較多音樂三大類[5]，每一類節目各挑選多集節目。表 1 為廣播節目類型分類，與挑選出的節目與其長度。

表 1 廣播語料庫統計資料

類型	節目名稱	集數	挑選時長 (minute)	類型	節目名稱	集數	挑選時長 (minute)
純語音	創青宅急便	10	384	語音＋音樂	創設市集 On-Air	10	267
	自然有意思	8	157		教育開講	10	261
	科學 SoEasy	10	261		今天不補習	10	298
	特別的愛	10	270		兒童新聞	10	98
	多愛自己一點點	10	289		文教新聞	10	68
	國際教育心動線	10	210	語音＋較多音樂	從心歸零	10	540
	青年故事館	10	286		技職最前線	10	213

各挑選多集節目原因在於，教育廣播電臺的節目相當多元，音檔可能包含說話聲、音樂和特效等等。為了能夠讓所有情況都能夠收集到，因此我們需要拿多種不同類型的節目進行挑選，才能涵蓋所有可能情況。

2.2. 音訊事件人工標記規範

我們考慮在一段音檔裡，會有多種不同類型的音訊事件，且發生期間可能會重疊，或是多種事件一併發生的狀況。因此將標注準則設為一類一軌，各自獨立標注（如圖 2 之規範示意圖），以建立音訊事件資料庫。

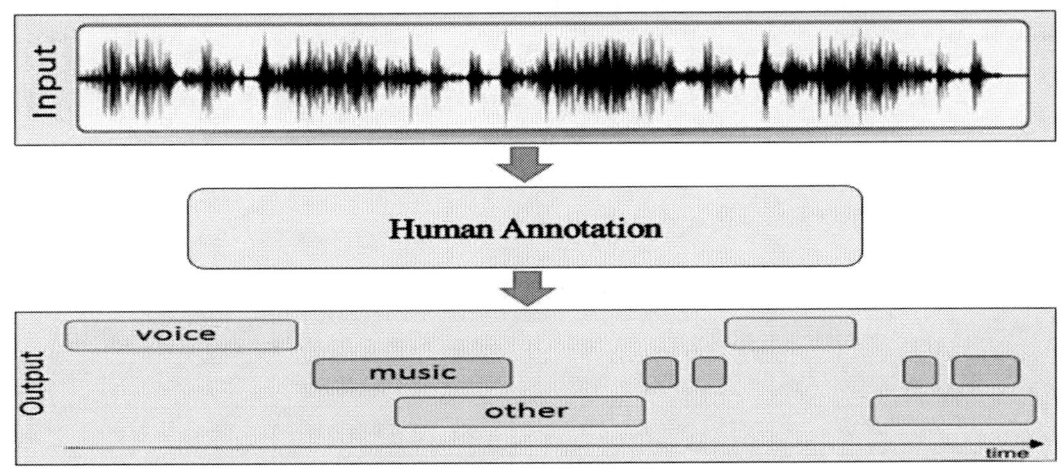

圖 2 音訊事件人工標誌的示意圖

    標注程序，則是利用 Praat 軟體，先建立三軌標註面板，再依照下列規則標記。（1）語音部分：只要音檔中有人講話的部分，且聽得出講話內容，皆標記成為語音（如：主持人或來賓講話或是 Call in 的民眾)。（2）音樂部分：只要音檔有音樂，且聽得出音樂內容的話，皆標為音樂（如：高中生合唱團演唱、樂團表演以及流行音樂…等)。（3）其它部分：則是在音檔內容出現笑聲或特效聲，皆標示為其它的部分。圖 3 為實際人工標註結果的範例。

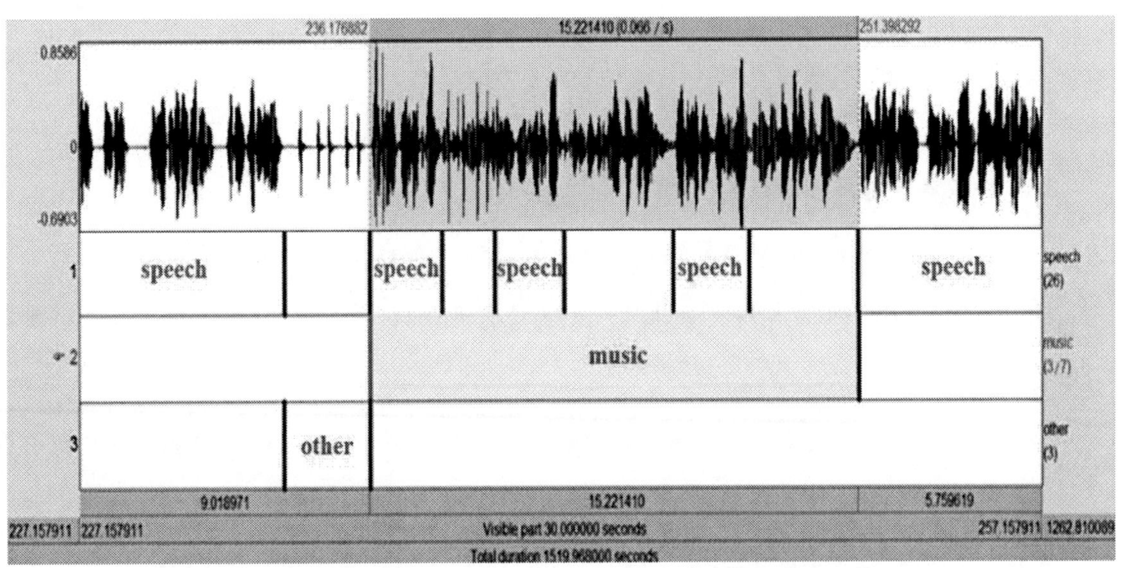

圖 3 Praat 人工標記音訊事件結果範例圖

2.3. 標記結果統計

表 2 則是進行人工標記後，各種標記出的音訊事件的時間長度統計資料。其中，語音事件最多，總數約為 3000 分鐘，音樂事件次之，約有 700 分鐘，其他事件最少，只有約 25 分鐘。因此資料分佈相當不平衡。

表 2 人工標記音訊分類時間總表(minute)

Program	speech	non-speech	music	non-music	other	non-other
創設市集 On-Air	222	45	84	180	0.86	264
教育開講	234	27	50	17	0.66	264
今天不補習	246	52	63	6	2	294
兒童新聞	92	6	7	92	0.4	99
技職最前線	186	27	72	114	3	150
從心歸零	372	168	52	342	7	354
特別的愛	270	0	0	300	5	294
創青宅急便	384	0	0	384	1	384
自然有意思	156	1	1	138	1	156
科學 SoEasy	246	15	60	198	0.78	204
文教新聞	61	7	9	60	0.66	68
多愛自己一點點	204	85	234	54	0.86	224
國際教育心動線	210	0	0	210	0.33	210
青年故事館	252	34	55	206	0.72	212
Total	3135	467	687	2301	25	3177

3. 基於 CNN 之音訊事件偵測系統

3.1. 特徵參數選擇與音訊模型訓練

在音訊事件偵測特徵參數部分，傳統上普遍使用的參數為 MFCCs。但其實對音訊事件偵測，MFCCs 不見得是最佳的。尤其是對音樂與其他事件，還有很多不同的參數被提出來。

由於，我們不能確定哪一種特徵參數，能夠有最好的音訊事件偵測效果，所以我們求取並測試各種不同參數的音訊事件偵測效能。因此在本論文中，將嘗試如圖 4 所示的架構，尤其是測試使用 Spectrum（Specgram），Mel-spectrum (Mels)與 MFCCs，分別進行語音與非語音，音樂與非音樂，其他與非其他音訊事件偵測模型。

圖 4 選用不同的特徵參數示意圖

3.2. 卷積類神經網路模型架構

　　傳統類神經網路模型，都是先以人為方式，設計好要使用的特徵參數，然後直接採用全連接的 deep neural networks（DNNs）訓練模型。但由於我們不能確定哪一種特徵參數，能夠有最好的音訊事件偵測效果，所以本論文改使用卷積神經網絡（Convolutional Neural Networks, CNNs）架構來做音訊偵測切割系統，其架構如圖 5。此外，由於不同音訊事件可能會同時發生，所以每種音訊事件(speech、music and other)，都需要獨立建立一個模型，然後個別運作做偵測。

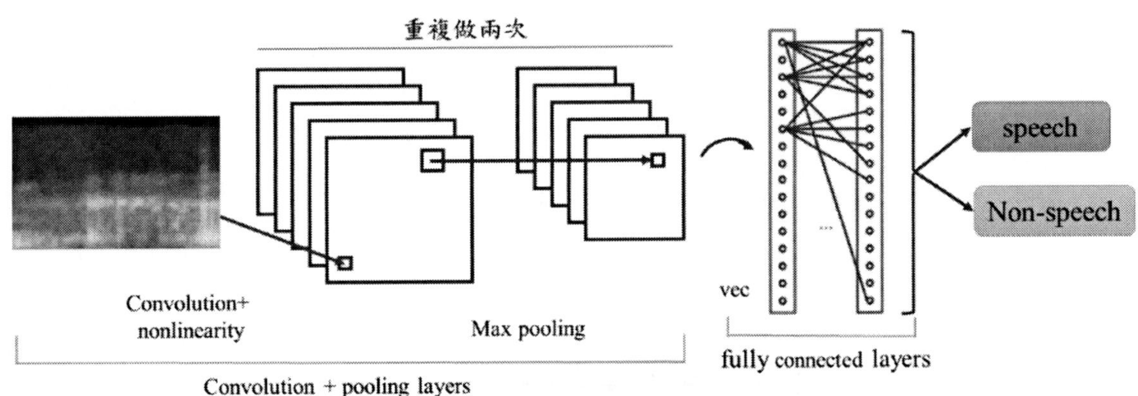

圖 5 CNN 音訊事件偵測系統

　　在此 CNN 網路架構中，有三個主要的神經層，包括（1）卷積層，（2）池化層與（3）全連接層。其中卷積層與池化層可重複數次。使用 CNN 的好處是，CNN 能利用卷積層，自動學習如何求取最佳參數，與利用池化層，容忍目標事件在頻譜上的位置變異。所以我們可以自由嘗試許多不同的特徵參數，尤其是可以不經過人為設計，直接輸入頻譜參數，訓練 CNN 模型。以下說明卷各層的運作方式。

3.2.1. 卷積層

　　卷積層可包含許多卷積核，其運作如下圖 6 所示（以二維輸入參數為例），主要是每個卷積核會通過一滑動窗口（sliding window），掃描上一級輸入的參數，逐步計算其與卷積核的內積，輸出一卷積特徵參數圖（feature map）。因此，一個卷積核就相當於一個多維度匹配濾波器，但其權重可經由訓練自動最佳化。

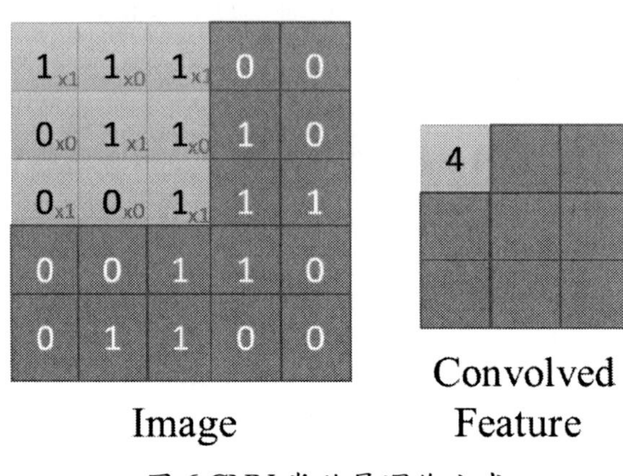

圖 6 CNN 卷積層運作方式

3.2.2. 池化層

池化層（Pooling）[6]接在卷積層之後，其運作如圖 7 所示。主要是將 feature map 劃分成數個區域，並以區域為單位，在每一區域以類似投票方式，只選取此區域中較強的卷積值做輸出，並丟掉較微弱的卷積值。此運作除可降低數據量、減小過擬合，最重要的是，可以容忍目標事件在頻譜上的位置變異。

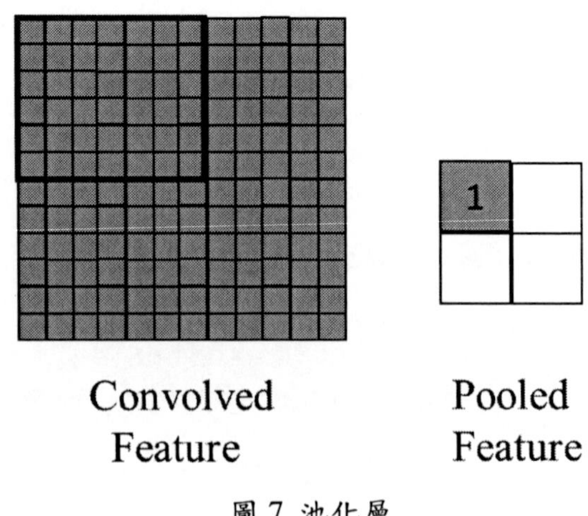

圖 7 池化層

3.2.3. 全連接層

最後則是利用全連接層辨認目標與非目標事件。全連接層的架構就是一個傳統的多層式類神經網路（通常只用兩層），但最後是以 softmax 激發函數，計算目標事件與非目標事件發生的機率值，用以檢測是否有目標音訊事件發生。

4. 音訊事件偵測實驗

4.1. 訓練與測試語料

本實驗將教育電臺節目分成純語音、語音+音樂、語音+較多音樂三種類型，共擷取 14 個節目（長度共約 60 小時），經人工標注後，將其分成訓練用與測試用兩組，用來比較 CNN 的效能。語料內容概況如表 3、表 4 所示。此外為了平衡不同事件的樣本數量，我們在訓練語料組，額外再加上 MUSAN[7]語料，以增加音樂與其他類別事件樣本的數量。

表 3 教育電臺音訊事件訓練語料 (minute)

Program	speech	non-speech	music	non-music	other	non-other
創設市集 On-Air	222	45	84	180	0.86	264
教育開講	234	27	50	17	0.66	264
今天不補習	246	52	63	6	2	294
兒童新聞	92	6	7	92	0.4	99
技職最前線	186	27	72	114	3	150
從心歸零	372	168	52	342	‧7	354
特別的愛	270	0	0	300	5	294
創青宅急便	384	0	0	384	1	384
MUSAN_Data	390	816	846	0	408	0
Total	2396	1141	1174	1435	427.92	2103

表 4 教育電臺音訊事件測試語料(minute)

Program	speech	non-speech	music	non-music	other	non-other
自然有意思	156	1	1	138	1	156
科學 SoEasy	246	15	60	198	0.78	204
文教新聞	61	7	9	60	0.66	68
多愛自己一點點	204	85	234	54	0.86	224
國際教育心動線	210	0	0	210	0.33	210

	252	34	55	206	0.72	212
青年故事館	252	34	55	206	0.72	212
Total	1129	142	359	866	4.35	1074

4.2. CNN 設定

主要是需要考慮使用的特徵參數、CNN 網路結構大小與選擇適當的優化器。

4.2.1. 特徵參數設定：

在特徵參數方面，我們取了三種參數進行比較，包括（1）MFCCs，（2）Mel-spectrum (Mels)與（3）Raw Spectrum (Specgram)。

4.2.2. 網路配置：

在 batch size 方面，我們測試了 16、32、64、128 筆樣本四種變化，最後將 batch size 設成 64 筆。我們也在參數輸入層加入 dropout，嘗試過丟棄 2%、5%與 10%輸入參數等變化，最後設定為 2%，在卷積層的 dropout 則是設定為 25%。最後在層數方面，我們測試了 2 layers、3 layers、4 layers 與 5 layers，最後皆設成 4 layers。

4.2.3. 選擇優化器：

實驗中嘗試兩種優化器來做測試，一個是 SGD，另一個是 Adadelta。SGD 是指 gradient descent，是最常見的優化方法，但其不會自動調整學習率，須自行嘗試。而 Adadelta 則會對學習率進行自適應約束，使用起來必較方便。因此最後我們選用 Adadelta 優化器。

4.3. 實驗結果

以下分別進行三個實驗，包括，（1）比較 GMM 與 CNN 模型的效能，（2）比較不同參數的影響與（3）求取檢測錯誤權衡曲線（detection error tradeoff curves，DETs）以計算 equal error rate（EER），分別說明如下：

4.3.1. 實驗一-基於 MFCCs 特徵參數之 GMM 與 CNN 效能比較

我們先提取 MFCCs 當做我們的特徵參數，訓練 CNNs 與傳統 GMMs 系統做比較，從表 5 的實驗結果可知，CNN 系統在音訊事件偵測的效果較佳。

表 5 語音/音樂/其它事件偵測準確度

Accuracy(%)	Speech	Music	Other
GMM	97.12	94.88	94.15
CNN	98.46	96.43	97.47

4.3.2. 實驗二-基於不同參數之 CNN 效能測試

從上一個實驗，我們已經驗證了，在音訊事件模型裡，CNN 架構會比 GMM 架構來得有效。在此，我們進一步測試不同參數的效能。實驗結果如表 6 所示，可以看出直接輸入 raw spectrum，就可以得到最佳的辨認結果。

表 6 不同特徵參數的音訊事件偵測準確度

Accuracy(%)	MFCCs	Mels	Specgram
Speech	97.96	97.87	98.46
Music	95.23	96.43	96.28
Other	96.53	96.47	96.22
Average	96.57	96.92	96.99

4.3.3. 實驗三-EER 結果

圖 8 至圖 13 分別為所訓練好的語音、音樂、其他音訊事件偵測器，對訓練資料和對測試資料計算檢測錯誤權衡曲線的結果。其中 y 軸為錯誤拒絕率，x 軸為錯誤接受率。由表 7EER 的結果中，可知語音事件偵測的 EER 最低，而音樂與其他事件的 EER 都較高。這可能是音樂與其他事件的變化較多，在訓練語料中的樣本涵蓋率，還是比較不足。

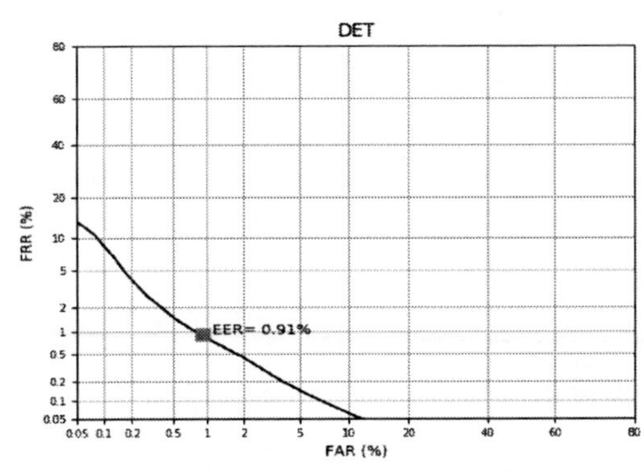

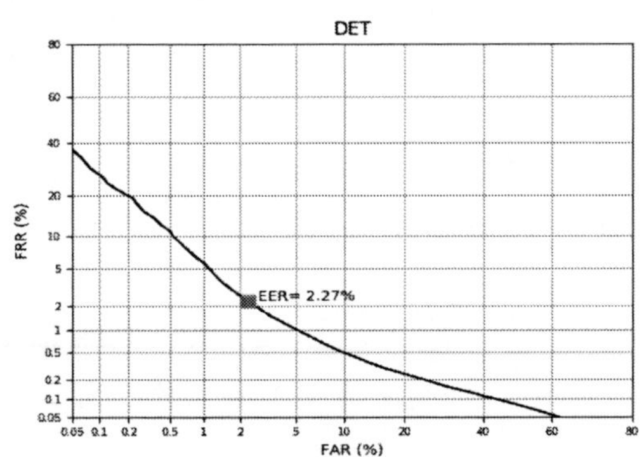

圖 8 語音訓練資料結果　　　　圖 9 語音測試資料結果

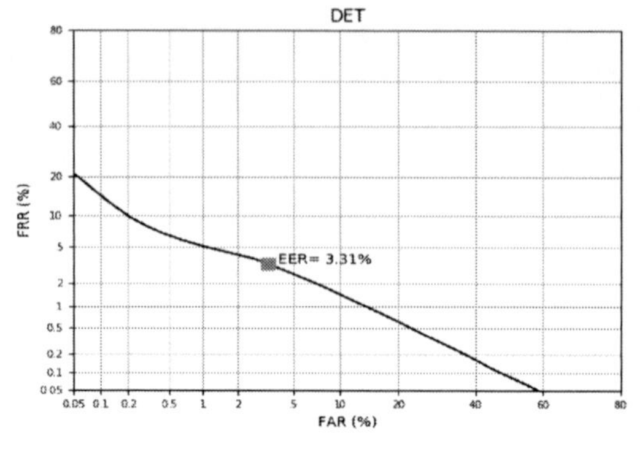

圖 10 音樂訓練資料結果　　　　圖 11 音樂測試資料結果

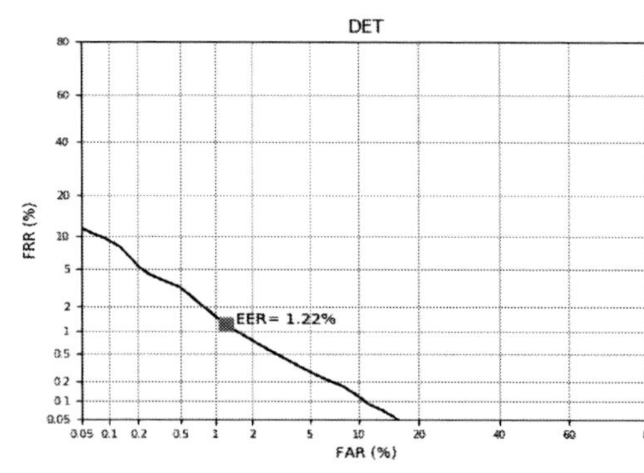
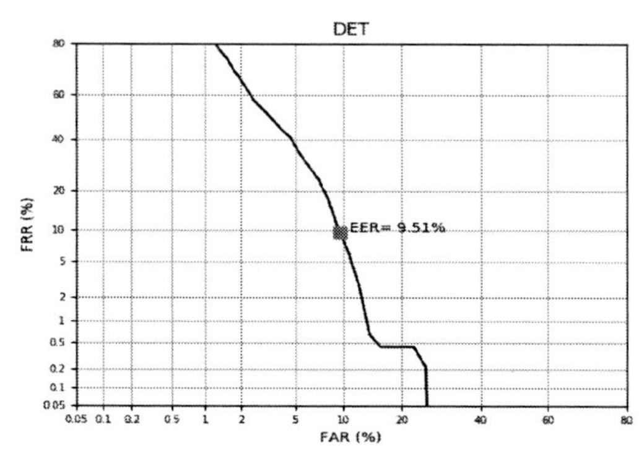

圖 12 其它訓練資料結果　　　　圖 13 其它測試資料結果

表 7 EER 結果

EER(%)	Train	Test
Speech	0.91	2.27
Music	3.31	12.52
Other	1.22	9.51

4.4. 實驗分析與討論

4.4.1. 語音事件偵測

　　圖 14 是經語音事件偵測器處理過的結果範例圖。圖中第一層為原始音檔波形、第二層為頻譜、第三層為只保留偵測出的語音事件部分的音檔波形、第四層為其頻譜、最下層則是人工所標記的音訊事件標準答案。從圖中可知道語音與音樂頻譜特性相當不同，因此非語音部分明顯可以被正確偵測並拿掉，只保留語音的部分。

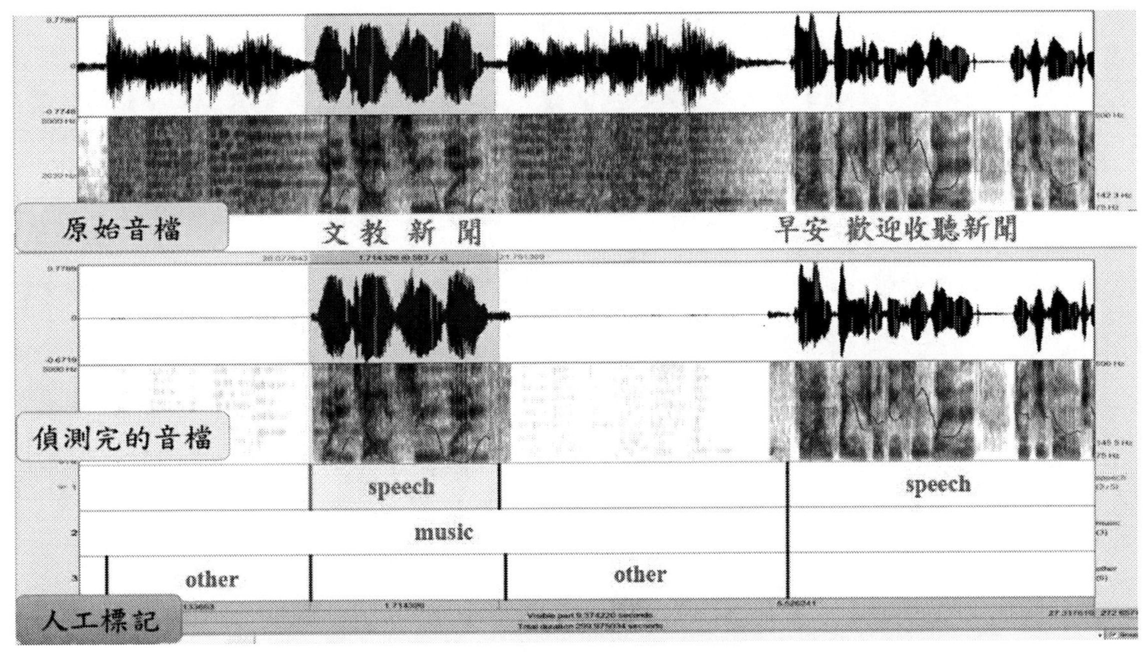

圖 14 語音偵測結果

4.4.2.　音樂事件偵測

從圖 15 可以看到經音樂事件偵測器處理過的結果範例圖。從圖中可知道非音樂部分可以明顯被拿掉，只保留音樂事件的段落。不過比較圖 14 與圖 15，可知在邊界的地方較容易發生錯誤，尤其語音容易被判別成音樂。

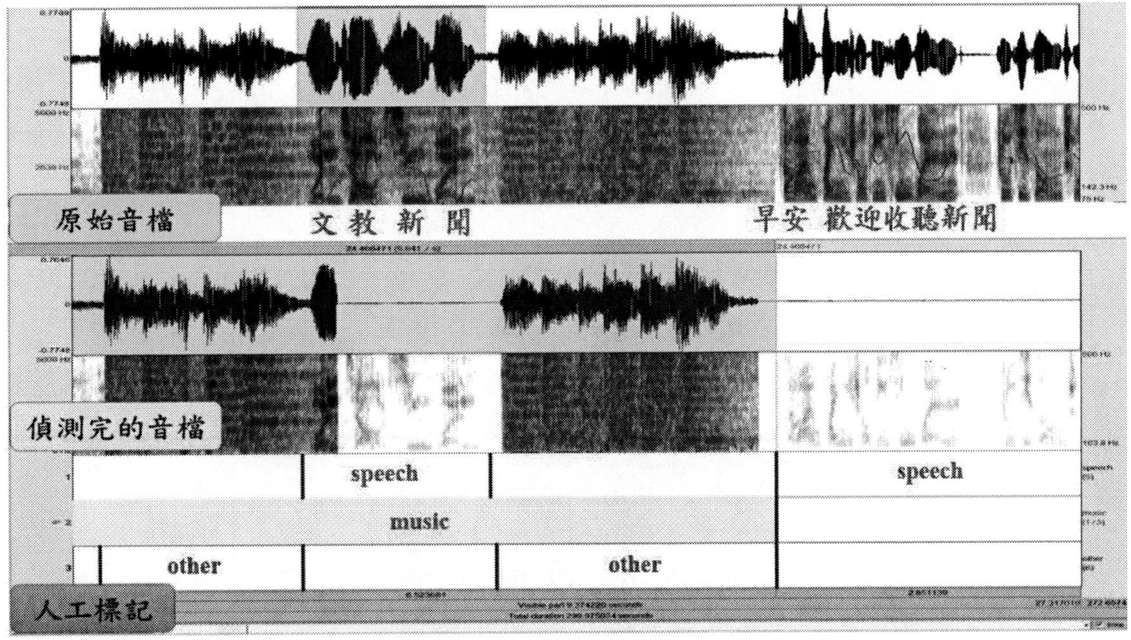

圖 15 音樂偵測結果

4.4.3. 其它(笑聲、特效聲) 事件偵測

　　圖 16 為經其他事件偵測器處理過的結果。範例圖中可以看到系統的確能夠正確偵
測出笑聲事件。

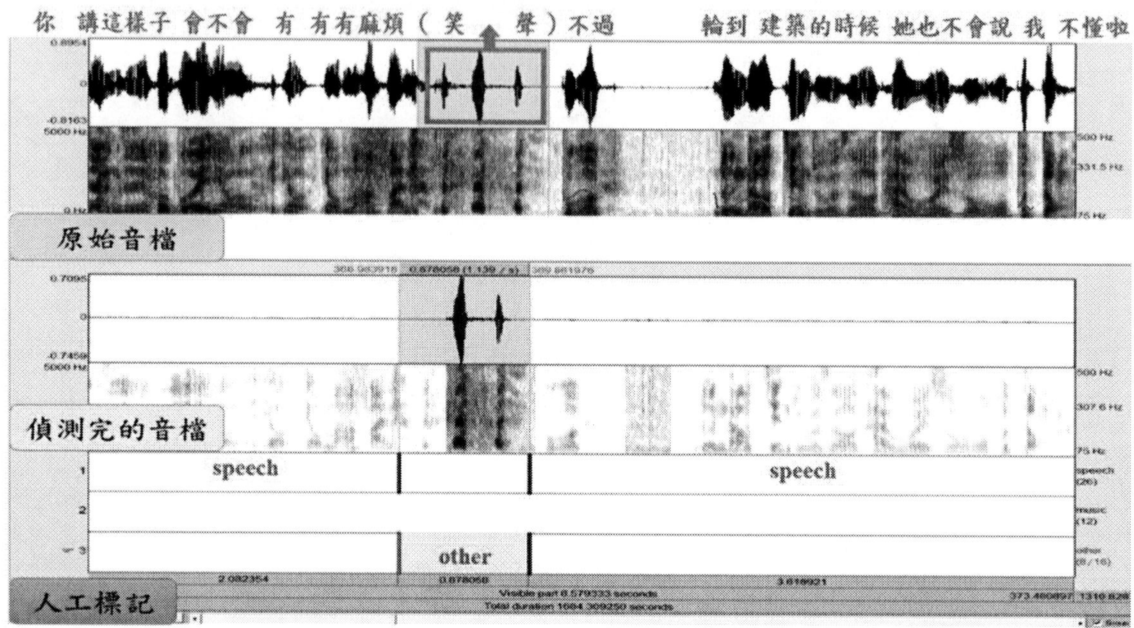

圖 16　其它偵測結果

5.　自動音訊事件標記應用

　　本論文最後使用前面訓練出來的三種音訊事件偵測器，將偵測到的音訊事件的起
始與結束時間找出來。在合併這些資訊做出如圖 17，類似影片字幕具有 timing code 格
式的檔案。

```
語音/音樂/其它切割：
00:00:00.660 - 00:00:20.660 -- music
00:00:19.250 - 00:00:20.070 -- other
00:00:20.100 - 00:00:22.200 -- speech
00:00:22.900 - 00:00:24.100 -- other
00:00:21.900 - 00:00:24.600 -- music
00:00:24.300 - 00:04:42.720 -- speech
00:04:42.300 - 00:04:59.110 -- music
```

圖 17　語音/音樂/其它切割結果標註檔格式

最後，我們即可以利用這個檔案，進一步組織並且對廣播節目內容進行做加值運用。尤其是自動轉寫每一語音片段的逐字稿，擷取出關鍵字與摘要，或是自動辨認出每一音樂片段的歌名或曲名。讓聽眾直接以文字進行全文檢索，找到相關節目內容，或是以哼唱方式找到想聽的音樂歌曲段落。

6. 結論

本論文先建立人工標記之廣播節目音訊事件資料庫，再使用 CNN 實作音訊偵測切割系統，並直接使用頻譜，避免參數設計工程問題。整體實驗結果顯示，如表 8 所示，以 CNN 直接搭配頻譜參數，在偵測語音與非語音，音樂與非音樂或其它與非其它音訊事件等的錯誤率 EER，分別為 2.27%、12.52%與 9.51%，皆低於傳統以 GMM 搭配 Mel-Frequency Cepstral Coefficients（MFCCs）的 3.65%、15.68%與 13.25%。因此本論文提出之 CNN 音訊切割架構確實可增強效果，許多文獻中也使用另一種 ivector 求參數，將來會考慮改用 ivector 求參數，跟 AlexNet, VGG, ResNet 等，做近一步實驗比較。

表 8 GMM 和 CNN 系統之正確率與 EER

Audio event	GMM		CNN	
	Accuracy(%)	EER(%)	Accuracy(%)	EER(%)
Speech	97.12	3.65	98.46	2.27
Music	94.88	15.68	96.43	12.52
Other	94.15	13.25	97.47	9.51
Average	95.38	10.86	97.45	8.1

參考文獻

[1] Annamaria Mesaros, Toni Heittola, Tuomas Virtanen, "TUT Database for Acoustic Scene Classification and Sound Event Detection," in In 24rd European Signal Processing Conference 2016 (EUSIPCO 2016), 2016.

[2] T. Heittola, A. Mesaros, A. Eronen, and T. Virtanen, "Contextdependent sound event detection," in EURASIP Journal on Audio, Speech, and Music Processing, vol. 2013, no.

323 1, 2013, p. 1.

[3] Yash Malviya, Shiv Kaul, Kushaagra Goyal, "Music Speech Discrimination",in CS 229 Machine Learning Final Projects, Autumn 2016.

[4] Sermanet, S. Chintala, and Y. LeCun. Convolutional neural networks applied to house numbers digit classification. In International Conference on Pattern Recognition (ICPR 2012), 2012.

[5] http://www.cs.tut.fi/sgn/arg/dcase2016/challenge

[6] D. Povey, A. Ghosal, G. Boulianne, L. Burgat, O. Glembek, N. Goel, M. Hannemann, P. Motlicek, YM Qian, P. Schwarz, J. Silovsky, G. Stemmer, K. Vesely, "The Kaldi Speech Recognition Toolkit," in IEEE 2011 Workshop on Automatic Speech Recognition and Understanding, Big Island, Hawaii, 2011.

[7] Diego Castan, David Tavarez, Paula Lopez-Otero, Javier Franco-Pedroso, Hector Delgado,Eva Navas, Laura Docio-Fernandez, Daniel Ramos, Javier Serrano, Alfonso Ortega and Eduardo Lleida, " audio segmentation and classification in broadcast news domains",in EURASIP Journal on Audio Speech and Music Processing · December 2015.

[8] D. Scherer, A. Muller, and S. Behnke. " Evaluation of Pooling Operations in Convolutional Architectures for Object Recognition ". In ICANN. 2010.

[9] MUSAN: A Music, Speech, and Noise Corpus,https://scirate.com/arxiv/1510.08484.

The 2017 Conference on Computational Linguistics and Speech Processing
ROCLING 2017, pp. 37-51
© The Association for Computational Linguistics and Chinese Language Processing

基於次頻道遞迴類神經網路之麥克風陣列電視回聲消除系統

洪瑋嶸 Wei-Jung Hung [a]、蘇世安 Shih-An Su [a]、廖元甫 Yuan-Fu Liao [a]

國立臺北科技大學電子工程學系 [a]

waylong711022@gmail.com, susan1101415057@gmail.com, yfliao@ntut.edu.tw

摘要

本論文研究聲控智慧電視情況下之電視節目回聲消除，希望在電視節目持續播放的干擾下，仍能收到清晰的語者的語音指令。因此本論文先使用最小方差無失真波束形成器(Minimum Variance Distortionless Response Beamformer，MVDR)，指向語者聲源位置。接著以頻域遞迴類神經網路(Recurrent Neural Network，RNN)學習房間響應路徑，清除電視回聲，最後加上頻譜消去法(Spectral Subtraction，SS)做後處理，將殘餘的回聲進一步的濾除掉。實驗針對不同電視節目類型、語者，人聲電視聲訊雜比與語者角度的組合作情境模擬，並以回聲衰減量(Echo Return Loss Enhancement，ERLE)來判斷電視回聲消除效能。實驗顯示，我們提出的方法，在不同情境下皆有良好的電視回聲消除表現，平均 ERLE 結果為 11.75dB，優於傳統的 NLMS 的 5.78dB，且處理速度比一般時域 RNN 快 15 倍，的確能有效地濾除電視回聲雜訊。

關鍵詞：頻域 RNN、MVDR、聲學回聲消除、適應性濾波器、遞迴類神經網路

一、簡介

聲控電視是非常人性化的功能，但是通常使用者在執行語音操控時，會受到電視節目的回聲與周遭背景雜訊影響，干擾使用者的語音操作。這是一種聲學回聲消除(Acoustic Echo Cancellation，AEC)[1][2]的問題，針對這個問題，傳統上大都先用麥克風陣列以 MVDR 做波束成型(beamforming)，然後以最小均方演算法(Normalized least mean squares，NLMS)[3]適應性濾波器，學習減低房間響應的影響，最後再用頻譜消去法來做後處理，進一步消除噪音的部分，如下圖一-A 所示。

然而，在觀看電視節時，因電視節目是持續播放且聲音通常開很大聲，回聲經過重重反射後，殘響持續時間通常很久。而且，電視節目的原始聲音訊號，跟經過喇叭播放出來後，再被麥克風陣列收錄進來的聲音訊號間，通常呈非線性關係。但是傳統 NLMS 濾波器基本上是線性系統，只會考慮輸入跟輸出訊號間的線性關係，無法處理非線性訊號損耗。此外，因為 NLMS 是前饋式系統，若系統要考慮很長的殘響時間，會需要很長會需要很長的系統參數，所以常會導致運算過久，不容易收斂。

尤其是當 NLMS 在 time domain 運作，以 raw sample 為處理單位的情況下，這個問題會特別嚴重。例如在 16 kHz 取樣頻率下，若要涵蓋 0.25 秒的電視回音，就需要一個有 4096 個 taps 的適應性濾波器。

因此，為了解決這問題，所以我們改用含有回授功能的深度遞迴類神經網路(deep recurrent neural networks, RNNs)[4]，因為 RNN 能把輸出再回饋回來當輸入參數，因此能以較少的參數，記憶較長的狀態歷史資訊，幫助處理電視回音問題將系統改成而且，RNNs 的輸出實際上是一非線性函數，因此可以用來估計喇叭，麥克風陣列與房間殘響間的非線性關係。如下圖一-B 所示。

此外，在一前置實驗中，我們發現若在時域實現 RNNs 電視回音消除架構，有時候在某些頻帶常常消除得不夠好，尤其是在高頻部分。這是因為電視節目回聲是經過很多反射回來的聲音疊加起來，可以視為原始聲音跟多重路徑房間響應的卷積疊加的結果，往往在不同的頻帶上會受到不同程度的干擾。如果我們只使用時域 RNNs 架構，常會無法照顧不同頻帶的變化，導致無法有效消除雜訊。所以我們在此論文中，進一步提出頻域 RNN 電視回聲消除系統，就可以針對不同頻帶的訊號，應用不同的調整參數。

最後，在以下章節，將詳細介紹我們所提出的 RNNs 電視回音消除架構與其訓練方法。

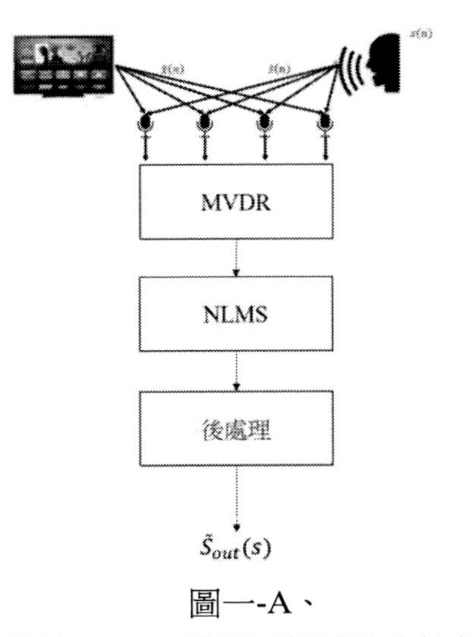

$\tilde{S}_{out}(s)$

圖一-A、

傳統 NLMS 電視回聲消除系統架構圖

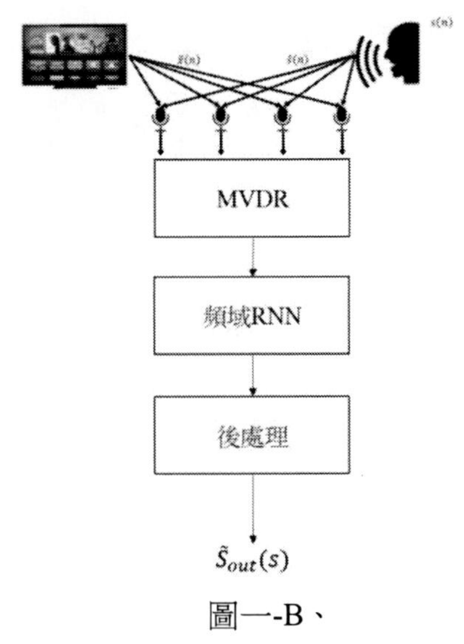

$\tilde{S}_{out}(s)$

圖一-B、

頻域 RNN 電視回聲消除系統架構圖

二、基於次頻帶 RNN 之麥克風陣列電視回聲消除系統

本論文使用多通道麥克風陣列為系統的輸入[5]，為了在收音時，能夠指向使用者聲源，先使用最小變異無失真響應波束形成器(Minimum Variance Distortionless Response Beamformer,MVDR)[5][6]，利用空間資訊進行指向性處理。再用有非線性處理能力及能補捉長時間資料的遞迴類神經網路 RNN[4]，作為核心來做回聲消除，而且為了讓 RNN 在回聲路徑上能夠預估得更細微，我們把時域訊號轉換到頻域，並將訊號分成不同頻帶進行不同處理。最後則使用 Ephraim's Minimum Mean Square Error log- Shor time Spectral Amplitude（MMSE-log-STSA）[9]頻譜消去法做後處理，進一步利用時間資訊，消除殘餘的回聲雜訊。

此外，我們考慮兩種不同的 MVDR 與 RNNs 組合架構，分別如下圖二-A 與二-B 所示。其中下圖二-A，是先經過 MVDR 做指向性處理，再用頻域 RNN 做預估與抵消。下圖二-B 則是先將每個通道麥克風收到的聲音先經過 RNN 消除回聲，讓每個麥克風的誤差達到最小之後，再做 MVDR 的動作會不會比較好。

以下進一步詳細此兩架構中的各子模組，包括（一）MVDR，（二）頻域 RNNs 電視回聲消除架構與（三）MMSE-log-STSA 後處理方法。

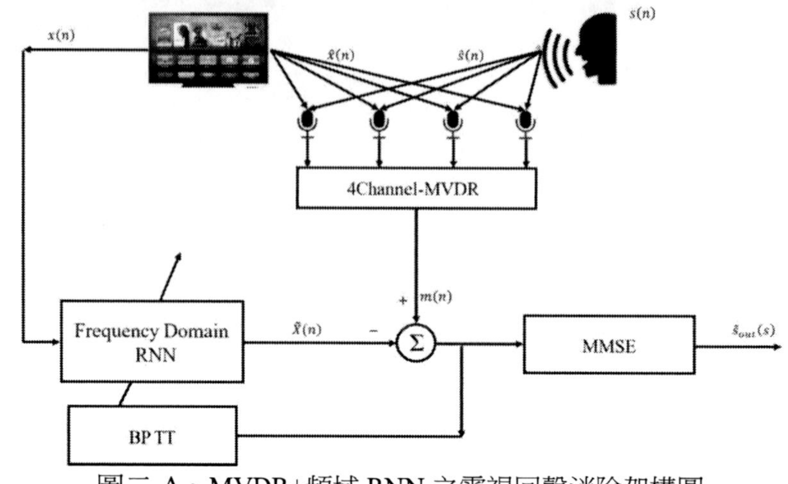

圖二-A、MVDR+頻域 RNN 之電視回聲消除架構圖

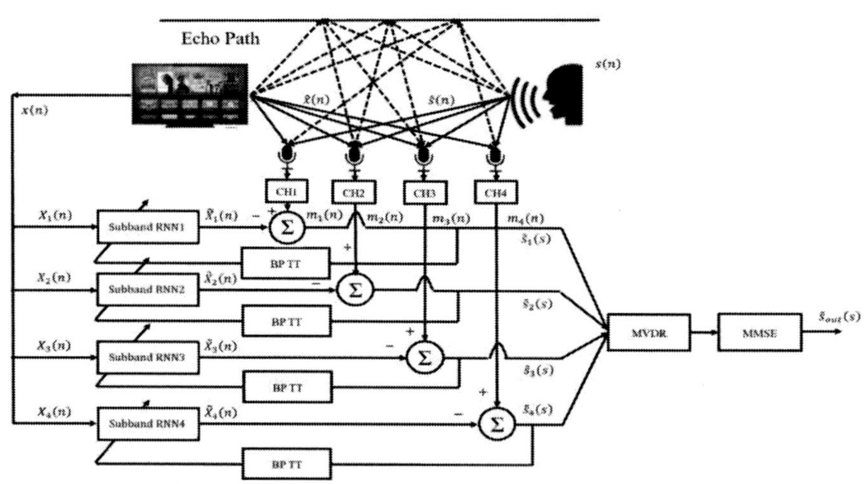

圖二-B、頻域 RNN+MVDR 電視回聲消除架構圖

（一） MVDR 最小變異失真響應

　　假設麥克風陣列會收到目標語音，以及來自其他方向的干擾雜訊與非目標語音信號。我們使用 MVDR Beamformer[7][8]，。因為在每支麥克風在不同角度的關係，使得語音到達每支麥克風都會有延遲。如果能透過使用者聲源方位，計算聲音傳至麥克風的時間差[5]，並透過最小輸出方差準則找到頻域濾波器係數的最佳解，進行 filter-and-sum 補償，就可將使用者說話聲增強。如下圖三所示。

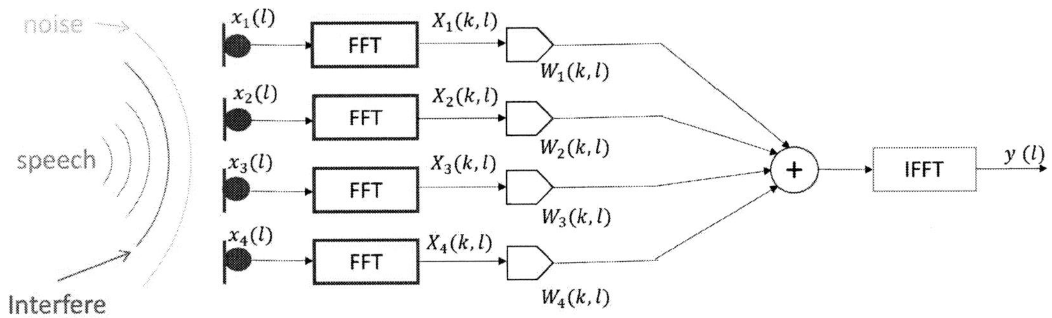

圖三、MVDR 架構圖[7]

其中麥克風接收聲音訊號$x_m(n)$中含有目標聲源訊號$s(n)$跟干擾加噪音訊號$v(n)$。通過對時域麥克風輸入訊號應用快速傅里葉變換（FFT），則麥克風頻域信號為$\{X_m(k,l)$, m=1,2…,4\}。其訊號成分可表示為

$$X_m(k,l) = e_m(k,\theta)S(k,l) + V_m(k,l) \tag{2.1}$$

其中k是頻率索引，l是輸入的短時段索引；$e_m(k,\theta)$表示第 m 個麥克風對目標來源的到達方向（DOA），θ是目標來源，$S(k,l)$和$V_m(k,l)$分別表示變換後的語音信號和乾擾加噪聲信號。假設語音與干擾加噪聲信號不相關，則$X_m(k,l)$的空間頻譜相關矩陣為

$$R_{XX}(k,l) = \sigma_S^2(k)e(k,\theta)e^H(k,\theta) + R_{VV}(k,l) \tag{2.2}$$

其中H是表示共軛轉置，$R_{XX}(k,l)$和$R_{VV}(k,l)$是空間譜相關矩陣，$\sigma_s^2(k)$是語音功率譜密度，波束形成器的輸出訊號$Y(k,l)$可以寫成下式。此外$Y(k,l)$訊號可以再用反傳立葉轉換，獲得最後轉檔或時域的麥克風輸出訊號。

$$Y(k,l) = W^H(k,l)X(k,l) \tag{2.3}$$

而為了找到最佳權重向量，MVDR 波束形成器將每個頻率的總輸出信號功率最小化，同時限制波束形成器的權重大小，讓麥克風指向的方向的響應為 1，即依下式尋找

最佳解。

$$W_{MVDR} = \underset{w}{\arg\min}\, W^H R_{XX} W \text{，subject to } W^H e = 1 \tag{2.4}$$

其中$a(\omega, k)$為拓撲向量，這裡假設雜訊與目標訊號無關聯且平均為 0，將$W^H(\omega)$對$X(\omega)$做矩陣處理。則在無失真準則無雜訊的情況下，對任意$R(\omega)$之 MVDR 最佳解為

$$w_{MVDR} = \frac{R_{xx}^{-1} e}{e^H R_{xx}^{-1} e} \tag{2.5}$$

（二） 頻域 RNN 適應性電視回聲消除

　　RNN 適應性電視回聲消除的做法，主要是先將電視原始訊號輸入 RNN，讓 RNN 預測麥克風收到的電視回聲訊號。再與真正收到的人聲加電視回聲訊號相減後，消掉電視回聲，得到較不受電視回聲影響的人聲訊號。不過我們進一步將整個運作從時域轉到頻域，變成次頻帶 RNN 適應性電視回聲消除法。此頻域 RNN 架構與一般時域 RNN 相同。不同的是將輸入做改變，原本時域 RNN 的輸入是一整段的時域語音訊號，而頻域 RNN 做法是將訊號切成音框，將音框從時域用 FFT 轉到頻域，所以輸入就改為這一小段音框的頻譜訊號。下圖四為次頻帶 RNN 適應性電視回聲消除流程圖。

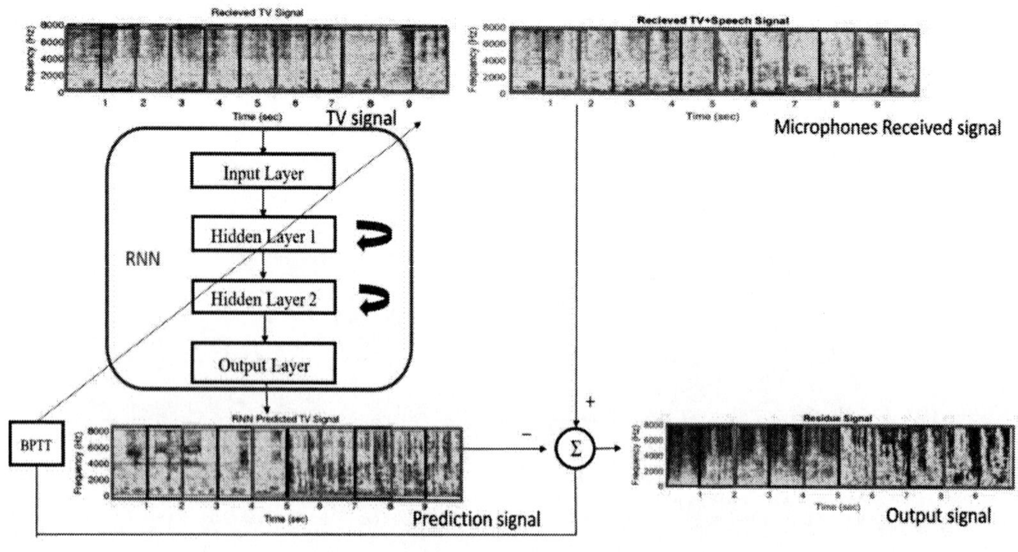

圖四、頻域 RNN 架構圖

其中，因麥克風陣列取樣頻率為 16Khz，我們將 FFT 設為 256，而且由於 FFT 轉換對實數訊號具有對稱性，所以 RNN 的輸入只需要 128 點的資料。學習完的頻域輸出訊號可用 IFFT 反轉為時域訊號，再使用 Overlap-Add 一一疊加起來，就能還原成一整段的時域輸出訊號

本論文所提出的頻域 RNN 電視回聲消除法做法如下。首先將原始的電視聲經過 RNN 計算。公式如下(假設只有一層隱藏層的情況下)，其中 $W_{xh}(t)$ 為隱藏層權重值，$W_{hy}(t)$ 為輸出層權重值：

$$\begin{aligned} \mathbf{h}_t &= f(\mathbf{W}_{xh}\mathbf{x}_t + \mathbf{W}_{hh}\mathbf{h}_{t-1}) \\ \mathbf{y}_t &= g(\mathbf{W}_{hy}\mathbf{h}_t), \end{aligned} \tag{2.6}$$

y_t 是預測出來的訊號，並與麥克風收到人聲和電視聲的混合訊號相減，得到某一時間點的誤差訊號。再以均方差計算成本函數，公式如下（其中 $l_t(j)$ 為麥克風收到人聲加電視聲的訊號）：

$$E = c \sum_{t=1}^{T} \|l_t - y_t\|^2 = c \sum_{t=1}^{T} \sum_{j=1}^{L} (l_t(j) - y_t(j))^2 \tag{2.7}$$

最後則利用反向傳播算法(back propagation through time，BPTT)調整 RNN 權重。BPTT 先由最後時間點，開始對於成本函數作偏微分，再往前算到一開始時間點的偏微分值。RNN 的調適公式如下：

$$w_{xh}^{new}(i,j) = w_{xh}(i,j) - \gamma \sum_{t=1}^{T} \frac{\partial E}{\partial u_t(i)} \frac{\partial u_t(i)}{\partial w_{xh}(i,j)} \tag{2.8}$$

（三）　　MMSE log-STSA 最小均方誤差短時譜幅度估計

後處理的部分使用 MMSE[10]來做更進一步的的消雜訊動作。首先利用語音活性檢測(voice activity detection，VAD)[11]，對輸入信號的一個區塊提取特徵然後對這個區塊進行分類，切出語音訊號，估計背景雜訊頻譜。然後再利用頻譜消去法，去掉背景雜訊，讓輸入訊號透過頻譜相減達到降噪的效果。

三、實驗結果

本論文的實驗語料，包含 8 個語者的 TCC300 語料，以及考慮 4 種電視節目類型，每一類選 10 個電視節目聲。SNR 設定則為人聲與電視聲一樣(0dB)、人聲比電視聲小(-6dB)、人聲比電視聲大(+6dB)三種。其中單通道實驗取靠近麥克風中心點最近的第二聲道做為測試。多通道則使用 4 個麥克風。頻域處理音框大小設為 256，使用漢明窗，RNN 演算法設定為兩層隱藏層，每層神經元為 100。

（一）　　語料說明

測試人聲錄音語料從 TCC300 語料庫中，選擇了 4 男 4 女的音檔，且隨機擷取十秒鐘片段說話聲；而所回錄的電視節目聲為四大類，每類為有 10 個長度大約半小時的節目，從中隨機擷取十秒鐘片段節目聲。所以每人共有 40 個測試電視節目聲。以下表 1 為語料的格式設定。

表 1　語料格式設定

	電視節目聲	語者人聲
Source	Youtube	TCC300
Format	Wave PCM	Wave PCM
Sample Rate	44.1K Hz	16K Hz
Bit Resolution	16-bit	16-bit
Vocal Track	stereo	mono

（二） 實驗情境

　　為了能夠模擬真實的聲學回聲消除系統情形，我們在一個類似客廳的房間模擬遠距離收音情境。首先，把 Kinect for Xbox one 充當接收端麥克風陣列。並在螢幕位置左右兩旁平行放上兩顆主動式監聽喇叭，播放電視節目的聲音。另外，在螢幕的正前方距離 2m 處，擺上另一顆主動式監聽喇叭播放人聲，模擬使用者正在講話。如此一來，當播放出人聲時，影片節目聲也同時混進疊加其中，一起被麥克風陣列所接收，並錄音起來當作我們聲學回聲消除系統的語料。實際上我們共錄製說話者在 90，60 與 30 度角位置的人聲，整體實驗環境擺設如下圖五、六。

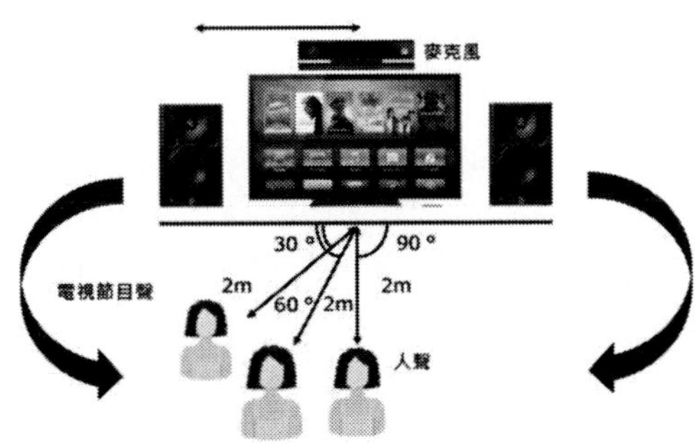

圖五、角度擺設圖

圖六、實際電視喇叭與收音麥克風與實際模擬說話者之音源喇叭擺設

（三） 回聲消除效能評估

　　回聲消除成效除了主觀的由耳朵聽取聲音外，還可以用平均誤差值(Mean Squared Error，MSE)，與回聲返回損失強化(Echo Return Loss Enhancement，ERLE)[5]數值化。ERLE 評估函式式如下式所示：

$$ERLE = 10\log_{10}\frac{m^2(n)}{\tilde{s}^2(n)} \tag{3.1}$$

其中，m(n)為 TCC300 測試人聲混電視節目聲的錄音訊號聲。$\tilde{s}$(n)為消除回聲後的估計語音訊號；即經回聲消除系統消除影片節目聲後得到的 TCC300 測試人聲。藉由原始的訊號聲 m(n)與經回聲消除後得到的 TCC300 測試人聲 $\tilde{s}$(n)兩者相互去比較，當分子 $\tilde{s}$(n)越小時，此時 ERLE 值就愈大，代表消除性能愈好；也表示得到愈清晰的 TCC300 測試人聲。

（四）　實驗結果

在以下實驗中，先讓系統藉由前 5 秒純電視回聲的適應學習，再用來預測到下五秒的電視回聲，測試人聲與電視節目聲混合的比例先保持一樣大聲，即模擬 SNR ＝ 0dB 的情形。實驗結果主要以後五秒為判斷系統好壞準則。以下介紹五種實驗：

- 實驗一：時域NLMS與時域RNN電視回聲消除實驗。

- 實驗二：時域與頻域RNN電視回聲消除實驗。

- 實驗三：MVDR加頻域RNN電視回聲消除實驗。

- 實驗四：MVDR加頻域RNN在不同角度電視回聲消除實驗。

- 實驗五：MVDR加頻域RNN再加上MMSE後處理電視回聲消除實驗。

1.　實驗一，時域 NLMS 與 RNN 電視回聲消除實驗

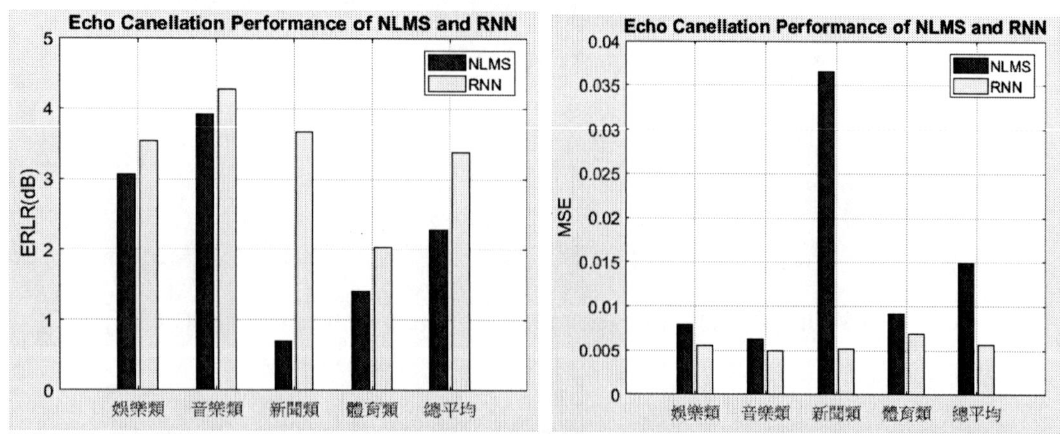

圖七、實驗一 NLMS 與時域 RNN 電視回聲消除系統的 ERLE 與 MSE 結果圖

實驗結果若以如圖七新聞類來為例，左圖的 RNN 在此類型的 ERLE 值有 3.673 遠高於 NLMS 的 0.698，右圖的 RNN 的 MSE 只有 0.00514，而 NLMS 有 0.03654，所以 RNN 效果明顯優於 NLMS。

2. 實驗二，時域與頻域RNN電視回聲消除實驗

實驗二考慮到利用多通道來增強人聲，所以先假設說話者在正前方，用麥克風陣列收集的 4 個聲道音訊，分別做 4 次的深層遞迴式神經網路，在加總增強語音，並比較 RNN 在時域與頻域消除電視回聲的效能。結果如下圖八所示：

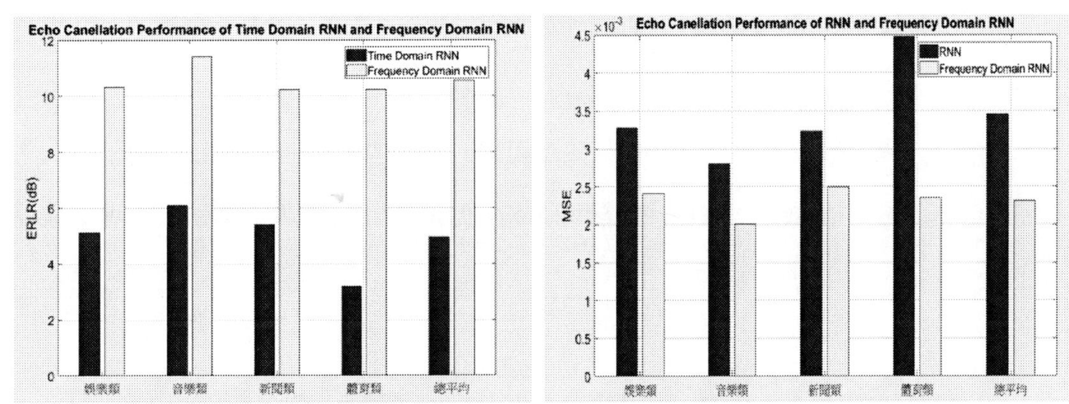

圖八、實驗二 RNN 與頻域 RNN 電視回聲消除系統的 ERLE 與 MSE 結果圖

從圖八的實驗結果，可以看出多通道頻域 RNN 在各種類型的電視節目都優越於多通道時域 RNN。

3. 實驗三，MVDR 加 RNN 電視回聲消除實驗

實驗三則實驗如圖二所示之兩種不同 MVDR 與 RNN 整合架構，一為測試收音後經過 MVDR 先抑制電視回聲，再經過頻域 RNN 過濾電視回聲，另一為收音後先由頻域 RNN 消除回聲，再用 MVDR 增強人聲。實驗比較加入 MVDR 後的回聲消除能否更為優越，跟兩種不同整合架構，那一個更突出。實驗結果如圖九所示：

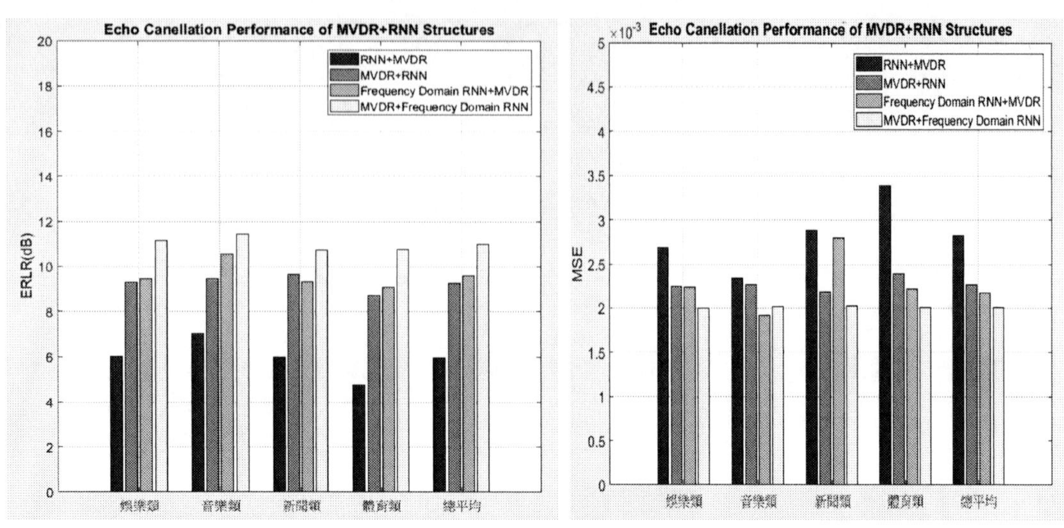

圖九、實驗三 各種 MVDR+RNN 電視回聲消除系統的 ERLE 與 MSE 結果圖

　　由圖九可以看出先用 MVDR 抑制電視回聲，再經過頻域 RNN 過濾電視回聲，在各種類型電視節目的效能，都比先用頻域 RNN 做消除電視回聲，再用 MVDR 增強人聲的效果好。

4.　實驗四，MVDR 加頻域 RNN 在不同角度電視回聲消除實驗

　　由實驗三可得知，MVDR+頻域 RNN 在各種回聲消除實現比較中，有最好的效能，我們就以 MVDR+頻域 RNN 測試使用者在不同角度的回聲消除效能，以便得知我們提出的系統能否可以在使用者在不同位置時，一樣能接受到乾淨的語音。實驗測試使用者在 90 度、60 度、30 度情形，實驗結果如圖十所示

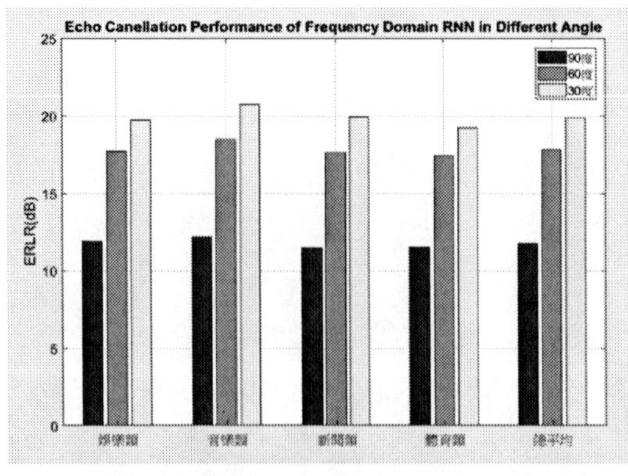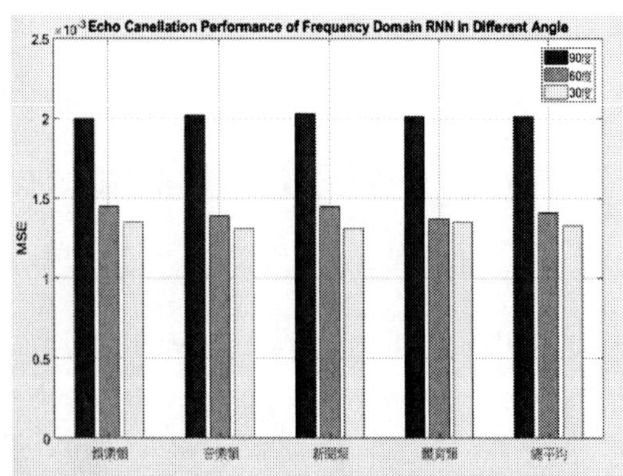

圖十、實驗四 頻域 RNN 在不同角度的電視回聲消除 ERLE 與 MSE 比較圖

　　由圖十的 ERLE 和 MSE 比較圖，可以得知不管使用者在哪一個方位，系統都能輸出較為乾淨人聲語音，也代表它能指向使用者位置做語音增強。而且，從圖十我們可以發現到在 30 度和 60 度時效果會比原本的正前方還要好。此實驗可證實我們提出的方法，能在使用者在不同角度時依然有很好的效率。

5.　實驗五，MVDR 加頻域 RNN 再加上 MMSE 後處理電視回聲消除實驗

　　由實驗三可得知，MVDR+頻域 RNN 在各種回聲消除實現比較中，有最好的效能，所以我們直接以說話者在正前面的 MVDR+頻域 RNN 與 MVDR+頻域 RNN 多加一個後處理的做比較。後處的方法使用 MMSE-log-STSA 方法，看能不能更進一步濾除掉剩餘的電視節目回聲。實驗結果如圖十一所示：

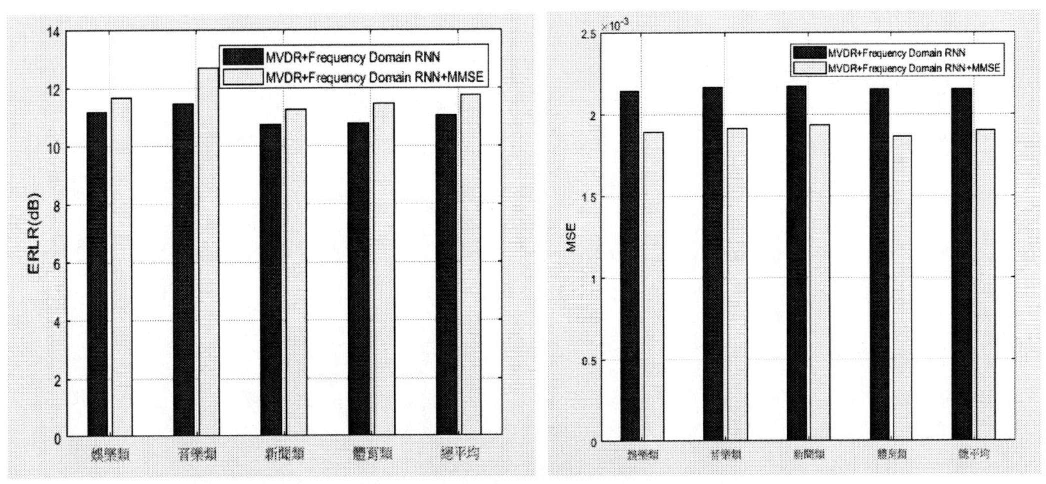

圖十一、實驗五 加入後處理後的電視回聲消除系統的 ERLE 與 MSE 結果圖

　　由圖十一左邊可以看到，對各種類型的電視節目的 ERLE 值，使用 MVDR+頻域 RNN＋MMSE 的後處理總平均為 11.754，比沒經後處理的 MVDR+頻域 RNN 的 11.023 還要好。

五、結論

　　本實驗中利用監聽式喇叭及 Kinect 等器材，實際錄音模擬智慧型電視操作情境，作為電視節目回聲消除實驗的語料。先後導入了 MVDR 做麥克風陣列，利用波束成型，將人聲增強，也更進一步導入非線性濾波 RNN，在頻域處理不同的頻帶的電視回聲，最後再加上 MMSE 做後處理。

　　本論文實驗結果總結如圖十二所示，從此電視回聲消除實驗結果，我們發現用 RNN 的效果比 NLMS 好，使用多通道的麥克風也比單通道的好，而且頻域 RNN 效果比時域 RNN 的好，還有先將收到的人聲加電視回聲做 MVDR，再做頻域 RNN 的動作會比先做 RNN 再做 MVDR 的效果還要好。最後將 MVDR 加上頻域 RNN 在做後處理的部分效果更好。

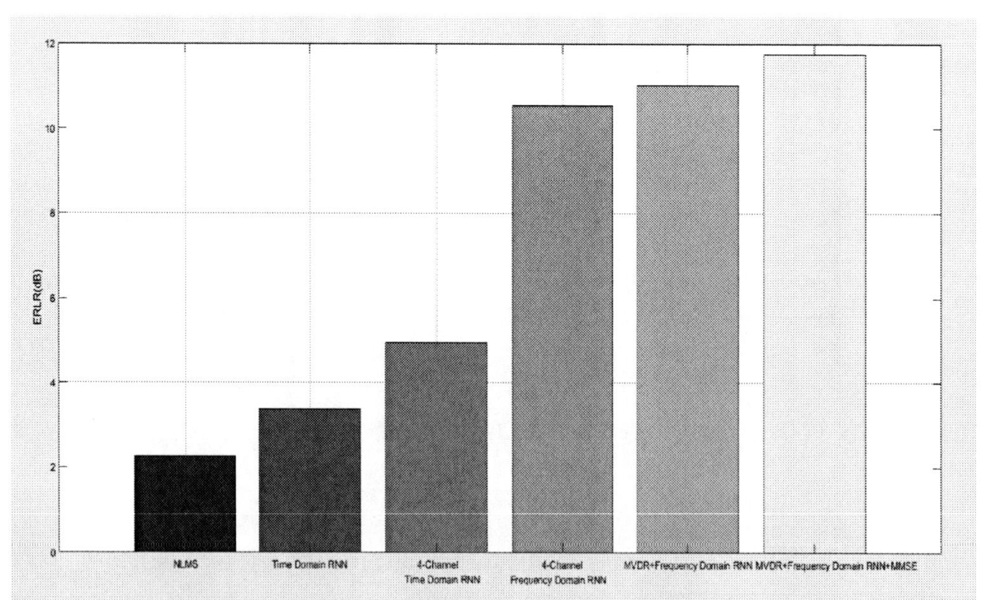

圖十二、實驗結果 ERLE 比較圖

參考文獻

[1] 莊世昌，用於網路電話之多頻帶聲學回聲消除研究，碩士論文，國立臺灣科技大學資訊工程研究所，臺北，2014.

[2] 胡立寧，自適應回聲消除算法的研究與實現，碩士論文，吉林大學，中國，2007. 適應性濾波器

[3] A. Stenger, L. Trautmann and R. Rabenstein, Nonliner Acoustic Echo Cancellstion With 2nd Order Adaptive Volterra Filters, IEEE Int. Conf. on Acoustics, Speech & Signal Procrssing(ICASSP), 1999.

[4] RNN 介紹：http://www.360doc.com/content/16 /0302/19/2459_538881000.shtml , 2016, March.

[5] 陶柏戎，運用多個聯網麥克風進行室內環境語音語音樂之增強:波束成形方法開發與評估，碩士論文，國立清華大學電機工程研究所，新竹，2016.

[6] 劉淵翰,語音強化與立體聲回聲消除於智慧型電視之應用,碩士論文,國立交通大學, 2013.

[7] J. Capon, High-resolution frequency-wavenumber spectrum analysis, Proc. IEEE vol.57, no.8, 8,August 1969.

[8] Shengkui Zhao, Douglas L. Jones,Suiyang KhooandZhihong Man, Frequency-domain beamformers using conjugate gradient techniques for speech enhancement , 2014.

[9] Simit Shah and Roma Patel,MMSE STSA Based Techniques for Single channel, Electronics and Communication Department, Parul institute of engineering and technology, Vadodara, Gujarat india, 2015.

[10] Simit Shah and Roma Patel,MMSE STSA Based Techniques for Single channel, Electronics and Communication Department, Parul institute of engineering and technology, Vadodara, Gujarat india,2015.

[11] Improving Single Frequency Filtering based Voice Activity Detection (VAD) using Spectral Subtraction based Noise Cancellation ,Department of Electronics and Communications NMAM Institute of Technology, Karnataka State, India,2016

The 2017 Conference on Computational Linguistics and Speech Processing
ROCLING 2017, pp. 52-52
© The Association for Computational Linguistics and Chinese Language Processing

A Novel Trajectory-based Spatial-Temporal Spectral Features for Speech Emotion Recognition

張鈞閔　Chun-Min Chang
國立清華大學電機工程學系
Department of Electrical Engineering
National Tsing Hua University
cmchang@gapp.nthu.edu.tw

林維誠　Wei-Cheng Lin
國立清華大學電機工程學系
Department of Electrical Engineering
National Tsing Hua University

李祈均　Chi-Chun Lee
國立清華大學電機工程學系
Department of Electrical Engineering
National Tsing Hua University
cclee@ee.nthu.edu.tw

Abstract

Speech is one of the most natural form of human communication. Recognizing emotion from speech continues to be an important research venue to advance human-machine interface design and human behavior understanding. In this work, we propose a novel set of features, termed trajectory-based spatial-temporal spectral features, to recognize emotions from speech. The core idea centers on deriving descriptors both spatially and temporally on speech spectrograms over a sub-utterance frame (e.g., 250ms) - an inspiration from dense trajectory-based video descriptors. We conduct categorical and dimensional emotion recognition experiments and compare our proposed features to both the well-established set of prosodic and spectral features and the state-of-the-art exhaustive feature extraction. Our experiment demonstrate that our features by itself achieves comparable accuracies in the 4-class emotion recognition and valence detection task, and it obtains a significant improvement in the activation detection. We additionally show that there exists complementary information in our proposed features to the existing acoustic features set, which can be used to obtain an improved emotion recognition accuracy.

Keywords: emotion recognition, speech processing, spatial-temporal descriptors, Mel-filter bank energy

The 2017 Conference on Computational Linguistics and Speech Processing
ROCLING 2017, pp. 53-67
© The Association for Computational Linguistics and Chinese Language Processing

應用興趣點辨識技術從 **Web** 中挖掘新商家資訊

Mining POIs from Web via POI recognition and Relation Verification

許國信　Kuo-Hsin Hsu
國立中央大學資訊工程學系
Department of Computer Science & Information Engineering
National Central University
105522092@cc.ncu.edu.tw

莊秀敏　Hsiu-Min Chuang
國立中央大學資訊工程學系
Department of Computer Science & Information Engineering
National Central University
showmin1205@gmail.com

周建龍　Chien-Lung Chou
國立中央大學資訊工程學系
Department of Computer Science & Information Engineering
National Central University
formatc.chou@gmail.com

張嘉惠　Chia-Hui Chang
國立中央大學資訊工程學系
Department of Computer Science & Information Engineering
National Central University
chia@csie.ncu.edu.tw

摘要

本論文提出一套系統能從網頁中自動化的挖掘新的店家資訊的方法。透過地址相關的特殊的關鍵字(如：台北市+新開幕)進行搜尋，找到可能包含地址及新開幕店家的網頁，再利用地址辨識模型先從結果中擷取地址，並從周圍透過興趣點辨識模型擷取商家名稱(Store Name Recognition)，最終使用地址與興趣點關聯配對(POI Relation)模型推斷該商家名稱是否位於該地址。我們特別著重在商家名稱辨識以及 POI Relation 的模型建立。針對興趣點辨識模型的資料準備，我們將黃頁上的商家名稱透過實體篩選以及資料前處理，應用 Distant Learning 及序列標記，可以訓練出 F1 值 0.816 的興趣點辨識模型。其次關於 POI Relation 預測則是針對反例的準備進行研究，其中效能最好的模型有 0.754 的準確率。整體系統效能則使用兩個興趣點辨識模型搭配三種關聯分類模型，共進行六次實驗並分析，最好的組合平均每個 IP 每天能找到約 49 個新的興趣點。

Abstract

This paper presents a system that could automatically extract new POIs from Web. First, we use special queries (e.g. Taipei+New Open) to find Web pages that might contain addresses for new stores. For web pages that contain addresses, we then apply store name recognition model to extract possible POIs. Finally, we train a model to find the most possible POI for the address found in the page. In this paper, we focus on POI name recognition and POI relation prediction. For POI recognition, we use store names from yellow pages as seed to prepare the training data via distant learning. Through entity selection and data processing, we obtain a model with 0.816 F1-measure as opposed to 0.432 F1-measure for a dictionary-based baseline. As for POI relation prediction, we compare three different strategies for negative example preparation. The best model could get 0.754 accuracy. We combine two POI recognition models with three classification models to test the overall performance. The best combination could extract 49 POIs every day with a single IP.

關鍵詞：興趣點辨識模型、二元分類關聯分類模型

Keywords: Address Recognition, POI Entity Recognition, POI Relation Prediction

一、緒論

隨著無線網路和智慧型手機的普及，傳統翻閱電話簿或名片的方式大幅減少，使用者們開始習慣利用網路查詢店家資訊。因此，谷歌、雅虎、微軟和諾基亞等公司很早就已開始開發商業地圖以滿足這類的需求，也有其他公共的地圖，像是：OpenStreetMap 和 OpenPOI，用於建設和維護興趣點(Point of Interest, POI)數據庫。

在 W3C 的定義中，興趣點可以視為一個擁有可用信息的位置。廣義上來說，任何能在電子地圖上標記的某個地標或是建築，都可以當作興趣點，像是：中央大學、捷運中山站、台北 101 等等。

不同的地圖服務可能有各自的特色，但多數都會提供興趣點的地址，若興趣點為店家或是機構則多會增加電話、營業時間等資訊。而地圖服務著重在資訊的正確性上，若提供的資訊與事實不符，將會造成使用者困擾，容易因為錯誤資訊而被給予較低分的評價，導致口碑不佳無人使用的窘境。

地圖服務的問題是如何蒐集新的資料。根據財政部的統計，我國餐飲業之營利事業家數

在民國 103 年共有 117,307 家，民國 104 年則增加到 124,124 家，平均每天增加 18 家。地圖服務不僅僅包含餐飲店家，尚有旅遊、醫療、學校、五金、水電等其他店家，平均每天新增的興趣點可能有上百個。不可能只倚靠真人考察或瀏覽部落客文章去新增興趣點，因此需要自動化。

由於我們可以利用地址關鍵字(區、市、鎮)做為搜尋字去抓取網頁中的地址，因此本論文以地址的角度去擬定策略，希望快速地從網路上挖掘出新的地址，並給予每個新的地址正確的興趣點名稱，以此自動化擴充資料庫。我們提出的系統包含四個部分：第一部分為關鍵字爬蟲，第二部分為地址辨識，第三部分為興趣點辨識，最後則是配對關係預測，如圖一所示。系統可以透過特定的關鍵字(ex:台北市+新開幕)進行第一次資料蒐集，從中擷取出辨識的地址，以及包含地址網頁中的興趣點，最後對每個地址和其找到的興趣點做關係預測，選擇機率最高的做為正確配對。

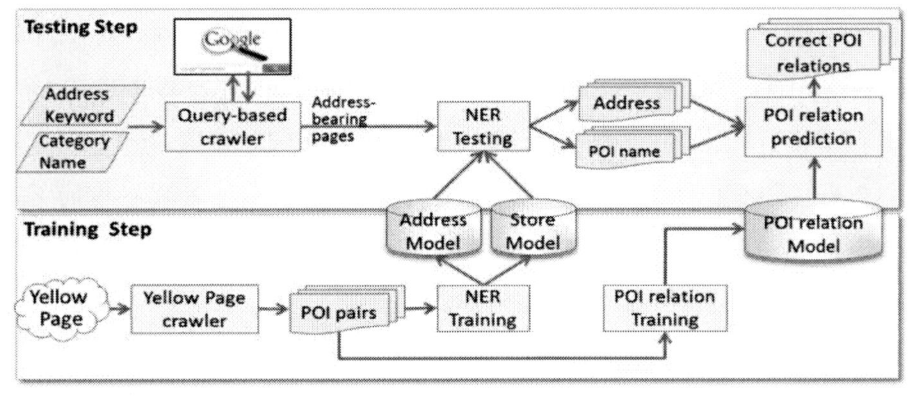

圖一、系統架構圖

雖然將 Google 搜尋引擎作為大量資訊的來源，抓取該關鍵字的前十篇搜尋結果可以快速的找尋新的商家，不過這項搜尋來源的限制是同 IP 不能頻繁地向 Google 搜尋引擎蒐集資料，因此系統每天能自動化找到多少個新的商家是實作地理資訊系統所關心的主題。本篇論採用 Huang [12]之方法擷取中文地址(F1 值可達 97.2%)，並改善興趣點辨識達到 81.6%的 F1 值，另外地址與商家配對驗證模型精準率為 74.56%，系統每天能自動化找到 49 個新的興趣點。

本論文的內容組織如下：第二章描述相關研究。第三章為系統架構及 POI 名稱辨識，第四章為 POI 與地址關係預測模型，第五章為實驗數據以及實驗結果，最後第六章提出結論和未來研究方向。

二、相關研究

實體提取是從非結構化文本文檔中識別命名實體的任務，這是用於測試機器能夠理解自然語言寫入的消息以及自動執行通常執行的常規任務的信息任務之一。現今常用的方式是以序列標記實體的開始、中繼、結束、其他作為擷取的參照，並以隱藏馬爾可夫模型（Hidden Markov Model, HMM）和條件隨機場（Conditional Random Field, CRF）為主要技術[11]。由於監督學習需準備大量的訓練資料，而人工標記需要相關知識且耗費時間。因此 Chou[1]與 Huang[12]等人即提出利用已知的實體清單進行自動標記進而生成訓練資料的 Distant Learning 架構。本論文中的興趣點辨識模型即仿效黃的做法，並改善辨識效能，此為本研究的第一個主題。

本文第二個主題則是地址與興趣點關係的驗證模型。提取實體之間的語義關係是數據鏈接與本體建構發展的關鍵步驟。大多數的研究著重在二元關係的擷取[3]，某些監督式學習的研究提出特徵導向[4]以及核心(kernel-based)導向[5]的方法。由於監督式學習需要大量標記資料，因此半監督式學習(Semi-supervised Learning)和自助法(bootstrapping)就顯得重要，DIPRE [6]和 Snowball [9]分別使用一小組標記種子實例和手工提取格式來訓練模型。而 KnowItAll[8]和 TextRunner[7]則是採用自我訓練之大型關係擷取系統。

本文採用高霆耀及莊秀敏[13]等人的作法，透過搜尋地址與店家的結果數、皮爾森相關係數 (Pearson correlation coefficient)、餘弦相似度(Cosine similarity)等共 27 個特徵去推斷該商家是否位在該地址上，並藉由黃頁的商家資訊準備正反配對訓練及測試資料，然實務上地址與商家配對之測試資料與訓練資料並不相同，為加速系統運作，本文提出新的訓練資料準備方式，希望可以提升系統運作效能。

三、興趣點辨識模組

興趣點辨識模組包含五個步驟，包括以已知興趣點作為關鍵字查詢可能包含興趣點的句子、自動標記、資料前處裡、特徵擷取以及使用 CRF++進行模型訓練，如圖二所示。我們從中華黃頁上搜集 677,172 個商家興趣點做為實體清單，然而一開始所得到的模型效果並不佳，原因是黃頁中商家名稱可能使用註冊人名、食物名稱、類別名稱(土木工程)或地區名稱(桃園市中壢區、高樹鄉)做為興趣點，導致所得模型標記準確率太低，因此需要進一步的篩選，過濾掉不符合興趣點定義的實體。

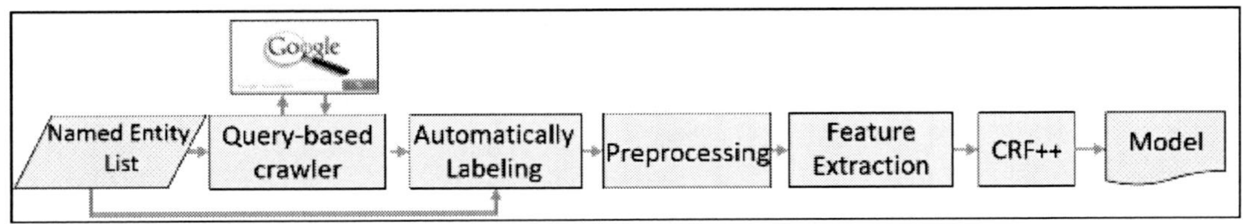

圖二、興趣點辨識模組流程圖

3.1 商家實體篩選

由於黃頁中的興趣點可能包含英文、數字或特殊符號，而我們的研究著重在純中文的興趣點名稱，因此保留由中文以及括號組成的實體，其餘全部去除。保留括號是因為某些興趣點會跟隨著區域名，像是連鎖店就會透過不同門市來區分，舉例來說「全家(中央店)」和「全家(中正店)」同樣都是便利超商，但由於落在不同區域也就會有不同的門市名稱。

篩選的規則可以依據實體的長短分成兩部分(長度為五到十五為長實體；長度三或四則是短實體)，其中針對短實體可能為人名的部分再加以細分兩種規則。之後使用 1,563 個食物名稱以及 1,275 個類別名稱進行過濾，並利用正規表達式(區鄉鎮縣市部)去除地區名稱，避免擷取出大範圍的地點名稱，留下長實體的興趣點，以下簡稱此清單為 L。

接著，我們透過正規表達式以及人名辨識模型過濾註冊人名。正規表達式的方法係利用 124 個常用姓氏做為開頭，獲得去除可能人名後的短實體興趣點，以下簡稱此清單 SR。以人名辨識模型的部分，則先以短實體做為搜尋關鍵字爬取前十篇搜尋結果，並利用人名辨識模型擷取人名清單[12]，和原先的短實體清單取差集後即為過濾完成的短實體清單，以下簡稱此清單 SP。

我們將 L 和 SR 聯集後取得 556,036 個實體，透過搜尋為每個實體取得相關句子做為訓練資料，經處理後共有 928,567 句。而利用 L 和 SP 聯集後則有 556,702 個實體，以及 916,383 訓練句。而原先 677,172 個黃頁興趣點，則有 1,560,622 包含實體的句子。

3.2 自動標記

採用已知實體名稱，自動標記句子生成訓練資料，是解決人工標記成本過於昂貴的方法。

雖然句子是由查詢已知興趣點取得，但由於每句話可能包含一個或一個以上的興趣點，也可能完全沒有（如圖三）。當句子數量與實體名稱數量均大於幾十萬時，自動標記的成本就會相當大。為避免巢狀標記(即一個 POI 裡包含另一個 POI)與加速標記速度，我們將興趣點依長度由大至小排列，並將比對成功的部份去除後，再比對較短的實體。舉例而言，「國立中央大學的小豬滷味很好吃」比對到「國立中央大學」之後，句子縮減成「的小豬滷味很好吃」，再與剩餘的興趣點比對，若是縮減後的句子長度小於 2，則可直接結束比對流程。

▽國立中央大學▼的▽小豬滷味▼很好吃
位於基隆市的▽德安五金行▼
台灣製造商提供給批發商, 進口商, 與需大量購買之買家的環保型耐磨潤滑劑

圖三、自動標記範例圖（▽和▼符號代表實體的開始以及結束）

3.3 特徵擷取

資料來源五花八門，可能來自新聞、部落格文章或是社群的貼文，每個句子闡述的內容不盡相同，因此我們利用興趣點前後的字詞做為特徵，再用 CRF++進行模型的訓練。此處使用逗號以及句號做為斷句的依據，在資料量最大的實驗中，斷句後有 5,323,009 句，總字數更是破億字，基於設備以及訓練速度的考量，我們只保留含有興趣點的句子，也就是去除所有的不包含興趣點句子的負範例(negative example)。經過實驗後發現效能沒有明顯下降，實驗時間則有大幅度的降低。

我們依據 Chou[1]提出的五類十四種特徵(如表一)：是否為實體前常出現的詞(Common Before)、是否為實體後常出現的詞(Common After)、常出現的實體前綴詞是(Common Prefix)、常出現的實體後綴詞(Common Postfix)，以及是否為特殊(如英文、數字等)符號。除了第十三和第十四個特徵有固定的字典，剩餘的字典會從訓練資料中擷取，並透過該字出現的頻率進行篩選。

最後我們利用 CRF++進行訓練，將序列標記成 BIEO 符號，B 代表實體的開始，I 代表實體的中間字元，E 代表實體的結束，O 則是代表不屬於實體。

表一、興趣點辨識模型特徵表

ID	Name	Description
1	Before_1	unigram word before entity or not
2	Before_2	bigram word before entity or not
3	Before_3	trigram word before entity or not
4	Prefix_1	prefix unigram word or not
5	Prefix_2	prefix bigram word or not
6	Prefix_3	prefix trigram word or not
7	Sufffix_1	suffix unigram word or not
8	Sufffix_2	suffix bigram word or not
9	Sufffix_3	suffix trigram word or not
10	After_1	unigram word after entity or not
11	After_2	bigram word after entity or not
12	After_3	trigram word after entity or not
13	English/Number	English or number?
14	Symbol	Symbol or not?

四、地址與興趣點關聯分類

如緒論所述，本論文首先應用地址關鍵字對搜尋引擎查詢得到可能包含地址的網頁，再從擷取出新的地址網頁中辨識可能的興趣點名稱，最後進行配對關係預測（如圖一所示）。本節的目的即在判斷給定地址 a 與興趣點 p 之間的配對關係。基本上系統將對搜尋引擎分別送出三個查詢：a、p、及 a+p 以得到搜尋結果：T_a 代表地址的前十篇搜尋結果，T_p 代表興趣點的前十篇搜尋結果，T_{a+p} 代表地址與興趣點的前十篇搜尋結果。為了有效地辨識出地址和興趣點關聯，我們定義以下如表二、共十二個特徵。

表二、地址與興趣點關聯分類特徵表

ID	Name	Query a p a+p	Description
1	$C(a)$	● ○ ○	# of search results for query a in normalized scale
2	$C(p)$	○ ● ○	# of search results for query p in normalized scale
3	$C(a, p)$	○ ○ ●	# of search results for query a+p in normalized scale
4	$R(a+p\|a)$	● ○ ●	the ratio of C(a+p) to C(a)
5	$R(a+p\|p)$	○ ● ●	the ratio of C(a+p) to C(p)
6	$P(a+p\|T_a)$	● ○ ○	the percentage of top 10 snippets from T_a that support the POI relation (a,p)
7	$P(a+p\|T_p)$	○ ● ○	the percentage of top 10 snippets from T_p that support the POI relation (a,p)
8	$P(a+p\|T_{a+p})$	○ ○ ●	the percentage of top 10 snippets from T_{a+p} that support the POI relation (a,p)
9	$NDCG(p\|T_a)$	● ○ ○	the rank of p in top 10 snippets from T_a
10	$NDCG(a\|T_p)$	○ ● ○	the rank of a in top 10 snippets from T_p
11	$\cos(T_a, T_p)$	● ● ○	the cosine similarity for snippet T_a and T_p
12	$D(a+p)$	○ ○ ●	Today − D(a+p) in log scale

特徵一到特徵三利用搜尋結果數取對數而得。我們認為地址或興趣點的搜尋結果數越低，代表其不存在的機率越高，在驗證時被分類為錯誤配對(False)的機率就會越高。以地址與興趣點作為關鍵字的搜尋結果數越多，代表地址與興趣點間的關聯性越高。特徵四和特徵五透過計算條件機率取得，和特徵三有著相同性質，數值越大代表關聯性越大。

特徵六到特徵八採用 co-occurrence 的方法計算，利用地址、興趣點或是地址與興趣點作為關鍵字的搜尋結果，計算地址和興趣點同時出現的機率，該特徵值越大代表兩者一起提到的機率越大，關聯性也就愈高。

若該地址出現在該興趣點的搜尋結果之第一篇，代表兩者的關聯越高；反之若在最後一篇才有提及、甚至沒有出現，則代表關聯較低。因此我們採用 NDCG 作為第九和第十個特徵。NDCG 是種計算排名的方法，常用來測量搜尋引擎的演算法是否有效。

第十一個特徵是餘弦相似度，數值越高代表兩者的相似度越高，關聯性也就越高。最後一個特徵和時間有關，我們認為越新的資訊越正確。因此，利用正規表達式從搜尋結果中辨識時間，減系統時間後取對數得到此特徵值，該值越大表示越舊；反之該值越小表示資料越新，正確性亦會較高。

五、實驗

本節內容包含三個部份，分別是興趣點辨識效能的比較、地址與商家關係預測、以及整體系統效能。

5.1 興趣點辨識

興趣點辨識評估方式採取部分比對，假如標準答案是「蔣中正紀念館」，而模型只辨識出「紀念館」，會得到 0.5 分，部分比對分數、精準率(Precision)、召回率(Recall)以及 F1 值之算法如以下。

$$Score_p = \frac{|Overlap\ tokens|}{|Identified\ entity\ tokens|} \quad Score_r = \frac{|Overlap\ tokens|}{|Real\ entity\ tokens|}$$

$$Precision = \frac{\sum Score_p}{|Identified\ entities|} \quad Recall = \frac{\sum Score_r}{|Real\ entities|}$$

$$F - Measure = \frac{2PR}{P+R}$$

表三、測試資料之一致性信度值

		Labeler1				
		B	I	E	O	SumL2
Labler2	B	5,161	28	0	621	5,810
	I	60	24,483	232	3,204	27,979
	E	0	80	4,937	793	5,810
	O	583	2,025	635	367,859	371,102
	SumL1	5,804	26,616	5,804	372,477	410,701

興趣點辨識的測試資料採用人工標記，以 250 個類別名稱、1,000 個食物名稱、1,000 個地址以及 1,000 個興趣點做為搜尋關鍵字，共爬取 4,000 個搜尋結果。先以自動標記的方法對訓練資料進行答案標記，再請兩位標記人員修正錯誤以及補標答案。標記之一致性信度(Kappa)值為 0.886，表示標記答案的可信度，如表三**錯誤! 找不到參照來源。**所示。

5.1.1 興趣點篩選效能分析

我們首先比較使用原始黃頁商家(ALL)，與篩選過的長實體 L 聯集兩種短實體 SR 及 SP 作為已知興趣點利用自動標記所得的辨識效能（圖四），並與自動標記所訓練出的模型（圖五、三種實體模型辨識效能比較圖）做比較。從圖四中可以看出，僅用字典比對方法的效能有限，沒有篩選過的原始黃頁商家僅有 0.291 的準確率，雖然篩選過人名的準確率可達 0.785 及 0.778，但是召回率不到 0.3；其中使用 LSR 清單的最佳效能，F1 值也只有 0.432。而經過訓練的模型，即使是沒有經過篩選(ALL)的模型 F1 效能也有 0.665；表現最好的是過濾人名的 LSP 辨識模型，F1 效能為 0.788，而正規表達式人名過濾所訓練的模型效能則達到 0.770。

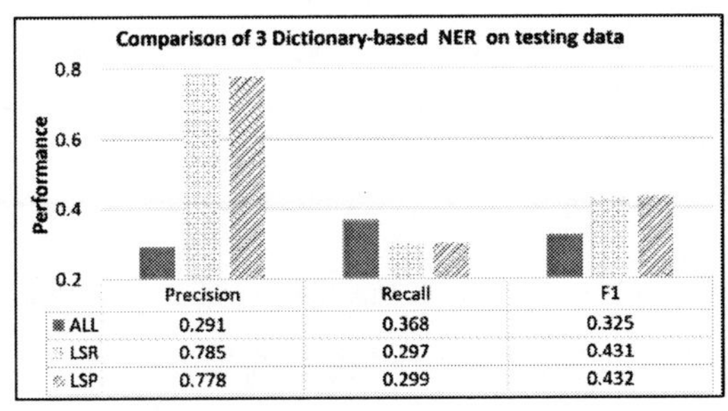

圖四、字典導向之興趣點辨識效能

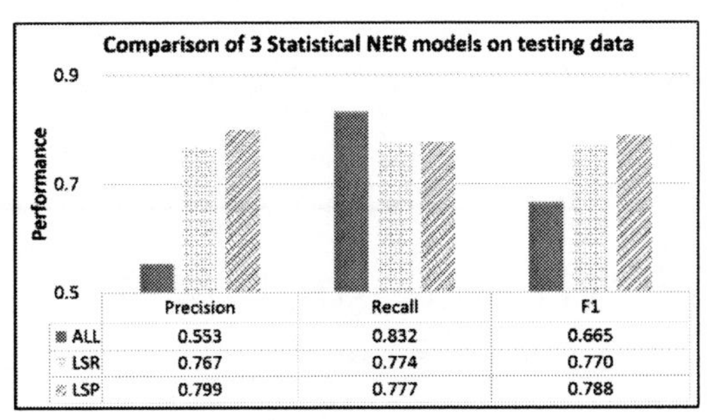

圖五、三種實體模型辨識效能比較圖

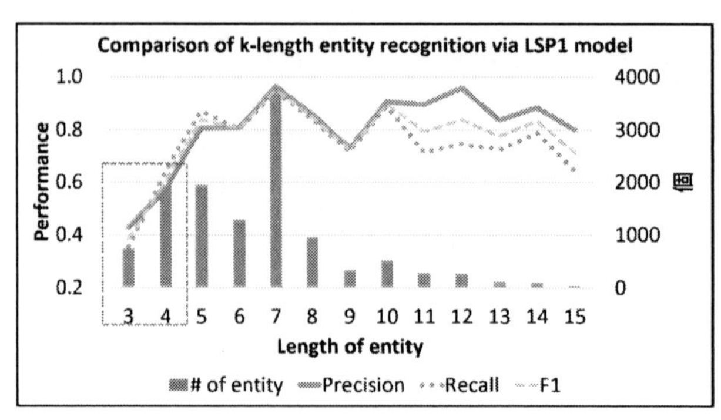

圖六、LSP1 模型之不同長度實體效能圖

5.1.2 短興趣點效能提升

為改善興趣點辨識模型效能，我們分別針對不同長度的實體進行分析，以先前提及的清單 L 和清單 SP 爬取第一筆搜尋結果命名為 LSP1，如圖六所示。可以看到長度三和四的短實體的效能低於整體效能，因此我們嘗試兩種方法去提升短實體辨識效能：合併模型以及增加短實體資料量。

我們利用先前提及的清單 L 和清單 SP 爬取第一筆搜尋結果(LSP1)，並分別訓練模型，再聯集兩個模型的答案，做為最終的標記結果。其中 L 共有 491,330 個實體、773,927 句；SP 有 65,372 個實體、108,874 句。從圖七可以看出，合併模型(E_LSP1)在長度三、四實體以及整體的精準率皆低於一般模型(LSP1)，即使召回率都比一般模型來的好，整體看來 F1 值都較低，因此合併模型的方式無法有效改善效能。

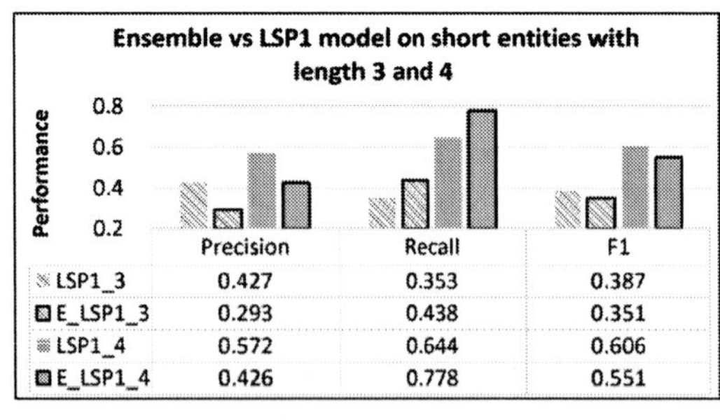

圖七、合併模型短實體部分之效能比較圖

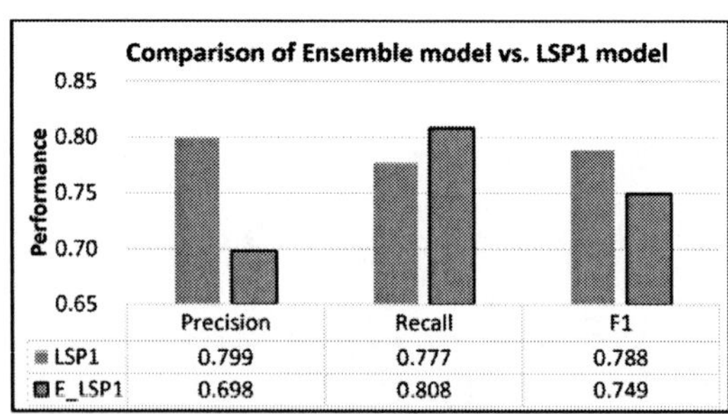

圖八、合併模型整體之效能比較圖

第二種做法則是將短實體的搜尋結果從一筆增加至五筆和十筆。圖九以及圖十分別顯示長度 3 及 4 的實體辨識效能，我們發現增加訓練資料量可以有效提升效能，F1 值從原先的 0.387 提升至 0.467。長度為四的興趣點辨識則是從 0.606 提升至 0.676。

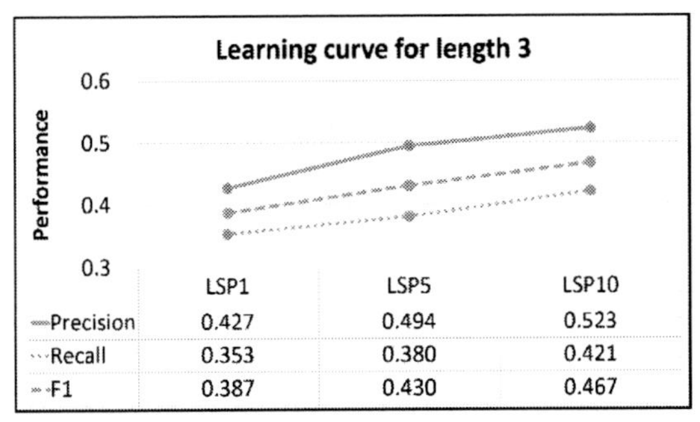

図九、增加短實體訓練資料量對長度為 3 興趣點之
學習曲線圖

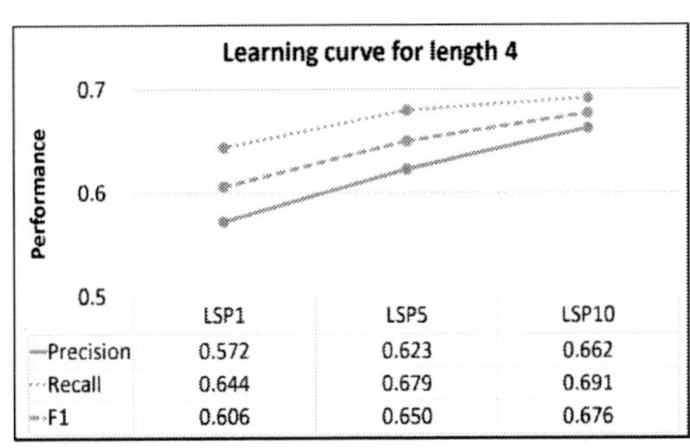

図十、增加短實體訓練資料量對長度為 4 興趣點之
學習曲線圖

從整體效能的角度來看，增加短興趣點資料量可使精準率從 0.799 提升至 0.855(如圖十一)；召回率雖沒有明顯成長，也從 0.777 來到 0.781；F1 值則是從 0.788 改善至 0.816。

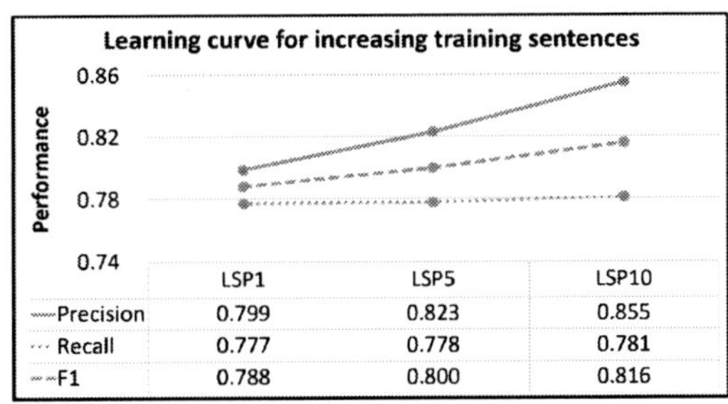

図十一、增加短興趣點訓練資料之整體效能比較圖

5.1.3 訓練模型效率之提升

在效率上，比較保留所有搜尋結果的全部句子 (2,426,201 句)所訓練的模型，與去除不包含興趣點的句子(916,383 句)所訓練的模型。從圖十二可看出，去除不包含興趣點的模型和保留的模型效能相差不遠，實驗時間卻從 757 分鐘降到 474 分鐘，共減少 37.3% 的時間。由此可知，去除不包含興趣點能大幅降低訓練時間，且效能不會有太多的變動。

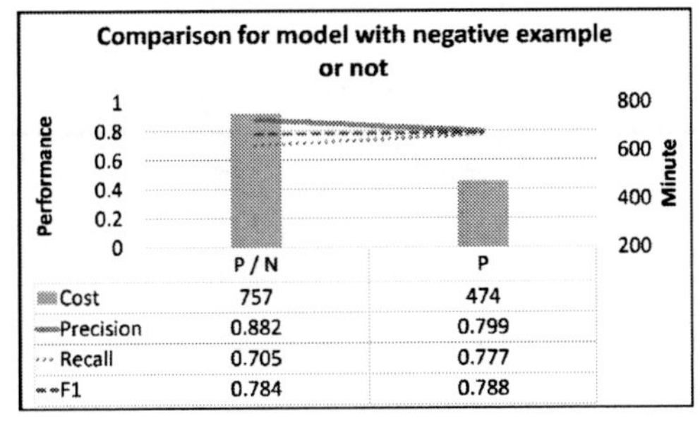

図十二、去除不包含興趣點之效能及時間比較圖

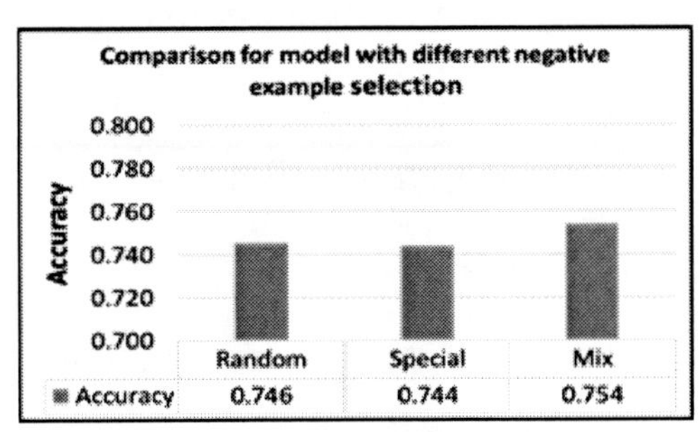

図十三、地址與興趣點關聯模型效能比較圖

5.2 地址與興趣點關聯預測

實驗的第二部份則是 POI Relation 的預測。我們從黃頁上搜集並篩選 4,000 出個正確的
地址與興趣點配對做為正例(Positive example)，而反例(Negative example)的挑選分成三
種：從正例中隨機挑選興趣點去和地址做配對，若配對結果為正例則去除並重新隨機挑
選，直到反例數量達到 4,000 個。第二種則是模仿系統真實運作時從地址的搜尋結果中
辨識到其他興趣點並與其地址配對成的反例；最後則是綜合兩種方法做為第三種不同的
準備方式。測試資料則挑選和訓練資料不同的 2,500 個正例，使用第一種和第二種方式
各準備 1,250 個反例並進行人工標記，最終資料共包含 2,740 個正例以及 2,560 個反例。

從圖十三中可以看出三個模型的效能差不多，其中第二種的反例準備方式效能最低，準
確率為 0.744，但是混合訓練資料的效果則得到最高的 0.754 準確率。問題可能出在訓
練資料的準備中，辨識出的興趣點或許的確落在該地址上，然而該配對並不存在黃頁中
的資料中，因此被我們做為反例進而降低效能。

5.3 系統效能測試

最後我們利用兩個興趣點辨識模型(ALL, LSP10)以及三個關聯模型進行共六次的系統
測試。由於一個地址附近可能會有提到數個興趣點(表四第 2 行)，我們保留驗證機率大
於 0.5 的候選興趣點(表四第 3 行)並進行排序，選出最高機率的候選者做為該地址配對
的興趣點，最終人工標記結果並計算準確率(表四第 4 行)。其中利用 ALL 模型辨識出
的興趣點共有 816 個，LSP10 則辨識出 340 個興趣點，因此前三組所需要的驗證時間也
是後者的 2.4 倍，再由此花費的時間推算每日可以找到新（正確）的地址商家配對。

從表四中可以看出，利用 LSP10 搭配第一種關聯分類模型的效能最好，準確率達到 0.648，
總花費時間為 1,034 分鐘，預估每個 IP 每天能找到約 49 個新的興趣點。而 ALL 模型搭
配第一種關聯分類模型的效能只有 0.291，則是因為所辨識出的興趣點不正確導致效能
以及效率降低。

不論是利用第二種或第三種關聯分類模型的組合之效率都極差，可能是因為訓練資料中
有正確配對被視為反例，導致實際測試時正確配對不能被成功分類，從候選人的數量中

即可看出，利用隨機分配產生反例的關聯分類模型能找到較多的 POI，數量為其他兩個的幾十倍。這背後的原因可能是因為正例和反例的差異較大，能輕易將正確答案與錯誤答案分類，而第二種和第三種方法仿效真實系統運作狀況，包含和正例較相近的反例，舉例來說「全家(中央店)」是正確答案，而「全家」出現在反例中，即有可能影響結果。

表四、系統測試結果比較表(Efficiency for correct POI = Accuracy * Efficiency)

	# of POI	# of candidate	Accuracy	Cost (min)	Efficiency (POI/day)	Efficiency for correct POI (POI/day)
ALL + Random	816	277	0.291	2,307	53.70	15.63
ALL + Special	816	13	0.182	2,311	1.25	0.23
ALL + Mix	816	3	1	2,306	1.25	1.25
LSP10 + Random	340	88	0.648	1,034	75.20	48.73
LSP10 + Special	340	2	1	1,033	1.39	1.39
LSP10 + Mix	340	2	1	1,034	1.39	1.39

六、結論

我們以黃頁商家興趣點做為已知實體名稱，應用搜尋引擎收集包含興趣點的句子，並以自動標記作為基礎，準備訓練資料，再利用 CRF++訓練的辨識模型。由於中華黃頁上的興趣點名稱包含不只一般商家名稱，也包括像是註冊人名、食物名或是類別名稱的興趣點，所以需要進行興趣點的篩選，以獲取更好的訓練資料。從實驗結果中可以看出，經過篩選後訓練的模型效能來到 0.788，從 0.665 大幅提升 15.6%。而利用人名辨識模型去除註冊人名的方法比正規表達式來的更好。此外，去除不包含興趣點的方法可以節省 37.3%的訓練時間，其效能和保留所有句子的方式不相上下。而去除不包含實體以及標籤之過短的正例也能提升效能。隨著資料量的增加，短實體的效能獲得改善，整體 F1 值也從一個搜尋結果的 0.788 提升到十個搜尋結果的 0.816，因此我們相信，若有足夠的硬體設備，足以負荷更多的資料，就能夠訓練出更好的模型。

在地址與興趣點關聯預測部分，我們提出三種不同準備反例的方法：隨機分配興趣點給地址、從地址的搜尋結果擷取之錯誤配對興趣點以及混合前兩者，其精準率分別為 0.746、

0.744 和 0.754，差異並不顯著。

整體系統方面，我們採取六種不同的組合對一百個新的地址進行測試，從結果中可以看出，當關聯分類模型能成功分類出正確的配對時，搭配上越好的興趣點辨識模型能夠提高效能，減少辨識錯誤興趣點的機率並大幅降低實驗時間，同時也提升整體系統效率。最後我們的系統能從搜尋結果中辨識地址，透過辨識出該地址附近的興趣點，再利用關聯分類模型配對地址與興趣點，找到該地址最有可能的興趣點，達到自動擴充以及自動挖掘的功能。其效率達到每個 IP 每天能爬取約 49 個新的興趣點。

在未來研究上，首先我們的興趣點實體篩選只保留括號，其餘符號以及英文數字皆被去除，然而實際上有許多興趣點是中英混雜或是夾帶數字，未來若能訓練出跨語言的辨識模型，就能辨識出更多興趣點。其次雖然三種不同的關聯分類模型效能差異並不大，但在系統測試時卻有非常大的不同，從學習曲線中可以看出，訓練資料五百時準確率即達到 0.739，若能手動標記從地址的搜尋結果中辨識非正例配對的興趣點，將原本被視為反例的興趣點修正成正例(例如公司縮寫或是連鎖店)，或許能提升模型效能，在系統面時亦能更符合實際狀況，找到更多更正確的候選人。此外，利用 Google 搜尋引擎會有次數的限制，因此一般我們需要使用多個 IP 或是浮動 IP 來提高系統效率。

參考文獻

[1] Chien-Lung Chou, Chia-Hui Chang, and Ya-Yun Huang. 2016. Boosted Web Named Entity Recognition via Tri-Training. ACM Trans. Asian Low-Resour. Lang. Inf. Process. 16, 2, Article 10 (Oct. 2016), 23 pages.

[2] Chuang, Hsiu-Min, and Chia-Hui Chang. "Verification of poi and location pairs via weakly labeled web data." Proceedings of the 24th International Conference on World Wide Web. ACM, 2015.

[3] Bach, Nguyen, and Sameer Badaskar. "A review of relation extraction." Literature review for Language and Statistics II (2007).

[4] Kambhatla, Nanda. "Combining lexical, syntactic, and semantic features with maximum entropy models for extracting relations." Proceedings of the ACL 2004 on Interactive poster and demonstration sessions. Association for Computational Linguistics, 2004.

[5] Zhao, Shubin, and Ralph Grishman. "Extracting relations with integrated information

using kernel methods." Proceedings of the 43rd annual meeting on association for computational linguistics. Association for Computational Linguistics, 2005.

[6] Brin, Sergey. "Extracting patterns and relations from the world wide web." International Workshop on The World Wide Web and Databases. Springer, Berlin, Heidelberg, 1998.

[7] Banko, Michele, et al. "Open Information Extraction from the Web." IJCAI. Vol. 7. 2007.

[8] Etzioni, Oren, et al. "Unsupervised named-entity extraction from the web: An experimental study." Artificial intelligence 165.1 (2005): 91-134.

[9] Agichtein, Eugene, and Luis Gravano. "Snowball: Extracting relations from large plain-text collections." Proceedings of the fifth ACM conference on Digital libraries. ACM, 2000.

[10]Bikel, Daniel M., Richard Schwartz, and Ralph M. Weischedel. "An algorithm that learns what's in a name." Machine learning 34.1 (1999): 211-231.

[11]McCallum, Andrew, and Wei Li. "Early results for named entity recognition with conditional random fields, feature induction and web-enhanced lexicons." Proceedings of the seventh conference on Natural language learning at HLT-NAACL 2003-Volume 4. Association for Computational Linguistics, 2003.

[12] 黃雅筠, 張嘉惠, 周建龍. 基於已知名稱搜尋結果的網路實體辨識模型建立工具, ROCLING XXVII (2015).

[13]高霆耀; 莊秀敏; 張嘉惠. 基於 Web 之商家景點擷取與資料庫建置. ROCLING XXVII (2015), 2015, 180.

The 2017 Conference on Computational Linguistics and Speech Processing
ROCLING 2017, pp. 68-80
© The Association for Computational Linguistics and Chinese Language Processing

Exploring Lavender Tongue from Social Media Texts

吳小涵　Hsiao-Han Wu
國立臺灣大學語言學研究所
Graduate Institute of Linguistics
National Taiwan University
xiaohanwu.hanna@gmail.com

謝舒凱　Shu-Kai Hsieh
國立臺灣大學語言學研究所
Graduate Institute of Linguistics
National Taiwan University
shukaihsieh@ntu.edu.tw

摘要

在性別與自然語言處理的脈絡下，大多數研究僅專注於生理性別的討論，對於性別文本的分類，更僅建立於異性戀男女的文本上。針對此一現象，本研究為中文性別與自然語言處理領域中，第一個由性取向的觀點出發，討論同性文本偵測的研究。首先本研究由網路論壇-PTT 收集同性戀文本並討論同性戀男女的語言學特徵。其次，藉由觀察到的語言學現象，利用 5 折交叉驗證支持向量機器(Support Vector Machine)與樸素貝葉斯分類器(Naive Bayes)模型，以機器訓練的方式，利用不同的語言學特徵組來偵測男同性戀與女同性戀的網路文本。機器訓練結果顯示，在同性文本的預測上，由於本研究使用了傳統性別與自然語言處理研究未考量到的同性戀特有詞彙特徵，而在同性文本偵測上達到了較佳的正確率。

Abstract

Under the issue of gender and Natural Language Processing (NLP), most papers aim at gender-norm language that spoken by biologically males and females with opposite-sex desires. However, from the point of view of sexual orientation, this study presents the first work in the task of Chinese homosexual identification. Firstly, we collect homosexual texts from social media, and secondly examine linguistic behavior found in gay and lesbian texts. In addition, we also provide sets of linguistic features to automatically predict homosexual language with the adoption of 5-fold cross-validation Support Vector Machine (SVM) and Naive Bayes (NB) models. Training procedure in the study resulted in promising f-score around 70% with the use of particular lexicon-based feature set.

關鍵詞：同性文本偵測，薰衣草語言學，中文自然語言處理，支持向量機器，樸素貝葉斯分類器

Keywords: homosexual identification, lavender linguistics, Chinese NLP, Support Vector Machine, Naive Bayes

1. Introduction

Lavender Linguistics has been emerging as a linguistic sub-field which analyzes language used by gay, lesbian, bisexual, transgender, and queer (LGBTQ) speakers [1]. It is suggested that there is still considerable room for linguistic research based on fine-grained sexual orientation [2]. Previous studies of gender and NLP mainly focused on dichotomous genders in biological sense without considering the gender complexity of human beings in real world.

When it comes to gender, a general but complicated term with various dimensions involving both biology and psychology, anthropologists have divided it into three major classes:

1) *Sex* refers to physical or biological differences between males and females.

2) Opposite to physical characteristics, *gender* is characterized by self-identity, namely, whether one see himself/herself as male or female.

3) *Sexuality* is about one's sexual attraction and orientation. People who have opposite-sex desires are regarded as heterosexuals. Conversely, people who have same-sex desires are, therefore, regarded as homosexuals.

In the field of gender and NLP (abbreviated as GenderNLP), gender is usually considered with the norm that subjects are biologically males and females with heterosexual desires. However, based on the perspective towards *sexuality*, the present paper discusses lavender speakers and NLP (abbreviated as LavenderNLP) with the hypothesis that previous study on gender identification cannot correctly identify gender in a more complex dimension and that GenderNLP has failed to consider the complexity of *sexuality*.

Since GenderNLP only aims at biological gender, LavenderNLP, as a subclass of GenderNLP, targets not only at biological gender but also at psychological gender. Therefore, referring to Table 1, subjects in the current study are regarded as homosexual males (gays) and females (lesbians) who have same-sex desires regardless of whether he or she self-identifies as male or female; in other words, only *sex* and *sexuality* are taken into account in the definition of gay and lesbian in the study.

While studies on GenderNLP abound, there are still gaps in LavenderNLP to be explored. Accordingly, this study intends to explore lexicon-based cues of lavender speakers and applies all the investigated linguistic behavior to automatically predict homosexual texts from Chinese social media with the use of Support Vector Machine (SVM) and Naive Bayes (NB) models under the 5-fold cross-validation test.

Table 1. Definition of Gay and Lesbian in the present study

Sex	Gender	Sexuality	Defined as
Male	Male	Male	Gay
Male	Female	Male	Gay
Female	Male	Female	Lesbian
Female	Female	Female	Lesbian

2. Related Work

If males and females do have their own in-group language, gays and lesbians will also have their own language which is incomprehensible to outsiders [3]. Also, it had been noted that there is a relationship between language and *sexuality* [4]. Although studies rarely discuss *sexualities*, there is no doubt language can be classified via types of *sexuality*. People who have opposite- or same-sex desires will have different language behaviors. Since the present study discusses texting strategies of homosexual population, this section reviews previous works on how homosexual males and females produce language differently.

2.1 Homosexual Male Language

Compared to lesbian language, linguistic behavior of gay males has been studied extensively.

It has been claimed that gay people tend to use specialized lexicon, or argot, containing words not normally used in mainstream society [5][6][7]. However, not only argot but also gay language is in general characterized by the use of innuendo, categorizations, and strategic evasions such as omitting or changing gendered pronouns [4].

In the past, the word 'gay' was (and still) associated with negative thoughts, which is believed to be the main reason gay men shifted toward a more heterosexual masculine image [8] with their needs to distinct themselves from appearing obviously gay [9]. The appearance of masculine items [9] or the replacement of masculine pronouns with feminine pronouns [10] in gay men's language is considered strategies for homosexual males to behaves more heterosexually.

2.2 Homosexual Female Language

While linguistic features of gay language are believed to be more conspicuous, it is claimed that there are no linguistic features unique to lesbian text [11]. However, since lesbians can identify each other in a variety of settings but find it difficult to explain how the interaction mechanism works [12], four linguistic styles that may help lesbians identify each other are further proposed [2]: (a) stereotyped women's language (hypercorrect grammar, tag questions); (b) stereotyped nonstandard varieties of working class urban male language (cursing, contracted forms); (c) stereotyped gay male language (specific words) and (d) stereotyped lesbian language (flat intonation, cursing) [4]. In other words, the mix of linguistic styles is the main reason why lesbian-specific language is less prominent than gay language.

3. Exploration of Gendered Features

In order to prove that previous studies on GenderNLP ignored homosexual language and language behavior should be categorized not only based on *sex* but also on *sexuality*, the present paper takes both heterosexual and homosexual linguistic features into consideration in the forthcoming tests. Since most of the studies on GenderNLP use both SVM and NB models to predict author's gender [13][14][15][16], this study will also adopt the same models under the 5-fold cross-validation test in predicting homosexual texts from Chinese social media.

This paper uses and translates all the gender-norm linguistic features from English to Chinese based on Huang, Li and Lin's study which detected author's gender with a number of linguistic cues [16]. However, features such as articles, capitalization, long/short words, abbreviation etc. which are absent in Chinese and statistical measures which do not fit our data are omitted. Also, Chinese-specific enumeration comma (、) is further added in the gender-norm feature list in our tests. It is worth noting that each type of punctuation will have two different forms due to Chinese text having no preference between using both full- and half-width punctuations on online social media.

Based on linguistic studies which discuss language features on homosexual texts [2][4][9][17] introduced in related work, eight convincing count-based homosexual-specific features are selected: (a) masculine words: words generally associated with masculine image; (b) feminine words: words generally associated with feminine image; (c) gay argot: a set of specialized lexicons used by gay community; (d) lesbian argot: a set of specialized lexicons used by lesbian community; (e) masculine pronouns: pronouns refer to male referent; (f) feminine pronouns: pronouns refer to female referent; (g) first person pronouns: pronouns refer to speaker or a community includes speaker as well as (h) swear words: a set of lexicons that is considered impolite or rude in mainstream society.

Table 2. Examples for types of homosexual-specific feature

Homosexual-specific features	Example	Numbers of word in each lexicon
Masculine word	*badao* 霸道 'domineering'; *wangzi* 王子 'prince'	122
Feminine word	*wenrou* 溫柔 'soft'; *gongzou* 公主 'princess'	148
Gay argot	*linghao* 零號 'bottom'; *yihao* 一號 'top'	99
Lesbian argot	*oulei* 歐蕾 'old lady'; *lala* 拉拉 'lesbian'	28
Masculine pronoun	*ni* 你 'you'; *ta* 他 'he'	4
Feminine pronoun	*ni* 妳 'you'; *ta* 她 'she'	4

| First person pronoun | *wo* 我 'I'; *women* 我們 'we' | 3 |
| Swear word | *gaisi* 該死 'damn it'; *qu ni de* 去你的 'fuck off' | 166 |

With the extraction of 24 sex-oriented gender-norm features from Huang, Li and Lin's study [16] together with 8 sexuality-oriented homosexual-specific features, a total of 32 gendered linguistic cues are included in our training procedures.

4. Training the Classifier

4.1 Framework

The LavenderNLP framework has five major components to automatically detect homosexual language from unstructured data from social media.

1. **Raw data**: In this study, experiments are conducted with a dataset containing 1433 homosexual male, 1481 homosexual female, 1476 heterosexual male and 1475 heterosexual female texts collected from the *gay, lesbian, mentalk* and *womentalk* boards on PTT[1]. Besides, in order for the collected data to be unbiased and informative, only long posts in specific topic associated to emotion venting are considered.

2. **Preprocessing**: Since stop words and punctuations are also regarded as important linguistic cues for various linguistic styles, only redundant information like web links and forum rules which appear in texts are removed during data preprocessing. Furthermore, in word segmentation, we apply *jieba* library with an additional user-defined dictionary containing all the words list in our selected heterosexual and homosexual feature sets.

3. **Annotation**: After data cleaning, the 32 types of gender-norm and homosexual-specific features are annotated automatically post by post. Considering that the annotated values may range from 0 to more than 5000, each value is normalized to a z-score so that all the computed results are treated equally across different features.

4. **Feature selection:** To test the hypothesis that previous GenderNLP studies are unable to perform expected results in detecting homosexual texts with gender-norm features and that homosexual languages do have their own unique linguistic styles, tests with three

---

[1] As the most popular online bulletin board and social media in Taiwan, PTT has more than one hundred and fifty thousand registrations. Due to its accessibility, PTT has been widely used in academic studies related to Chinese social media.

different feature sets are conducted: (a) gender-norm features; (b) homosexual-specific features; and (c) both gender-norm and homosexual-specific features.

5. **Classifier:** In recent years, studies on GenderNLP in identifying author's gender generally make use of both SVM and NB models [13][14][15][16]. Accordingly, this study follows the same route and reports the resulted F-scores average over the 5-fold cross-validation test. The main purpose of the current study is to automatically detect unstructured homosexual texts from Chinese social media with a number of investigated gender-specific linguistic features. Among the collected data, only homosexual male and homosexual female texts will be taken into account in the training procedure. Heterosexual male and heterosexual female texts, on the other hand, are used to evaluate how languages are produced differently by speakers with different types of *sex* and *sexuality*.

4.2 Feature Evaluation and Result

With the collected data from Chinese social media, tests with different feature sets and different machine learning models introduced in framework are conducted. This subsection discusses how homosexual-specific language are expressed and which feature set and model yield the best result in recognizing unstructured homosexual data from the viewpoints of linguistics and NLP, respectively.

Linguistically, there are tendencies for homosexuals and heterosexuals to use homosexual-specific features differently in text-making. Figure 1 demonstrates how such linguistic features are distributed in texts. The number in each bin denotes the average count of features per post.

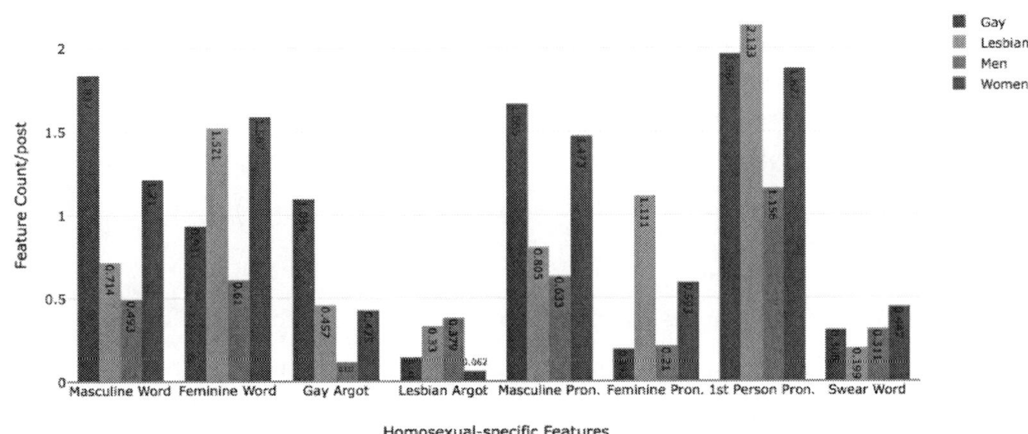

Figure1. Homosexual-specific Features in Gay, Lesbian, Men and Women Texts

With regard to the findings, several observations can be drawn below:

1. Gendered term: The saliency of masculine word counts in gay texts verifies the assumption that gay men tend to emphasize their masculinity with words associated with the stereotyped masculine male. Example (1a-e) are the five most frequently used masculine words in gay males' texts. Conversely, heterosexual males have no such needs to emphasize their masculinity through language behavior. For lesbians and heterosexual females, the use of feminine terms is similar.

    (1) *a. nanyou* 男友 'boyfriend'

    b. *nansheng* 男生 'male'

    c. *nanren* 男人 'man'

    d. *nanhai* 男孩 'boy'

    e. *nanpengyou* 男朋友 'boyfriend'

2. Homosexual argot: In terms of homosexual argot, it is clear that gay males have a strong preference in constructing texts with gay argots, see example (2-3). It is also interesting to note that the use of lesbian argot in heterosexual male language is relatively more than the use of lesbian argot in lesbian language. In addition, while gay-specific language is avoided by heterosexual males, lesbian-specific language is also avoided by heterosexual females in text-making.

    (2) 出櫃是一種同時具備堅持、面對和承受的行為。

chugui shi yizhong tongshi jubei jianchi miandui han chengshou de xingwei

'Coming out is a behavior of insisting, facing and bearing.'

(3) 從猴吃成熊，從熊瘦成猴。有人健身，有人節食。

cong hou chicheng xiong cong xiong shoucheng hou youren jianshen youren jieshi

'Some people work out in order to shape into bear from the monkey; some people go on diet in order to shape into monkey from the bear.'

(xiong 熊 'bear' means a hairy, hefty gay male; hou 猴 'monkey' means a skinny gay male)

3. Pronoun: Self-awareness is reflected by the use of self-referring statements which can lead to increased self-esteem and positive affect [18]. Compare to heterosexual male language, the wide use of first person pronoun in gay, lesbian and heterosexual female language indicates their refusal to be viewed negatively and to be accepted by society, especially, for lesbians.

4. Taboo: While the occurrence of swear words in both gay and heterosexual male's texts are about the same, it is quite different between lesbian and heterosexual female's texts. Obviously, heterosexual females swear more than lesbians on online social media, which conflicts with previous studies which claimed that lesbians are characterized by the use of cursing, taboo words, and progressive forms [2][4]. Example (4a-e) are the five most frequently used taboo words in heterosexual females texts.

    (4) a. gan 幹 'fuck'

        b. kao 靠 'damn'

        c. qiang 嗆 'diss'

        d. biantai 變態 'pervert'

        e. pishi 屁事 'crap / (none of) one's business'

5. Others: Besides homosexual-specific features, there is an interesting finding opposite to the idea that homosexual language is marked by exaggerations [4][17]. Generally, exaggerations are expressed by means of punctuations such as single or multiple exclamation or multiple question marks; nevertheless, use of punctuations as such was not found in our annotated data. This may indicate that Chinese homosexuals are likely to hide emotions on social media and protect themselves from others.

When it comes to homosexual text recognition in LavenderNLP, the averaged 5-fold cross-validation f-score performances of SVM and NB models with different linguistic feature sets are shown in Table 3.

Table 3. Five-fold Cross-validation SVM and NB Averaged F-score Performances
of Homosexual Texts Recognition with Sets of Linguistic Features

Gendered Feature Set	SVM	NB
Gender-norm Feature Set	57.11	33.18
Homosexual-specific Feature Set	69.57	66.49
Both Feature Set	74.54	58.75

Among performances with types of feature set, it is clear that in both SVM and NB models, the gender-norm feature set yields the lowest f-score. The low accuracy of gender-norm feature set verifies the hypothesis that previous research on GenderNLP ignores the homosexual group and implies that gender-norm linguistic features are not able to recognize homosexual texts as expected. Taking the resulting f-scores of gender-norm feature set as our baseline, Table 4 demonstrates the effectiveness of homosexual-specific features in identifying gay and lesbian texts.

Table 4. Effectiveness of Different Feature Sets in Identifying Homosexual Texts

Model	Baseline	Best Result	Feature Set Taken	Improvement
SVM	57.11	74.54	Both Feature Sets	+ 17.43
NB	33.18	66.49	Homosexual-specific Feature Set	+ 33.31

Based on the best results present in Table 4, one can see that the f-score in NB model is doubled with the use of homosexual-specific feature set alone. As for SVM, the f-score reaches up to 74.54% with both gender-norm and homosexual-specific feature sets. As shown in Figure 2, although the best result of SVM was produced by the use of both gender-norm and homosexual-specific feature sets, the homosexual-specific feature set still contributes more than gender-norm features to the resulted accuracy since it increases the accuracy 12.46% from the baseline while the gender-norm feature set, only 4.97%.

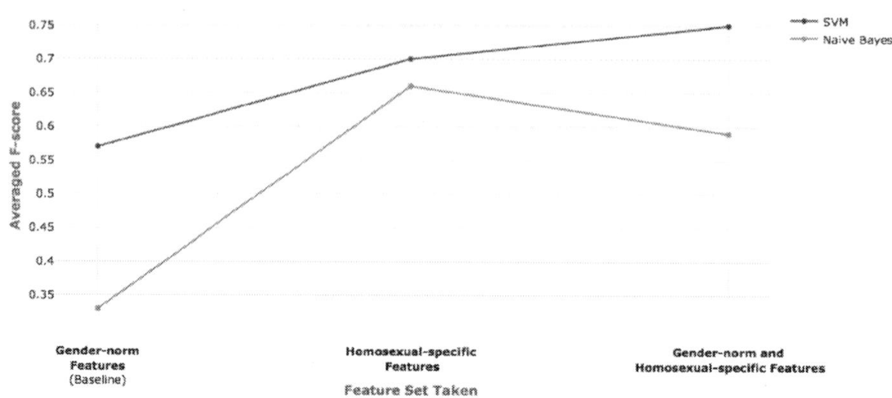

Figure2. SVM and NB F-score Comparison with Different Linguistic Feature Sets

The results reveal that gendered language can not only be divided into biological genders but also ones' sexual orientations. Apart from people with opposite-sex desires, gays and lesbians also have their own unique language styles. While heterosexual males and females are likely to produce languages with gender-norm features in order to meet social expectations, gays and lesbians' utterances are full of particular lexical items that have to do with their culture uniqueness and self-awareness.

5. Conclusion

Though previous studies on GenderNLP deal with gender from the biological perspective only, the present paper takes the psychological viewpoint into account as well. With the examination of linguistic behavior of homosexuals, it has been proved that traditional GenderNLP models are unable to detect gender in more complex dimensions. Also, with the adoption of homosexual-specific features, our NLP models resulted in promising accuracy in detecting unstructured homosexual texts automatically.

LavenderNLP has one important application in homosexual e-commerce. That is, while several online businesses are able to automatically recognize potential customers from biological genders, homosexual market is a segment that has often been ignored in the marketing strategies of businesses [19] and only few marketing departments pay attention to homosexual customers or do not even know how to find their potential customers. With its rapid growth, the homosexual community has attracted a great deal of attention and LavenderNLP should be able to keep up with the changes caused by this aforementioned growth.

As the very first work on Chinese LavenderNLP, there are more points to be considered under the lavender issue. For example, speakers of lavender language contain not only gay and lesbian, but also no-sex, bi-sex and transgender groups that further studies should also examine such linguistic behavior in order to enhance the field of LavenderNLP.

Although research on Chinese LavenderNLP lags far behind GenderNLP and is still at a nascent phase, it is believed that the fast-growing homosexual community is a sign that this issue will be regarded as important in the near future.

Reference

[1]   W. Leap, "Beyond the lavender lexicon," Amsterdam: Gordon & Breach, 1995.

[2]   R. M. Queen, "I don't speak spritch": Locating les- bian language," Queerly phrased: Language, gender, and sexuality, pp. 233–256, 1997.

[3]   E. W. Burgess, "The sociologic theory of psychosexual behavior," Psychosexual Developments in Health and Disease, pp. 227–243, 1949.

[4]   D. Kulick, "Gay and lesbian language" Annual Review of Anthropology, vol. 29, no. 1, pp. 243–285, 2000.

[5]   R. A. Farrell, "The argot of the homosexual subcul- ture," Anthropological Linguistics, pp. 97–109, 1972.

[6]   J. P. Stanley, "Homosexual slang," American speech, vol. 45, no. 1/2, pp. 45–59, 1970.

[7]   P. Baker, "What can I do with a naked corpus?" Public Discourses of Gay Men, pp. 1–37, 2005.

[8]   C. M. Nash, "Review of: Public discourses of gay men," Gender and Language, vol. 3, pp. 279–282, 2010.

[9]   P. Baker, "'no effeminates please': Discourses on gay men's personal adverts," Public Discourses of Gay Men, pp. 131–153, 2005.

[10] G. Legman, "The language of homosexuality: an American glossary," Sex variants: A study of homosexual patterns, vol. 2, pp. 1149–1179, 1941.

[11] B. Moonwomon, "Lesbian discourse, lesbian knowledge," Beyond the Lavender Lexicon, pp. 45–64, 1995.

[12] D. S. Painter, "Recognition among lesbians in straight settings," Gayspeak: gay male & lesbian communication, pp. 68–79, 1981.

[13] M. Vicente, F. Batista, and J. P. Carvalho, "Twitter gender classification using user unstructured information," in 2015 IEEE International Conference on Fuzzy Systems (FUZZ-IEEE). IEEE, pp. 1–7, 2015.

[14] J. D. Burger, J. Henderson, G. Kim, and G. Zarrella, "Discriminating gender on twitter," in Proceedings of the Conference on Empirical Methods in Natural Language Processing. Association for Computational Linguistics, pp. 1301–1309, 2011.

[15] C. Zhang and P. Zhang, "Predicting gender from blog posts," University of Massachussetts Amherst, USA, 2010.

[16] F. Huang, C. Li, and L. Lin, "Identifying gender of microblog users based on message mining," International Conference on Web-Age Information Management, pp. 488–493, 2014.

[17] E. P. Johnson, "Mother knows best: Black gay vernacular and transgressive domestic space," Speaking in queer tongues: Globalization and gay language, pp. 251–278, 2004.

[18] D. Davis and T. C. Brock, "Use of first person pronouns as a function of increased objective self- awareness and performance feedback," Journal of Experimental Social Psychology, vol. 11, no. 4, pp. 381– 388, 1975.

[19] DeLozier, Dr. M. Wayne, and Jason Rodrigue. "Marketing to the homosexual (gay) market: A profile and strategy implications." Journal of homosexuality 31.1-2 (1996): 203-212.

The 2017 Conference on Computational Linguistics and Speech Processing
ROCLING 2017, pp. 81-100
© The Association for Computational Linguistics and Chinese Language Processing

手機平台 APP 之四縣客語輸入法的研發

Research and Implementation of Sixian Hakka Pinyin Input Method for Mobile Cell APP

黃豐隆, 劉桂森, 曾勝億

Feng-Long Huang, Kuei-Sen Liu, Sheng-Yi Tseng

國立聯合大學資訊工程學系

Department of Computer Science and Information Engineering, National United University

ncat70, c519546, jeff810123@gmail.com

摘要

本論文研究智慧型的客語拼音輸入法為一基於 Android 輸入法框架（Input Method Framework，IMF），使用者能在任何文書的 APP（Application，APP）輸入客語文字。

使用者輸入客語單字或客語詞彙拼音縮寫時，輸入法會依照使用者的輸入搜尋儲存於 Android 上的 SQLite 資料庫的單字拼音對照字庫、縮寫詞對照詞庫及前後詞對照詞庫，根據搜尋的結果產生出候選字或候選詞彙，提供使用者選擇輸出。

單字拼音字庫和縮寫詞對照詞庫分別包含 9361 個字數及 32453 個詞彙數；客語音檔資料庫包含單音節檔 2427、詞彙檔 3392 及靜音檔 27，總計 5846。除了基本的客語拼音輸入外，輸入法本身提供了幾種功能：

(1) 使用者偏好輸入：記錄使用者平常輸入的字詞，目的讓使用者能依照自己偏好更快速將常用的字或詞彙做輸出。

(2) 客語詞字首快速輸入：使用者可透過縮寫詞對照詞庫內搜尋字母，快速得到該客語詞，節省打字次數。

(3) 前後詞預測輸出：此功能具備了讓使用者快速輸出客語句，讓客語詞彙或句達到更快輸出的效率，並訓練出客語的前後詞 bi-gram。

(4) 客語詞人聲發音：此目的是讓客語初學者能聽到正確的客語拼音唸出，達到學習的目的。

關鍵詞：客語無聲調拼音輸入法、好客輸入法、中文轉客文語音合成系統、拼音輸入法。

Abstract

The proposal scheme called Hakka pinyin input method is based on Android (IMF) Input Method Framework. Users can input Hakka texts in any APP of mobile cell. When user inputs a Hakka character or Hakka vocabulary phonetic abbreviation, the input method will refer to the input of user and search for a single character phonetic transcription font stored in the SQLite database. The data will send to database Single Word Pinyin the Based Word Library, Acronym, and Previous and Successive the Based Word Library. According to the results of the search produce a candidate word or vocabulary, and provide the user to select the output.

The Single Word Pinyin and Abbreviation in our systems contain 9361 words and 32453 vocabularies. In addition to the basic message Pinyin input, the input method self provides several functions: (1) User preference input: Record the frequency of the words normally entered by the user in pref. the purpose to allow users follow their own preferences more quickly, that will commonly used words or vocabulary for output. (2) Hakka fast input word: User can search for letters by acronyms, or APP quickly guest the Hakka word, and save the number of typing. (3) Previous and Successive Word Prediction Output: This feature has the ability to let the user quickly generate the Hakka sentence, let the Hakka words or sentences to achieve faster output efficiency, and training the Bi-gram probability. (4) Hakka Language pronunciation: The purpose is to let the beginner to hear the correct Hakka pronunciation, to achieve the purpose of language learning.

Keywords: Pinyin Input Method for Hakka; Hao Ke Pinyin Input Method; Text To Speech; Pinyin Input Method.

一、緒論

　　由於科技蓬勃發展，個人電腦及智慧型手機越來越普及化，對於使用漢字當母語的我們，在系統內，一定都會使用輸入法來當中文的輸入工具，目前手機內已建置各式各樣的輸入法文體，例如：中文、台語、日文及英文等。

　　客家族群為台灣第二大的族群，約有四百二十萬人。由於社會環境的變遷因素，導致客家文化不斷且快速流失之中，客委會藉由推廣與傳承文化，希望客家民眾望子女從日常生活及學校學習客家語言，達到容易理解與學習此種語言的地步，讓客語不會瀕臨「滅音」，讓語言得以保存，在每一個社會的角落都均有保存的必要性。隨著資訊的日新月異，在電腦平台上，已經有教育部及客委會提供的客語拼音輸入法，例如：信望愛客語輸入法[13]、教育部台灣客家語拼音輸入法[4]及客語無聲調拼音輸入法等[10]，然而在手機平台不論是 Android 或 IOS 環境，目前均無任何客語的拼音輸入法，因此本論文研究與實作一種使用者能方便且快速輸入四縣腔客語文句的輸入法 APP，希望有助於客語文化的推廣與傳承。

二、手機平台之好客輸入法研發

　　在輸入法的系統架構內，本論文基於以 Windows 平台的客語無聲調拼音輸入法[10]以及中文轉客文語音合成系統（Text To Speech ，TTS）的文句分析模組[11]，研發一套 Android 平台的客語輸入法，使用的架構以 Android 輸入法框架為基礎，此為一套輸入法及文字輸出的處理架構，且為開放原始碼的 Android 應用程式套件（Android Application Package，APK），因為智慧型手機（Smart Mobile Phone）普及化，在手機平台尚無客語輸入法代表客語在手機上作為溝通的語言，因此在 Android 平台上開發好客輸入法 APP，並且穩定支援 Android2.3 版以上。

（一）　系統架構

　　在 Android 系統裡，輸入法編輯器（Input Method Editor，IME）是一個 Android app，也是輸入法框架（Input Method Framework，IMF）的組件之一，允許應用程式向用戶提供其他輸入的方法，例如螢幕上的鍵盤，甚至語音的輸入。

　　如圖一：好客輸入法系統架構所示，系統包含好客輸入法 APP（Application，APP）、語音合成雲端伺服器兩部分，在 APP 部分，為一基於 Android IMF 設計的智慧客語拼音輸入法，使用者能在任何 APP 需要輸入客語文字、英文或標點符號時，鍵盤進行切換並輸入客語文字，如圖二：鍵盤介面所示。

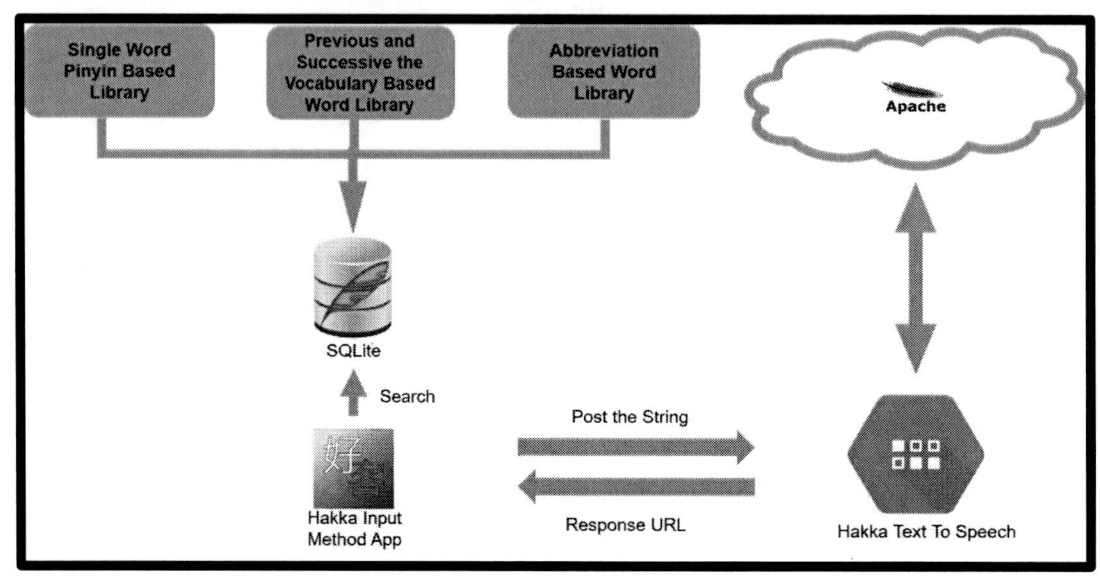

圖一、好客輸入法系統架構圖

圖二、輸入法鍵盤介面

　　使用者鍵入欲輸出的客語單字拼音或客語詞彙拼音縮寫，輸入法便會以使用者輸入進行搜尋，搜尋儲存於 Android 上的 SQLite 資料庫的單字拼音對照字庫和詞彙拼音縮寫對照詞庫，根據搜尋的結果產生候選字或候選詞彙，供使用者選擇並輸出。

（二） 客語詞典及功能介紹

1. 客語詞典介紹

不像中文使用之普遍，客語文章並非目前台灣一般人常使用的文體，大量採集客語語料需花費許多人力物力，十分不易。本論文包含三個客語詞彙資料庫，是由大量的客語文章內進行斷字及客語斷詞整理所得，經過語料蒐集、前處理而來的客語字（Characters）及客語詞彙（Words），以及其客語拼音。

本論文的客語詞典分別有（1）單字拼音對照字庫（2）前後詞對照詞庫（3）縮寫詞拼音對照字庫，在手機 SQLite 內的結構以資料表呈現。

如表一：單字拼音對照字庫所示，表內含有 9361 個字數，包含了 Val、Key、Cnt、Pref 四個欄位，分別代表了客語單字（Val）、拼音（Key）、字頻（Cnt）、偏好（Pref）。

表一、單字拼音對照字庫

	Val	Key	Cnt	Pref
1	Ｙ	a2	4	0
2	鴉	a2	6	0
3	啞	a4	7	0
4	隘	ai1	8	0
5	挨	ai2	11	0
6	唉	ai3	6	0
7	矮	ai4	18	0
8	暗	am1	86	0
9	諳	am1	0	0
10	闇	am1	2	0
11	黯	am1	0	0
12	黭	am1	0	0
13	庵	am2	2	0
14	唵	am3	0	0
15	掩	am4	5	0

本輸入法會依照使用者輸入查詢此資料表，藉由輸入的客語拼音，查詢資料表拼音（Key）的欄位，列出所有可能的字詞，並依照字頻和使用者偏好輸入計算優先權重，然後按照優先權重進行排序；在字頻（Cnt）是將所有蒐集的文章以字為單位，進行斷詞所統計出的數量；在偏好（Pref）則是記錄使用者習慣輸出的字詞，此部分在第三章的（三）小節詳細說明。

如表二：前後詞對照詞庫所說明，有 32453 個詞彙數，包含 Uniq、Prev、Next、Cnt

及 Pref 五個欄位，分別代表了客語詞彙（Uniq）、上一個詞（Prev）、下一個詞（Next）、次數總和（Cnt）及偏好（Pref）。

表二、前後詞對照字庫

	Uniq	Prev	Next	Cnt	Pref
1	這隻	這	隻	38	0
2	隻房間	隻	房間	1	0
3	房間个	房間	个	1	0
4	个光線	个	光線	1	0
5	光線毋	光線	毋	2	0
6	毋好	毋	好	27	0
7	好，	好	，	52	0
8	，毋	，	毋	62	0
9	毋適合	毋	適合	1	0
10	適合做	適合	做	1	0
11	做書房	做	書房	1	0
12	書房。	書房	。	1	0
13	今晡日个	今晡日	个	5	0
14	个天時	个	天時	6	0
15	天時當	天時	當	4	0

使用者在輸入字詞時，會依照上一個詞（prev）的欄位在資料庫內做搜尋，並預測出下一個詞（next）出現的最高機率做排序提供使用者輸出，並訓練出 bi-gram；然而次數總和(cnt)是藉由客家委員會蒐集來的客語詞，以詞的為單位在大量文章以進行斷詞，所統計出在文章內該詞會出現的次數；在偏好（pref）是紀錄使用者所使用該詞彙的頻率，並將常使用的詞依照權重優先進行排序，並提供使用者更快的輸出，此說明如上個資料表所言，會在第三節（三）小節詳細說明。

客家語言有自創之特殊字型，為了可以正確顯示出字型，在電腦平台客委會有提供造字編碼表及造字檔[14]，供使用者安裝，例如：表二「房間个」的「个」，但礙於手機市面上並無客語輸入法，導致客語在手機上不盛行，因此客委會目前尚未提供手機上相關的造字檔呈現字型。

2. 客語拼音輸入功能介紹

本輸入法提供四種功能：

（1） 客語無聲調輸出模式：讓使用者更快輸出客語詞及客語文句，此功能在第三節（一）小節會詳細說明。

（2） 使用者偏好輸入：目的讓使用者能依照自己偏好更快速將常用的字做輸出，此功能在第三節（三）小節會詳細說明。

（3） 客語詞字首快速輸入：藉由輸入縮寫詞的拼音，在表三：縮寫詞拼音對照字庫搜尋字母，快速得到該縮寫的客語詞，節省打字次數。此功能引用縮寫詞對照字庫，在資料表包含了詞彙（val）、字首縮寫拼音（key）、拼音（pinyin）、詞頻（part）及偏好（pref）等五個欄位，輸入法將輸入的縮寫字母在詞庫內以 key 欄位作為搜尋條件，並將搜尋到的結果會產生候選字及候選詞彙，提供使用者選擇並輸出。

表三、縮寫詞拼音對照字庫

	Val	Key	Pinyin	Part	Pref
1	值勤	ck	ciid1 kiun3	VA	0
2	植入	cn	ciid1 ngib1	VC	0
3	植皮	cp	ciid1 pi3	Na	0
4	植物	cv	ciid1 vud1	Na	0
5	植被	cp	ciid1 pi2	Na	0
6	植髮	cf	ciid1 fad4	Na	0
7	植樹	cs	ciid1 su1	VA	0
8	殖民地	cmt	ciid1 min3 ti1	Nc	0
9	叱喝	ch	ciid4 hod4	VC	0
10	蟄伏	cf	ciid4 fug1	VA	0
11	蟄居	cg	ciid4 gi2	VCL	0
12	沉思	cs	ciim3 sii2	VE	0
13	沉重	cc	ciim3 cung1	VH	0
14	沉淪	cl	ciim3 lun3	VH	0
15	沉痛	ct	ciim3 tung1	VH	0

（4） 客語自然語音輸出：此功能是 APP 提供使用者使用學習的功能，目的是讓客語初學者能聽到正確的客語拼音唸出，達到學習的目的，此功能將在第三章（四）小節做說明。

三、輸入法之功能設計與結果分析

在此節中，我們會詳細介紹好客拼音輸入法 APP 在輸入的模式中，從無聲調輸出模式、前後詞預測輸出、使用者偏好輸入功能及客語自然語音輸出，進行驗證說明與討論分析。

（一） 無聲調輸出模式

　　客語單字與詞彙是蒐集大量的客語文章，進行斷字與斷詞的動作，在提供在輸入法框架（Input Method Framework，IMF）內，並做輸出單字與詞彙的功能，在這個模式上我們運用了資料探勘（Data mining，DM）裡面的聚類分析（Cluster Analysis，亦稱集群分析）[17]的觀點，將比較相似的樣本聚集在一起，形成集群(cluster)，把「距離」作為分類的依據，「相對距離」愈近的，相似度就愈高，以達到分群的目的，如表四：聚類分析表所示，目的輸入客語拼音時，將相對應的客語字詞更快顯示在候選詞窗中，並提供使用者輸出。

表四、聚類分析表

Input	b	bi	bia	bian	biang	biang1
Output	ba1	bi1	biag1	bian1	biang1	biang1
	ba2	bi2	biag2	bian2	biang2	.
	......	......	......	......	biang3	.
	bai1	bien1	......	......	biang4	.
	bai2	bien2	......	biang1	.	.
	bai3	......	bian1	biang2	.	.
	......	......	......	......	.	.

　　正如上述所言，在此要輸出 biang1 也就是「拚」的客語單字，當在鍵盤上輸入 b 時，將會搜尋客語單字拼音對照字庫、客語縮寫詞對照詞庫內所有為 b 的客語字或詞彙，在候選詞內提供選取，當組字窗內多加一個 i 時，此時在單字與縮寫對照字庫內的搜尋範圍會縮小，並列出 bi 相關的單字或辭彙，在候選詞內，也就是每當多輸入一個相關的字母時，所依照輸入的字母搜尋的相關範圍會逐漸縮小，此時相關的客語字就會逐漸出現，並提供使用者輸出，如圖三：聚類分析所示。

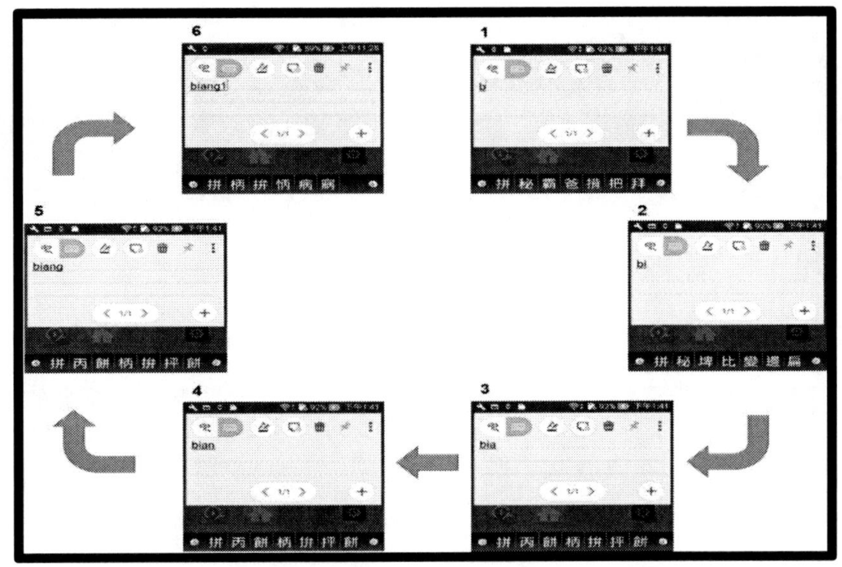

圖三、聚類分析說明圖

（二） 前後詞預測輸出

此功能目的是為了減少打字的次數，提供使用者能更快輸出，在此使用大量的客語文章及客語的句子做斷詞的動作，正如上述 3.2 的客語詞典介紹所言，在 DataBase 內設（uniq）客語詞彙、前一個詞（prev）、下一個詞（next）、個數（cnt）及偏好（pref）等五個欄位；利用斷詞完成的結果歸類在 DataBase 內。例如：要輸出一句客語句子「有九降風來吹燥。」，當輸出「有」，在候選詞窗內會出現所有「有」後可能出現的客語字或詞彙「禮貌」、「十」或「九降風」……等，如圖四：前後詞預測輸出圖所說明，供使用者選取，選取「九降風」時，後面會接著「九降風」後面可能出現的詞彙或字，幫助使用者減少打字次數；並且在輸入字詞時，會依照 prev 的欄位做搜尋，並預測出下一個詞出現的最高機率做排序提供使用者輸出，並訓練出 bi-gram。

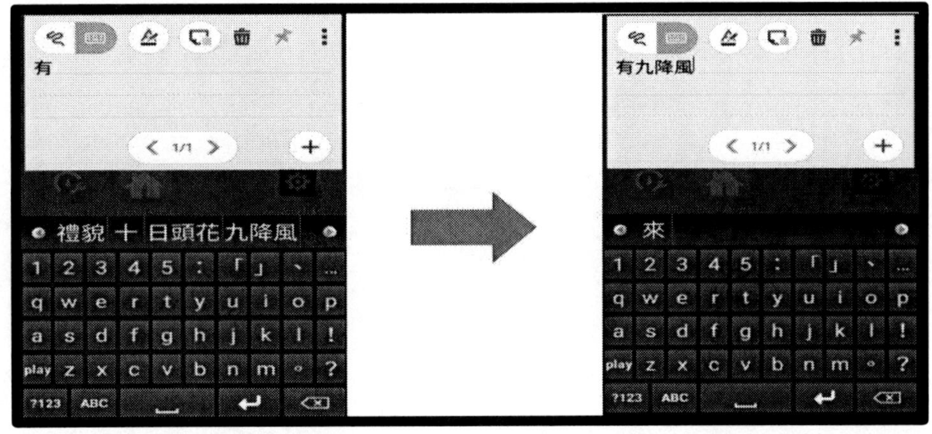

圖四、前後詞預測輸出圖

（三） 使用者偏好輸入功能

依照使用者所輸入的習慣不同，因而影響打字輸入的效率，此功能的目的是讓使用者能依照自己偏好，更快將常用的字作輸出，以提高輸入法的效率。

1. 偏好輸入功能

在縮寫詞拼音對照字庫上，由於沒有 cnt 欄位，為了將使用者常用的詞，更快輸出，因此在資料庫欄位上設置 pref（偏好），紀錄使用者平常輸入的字與詞彙的頻率；在系統內的 pref 一開始的初始值為 0，每當輸入一個字或者詞彙時，將紀錄在 DataBase 上的 pref 欄位做加 1 的動作，以此類推，並依照 pref 排列在作搜尋，排列出下一個可能習慣輸出的客語單字或詞彙，並提供在候選詞窗中的前面供使用者選取做輸出，如下圖五：Pref 排序所示。

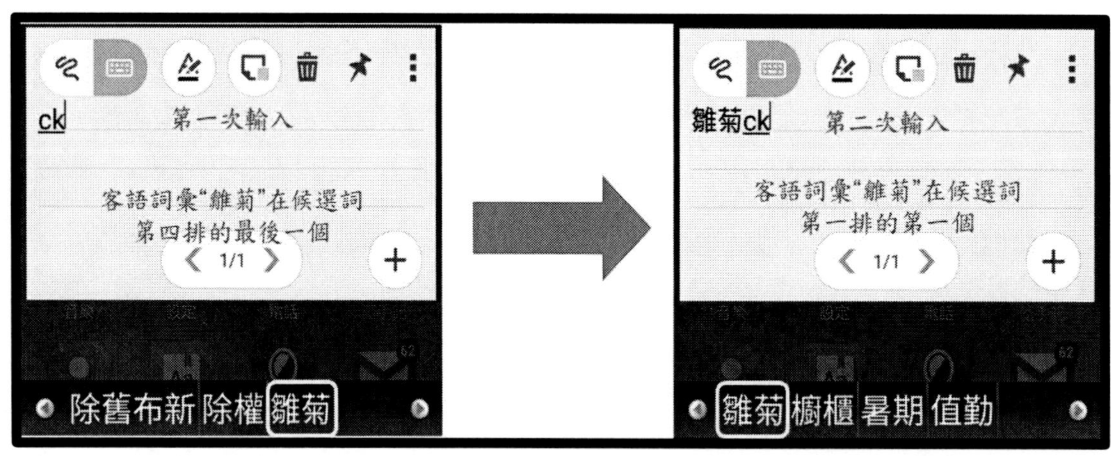

圖五、偏好輸入功能圖_Pref 排序

2. 權重比偏好輸入

在單字拼音對照字庫及前後詞對照字庫內，由於有 cnt 跟 pref 的欄為，因此我們將這兩欄位依照自定權重比相加後，再作排序，首先我們設一個可放隨機變數的字串，將 cnt 與 pref 這兩個欄位依照自訂的權重比相加（比例為 1:10），並將結果回傳至字串內，在將字串依照權重比相加所計算出的結果做排序，下圖六：範例為程式內輸入「hag」為「嚇」計算權重比相加後所產生排序。

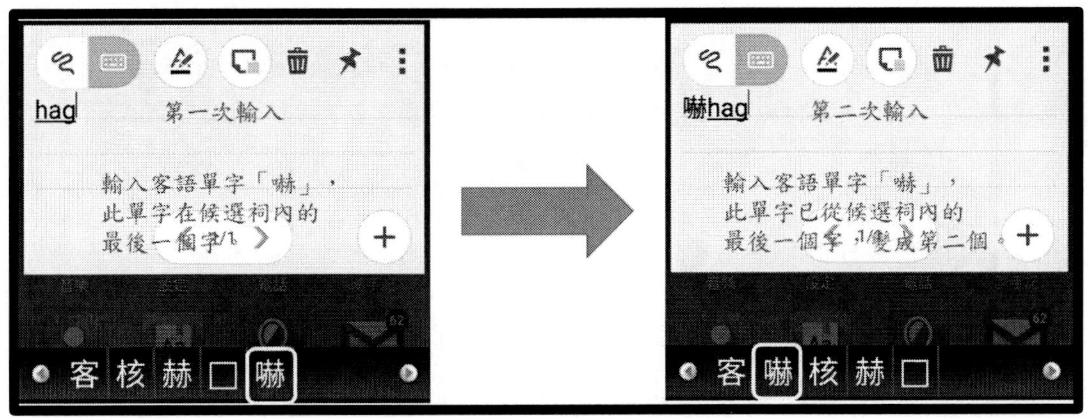

圖六、偏好輸入功能圖_權重比排序

3. 比較與討論分析

在本章節將提出的偏好輸入與權重比偏好輸入做詳細比較與討論，在偏好輸入部分採用每輸入一次，在 pref 初始值為零狀況直接加一，意指原在候選詞最後一頁的最後一個詞，輸出後則直接跳到候選詞第一頁第一個；相較於權重比偏好輸入，依照 cnt * 1: pref * 10 比例相加後做排序，會依照 cnt 是否為零，候選詞的排序則不會從最後一頁的最後一個，直接跳到第一頁第一個，而是可能先在第五頁的第四個再來第三頁的第二個，慢慢往前排序，因此得出的結論是權重比偏好輸入有自動學習的功能輸出的效果為最好，反之偏好輸入如果要輸入曾未輸入過的詞要慢慢找，甚至可能找到最後一個。

（四） 客語自然語音輸出

輸入法提供客語自然語音輸出功能，目的讓客語初學者及非客家人在輸入法輸出客語字詞，能聽到正確的客語拼音念初，達到學習目的。此章節說明藉由模組之間的關係而形成語音合成模組，以及語音合成後輸出的整體流程。

1. 語音處理系統架構圖

在系統內的客語語音合成功能模組（Hakka Text To Speech，HTTS），如圖七：HTTS系統架構圖所示，是由韻律分析模組及語音合成模組所組成（此模組引用興大資訊科學與工程學系林昕緯）。

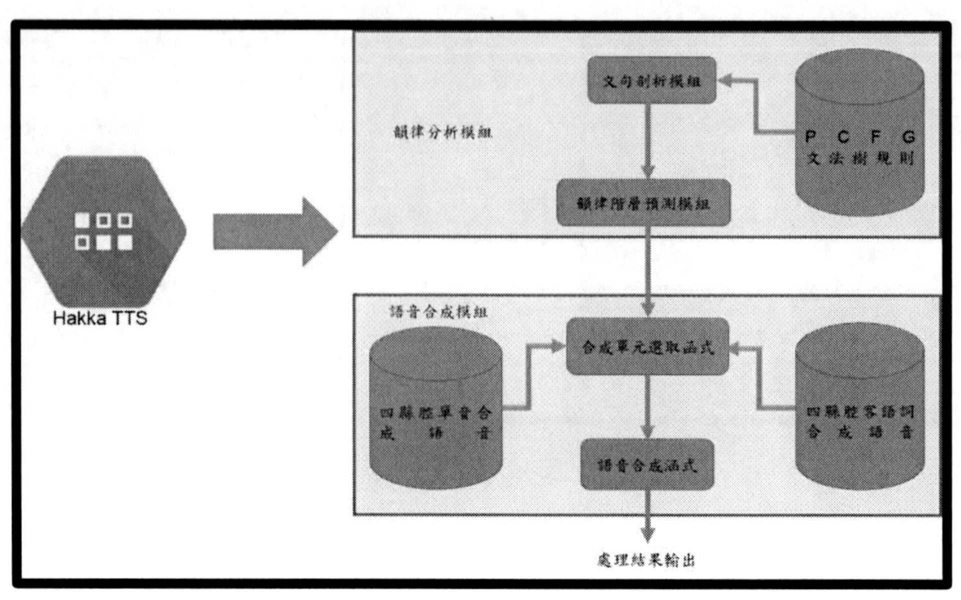

圖七、HTTS 系統架構圖

2. 韻律分析模組

在韻律分析模組中分為文句剖析器與韻律階層預測模組，文句剖析負責將客語斷詞及標記詞性後的客語句子做文法的剖析，韻律階層模組再根據文法的剖析結果，找出句子中的韻律階層，在根據韻律階層給予適當的停頓訊息，因此韻律分析模組目的是客語字詞或句子，藉由語音合成模組合成後聽起來很流暢，如圖八：韻律分析模組架構圖。

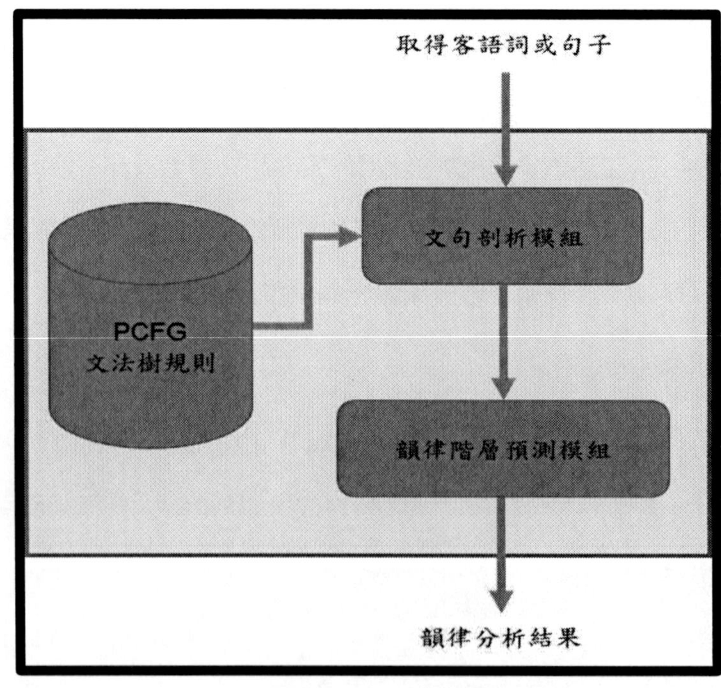

圖八、韻律分析模組架構圖

3. 語音合成模組

　　此模組是由（1）單元選取模組（2）語音合成器兩個子模組所合成，在單元選取模組內有兩個客語語音資料庫（1）客語單音節合成音（2）客語詞彙合成音，此語音資料庫則委託熟悉客語四縣腔的陳婷芳老師（台中市北屯區陳平國小老師），錄製此合成音檔，在音檔的單音節共有 2454 個音檔，而客語詞彙音檔則是 3392 個音檔，詞彙音檔之錄製範本採用「客語能力認證基本詞彙」[15]，音檔格式皆屬：44.1kHZ、16bits，儲存為 Windows PCM 格式（wav 檔）。

　　首先單元選取模組接收韻律分析的結果，從客語詞合成音及單音節合成音的音檔資料庫中，找尋適合的詞彙合成音及單音；在藉由語音合成器將選出來的語音檔作序列串接合成，如圖九：語音合成模組架構圖所示。

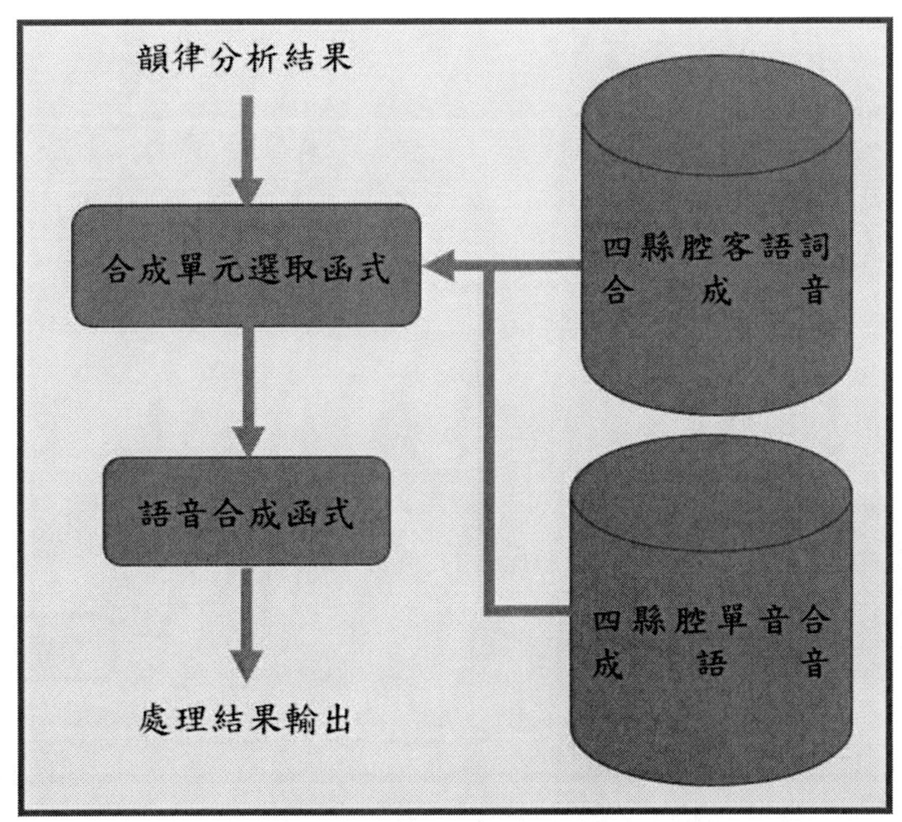

圖九、語音合成模組架構圖

4. 語音輸出操作流程

在好客輸入法 APP 鍵盤上設置一個 play 鍵 play（如圖十：客語語音系統流程圖所示），將暫存輸出或輸出後的客語字或客語詞彙存放在系統 buffer 內，當使用者觸發 play 鍵後，將 buffer 內的暫存客語字詞，藉由 Socket 回傳至本端伺服器的 HTTS 資料庫內合成，此時合成出的 wav 格式，再由 Apache 取至 FFmpeg 的 API 內轉檔成 mp3 格式 [16]，再由 Apache 來 Response URL 至系統的 buffer 內做播放，當想聽第二次播放時，此時無需再合成一次，直接取 buffer 內 URL 做播放，客語自然語音輸出系統流程圖如圖十所示。

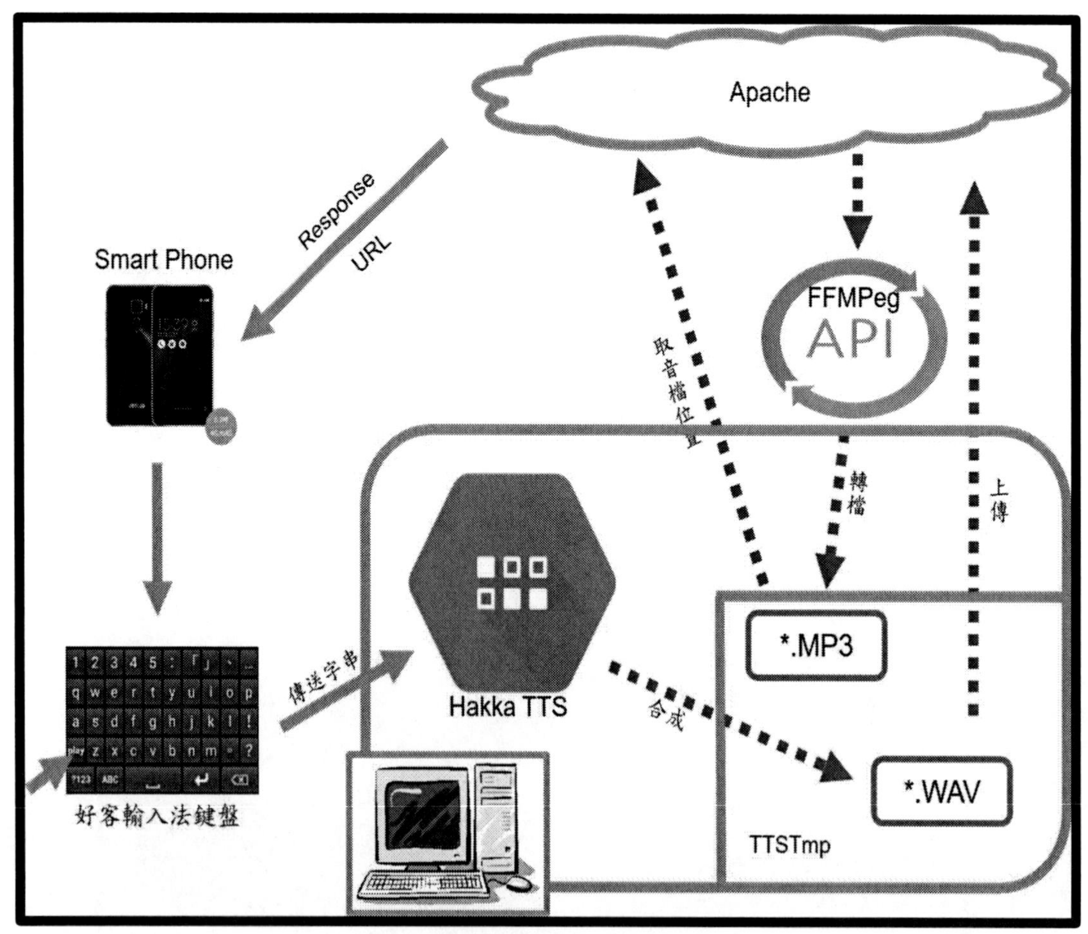

圖十、客語自然語音輸出系統流程圖

四、結果分析

在資訊的時代裡，台語兒[18]藉由每個人每天都會上網，將台語的字、詞及句子發音正確的唸出來，來傳承與推廣，並幫助社會上學習台語，由此功能，讓我們領悟藉由客語詞彙或客語句的正確發音，可以提供客語初學者得知客語的念法是否正確，幫助使用者學習目的，對於客語熟練者，可以給不同腔調的客家人得知四縣腔的發音，達到客家人之間互相溝通的環境。

（一） 客語語音比較與分析討論

使用者依照好客輸入法所輸入的客語字詞或文句，傳送至 HTTS 內合成，藉由韻律分析模組將客語字詞或文句做文句剖析，並將剖析結果送至韻律階層內輸出結果，其目的讓語音合成模組取得韻律階層的結果，所合成音檔輸出聲音更有流暢度（Fluency）；因此將客語合成音檔提供不同腔調的客家人 18 人與非客家人 10 人，總共 28 人，如圖十一客語聽測者背景比例所示，實際做客語音檔的聽測，過程中我們針對客家人與非客家人口做分析，並取得聽測清晰度（Intelligibility）與流暢度結果，藉此兩者可得知是否有效幫助學習客語發音。

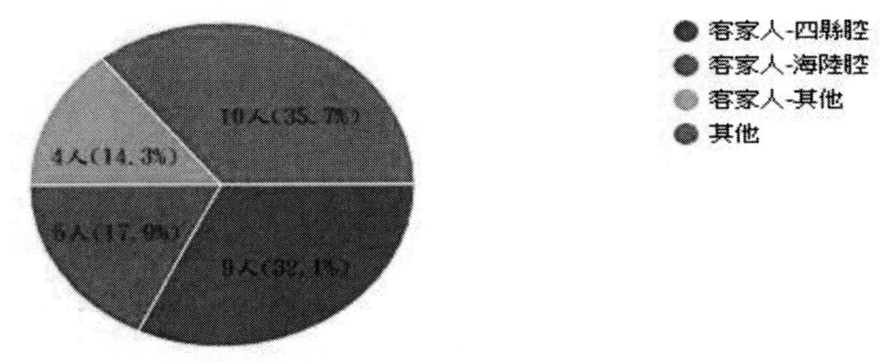

圖十一、客語聽測者背景比例

本論文將依平均主觀分數（Mean Opinion Score，MOS）方法取操作滿意度調查，在聽測過程中，每一聽測客語音檔由一至七個客語字詞所合成的文句，由聽測者聽完一音檔，給予評分範圍為五分至一分，內容分別：1 分_非常不清晰、2 分_不清晰、3 分_普通、4 分_清晰及 5 分_非常清晰，在計算平均；礙於每人給評分標準不一樣，在分析平均之間設落點區別，內容分別如下 0：聽測度量表。

表五、聽測平均主觀分數的度量表

分數範圍	品質	失真情形
1~1.5	非常不清晰	句子有很多字念錯，聽起來很煩躁。
	非常不流暢	聽起來非常不舒服，流暢不自然。
1.6~2.5	不清晰	句子有很多字念錯，聽起來很煩躁。
	不流暢	流暢不自然，但還不至於不舒服。
2.6~3.5	普通	句子有些念錯，流暢有點不自然，語音感覺失真，而且有點煩躁。
3.6~4.5	清晰	句子念對，語音有點失真。
	流暢	流暢自然，但不覺得不順。
4.5~5	非常清晰	句子念對，語音無失真。
	非常流暢	流暢自然。

如下表六：平聽測分數平均顯示，針對客家人、非客家人及全部聽測者分開調查，並給予合成音檔分數加總後的平均。

表六、聽測分數平均表

	客家人	非客家人	全部聽測者
清晰度	4.38	3.88	4.20
流暢度	4.23	3.88	4.11

　　當輸入越多客語字送至客語語音合成處理時，所合出的音質不會因為字越多，而咬字不清晰，缺點在於流暢度靠近流暢（4 分）的階段，句子念對，流暢自然，語音有點失真，但不覺得不順，由此階段測驗可證明本論文提出的客語語音輸出是可用於幫助客語發音學習，由圖十二客語語音清晰度與圖十三客語語音流暢度說明與顯示。

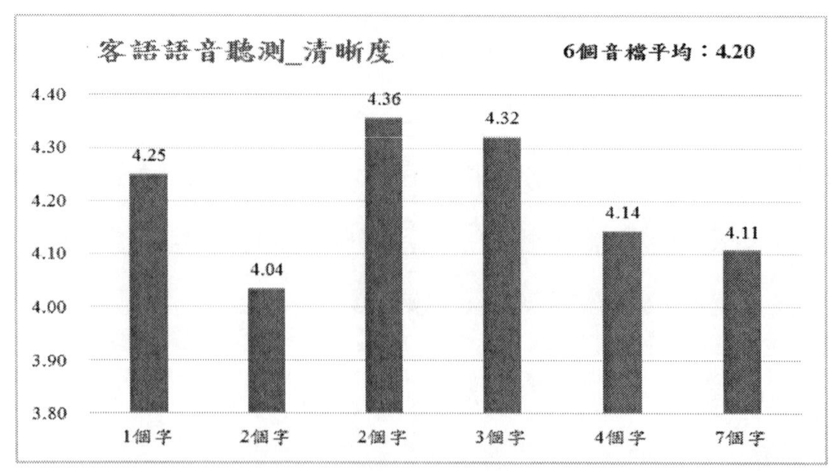

圖十二、客語語音清晰度結果

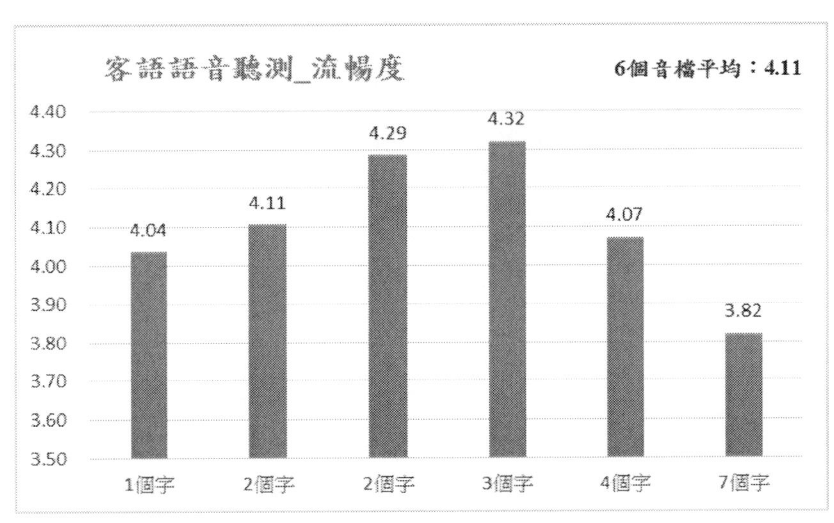

圖十三、客語語音流暢度結果

（二）　輸入法操作滿意度分析討論

　　受測者主要以懂得客語拼音為主，並提供於使用客語年限已超過五年，並擁有客語初、中或中高級其之一認證者：客家委員會人員含客語薪傳師：鍾惠容、張旭英、林錫霞等 6 人、國立聯合大學客家研究學院的文觀系學生陳毓泰等 3 人，合計 9 人，使用腔調以四縣腔為使用年限較長（20 年以上）。

　　首先受測者利用本論文研發客語拼音輸入法，輸入五句客語句子或受測者想表達客語句詞，並依操作滿意度給予分數 1~5 分，滿意度標準如表七：滿意度度量表。

表七、滿意度平均主觀分數的度量表

滿意度分數	操作滿意度	操作情況
1 分	操作非常不易	輸入時間花費 2.5 分鐘以上，輸入非常慢。
2 分	操作不易	輸入時間花費 1.5~2.5 分鐘之間，輸入慢。
3 分	操作普通	輸入時間 1~1.5 分鐘之間，輸入普通。
4 分	操作容易	輸入時間 30 秒~1 分鐘之間，輸入快。
5 分	操作非常容易	輸入時間 30 秒以內，輸入極快。

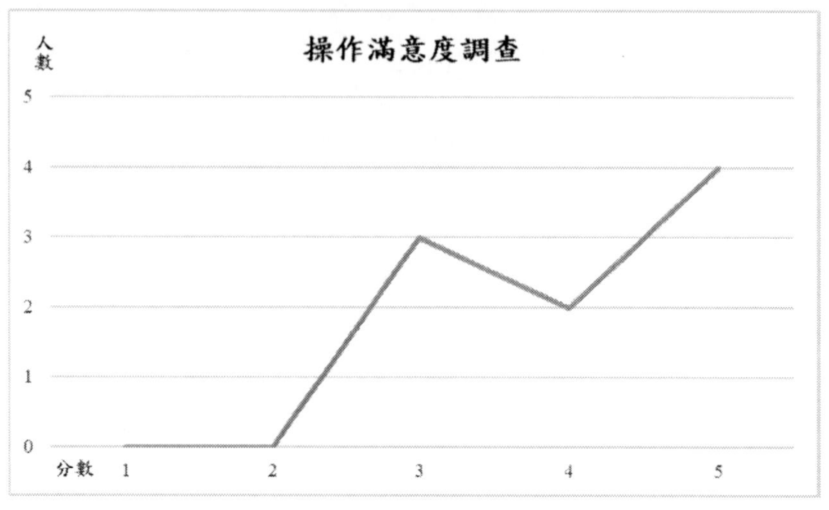

圖十四、輸入法操作滿意度統計圖

　　由上圖十四：操作滿意度可得知，受測者在科技蓬勃發展時代裡，對於本輪文研發客語拼音輸入法的操作滿意度：5 分（操作非常容易）人數 4 人、4 分（操作容易）則有 2 人及 3 分（操作普通）則有 3 人。並表示受測者給語輸入法評價與建議：

1.　5 分：在於可以使用母語在手機平台上作為溝通橋樑，且系統操作容易上手。

2.　4 分：客語特殊字體無法正確呈現為整體的美中不足。

3.　3 分：受測者以傳承與教學立場表示，對於不懂拼音的客家人及客語初學者，建議輸入法使用輸入漢字拼音並輸出客語字表示，例如：輸入「今天」，系統提示輸出相對應客語字詞「今晡日」。

　　因此為了解決特殊字呈現及不懂拼音的客家人及客語初學者，未來研究工作實有賴進一步研發客語特殊字體編碼及漢字輔助客語輸出。

五、結論

　　本論文提出智慧行動裝置中的四縣客語拼音輸入-好客輸入法，目的是讓熟悉客語使用者及客語初學者使用，對於客家族群來說，客語輸入法是他們在眾多輸入法中，可以用自己的母語輸出表達知其意義。

　　以往聚類分析的結果是用英文拼音、部首拼音及注音拼音等所組成的漢字，使用此觀點並提供無聲調輸出模式，在拼音組字時越接近，相對應的客語字詞就越快出現，並在候選詞窗提供客語字或詞彙輸出；藉由此模式，在前後詞預測輸出訓練詞與詞之間 bi-

gram，及使用者偏好輸入依使用者習慣，並記錄平常輸入的字詞，並幫助使用者使用更
快輸出客語字詞及文句。

在客語自然語音輸出功能，在有效幫助學習客語四縣腔的正確發音時，並針對客家
人及非客家人進行客語聽測實驗，測量合成音檔的清晰度與流暢度，平均分數皆在 4.20
及 4.11，落點在於清晰與流暢，結果分析出合成 7 個字詞甚至越多，音檔本質不會不清
晰，反而咬字很清楚，缺點在於流暢度靠近普通至流暢的階段，藉此結果驗證語音合成
功能，可以幫助初學者學習客語四縣腔正確發音，有助於其他客語腔調學習。

對於本論文所探討的主題而言，仍有不少改善的空間，例如：手機平台上無法回朔
「所選取的選字」導致使用者所輸入的文具分析無法邁行文具處理，客語特殊字無法有
效在手機內呈現字型，客語初學者不懂拼音等。因此，在未來可進行的工作及研究方向
可包含下列項目：

（1）錯誤提示功能：藉由系統建議選字，讓使用者無須再打一次，可自動更改成想要輸
　　　出客語字詞。

（2）中文輔助客語輸出：輸入法藉由輸入漢字來輔助客語輸出，並藉此系統幫助不會拼
　　　音客家人及客語初學者使用。

（3）客語特殊字型呈現：為了有效呈現特殊字作為溝通橋樑，因此向客委會索取客語造
　　　字編碼研究造字檔，並與各大智慧型手機廠牌結合，希望有朝一日能夠在手機上呈
　　　現客語的特殊字型。

藉由系統目前所提供的功能，並結合未來研究的方向，讓客語輸入法充滿實用性，
並有效幫助在手機平台做為溝通橋樑，以及提供客語初學者在客語級別能力的檢測學習，
希望有助於客語文化的推廣與傳承。

六、參考文獻

[1]　客家委員會出版，臺閩地區客家人口推估及客家認同委託研究成果，2014。

[2]　客家委員會出版，台灣客家民眾客語使用狀況，2012-2013。

[3]　教育部客委會出版，客家語言拼音方案，2012。

[4]　教育部客委會出版，台灣客家語言拼音輸入法，2013。

[5]　客家委員會出版，客語能力認證基本辭彙-中級、中高級暨語料選粹，2016。

[6]　客家委員會出版，客語能力認證基本詞彙-初級四縣版。

[7] 教育部客委會出版，教育部台灣客家語常用詞辭典。

[8] 客家委會出版，客語能力認證基本詞彙-中級、中高級暨語料選粹四縣版上冊。

[9] 客家委會出版，客語能力認證基本詞彙-中級、中高級暨語料選粹四縣版下冊。

[10] 魏俊瑋，客語無聲調拼音輸入法之研究與實做，國立中興大學資訊工程系碩士論文，2013。

[11] 林昕緯，中文轉客文語音合成系統中的文句分析模組之研究，國立中興大學資訊科學與工程學系碩士論文，2014。

[12] KerKerInput 輸入法，2010，https://github.com/itszero/KerKerInput，[存取日期：28 6 2016]。

[13] 信望愛台語客語輸入法，2005，http://taigi.fhl.net/TaigiIME/，[存取日期：15 7 2016]。

[14] 哈 客 網 路 學 院 出 版 ， 客 語 造 字 檔 ， 2009 ， http://elearning.hakka.gov.tw/ver2015/kaga/dontseehakkafont.aspx，[存取日期：15 6 2016]。

[15] 哈 客 網 路 學 院 出 版 ， 客 語 能 力 認 證 基 本 詞 彙 ， https://elearning.hakka.gov.tw/ver2015/kaga/Kaga_QD.aspx?type=primary，[存取日期：15 6 2017]。

[16] FFmpeg，2011，https://ffmpeg.org/about.html，[存取日期：15 6 2017]。

[17] DATA MINING Concepts and Techniques(3th ed.). (2011). Morgan Kaufmann, Jiawei Han, Micheline Kamber, Jian Pei.

[18] BaconBao，台語兒，google chrome store，2015，[存取日期：28 12 2016]。

The 2017 Conference on Computational Linguistics and Speech Processing
ROCLING 2017, pp. 101-113
© The Association for Computational Linguistics and Chinese Language Processing

多樣訊雜比之訓練語料於降噪自動編碼器其語音強化功能之初步研究

A Preliminary Study of Various SNR-level Training Data in the Denoising Auto-encoder (DAE) Technique for Speech Enhancement

李世光 [1]、王緒翔 [2,3]、曹昱 [3]、洪志偉 [1]

[1] 國立暨南國際大學電機系
[2] 國立台灣大學通訊工程研究所
[3] 中研院資訊科技創新研究中心

s105323501@mail1.ncnu.edu.tw, sypdbhee@gmail.com,
yu.tsao@citi.sinica.edu.tw, jwhung@ncnu.edu.tw

摘要

在當今普遍的語音應用、諸如語音辨識、語音資訊檢索及聲控機器人等，用以消除雜訊干擾的語音強化技術扮演了相當重要的角色，在眾多語音強化技術中，降噪自動編碼器 (denoising auto-encoder, DAE) 為近年來被廣為探討與使用的方法之一，主因是其使用了當今熱門的深度學習技術、來學習雜訊語音與乾淨語音之間的對應關係，在許多文獻中，DAE 法已被證實可以有效降低雜訊成分、且不至於對原始乾淨語音產生明顯干擾，然而，其效能仍然會隨著訓練語料與模型架構其選擇的不同而有所差異。在本論文中，我們主要是探討不同訊雜比的訓練語料對於 DAE 法其減低雜訊效應的影響。

根據我們初步的評估實驗，主要的發現在於當使用高訊雜比的訓練語料時，所對應的 DAE 法在各種訊雜比的測試語音上，平均而言都能得到顯著的消噪效果，且優於其他種訓練語料所得之 DAE，包含了由多層訊雜比的訓練語料、及近似於訓練語料之測試語音。 儘管這似乎與常理不合，我們在論文中提供了可能的解釋，並提及單純使用高訊雜比的訓練語料對於 DAE 訓練效率的優點，其包含了訓練語料數量相對減少、可使用較少隱藏層的簡易 DAE 架構、及調適至其他類型雜訊之可能性等。

Abstract

Speech enhancement (SE) that reduces the noise effect plays an important role in the current widespread audio applications such as speech recognition, speech-based information retrieval and voice control. Among the various speech enhancement techniques, denoising auto-encoder (DAE) employs the well-known deep learning process to learn the transformation from noisy data to the respective clean noise-free counterpart, and it has been shown to be very effective in reducing the noise component as well as introducing little speech distortion. In this paper, we primarily investigate the influence of the training data with different signal-to-noise ratios (SNRs) for DAE in the corresponding SE capability.

The major finding from our evaluation experiment is that the DAE trained via high-SNR data provides significantly better improvement in speech quality for the noisy testing data over a wide range of noise levels, when compared with the DAE trained via either of multi-SNR data and matched-SNR data. This result somewhat disagrees with the common and instinctive sense that the model created with multi-SNR training data behaves well on average for the testing data at an arbitrary noise level, and the matched-condition model should give the optimal performance. However, we give the possible explanations about the above finding, and explore some advantages of using simply high-SNR training data to prepare the DAE for speech enhancement. These advantages include a smaller amount of training data being required, a simpler DAE structure with fewer hidden layers and higher adaptability to other noisy situations.

關鍵詞：語音強化、時頻圖、降噪自動編碼器。

Keywords: speech enhancement, spectrogram, denoising auto-encoder.

一、緒論

聲學、語音相關應用如語音通訊、語音辨識等，在現代生活中已無所不在。隨著嵌入式系統不斷演進，以前我們只在移動裝置上傳送或接收聲學訊號，但現在各種物聯網裝置都會是我們說話的對象。從前移動裝置只是傳送聲學訊號至另一端，如今我們有成熟的語音辨識技術可用，其對應的諸多語音應用或功能並已成為不少人生活中不可或缺的一部分，同時，針對語音處理所面對的各項問題所做的研究與發展至今仍方興未艾，近年研究之相關文獻諸如[1-7]等。

當我們對著錄音裝置說話時，語音經常伴隨著環境雜訊一起傳送。若是傳送此含有雜訊的語音至另一端，顯而易見地環境雜訊會影響語音的品質，若是傳送至伺服器進行語音辨識，環境雜訊則通常會嚴重影響辨識的精確度。

要降低環境雜訊對語音品質或語音辨識結果的影響，其中一個方法就是對參雜環境雜訊的語音（簡稱雜訊語音）進行語音強化 (speech enhancement)。語音強化的技術針對不同的應用也可能會有不同的結果。針對提升語音品質而發展的語音強化法，在語音辨識上不一定是正相關的提升效能，反之亦然。

在本篇論文中，我們評估降噪自動編碼技術 (denoising auto-encoder, DAE) 此一語音強化法的效能。我們把不同訊雜比的訓練語料進行分組，並且針對 DAE 的架構進行調整，期望能完整分析不同訊雜比的訓練語料對訓練 DAE 的影響。

為了評估我們的實驗結果，我們使用語音品質之感知偵測法 (Perceptual Estimation of Speech Quality, PESQ) [8]作為評估強化後語音訊號的品質指標。PESQ 使用成對的雜訊語音與乾淨語音，經計算後可以得到給定的雜訊語音接近乾淨語音的程度，換言之即是語音品質。我們把準備的雜訊語音做為測試語料，送入不同經由不同訊雜比訓練語料訓練而得之 DAE 進行強化，即得到語音強化後的測試語料。接著對 DAE 處理前後所得的語音計算其 PESQ 值，藉由二者之差異來評估該 DAE 的效能。

二、降噪自動編碼器 (denoising auto-encoder, DAE)

自動編碼器 (Autoencoder, AE) 是神經網路的一種架構，其功能可以看作是非線性的主軸成分分析法(Principal Component Analysis, PCA)，但一般而言其具有比 PCA 更好的效能，能有效儲存給定資料集的顯著特性[9]。Vincent 等學者在 AE 的架構上嘗試在訓練資料中引入雜訊[11]，實驗結果指出，在非監督式學習的訓練上引入雜訊所得之 AE，相較於沒有引入雜訊的 AE 而言，效能會有顯著的提高，並且訓練出來的 AE 將帶有抗雜訊 (denoising) 的能力，因此其也稱為消噪型 AE (denoising AE, 簡稱 DAE)。而 Xugang 等學者在 2013 年引入 DAE 架構在語音強化上[11]，確認了 DAE 的抗雜訊特性能在語音強化任務中實現。圖一為 DAE 架構圖。

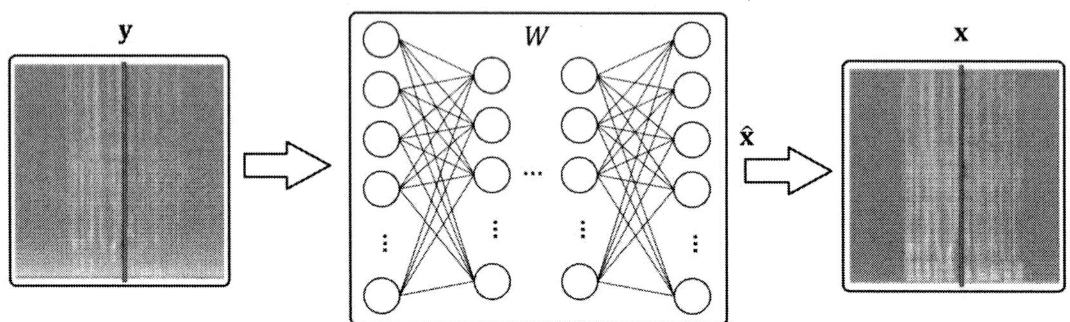

圖一、DAE 架構，y 與 x 分別代表雜訊語音與乾淨語音時頻圖(spectrogram)中之對應行向量。W 代表 DAE 的模型參數，x̂ 為行向量 y 經正向傳遞算法而得之行向量。 x̂ 的數值會隨著參數 W 的更新變得更接近乾淨語音時頻圖行向量 x。

在本論文中使用的 DAE 架構組合可分為輸入層、隱藏層及輸出層。假設隱藏層層數為一，即第零層為輸入層、第二層為為隱藏層、第三層為輸出層。雜訊語音特徵 $\mathbf{y}$ 經隱藏層及輸出層正向傳遞計算後得到一向量 $\hat{\mathbf{x}}$，如下式(1)與(2)所示，其中$\{W_1, \mathbf{b}_1\}$與$\{W_2, \mathbf{b}_2\}$分別為第一層與第二層的權重變數，$\sigma(.)$為啟動函數 (activation function)，通常採用 S 型函數(sigmoid function)，在訓練時，我們把輸出之 $\hat{\mathbf{x}}$ 與理想值 $\mathbf{x}$ 的差值用倒傳遞算法(backward propagation) 計算得到梯度 (gradient)即可更新 DAE 之權重變數$\{W_1, \mathbf{b}_1\}$與$\{W_2, \mathbf{b}_2\}$。

第一層輸出：　　　$h(\mathbf{y}) = \sigma(W_1\mathbf{y} + \mathbf{b}_1).$　　　　　　　　　　(1)

第二層輸出：　　　$\hat{\mathbf{x}} = W_2 h(\mathbf{y}) + \mathbf{b}_2.$　　　　　　　　　　(2)

為避免訓練 DAE 時有過度擬合 (overfitting) 的狀況發生，在定義所需的損失函數(loss function)時，通常會引入正則項 (regulation)，如式(3)中的$g(\Theta)$項，倒傳遞運算即是使用到此損失函數相對於各變數項的微分，亦即其梯度。一般而言，在引入正則項後，對應之 DAE 的效能會隨著訓練次數增加而漸趨穩定，我們也能有效地比較不同 DAE 架構配置對效能帶來的影響。

$$\text{損失函數：} \quad J(\Theta) = \sum_{\mathbf{x}} \|\mathbf{x} - \hat{\mathbf{x}}\|^2 + g(\Theta). \tag{3}$$

通過引入正則項於損失函數，所訓練得出的 DAE 模型會有穩定的效能。進而使不同架構配置的 DAE 間會有明顯的效能區別，使我們能更能有效比較不同 DAE 實驗設置所得到的結果。

三、訓練降噪自動編碼器之配置及評估方式

為了評估 DAE 在語音強化上的效能，我們在訓練過程中設置了各種變因，包含不同訊雜比之訓練語料、DAE 中隱藏層包含的神經元個數、以及隱藏層之數量。

(一)、不同訊雜比之訓練語料

我們在上一章提到，根據 Vincent 等學者的實驗結果[10]，在訓練 AE 時引入雜訊，所得出的神經網路將擁有抗雜訊的效能，並且對於原乾淨語料能有更佳代表性。因此，這裡我們使用不同訊雜比(signal-to-noise ratio, SNR)之語料來訓練 DAE，其訓練語料分類如下：

    1、完整之全訊雜比(all-SNR)之訓練語料：SNR 範圍為-12 dB 至 12 dB，間隔 3 dB，即 -12 dB, -9 dB, -6 dB, -3 dB, 0 dB, 3 dB, 6 dB, 9 dB, 12 dB，共 9 種訊雜比。

    2、高訊雜比(high-SNR)之訓練語料：SNR 範圍為 6 dB 至 12 dB，間隔 3 dB，即 6 dB, 9 dB, 12 dB，共 3 種訊雜比。

    3、中訊雜比(median-SNR)之訓練語料：SNR 範圍為 -3 dB 至 3 dB，間隔 3 dB，即 -3 dB, 0 dB, 3 dB，共 3 種訊雜比。

    4、低訊雜比(low-SNR)之訓練語料：SNR 範圍為 -12 dB 至 -6 dB，間隔 3 dB，即 -12 dB, -9 dB, -6 dB，共 3 種訊雜比。

這裡值得注意的是，由於個別訊雜比的語料量相同，所以全訊雜比使用的訓練語料量是其他三類（高、中、低訊雜比）訓練語料量的 3 倍。

(二)、降噪自動編碼器神經元數量及隱藏層深度
DAE 模型的大小可經由隱藏層之神經元數量及隱藏層深度做調整。我們參考了 Xugang 等學者的實驗配置[11]，將評估實驗所用的 DAE 架構設置變化如下：
　　1、各隱藏層包含的神經元數量：100、300、500、1000、3000
　　2、隱藏層深度：1 至 6 層

(三)、特徵 (Features)
如同 Vincent 等學者的實驗[10]，我們對 DAE 神經網路的訓練資料是使用成對的雜訊語音及乾淨語音(noisy-clean pair)，而實際運用的特徵單位則是每個音框(frame)的對數頻譜(logarithmic spectrum)，其具體求法為語音之短時間音框訊號作傅立葉轉換後，將得到的頻譜之強度(magnitude)取對數，一段語音之時頻圖(spectrogram)如圖二所示，其中每一行向量即為各音框之對數頻譜，我們把雜訊語音的對數頻譜當成輸入特徵，其對應之乾淨語音的對數頻譜作為監督式學習中的理想輸出(desired output)特徵。

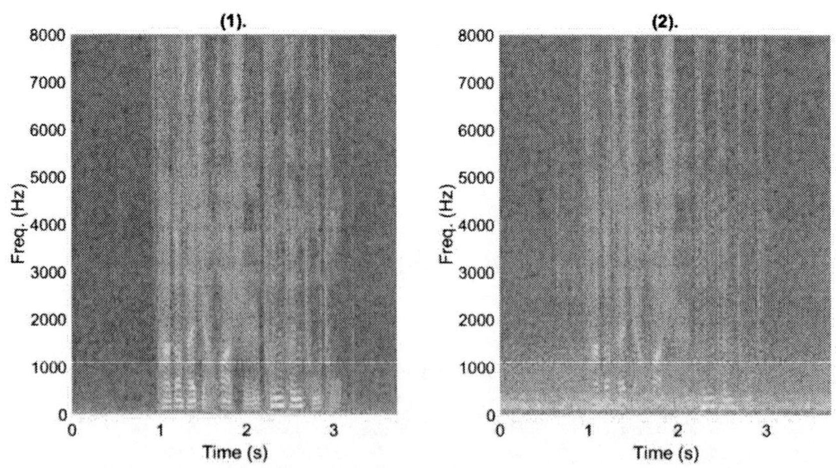

圖二、語句經短時距傅立葉變換並取對數後所得之時頻圖(spectrogram)。(1) 代表乾淨語音、(2) 代表雜訊語音，其中橫軸為時間、縱軸為聲學頻率(acoustic frequency)。

(四)、Perceptual Estimation of Speech Quality (PESQ)

我們把前述不同類別訊雜比訓練語料訓練所得之 DAE 模型，對測試語料進行測試。測試語料經過 DAE 運算後所得之強化語音，理想上會趨近其對應之乾淨語音。為了評估 DAE 強化語音的效能，我們使用 PESQ 做為評估效能的指標。欲計算一語音之 PESQ，與 DAE 一樣需要其對應的乾淨語音。PESQ 值介於-0.5 至 4.5 之間，越高的值代表測試語音越接近其包含的乾淨語音、亦即語音品質越佳。

四、實驗結果與分析

在評估實驗中，我們使用了 Mandarin hearing in noise test (MHINT) 語料庫的子集(subset) [13]，分別取其 360 句及 120 句作為原始訓練與測試語料、且二者並不重複，同時，我們對二者加入汽車引擎雜訊，建構成各種訊雜比(SNR)的雜訊語音。訓練語料的訊雜比介於 -12 至 12 dB 之間、間隔 3 dB、共 9 種，而測試語料的訊雜比介於 -10 dB 至 15 dB 之間、間隔 5 dB、共 6 種，訓練與測試語料在訊雜比上互相不匹配。另外，我們所使用的語料，其取樣頻率為 16 kHz。使用短時距傅立葉變換時的取樣長度為 512 維，因此特徵長度為 257 維。

在使用對數頻譜特徵進行 DAE 的訓練時，我們把訓練的特徵總數量限制為 8 萬個。因此，雖然所配置的不同訓練資料大小不一，但我們可以用同樣的神經網路架構去比較不同訊雜比的配置所帶來的影響。

接下來我們將從多樣訊雜比之訓練語料、神經元數量及隱藏層深度對應之 DAE 來呈現並探討我們的實驗結果：

(一)、多樣訊雜比之訓練語料比較

表一列出了測試語料經過以不同訊雜比組合訓練語料訓練出的 DAE 處理前後的 PESQ 分數。如第三節所述，這裡共有四種不同的訊雜比組合，分成「全訊雜比」、「低訊雜比」、「中等訊雜比」以及「高訊雜比」。這裡我們使用的 DAE，包含有一個隱藏層，且此隱藏層有 300 個神經元，基準值(baseline)表示測試語料未經 DAE 處理前的 PESQ 分數。

從表一的結果，我們可以有以下幾點觀察：

1、對比基準值，經過 DAE 處理的測試語料，其 PESQ 分數不一定會上升。特別在由低訊雜比訓練語料所得的 DAE。此結果大致符合一般對於映射(mapping)函數的看法，亦即要從嚴重失真的資料中找出對應到無失真資料的映射關係是相對困難的。這也可以部份解釋為什麼低訊雜比（包含了-12 dB, -9 dB 與 -6 dB 訊雜比的訓練語料）之 DAE 對於訊雜比 -10 dB 之測試語料的語音強化結果相當有限，即使其相對於其他 DAE 而言，與訊雜比-10 dB 之測試語料是處在相對匹配(match)的情況。

2、對於訊雜比 0 dB 與 5 dB 的測試語料，全訊雜比的 DAE 優於中訊雜比的 DAE，對於訊雜比 -10 dB 與 -5 dB 的測試語料，全訊雜比的 DAE 也優於低訊雜比的 DAE。然而，對於訊雜比 10 dB 與 15 dB 的測試語料，全訊雜比的 DAE 卻不能提升其語音品質、得到的 PESQ 比基準值(baseline)還低。可見全訊雜比之訓練語料並不能保證其 DAE 一定能提升任何訊雜比之語音的品質。

3、中訊雜比訓練所得的 DAE 在低訊雜比(-10 dB, -5 dB)的測試語料上有最佳的品質提升結果。同時，高訊雜比的 DAE 幾乎在所有訊雜比的測試語料上都能提升 PESQ 分數（除了訊雜比 15 dB 的語料外）。這種由特定訊雜比訓練出的 DAE、可更有效強化相對較低訊雜比之測試語料的現象，與學者 Minje Kim 其文獻[12]所呈現的實驗十分相似。對這一實驗結果，我們有以下解釋：

(1) 相較於其他訊雜比資料而言，高訊雜比語料與乾淨語料兩者之間的距離較小，因此，高訊雜比的 DAE 比其他訊雜比的 DAE 在訓練上較為容易且精確。

(2) 語音強化法效能反映在雜訊抑制的程度與對於乾淨語音的干擾(speech distortion)程度，高訊雜比的 DAE 由於是學習如何將高訊雜比語音轉換至乾淨語音，即使無法有效降低測試語音中的雜訊、其對於乾淨語音的干擾程度應比其他 DAE 來的低。

(3) 從機器學習的角度來看，監督式學習的整體誤差有兩種：偏差值(bias)與變異數(variance)。對於各種訊雜比的測試語料，這裡所使用的各種 DAE 其對應的變異數誤差可能大致相近，但高訊雜比 DAE 對應的偏差值誤差則應該比其他 DAE 來的小，這是因為高訊雜比 DAE 學習的是高訊雜比語料與乾淨語料的差距關係，此差距量明顯較低。

表一、多樣訊雜比訓練語料之 DAE 在各種訊雜比之測試語料上的強化結果（PESQ 分數）

		基準值	全訊雜比 DAE (-12 to 12 dB)	低訊雜比 DAE (-12 to -6 dB)	中訊雜比 DAE (-3 to 3 dB)	高訊雜比 DAE (6 to 12 dB)
測試語音	-10dB	1.27	1.36	1.28	**1.40**	1.30
	-5dB	1.54	1.69	1.48*	**1.74**	1.73
	0dB	1.86	1.98	1.55*	1.97	**2.31**
	5dB	2.20	2.22	1.57*	2.11*	**2.59**
	10dB	2.56	2.33*	1.57*	2.14*	**2.76**
	15dB	2.90	2.38*	1.55*	2.16*	**2.82***

(二)、隱藏層的神經元數量

在 DAE 架構配置上，我們為隱藏層配置的神經元數量有 100, 300, 500, 1000, 3000 五種，而如前所述，高訊雜比訓練語料的 DAE 初步呈現有最佳效能，因此這裡我們單純選擇高訊雜比語料對應之 DAE，而隱藏層的數目固定為一。

圖三與圖四分別為不同神經元數量之 DAE 在訊雜比 10 dB 與 0 dB 測試語料的語音強化結果。我們藉此配置觀察神經元數量對 DAE 效能的影響。從兩張圖可看出在神經元數量為 500 時，對應之 PESQ 值為最高、亦即有最佳的語音強化效能。若再增加神經元數量則未明顯提升 PESQ 值，當神經元數量高至 3000 時，DAE 效能甚至會降低。其中原因可能是訓練語料的不足，導致過度擬合 (overfitting) 的狀況發生。

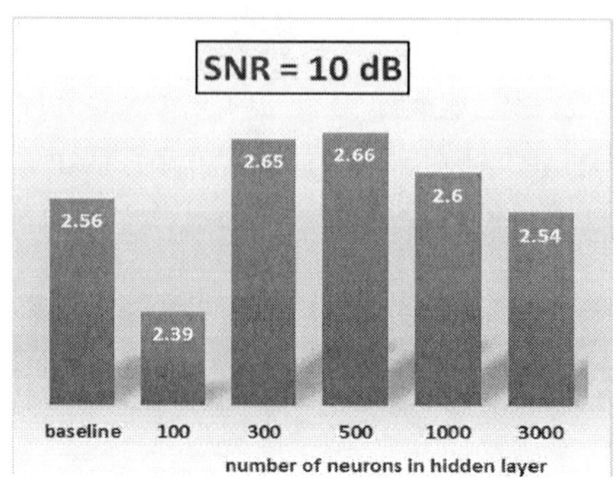

圖三、高訊雜比訓練語料與一層隱藏層及 500 個神經元配置之 DAE 在不同神經
元數量設定下對訊雜比 10 dB 測試語料的語音強化結果，數值為 PESQ 分數。

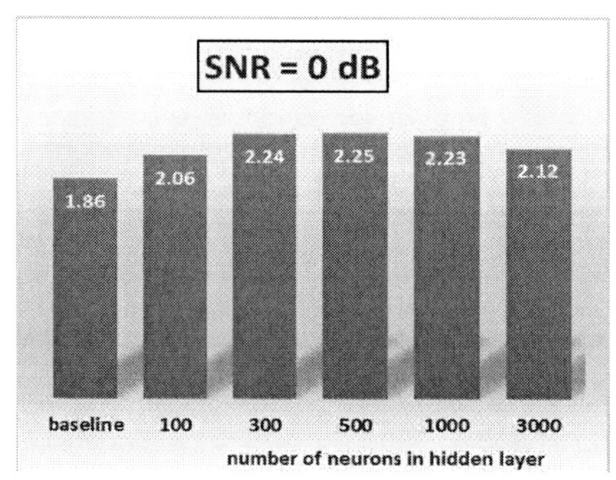

圖四、高訊雜比訓練語料與一層隱藏層及 500 個神經元配置之 DAE 在不同神經
元數量設定下對訊雜比 0 dB 測試語料的語音強化結果，數值為 PESQ 分數。

(三)、隱藏層深度

我們在這裡探討隱藏層深度對 DAE 效能的影響，隱藏層深度設置為 1 至 6 層。
如同上一節探討神經元數量的配置，我們同樣使用高訊雜比訓練語料做為不同隱
藏層深度 DAE 的訓練語料，同時神經元的數量固定為 500，其在訊雜比 10 dB 與
5 dB 的測試語料之實驗結果如圖五與圖六所示。
從圖五中可以觀察到，對於訊雜比 10 dB 的測試語料，最佳的結果是出現於隱藏
層層數設定為 1 時，同時 DAE 的效能會隨著隱藏層的增加而降低。相對而言，

在圖六中，對於訊雜比 5 dB 的測試語料，隱藏層層數 1 至 3 的 DAE，其效能都十分接近，在隱藏層層數增加到 4 至 6 時才明顯降低。這樣的結果可能來自於我們在 DAE 中使用的啟動函數 (activation function)為 sigmoid、其輸出為一平滑曲線。由於其平滑的輸出值，使多層隱藏層的重疊無法反映相對高波動的輸入值、且誤差隨著隱藏層的增加而不斷累積。

簡單來說，我們的實驗結果指出，一個相對淺層 (shallow) 的 DAE 擁有比深層 DAE 更好的效能。此一結果與其他研究者的實驗結果[12]有著相同的趨勢，這表示我們可以使用較低計算複雜度之 DAE 達到更好的語音強化效能。

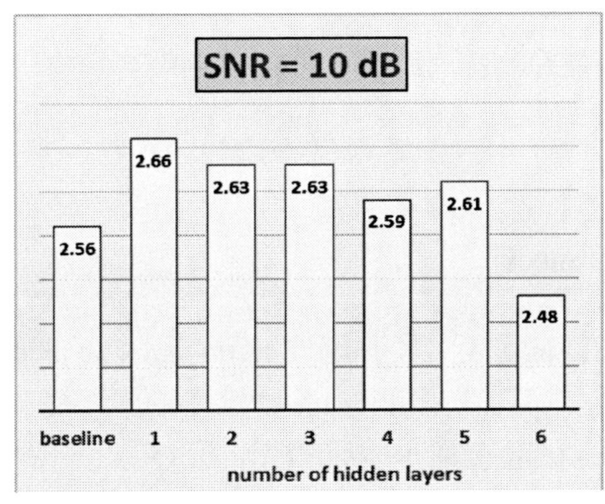

圖五、高訊雜比訓練語料與 500 個神經元配置之 DAE 在不同隱藏層深度設定下對訊雜比 10 dB 測試語料的語音強化結果，數值為 PESQ 分數。

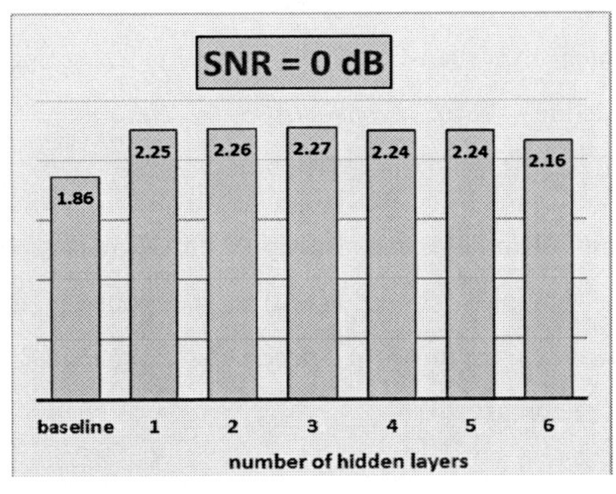

圖六、高訊雜比訓練語料與 500 個神經元配置之 DAE 在不同隱藏層深度設定下

對訊雜比 0 dB 測試語料的語音強化結果，數值為 PESQ 分數。

五、結論

在這篇論文中，我們探討了降噪自動編碼器(DAE)在不同配置的模型下，其語音強化的效能。我們發現高訊雜比訓練語料與其他訊雜比訓練語料相比，所得到的 DAE 在整體上有著最佳的語音強化表現。此外，用高訊雜比訓練語料學習之 DAE，只需具有少量的隱藏層與中量的神經元個數即可，代表其計算複雜度相對較低。在未來的工作上，我們將在雜訊語音的準備上增加雜訊的種類，觀察在雜訊種類上不匹配時，高訊雜比的 DAE 是否仍能有好的表現，同時在探討其他 DAE 架構配置對語音強化效能的影響，例如不同的啟動函數、不同的語音特徵等。

參考文獻 [References]

[1] T.-S. Chi, T.-H. Lin, and C.-C. Hsu, "Spectro-temporal modulation energy based mask for robust speaker identification," *Journal of the Acoustical Society of America*, vol. 131, no. 5, pp. EL368-EL374, 2012.

[2] T.-C. Wu, T.-S. Chi, and C.-F. Lee, "Simulations of high-frequency vocoder on Mandarin speech recognition for acoustic hearing preserved cochlear implant," *in Proceedings of Annual Conference of International Speech Communication Association* (*Interspeech*) 2017.

[3] Jen-Tzung Chien and Yuan-Chu Ku, "Bayesian recurrent neural network for language modeling", *IEEE Transactions on Neural Networks and Learning Systems*, vol. 27, no. 2, pp. 361-374, February 2016.

[4] Jeih-weih Hung, Hsin-Ju Hsieh, Berlin Chen, "Robust speech recognition via enhancing the complex-valued acoustic spectrum in modulation domain," *IEEE/ACM Transactions on Audio, Speech, and Language Processing*, vol. 24, no. 2, pp. 236-251, February 2016.

[5] Kuan-Yu Chen, Shih-Hung Liu, Berlin Chen, Hsin-Min Wang, Hsin-Hsi Chen, "Exploring the use of unsupervised query modeling techniques for speech recognition and summarization," *Speech Communication*, Vol. 80, pp. 49-59, June 2016.

[6] Chien-Yao Wang, Jia-Ching Wang, Andri Santoso, Chin-Chin Chiang, Chung-Hsien Wu, "Sound Event Recognition Using Auditory-Receptive- Field Binary Pattern and Hierarchical-Diving Deep Belief Network," Accepted by *IEEE/ACM Trans. Audio, Speech, and Language Processing*, 2017

[7] Chia-Ping Chen, Yi-Chin Huang, Chung-Hsien Wu, and Kuan-De Lee, Polyglot Speech Synthesis Based on Cross-lingual Frame Selection Using Auditory and Articulatory Features, *IEEE/ACM Transactions on Audio, Speech, and Language Processing*, 22(10), pp. 1558-1570, 2014

[8] W. Rix et al, "Perceptual evaluation of speech quality (PESQ) – a new method for speech quality assessment of telephone networks and codecs," *in Proceedings of the IEEE International Conference on Acoustics, Speech and Signal Processing (ICASSP)*, pp. 749-752, 2001

[9] G. Hinton and R.Salakhutdinov, "Reducing the dimensionality of data with neural networks," *Science*, vol. 313, no. 5786, pp. 504–507, July 2006.

[10] P. Vincent, H. Larochelle, Y. Bengio, and P. Manzagol, "Extracting and composing robust features with denoising autoencoders," *in Proceedings of the 25th International Conference on Machine Learning (ICML-08)* 2008

[11] X. Lu, Y. Tsao, S. Matsuda and C. Hori, "Speech enhancement based on deep denoising autoencoder," *in Proceedings of Interspeech*, pp. 436-440, 2013

[12] M. Kim, "Collaborative deep learning for speech enhancement: A run-time model selection method using autoencoders", *in Proceedings of the 2017 IEEE International Conference on Acoustics, Speech and Signal Processing (ICASSP)*

[13] L. L. Wong, S. D. Soli, S. Liu, N. Han, and M. -W. Huang, "Development of the Mandarin hearing in noise test (MHINT)," *Ear and hearing*, 28 (2), pp. 70-74, 2007

The 2017 Conference on Computational Linguistics and Speech Processing
ROCLING 2017, pp. 114-115
© The Association for Computational Linguistics and Chinese Language Processing

基於鑑別式自編碼解碼器之錄音回放攻擊偵測系統

A Replay Spoofing Detection System Based on Discriminative Autoencoders

呂淯鼎 Yu-Ding Lu 曹昱 Yu Tsao

中央研究院資訊創新科技研究中心

Research Center for Information Technology Innovation

Academia Sinica

李鴻欣 Hung-Shin Lee 王新民 Hsin-Min Wang

中央研究院資訊科學研究所

Institute of Information Science

Academia Sinica

摘要

在此論文中，我們提出了一個基於鑑別式自編碼解碼器的神經網路模型，對語者辨識系統的錄音回放攻擊進行自動偵測，也就是判斷語者辨識系統所收到的音訊內容是屬於真實的人聲或是由錄音機所回放出來的人聲。在語者辨識領域中，以人為的聲音造假對語者辨識系統進行的攻擊稱之為欺騙攻擊（Spoofing Attack）。有鑑於深度類神經網路模型已被廣泛應用在語音處理相關問題，我們期望能夠應用相關模型在此類問題上。在所提出的鑑別式自編碼解碼器模型中，我們利用模型的中間層來達到特徵抽取的目的，並且提出新的損失函數，使得中間層的特徵將依照資料的標記結果做分群，因此新的特徵將具有能鑑別真偽人聲的資訊，最後再利用餘弦相似度來計算所抽取的特徵與真實的人聲相近與否，得到偵測的結果。我們採用 2017 Automatic Speaker Verification Spoofing and Countermeasures

Challenge（ASVspoof-2017）所提供的資料庫進行測試，所提出的系統在開發數據集上得到了很好的成效，與官方所提供的測試方法相比，其準確度約有 42 % 的相對進步幅度。

關鍵字：語者辨識，語者辨識攻擊，回放攻擊偵測，鑑別式自編碼解碼器，深度類神經網路

The 2017 Conference on Computational Linguistics and Speech Processing
ROCLING 2017, pp. 116-118
© The Association for Computational Linguistics and Chinese Language Processing

探究不同領域文件之可讀性分析

Exploring Readability Analysis on Multi-Domain Texts

曾厚強　Hou-Chiang Tseng, 陳柏琳　Berlin Chen
國立臺灣師範大學資訊工程學系
Department of Computer Science and Information Engineering
National Taiwan Normal University
ouartz99@gmail.com, berlin@ntnu.edu.tw

宋曜廷　Yao-Ting Sung
國立臺灣師範大學教育心理與輔導學系所
Department of Educational Psychology and Counseling
National Taiwan Normal University
sungtc@ntnu.edu.tw

摘要

可讀性(Readability)是指閱讀材料能夠被讀者所理解的程度[1],[2],[3],[4]，當讀者閱讀高可讀性的文件時，會產生較好的理解及學後保留效果[2],[3]。由於文件的可讀性在知識傳遞扮演極為重要的角色，因此西方的可讀性公式發展的非常早[5], [6]。然而這些傳統的可讀性研究大多使用較淺層的語言特徵來發展線性的可讀性公式，其實並不足以反映文件難度。Graesser、Singer 和 Trabasso 便指出，傳統語言特徵公式無法反映閱讀的真實歷程，文件的語意語法只是文件的淺層語言特徵，沒有考量文件的凝聚特性[7]。Collins-Thompson 亦指出傳統可讀性公式僅著重在文件的表淺資訊，而忽略文件重要的深層特徵。這也讓傳統可讀性公式在預測文本可讀性的結果常遭受到質疑[8]。直到今日，可讀性的研究仍持續不斷。研究人員為了克服傳統可讀性公式的缺點，嘗試利用更細緻的機器學習演算法來發展出非線性的可讀性模型，並納入更多元的可讀性指標來共同評量文本的可讀性，以提升可讀性模型的效能[9],[10],[11]。然而可惜的是，研究人員發現採用一般語言特徵的可讀性模型在應用於特定領域文時，一般語言特徵並無法判斷詞彙在不同領域文本時背後所代表的意義。因此開始有學者去針對特定領域文本的知識結構研發出專屬於該領域的特徵來取代一般語言特徵[12],[13]，使可讀性模型可以正確評估特定領域文本的可讀性。由上述的研究可知，不論是過去一般語言特徵或是針對特定領域文本的知識結構所設計的文件表示(Document Representation)技術，長久以來都需要仰

賴專家來研發，有著耗時費力等問題。近年來，有所謂表徵學習(Representation Learning)
方法可以自動從原始資料中去擷取有用的特徵以建立文本的向量表示，能有助於分類模
型的訓練和預測[14]。使得模型所需要的特徵可以逐漸不需仰賴專家，成功開啟了另一
個研究的方向。因此，本研究基於近年來熱門的卷積神經網路(Convolutional Neural
Network, CNN)[15]或快速文本(festText)[16]等不同的表示學習法來自動抽取文本特徵，
訓練出一個能夠分析跨領域文件的可讀性模型。實驗結果顯示兩種模型皆有優異的效能；
本研究亦發現兩種模型在預測錯誤的程度上是有所差異的。在未來的研究中，本研究也
將探討如何整合不同類型的類神經網路模型的優點來促使可讀性模型在預測錯誤時，其
誤差也能夠盡可能的往適讀年級集中。

關鍵詞：可讀性，詞向量，卷積神經網路，表示學習法，快速文本

參考文獻

[1]E. Dale and J. S. Chall, "The concept of readability," *Elementary English,* vol. 26, pp. 19–
26, 1949.

[2]G. R. Klare, "Measurement of Readability," 1963.

[3]G. R. Klare, "The measurement of readability: useful information for communicators,"
ACM Journal of Computer Documentation (JCD), vol. 24, pp. 107-121, 2000.

[4]G. H. McLaughlin, "SMOG grading: A new readability formula," *Journal of reading,* vol.
12, pp. 639–646, 1969.

[5]B. A. Lively and S. L. Pressey, "A method for measuring the vocabulary burden of
textbooks," *Educational administration and supervision,* vol. 9, pp. 389–398, 1923.

[6]M. Vogel and C. Washburne, "An objective method of determining grade placement of
children's reading material," *The Elementary School Journal,* pp. 373–381, 1928.

[7]A. C. Graesser, M. Singer, and T. Trabasso, "Constructing inferences during narrative text
comprehension," *Psychological Review,* vol. 101, p. 371, 1994.

[8]K. Collins-Thompson, "Computational assessment of text readability: A survey of current
and future research," *International Journal of Applied Linguistics,* vol. 165, pp. 97–135,
2014.

[9]S. E. Petersen and M. Ostendorf, "A machine learning approach to reading level assessment,"
Computer Speech & Language, vol. 23, pp. 89–106, 2009.

[10] L. Feng, M. Jansche, M. Huenerfauth, and N. Elhadad, "A comparison of features for
automatic readability assessment," in *Proceedings of the 23rd International Conference on
Computational Linguistics: Posters*, 2010, pp. 276–284.

[11] Y. T. Sung, J. L. Chen, J. H. Cha, H. C. Tseng, T. H. Chang, and K. E. Chang, "Constructing and validating readability models: the method of integrating multilevel linguistic features with machine learning," *Behavior research methods,* vol. 47, pp. 340–354, 2014.

[12] X. Yan, D. Song, and X. Li, "Concept-based document readability in domain specific information retrieval," in *Proceedings of the 15th ACM international conference on Information and knowledge management*, 2006, pp. 540–549.

[13] A. Borst, A. Gaudinat, C. Boyer, and N. Grabar, "Lexically based distinction of readability levels of health documents," *Acta Informatica Medica,* vol. 16, pp. 72–75, 2008.

[14] I. Goodfellow, Y. Bengio, and A. Courville, *Deep learning (adaptive computation and machine learning series)*. MIT Press, 2016.

[15] Y. LeCun, "Generalization and network design strategies," *Connectionism in perspective,* pp. 143-155, 1989.

[16] A. Joulin, E. Grave, P. Bojanowski, and T. Mikolov, "Bag of tricks for efficient text classification," *arXiv preprint arXiv:1607.01759.*

The 2017 Conference on Computational Linguistics and Speech Processing
ROCLING 2017, pp. 119-135
© The Association for Computational Linguistics and Chinese Language Processing

基於 i-vector 與 PLDA 並使用 GMM-HMM 強制對位之

自動語者分段標記系統

Speaker Diarization based on I-vector PLDA Scoring and

using GMM-HMM Forced Alignment

張乘若 Cheng-Jo Ray Chang[1]

李鴻欣 Hung-Shin Lee[2]

王新民 Hsin-Min Wang[2]

張智星 Jyh-Shing Roger Jang[1]

1 國立台灣大學資訊工程學系 Department of Computer Science and Information
Engineering, National Taiwan University

2 中央研究院資訊科學研究所 Institute of Information Science, Academia Sinica

摘要

近年來，i-vector 搭配 PLDA（Probability Linear Discriminant Analysis）的系統已經在自動語者分段標記（Speaker Diarization）的研究上獲得了很好的結果。不過，由於 i-vector 需要由較長的音訊片段抽取出來才具有較佳的語者特性，所以較無法有效地處理時間極短的語句區段。為此，本論文提出一個新的自動語者分段標記框架：先由 K 平均（K-means）演算法得到初步的自動語者分段標記結果，並據此建立初步語者模型，再配合利用 GMM-HMM（Gaussian Mixture Models-Hidden Markov Models）進行強制對位（Forced Alignment）以及語者分群（Speaker Clustering）來進行自動語者分段標記。從實驗上我們可以發現，雖然單獨利用 GMM-HMM 語者分群並未比使用 GMM-HMM 強制對位所得到的召回率（Recall）以及精準率（Precision）來得好，但是利用 GMM-HMM 語者分群的結果再重新進行 GMM-HMM 強制對位卻可以得到較好的召回率以及精準率，故由 GMM-HMM 語者分群以得到更細小的語者說話區段對自動語者分段標記的問題是有幫助的。此外，這篇論文也探討針對不同時間長度的音訊片段對自動語者分段標記的影響。

關鍵字：自動語者分段標記，I-vector，PLDA，GMM-HMM，強制對位，語者分群

一、緒論

　　隨著時代不斷的演進，人們在處理語音的技術也愈來愈成熟。就拿語者辨識（Speaker Recognition）的領域來講，從當初使用藉著高斯混合模型（Gaussian Mixture Models, GMM）[1] 來建立廣義背景模型（Universal Background Models, UBM），及至聯合因素分析（Joint Factor Analysis, JFA），到目前最廣為流行的 i-vector [2][3]，在建立特定的語者模型上，其準確性已經有相當幅度的提升。然而，有時候我們不需要知道每一句對話是出自哪一位語者，因為在某些情境中，只有某一位語者是最重要的，而其他人的聲音相對上並沒有那麼關鍵。例如，在追蹤嫌疑犯的犯罪錄音中，我們只需要關注嫌疑犯的聲音，而其餘在錄音中出現的人聲就沒有辨識其身分的必要，只需要給予他們語者識別（Speaker Identity）即可。一般而言，我們會將這類只需把不同語者以語者識別的方式標記下來的問題統稱為自動語者分段標記（Automatic Speaker Diarization）的問題，而這種問題又可被稱為「Who Spoke When」，也就是要將一段錄音資料中的語者區分出來，並一一標示他們的身分識別以及時間戳記（Time Stamp）[4]。在本篇論文中，我們會將身分識別以及時間戳記統稱為語者區段（Speaker Region）。廣義來說，自動語者分段標記的問題主要會分為兩種類型，一種是會議錄音（Conference Recordings），另一種則為廣播新聞（Broadcast News）[5]。這兩種情境最大的差別在於，廣播新聞可以是預先演練過的，所以實際的錄音情境可能是許多語者一個接著一個討論議題；相對地，會議錄音中參與者的發言具有較高自發性，所以語者跟語者的對話可能在時間上會有重疊，在會議錄音當中也有可能會出現拍手，笑聲等情況出現，而在這篇論文所探討的情境是介於這兩種類型之間的電話語音，主要針對客服與客戶的電話錄音，因此在一般情況下只有客服與客戶兩位語者。

　　一般在處理自動語者分段標記的問題會涉及三個步驟：1）將錄音資料切割成許多音訊片段，我們希望在每一個音訊片段內只包含一位語者的聲音；2）對切割好的音訊片段進行語者分群，這是自動語者分段標記的問題中最為關鍵的步驟。傳統的自動語者分段標記是處理未知語者數目的語音紀錄，所以在針對語者分群的問題中，最首要的問題是「究竟有幾位語者」。最廣為人知的方法是，我們先假設一個足夠多的語者數目，對這些語者建立簡單的語者模型，接著根據它們彼此之間的異同，嘗試去合併兩兩語者的模型，直到找到最佳的語者數目；3）對於每一個群集都給予一個語者識別，並記錄語者區間，最後再與正確標記（Ground Truth）比對。

因為我們會將錄音記錄切割成許多只包含單一語者的音訊片段，所以在進行語者分群的步驟時，可以視為對每個音訊片段進行一連串的語者辨識。在這個想法之下，我們只需判斷兩個音訊片段是否出自於同一位語者 [6]。目前在語者辨識的研究中，i-vector 技術已經相當成熟且被廣泛使用，它能將不同長度的語音轉換成一個具有相同維度的向量且可以保留其中的語者資訊，並將音訊的通道噪音（Channel Noise）濾除。因此，在自動語者分段標記中，我們的主要任務是對所有音訊片段抽取其 i-vector，並計算所有 i-vector 彼此之間的 PLDA（Probability Linear Discriminant Analysis）分數- 也就是二者的聯合機率（Joint Probability）[7]，而得到一個自相似矩陣（Self-similarity Matrix），矩陣內的數值為兩個不同 i-vector 彼此間的 PLDA 分數。也就是說，PLDA 是用來計算這兩個 i-vector 是否來自同一位語者的評量標準，值愈高表示為同一位語者的可能性愈大，值愈低則表示這兩個音訊片段的語者為不同人的機率較小。在本篇論文中，我們會探討如何使用 i-vector 搭配 PLDA 來解決雙語者之自動語者分段標記問題，並且探討得到語者分群後的語者區域透過強制對位，以及再進行 GMM-HMM 語者分群是否有助於提升自動語者分段標記的召回率以及精準率。

以下為本論文的結構說明：我們將在第二節中介紹雙語者之自動語者分段標記的系統架構；在第三節中介紹我們使用的資料集，以及評估自動語者分段標記的標準；第四節將說明實驗結果與數據分析；在第五節我們將為本文做結論。

二、雙語者之自動語者分段標記系統架構

雙語者之自動語者分段標記的系統流程如圖一所示，主要分為四個部分：第一部分負責切割片段（Segmentation），將電話語音切割成許多只包含一位語者的說話片段，之後將這些語者片段串接成一個串接音檔；第二部分為特徵參數的抽取（Feature

Extraction）；第三部分則是進行語者分群（Speaker Clustering）；第四部分則為系統效能的評估方式。這四個部分將會在本章的各個小節中一一介紹。其中特徵參數的部分我們是採用以下兩個特徵，分別是梅爾倒頻譜係數（Mel-Frequency Cepstrum Coefficients, MFCC），以及 i-vector。最後在進行語者分群時，我們提出了一個系統效能的評估機制，希望藉由此評估機制來判斷分群後的結果與正確標記的差距。

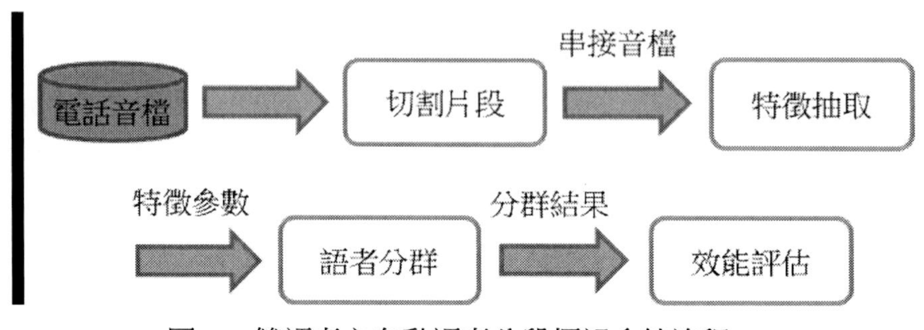

圖一、雙語者之自動語者分段標記系統流程。

（一）切割片段

為了從電話語音中得到只包含一位語者的說話片段，我們預先訓練一組靜音模型（Silence Model）以及語音模型（Speech Model）。首先從 50 句電話語音中針對靜音以及語音的片段抽取 13 維梅爾倒頻譜係數，用來訓練具有 32 個成分（Component）的GMM。有了這兩個模型之後，就可以針對每個測試音檔透過此高斯混合模型進行語音偵測（Voice Activity Detection, VAD）而得到許多只包含一位語者的說話片段，最後再將這些片段串接成一個新的音檔，目的是為了之後在進行自動語者分段標記時可以將時間極短的段落（介於 0 至 1 秒）標示出來。

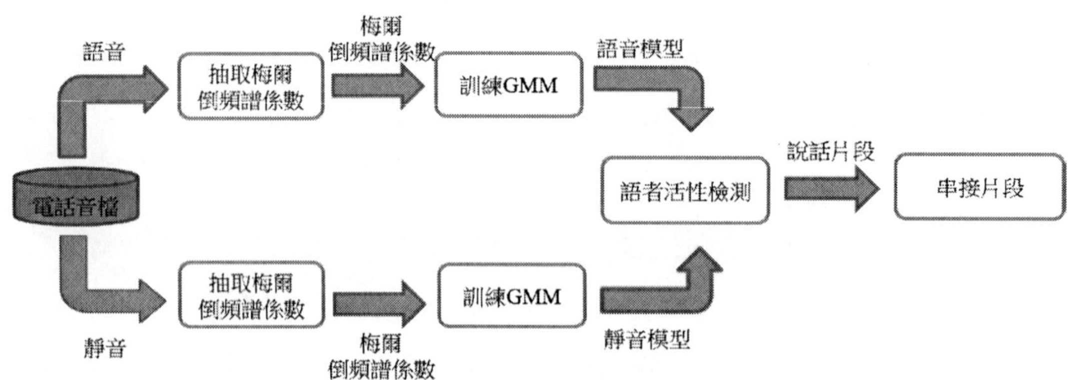

圖二、切割片段的流程。

（二）特徵抽取

圖三、特徵抽取的流程。

　　接著，我們將上一小節得到的串接音檔切割成許多相同長度並且部分重疊的音訊片段 [8]，並對這些音訊片段抽取 13 維梅爾倒頻譜係數之後再分別求出其 i-vector。在此特別強調的是，此處的音訊片段內並非只包含一位語者，因為它經由語音的串接而來，所以裡面可能不只包含一位語者，分別為下面三種可能：1）音訊片段內只有客服的聲音；2）音訊片段內只有客戶的聲音；3）音訊片段內同時含有客戶與客服的聲音，以下簡稱為混合。，由圖四中我們任意取出三種語者（客戶、客服、混合）之各兩段音訊片段所抽取出的 i-vector，計算其彼此之間的 PLDA 分數，可以觀察出客戶對客戶或客服對客服的 i-vector 彼此間的 PLDA 分數是相對較高的，不過混合對混合的 i-vector 彼此間的 PLDA 分數卻沒有這樣的關係。因此根據不同客服與客戶聲音的混合程度，在 i-vector 的表示上可視為兩個不同的語者。此外，為了不讓語者的聲音變化太大，並且增加系統在處理自動語者分段標記上的精細度，我們嘗試使用可重疊的音訊片段，而且音訊片段的長度與重疊時間是可調整的，在第四節的實驗我會描述不同的長度與重疊時間對我們的系統會造成甚麼樣的影響。

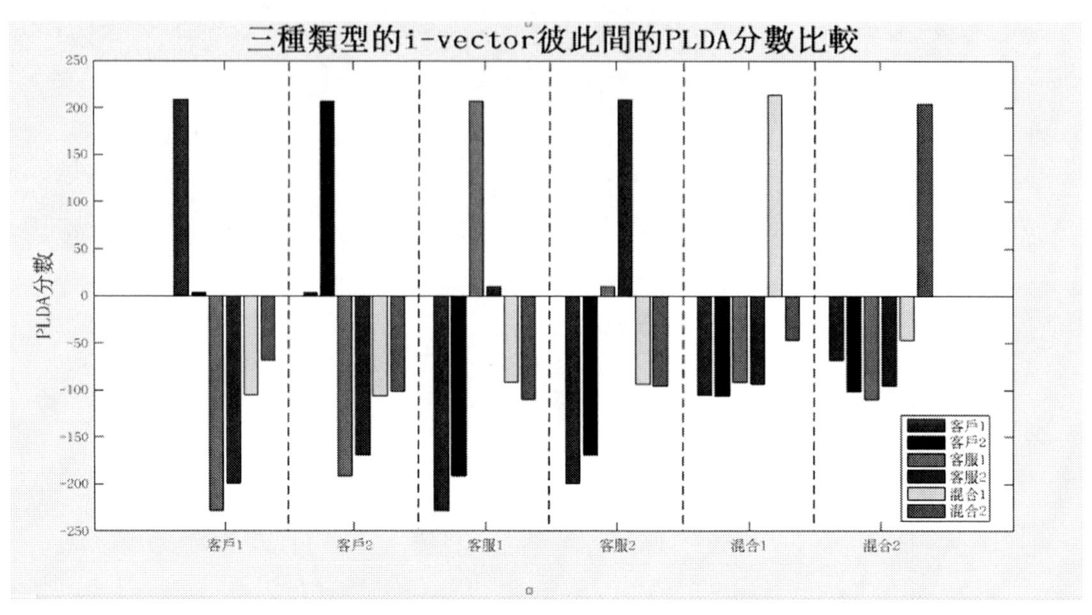

圖四、不同語者的 i-vector 間的 PLDA 比較。

（三）語者分群

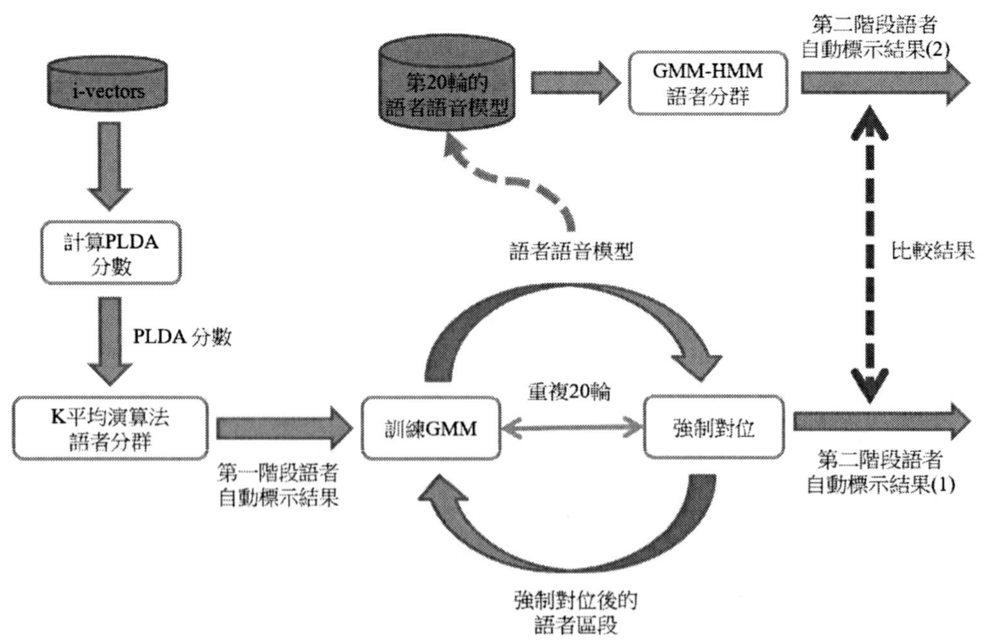

圖四、語者分群的流程

對所有音訊片段所抽取出來的 i-vector 計算其兩兩之間的 PLDA 分數而得到一個自

相似矩陣。在這個矩陣中，我們可以查詢到所有兩兩不同的 i-vector 之間的 PLDA 分數，並利用此矩陣，藉著 K 平均演算法來對語者分群，而得到第一階段的自動語者分段標記結果，其步驟如下：1）先隨機選取兩個 i-vector 當作兩群群心，我們將這兩群稱為 C_1、C_2，群心稱為 Q_1、Q_2；2）查詢剩餘的 i-vector 對 Q_1、Q_2 之 PLDA 分數，並且比較其大小，如果和 Q_1 者較高，則被分配到 C_1，反之則分配到 C_2；3）重新定義 C_1 和 C_2 的群心，目標為找一個和群內所有 i-vector 最相似的一個 i-vector，計算的方式如下式

$$\bar{Q}_i = \operatorname*{argmax}_j \sum_{k \in C_i, k \neq j} PLDA(k,j) \ , \ \forall j \in C_i \ , \ \forall i \in \{1, 2\}$$

其中，PLDA（k, j）表示查詢 k 和 j 這兩個 i-vector 的 PLDA 分數；4）重複步驟 2）和 3）直到 K 平均演算法收斂為止。

值得一提的是，此處對音訊片段進行語者分群，會遇到如圖六的問題：如果前一個音訊片段被分配到 C_1，而後一個音訊片段被分配到 C_2，那我們如何去決定重疊部分的類別？

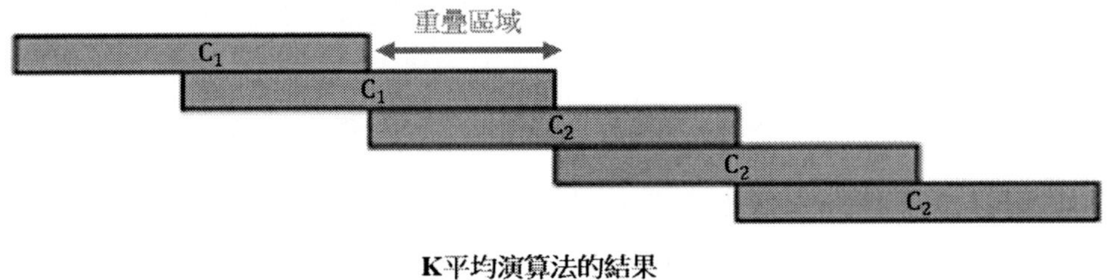

圖六、重疊區域的語者分群問題

該如何決定重疊部分的類別勢必會對實驗結果產生影響，因此我們用一個簡單並且直覺的方式來解決這個問題：假設前一個 i-vector 叫做 i，落於 C_1 群內；後一個 i-vector 叫做 j，落於 C_2 群內；重疊部分寫作 $S_{i \cap j}$，想法就是找出較高的 PLDA 分數，表示與哪一群就越像，依照這樣的想法來決定重疊部分的分群。

$$P_1 = PLDA（i, Q_1） \tag{1}$$

$$P_2 = PLDA（j, Q_2） \tag{2}$$

$$S_{i \cap j} \in C_k \ , \text{if} \operatorname*{argmax}_k P_k \ , \ \forall k \in \{1, 2\}$$

由 K 平均演算法我們得到了第一階段自動語者分段標記的結果。然而，以音訊片

段為分群的單位而得到的結果始終還是太過鬆散。一般而言，我們在處理語音的問題都是以音框（Frame）為單位，通常一個音框的時間為 32 微秒，相對於我們的音訊片段以秒為單位實在差距太大。因此，我們從第一階段的自動語者分段標記結果中得到了兩位語者所有的語者片段，針對這些語者片段抽取其 13 維的梅爾倒頻譜係數來訓練兩個語者模型，接著利用 GMM-HMM 去重新調整所有語者區段的範圍，這樣的動作稱做強制對位。圖七是強制對位的說明圖，針對第一階段自動語者標示的結果所訓練的語者模型，利用 GMM-HMM 對整個串接音檔做強制對位，其強制對位的結果並不會改變語者區段的數量，而是改變它們的相對範圍。第四節的實驗也會說明，強制對位的語者自動分段結果在進行 20 次之前就會達到收斂。

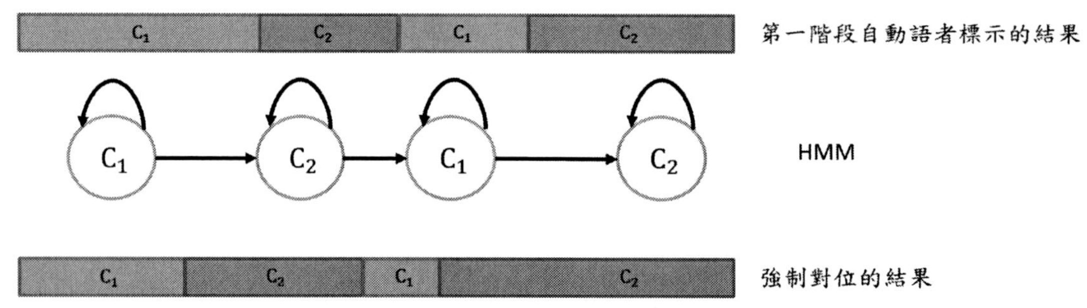

圖七、使用 GMM-HMM 進行強制對位示意圖

　　在確認了時間較長的語者區段之後，我們將面對在自動語者分段標記上的難題，就是將極短時間的語者區段標示出來。經由強制對位，我們取得了更為準確的語者區段，利用它們來訓練新的語者模型，之後再用 GMM-HMM 進行語者分群，概念如圖八所示，由第 20 輪的強制對位結果訓練出新的語者模型，接著對整的串接音檔做 GMM-HMM 路徑解碼（Decode）。和強制對位不同的是，利用 GMM-HMM 進行語者分群不只會改變語者區段的範圍，也會改變語者區段的數量。

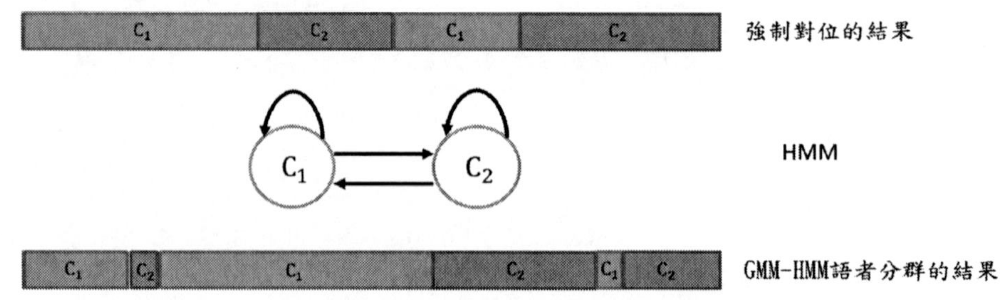

圖八、使用 GMM-HMM 進行語者分群

最後，圖九描述了 K 平均演算法、強制對位、利用 GMM-HMM 進行語者分群的
結果比較，其中較明顯觀察到變化的我用紅色方框標記，並且放大顯示於圖十當中。
由圖十的（1）我們可以發現，在淺藍色標記的客戶說話區段中尚存在著細小黃色區
段，也就是客戶說話區段。因此利用 GMM-HMM 進行語者分群可以將電話錄音內細
小的片段找出來。

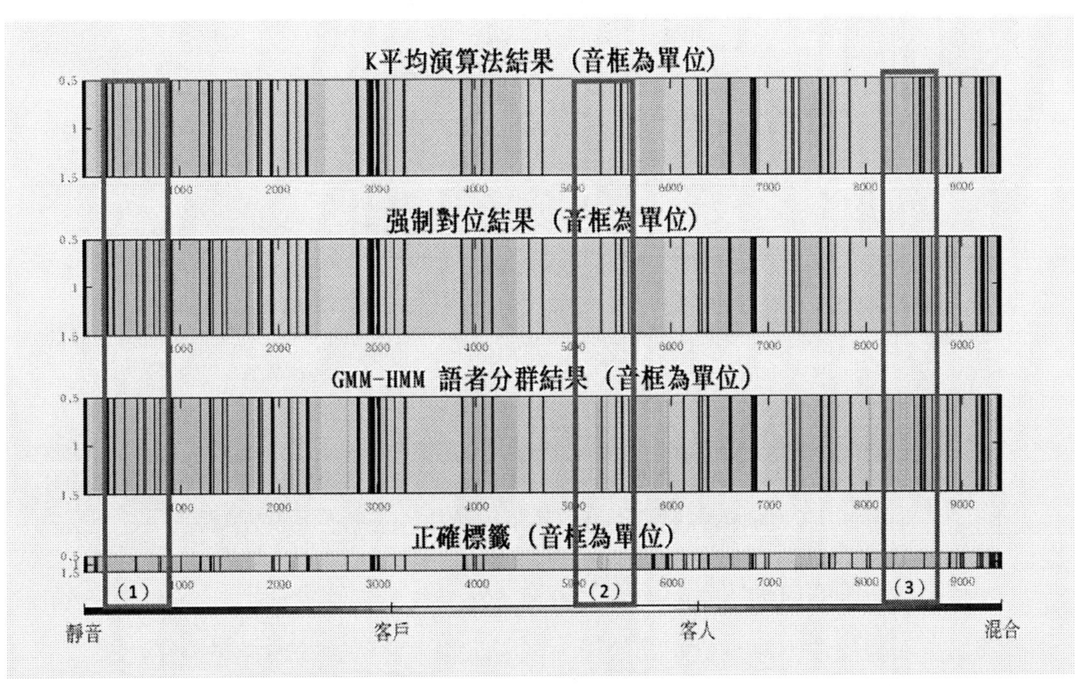

圖九、K 平均演算法、強制對位、GMM-HMM 語者分群的結果比較。

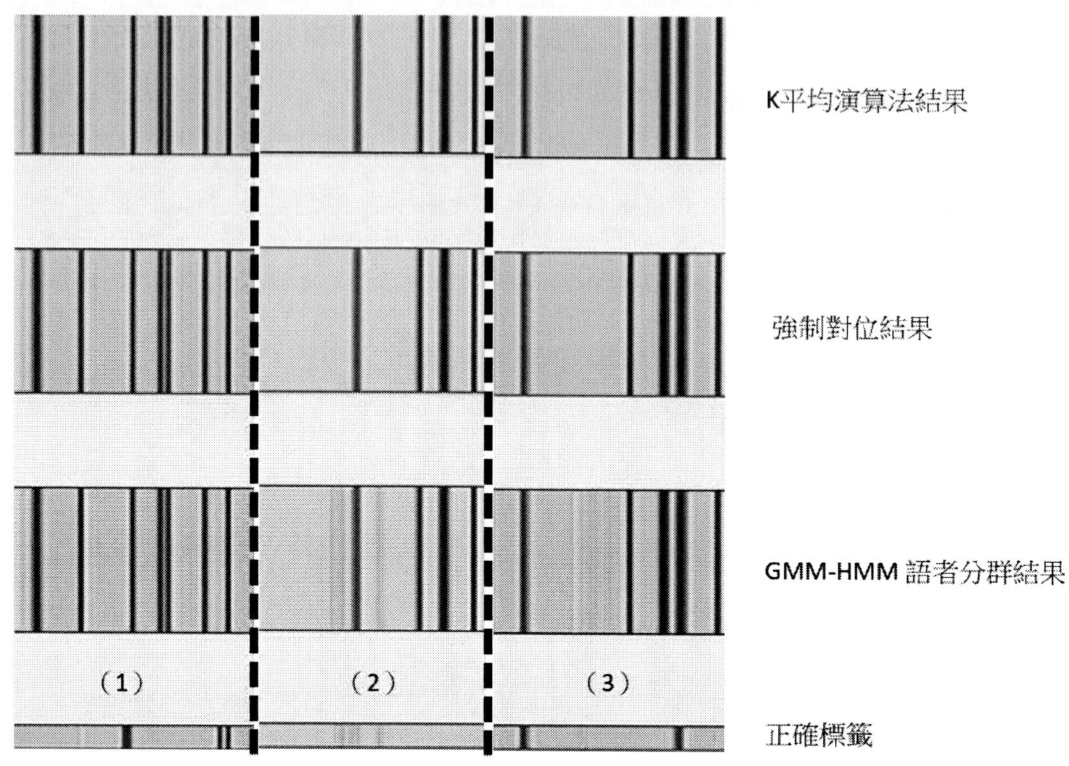

圖十、放大顯示強制對位與 GMM-HMM 語者分群的差異圖。

除了第二階段的自動語者分段標示結果之外，為了想確認找出細小語者區段的結果再透過重新對位會不會有更好的效果，在第四章也會將實驗的結果展示出來。

三、資料庫與實驗評估

我們使用的資料庫是由中國信託（China Trust）提供之 100 段客服和客戶的電話語音，每段電話語音的取樣率為 16,000 Hz，且都只包含兩位語者，並由客服先開始對話，平均長度為 4 分 57 秒。其中，資料庫並未提供每段語音之客服和客戶的語者資料。

為了抽取梅爾倒頻譜係數與 i-vector，每段語音會先降低取樣率為 8,000 Hz。其中，每一音框的長度為 32 ms，而音框位移的長度則為 10 ms。因為上下文資訊（Contextual Information）較無關於語者特性，梅爾倒頻譜係數只去靜態的 13 維部分，而不考慮動態的差異。而在抽取 i-vector 以及計算 PLDA 分數的部分，我們以 NIST SRE 2004、2005、2006 並 Switchboard II-Phase 1-3 以及 Switchboard Cellular Part 1-2 來訓練通用背景模型、全變異（Total Variability）模型以及 PLDA 模型。其中，通用背景模型的成分數為 2048，而 i-vector 的維度則為 600。

　　我們使用召回率（Recall）以及精準率（Precision）來作為評估自動語者分段標記的標準，其中我們的召回率和精準率是定義在客戶的語者片段。由於我們使用的資料庫都會由客服先開始說話，所以我們在做完自動語者分段標記之後取第二位語者做為客戶，針對其語者區段來計算召回率以及精準率。召回率表示落在正確標記內的客戶語者區段音框總數和正確標記內客戶音框總數的比例；精準率則表示落在正確標記內的客戶語者區段音框總數和客戶語者區段音框總數的比例。圖十一簡單給予一個計算召回率以及精準率的範例，其中 C_1、C_2 表示正確標記內客戶音框總數，C'_1、C'_2 表示客戶語者區段音框總數，而 E_1、E_2 代表落在正確標記內的客戶音框總數，則召回率以及精準率的計算如下：

$$召回率(\text{Recall}) = \frac{E_1 + E_2}{C_1 + C_2} \tag{3}$$

$$精準率(\text{Precision}) = \frac{E_1 + E_2}{C'_1 + C'_2} \tag{4}$$

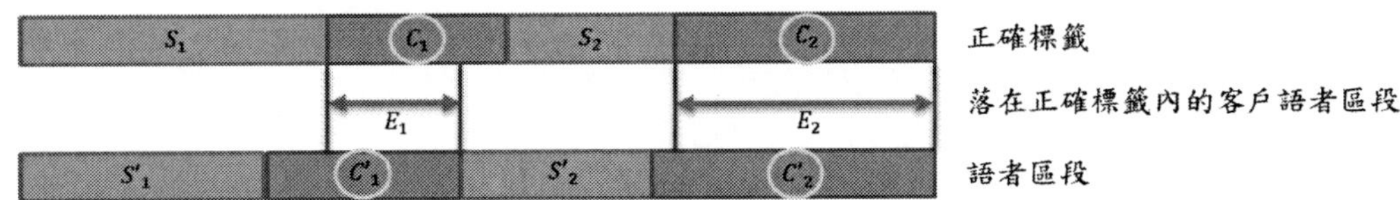

圖十一、召回率、精準率的計算示意圖。

最後我們會由召回率以及精準率求得 F-Score，來做為挑選比較各種音訊片段的長度以及重疊時間的評估方式，其計算的公式如（5）。

$$\text{F-Score} = \frac{2*Recall*Precision}{Recall+Precision} \tag{5}$$

四、實驗結果

　　我們針對不同曲音訊片段的長度以及重疊時間做語者的自動分段標記的實驗，企圖找出最好的組合。除了比較 K 平均演算法得到的結果、20 輪強制對位的結果、GMM-HMM 語者分群的結果之外，我還想知道利用 GMM-HMM 進行語者分群得到細小的語者片段再進行行強制對位以及語者分群是否有助於自動語者分段標記的效能，因此還會另外比較這兩個結果：第二次 20 輪強制對位的結果，和第二次 GMM-HMM 語者分群的結果。

　　由圖十二還有圖十三可以看得出來 K 平均演算法不論在召回率以及準確率都會得到最差的結果，因為它再進行語者分群的單位是以秒為單位進行的，相對於其他方式以音框做為分群單位太過粗略，不過也是音為建立於 i-vector 以及 PLDA 的機制下，它對接下來進行的強制對位有一個良好的分群基礎，使得語者區段的範圍進行微調之後可以使召回率以及精準率有大幅度的提升。最後在這五個比較方法中，我們由第二次強次對位得到最好的召回率（89.08 %）和精準率（94.55 %）。

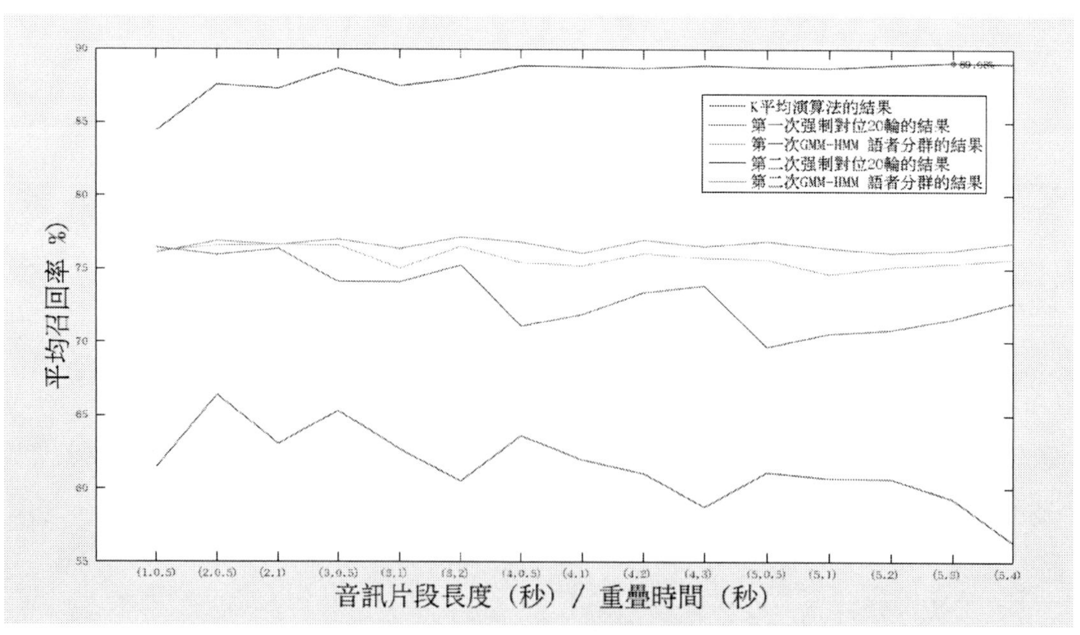

圖十二、平均召回率的比較。

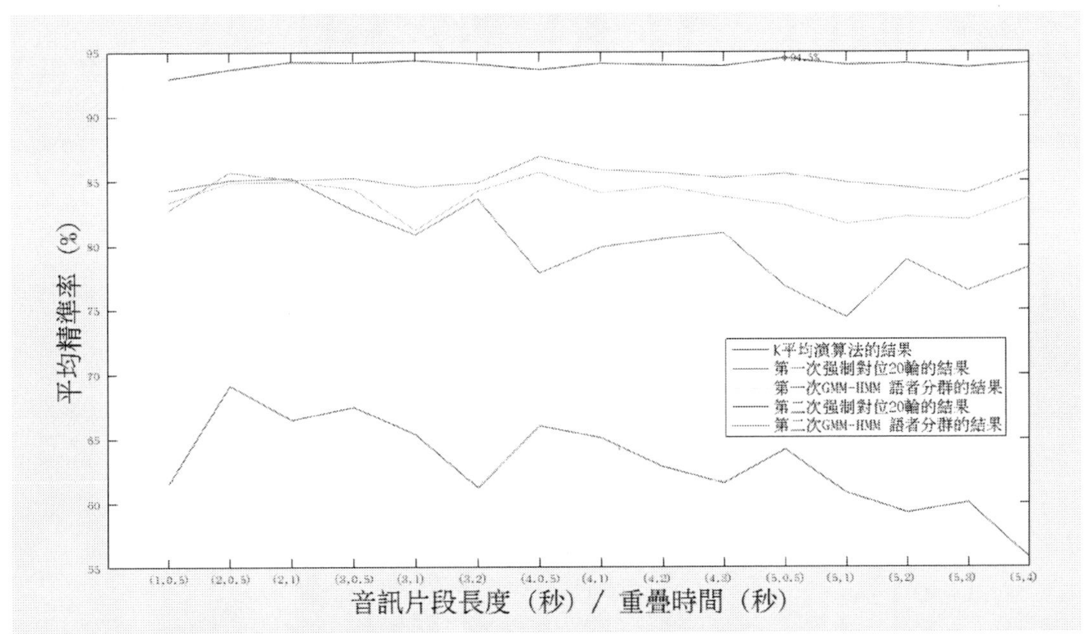

圖十三、平均精準率的比較。

　　此外由圖十四、圖十五可以觀察到，不論是第一次或者第二次強制對位在進行第

20 輪之前召回率以及精準率都會達到飽和，並且由圖十二和圖十三觀察得知，第一次

用 GMM-HMM 進行語者分群的召回率以及精準率都比第一次強制對位還要好，所以

利用第一次 GMM-HMM 的語者分群所得到的語者區段可以訓練出更好的語者模型，

進而提升第二次強制對位的召回率以及精準率。不過第二次 GMM-HMM 語者分群卻

比第二次強制對位得到的結果還要差，我們可以合理推測經過第二次強制對位後就不

需要再進行第二次 GMM-HMM 語者分群來得到更細碎的語者區段。

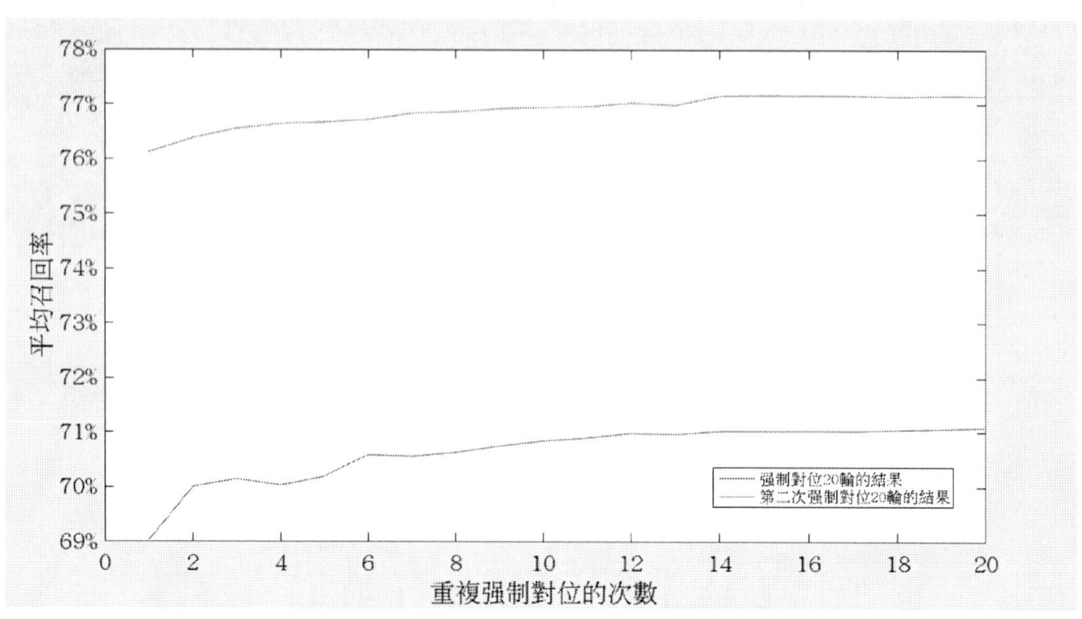

圖十四、音訊片段 4 秒，重疊時間 0.5 秒的強制對位和第二次強制對位的召回率曲
線。

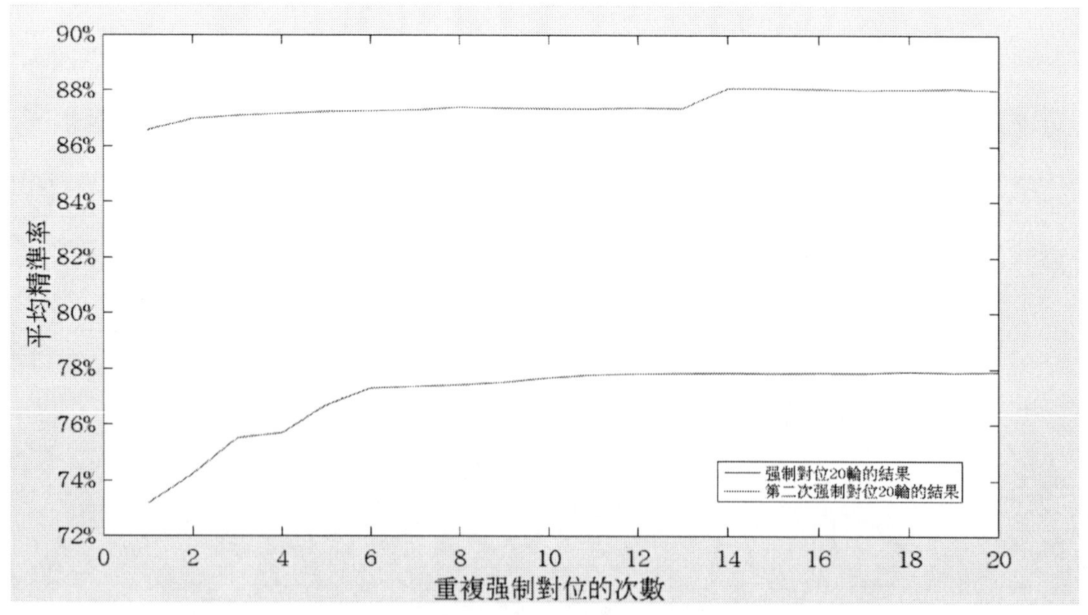

圖十五、音訊片段 4 秒，重疊時間 0.5 秒的強制對位和第二次強制對位的精準率曲
線。

　　圖十五我們針對第二次強制對位下去評估每個音訊片段的長度與重疊時間的配對
對自動語者分段標記的影響，我們發現在長度為 5 秒，重疊秒數為 0.5 秒的時候可以
得到最好的 F-Score（91.54 ％），不過整來來說，除了長度為 1 秒，重疊秒數為 0.5 秒
的配對外，其他的配對組合對自動語者分段標記的影響並沒有很大的差別。圖十六描
述了第二次強制對位 20 輪的召回率與精準率的關係。

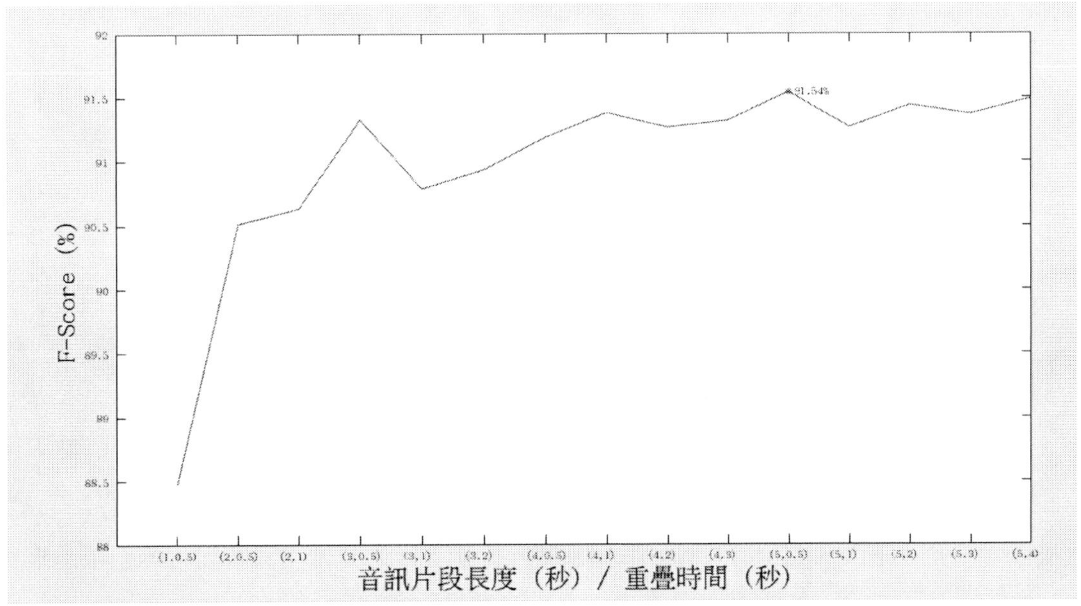

圖十五、第二次強制對位 20 輪的 F-Score。

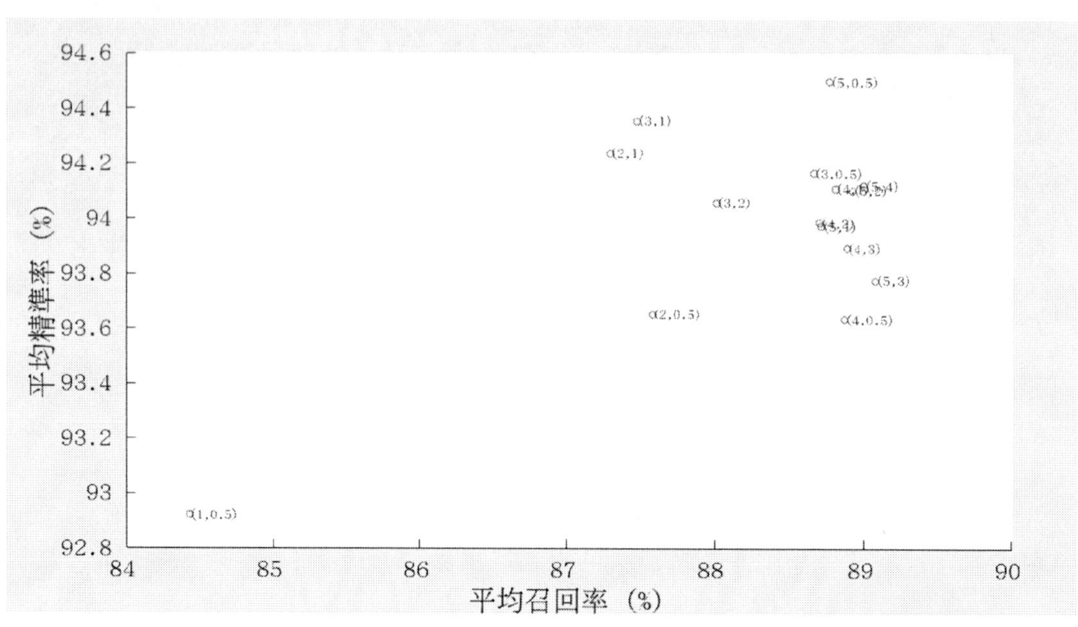

圖十六、第二次強制對位 20 輪的平均召回率與平均精準率的對應圖。

五、結論

　　我們由實驗得知強制對位之後進行的 GMM-HMM 語者分群得到較細小的語者區段有助於訓練出更好的語者模型，使第二次強制對位能得到更好的結果。值得觀察的是，第二次使用 GMM-HMM 進行語者分群的結果並沒有比第二次強制對位的結果還要來的好，所以我們認為再繼續進行 GMM-HMM 語者分群與和強制對位這樣的循環對自動語者分段標記不會再有顯著的進步。

　　我們也發現在多組音訊片段的長度與重疊時間的組合對自動語者分段標記的結果並沒有太大的差別，不過由於 i-vector 的抽取時間與音訊片段的數量呈正相關，所以建議可以使用時間較長，並且重疊時間較短的音訊片段來進行自動語者分段標記。

六、參考文獻

[1]　D. Reynolds, T. Quatieri, and R. Dunn, "Speaker verification using adapted gaussian mixture models," *Dig. Sig. Proc.*, 2000.

[2]　Najim Dehak, Patrick Kenny, R´eda Dehak, Pierre Dumouchel,and Pierre Ouellet,

"Front-End Factor Analysisfor Speaker Verification," *IEEE Transactions on Audio, Speech, and Language Processing*, 2010.

[3] H.-S. Lee et al. , "Clustering-based i-vector formulation for speaker recognition," in *Proc. Interspeech*, 2014.

[4] S. Tranter and D. Reynolds, "An overview of automatic speaker diarisation systems," *IEEE Transactions on Audio, Speech, and Language Processing*, Sept. 2006.

[5] X. Anguera Miro, S. Bozonnet, N. Evans, C. Fredouille, G. Friedland, and O. Vinyals, "Speaker diarization: A review of recent research," *IEEE Trans. Audio Speech Lang. Process.*, vol. 20, no. 2, pp. 356–370, Feb. 2012.

[6] G. Sell and D. Garcia-Romero, "Speaker Diarization with PLDA I-Vector Scoring and Unsupervised Calibration," in *Proceedings of the IEEE Spoken Language Technology Workshop*, 2014.

[7] Daniel Garcia-Romero and Carol Y. Espy-Wilson, "Analysis of I-vector Length Normalization in Speaker Recognition Systems," in *Proceedings of Interspeech*, 2011.

[8] Stephen Shum, Najim Dehak, Ekapol Chuangsuwanich, Douglas Reynolds, and Jim Glass, "Exploiting Intra-Conversation Variability for Speaker Diarization," in *Proceedings of Interspeech,* 2011.

The 2017 Conference on Computational Linguistics and Speech Processing
ROCLING 2017, pp. 136-147
© The Association for Computational Linguistics and Chinese Language Processing

Amplifying a Sense of Emotion toward Drama-

Long Short-Term Memory Recurrent Neural Network for

dynamic emotion recognition

Huang-Cheng Chou
Department of Electrical Engineering
National Tsing Hua University
hc.chou@gapp.nthu.edu.tw

Chun-Min Chang
Department of Electrical Engineering
National Tsing Hua University
cmchang@gapp.nthu.edu.tw

Yu-Shuo Liu
Department of Electrical Engineering
National Tsing Hua University
drugstore950337@gmail.com

Shiuan-Kai Kao
Department of Electrical Engineering
National Tsing Hua University
yu21a90v30l60@gmail.com

Chi-Chun Lee
Department of Electrical Engineering
National Tsing Hua University
cclee@ee.nthu.edu.tw

摘要

本篇論文探討放大觀眾欣賞戲劇時候的情緒，使用 Long Short-Term Memory Recurrent Neural Network 來當作主要的模型，建立和預測連續動態的情緒。建立好模型後，我們將結果移植到視覺程式上，我們可以達成兩個不同的情緒視覺放大器，分別有 RGB 和 Vignette 版本，RGB 版本是控制影像中的 RGB 像素數值，及時隨著模型結果

(Arousal 和 Valence 值)，及時調整紅色、綠色和藍色數值，讓觀眾隨著影像中演員的情緒起伏；同樣也是，我們視覺化換成 Vignette，隨著情緒辨識維度(Arousal 和 Valence)，

來產生情緒視覺化畫面。而我們使用資料庫是 NNIME，NNIME 是最近收集的多模態互動情緒資料庫，總共有 44 位演員，約 11 個小時的連續資料，包含語音、影像和生理訊號，這個嚴謹和工程化收集的資料庫，提供給我們很好研究情緒的機會，讓我們得以完成此篇研究。

Abstract

This paper tried to amplify a sense of emotion toward drama. Using Long Short-Term Memory Recurrent Neural Network to model and predict dynamic emotion(Arousal and Valence) recognition. After building model, we transplant whole framework and take results from it on visualizing. We have two demo version: RGB version and Vignette version. RGB version is to modulate the RGB value of frame in video. The Vignette one is to add the vignette effect. Both version all are to amplify a sense of emotion toward drama. Let people have more fun during watching videos. The database we used is NNIME (The NTHU-NTUA Chinese Interactive Multimodal Emotion Corpus) [1]. NNIME is a newly-collected multimodal corpus. This database includes recordings of 44 subjects engaged in spontaneous dyadic spoken interaction. The length of data is about 11 hours containing audio, video and electrocardiogram. The database is also completed with a rich set of emotion annotations on continuous-in-time annotation by four annotators. This carefully-engineered data collection and annotation processes provide us to create amplify framework.

Keywords: Affective computing, emotion recognition, Long Short-Term Memory, Recurrent Neural Network

1. Introduction

Emotion is a core fundamental internal attribute of humans that governs our behaviors and decision-makings. There has already been a tremendous research effort in modeling humans using a variety of measurable signals, which aims at enabling machines to sense emotional states automatically [2, 3].

One key components in advancing such research is the availability of databases for researchers to develop robust recognition algorithms and carry out meaningful analyses. Human interaction often involves complex processes of communicative goals and emotional behaviors, which not only are expressed verbally and nonverbally but also are reflected in the inner responses of humans [4].

We want to use the NNIME database to study the emotion behavior (such as arousal and valence state) in small duration (like in real time), and to augment a sense of emotional feeling with visual demonstration.

After all of this, we just wonder how the emotion application can be. Therefore, we think of the amplification of the emotion in video. There are a lot of video that you would feel awkward watching it because of its boring and no effect. Moreover, we want to amplify the context in the video to make the video better.

2. Dataset Description

2.1 NNIME-Emotion Corpus

The increasing availability of large-scale emotion corpus with advancement in emotion recognition algorithms have enabled the emergence of next-generation human-machine interfaces. The database is a result of the collaborative work between engineers and drama experts. This database includes recordings of 44 subjects engaged in spontaneous dyadic spoken interactions.

The multimodal data includes approximately 11-hour worth of audio, video, and electrocardiogram data recorded continuously and synchronously. The database is also completed with a rich set of emotion annotations of discrete and continuous-in-time annotation from a total of 49 annotators per subject.

The emotion annotation further includes a diverse perspectives: peer-report, director-report, self-report, and observer-report. This carefully-engineered data collection and annotation processes provide an additional valuable resource to quantify and investigate various aspects of affective phenomenon and human communication. To our best knowledge, the NNIME is one of the few large-scale Chinese affective dyadic inter-action database that have been systematic-ally collected, organized, and to be publicly released to the research community.

Figure 1. It depicts an actual snapshot of two different recording sessions extracted from the stage front-facing video camcorder (left and right). The middle depicts the camera setup in relation to the stage

2.1 Post-Processing

Each audio file corresponds to data collected from one of the micro-phones for each session. We manually segmented all audio files (two in every session with each lasted approximately 3 minutes long) into utterances. This resulted in a total of 6701 utterances. Further, we marked each utterance as speech, laugh, sigh, sobbing, or dience background noise in order to enable further studies in understanding the role of non-verbal vocalization in affective interactions. We also manually completed the transcripts for all of the sessions.

3. Methodology &Experiment setup

To increase more visual effect on video, we train audio and lexical LSTM model together. Hope that higher accuracy improved through text feature if we can get video transcript in the future.

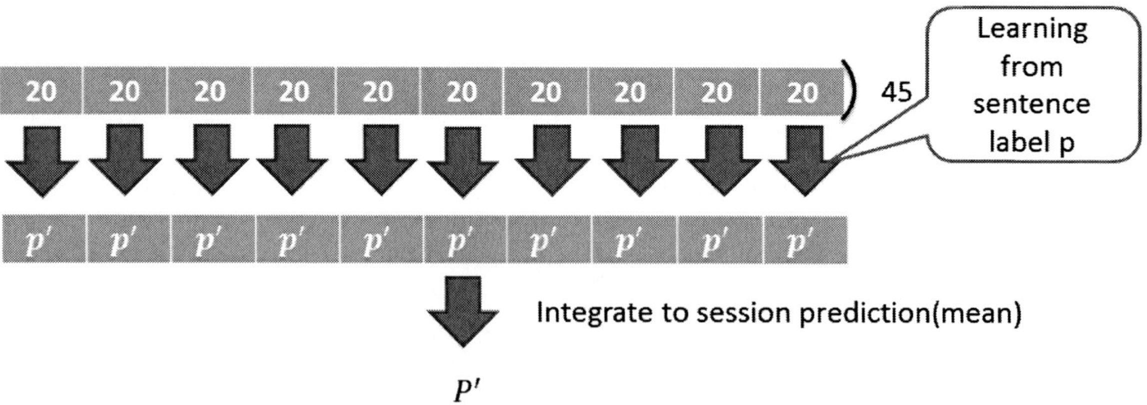

Figure 2. Sample Caption of Audio Frame Work

3.1 Audio

We use OpenSmile [5] to extract 45 LLDs(pitch、intensity、Mfcc(s) and their delta and delta delta) in the audio feature. Due to the difference of each sentence length, splitting sentence to the same step size is essential, so we first need to select a good step size to get more better emotion expression. Accordingly, a complete sentence may be split into a lot of frames, each frame representing a chunk of voice with the same step size. By this way, machine can see more detail in audio, also learn more large of amount of data. And we take sentence label being frame ground truth.

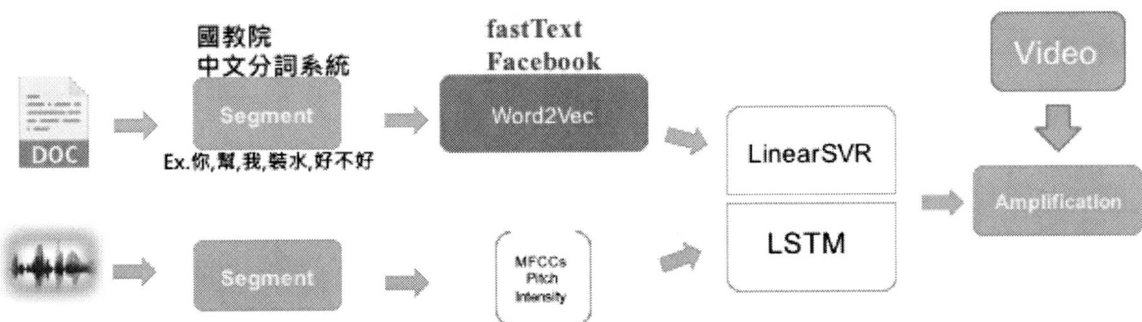

Figure 3. Sample Caption of Text Frame Work

3.2   Text

In Chinese, if we want to make machine understand the meaning in the context, a good

word segmentation is necessary. In our project, we use CKIP[6] developed by Sinica to do that.

For the first step of sentence segmentation, two algorithms are adopted.

The first one is "jieba", which we have used in the course. We simply change its dictionary to

traditional Chinese and call its API for segmentation. The second one is the segmenter from

the Lab of the instructor; for the convenience, we call it JJ here. Since we call this segmenter

with requests function and it need to implement through Internet, it runs a little lower than jieba.

In addition, according to the results, jieba runs better than JJ. To my observation, it may due to

the fact that JJ sometimes segments a Chinese vocabulary into several individual characters. In

this segmentation approach, it might not be able to show the meanings in this sentence as a

character may have different meanings when it meets other characters. As a consequence, jieba

is eventually chosen to perform for segmentation before feature

transformation.

Word representation is a difficult issue in AI field, because it has the more complicate structure

compared to that more intuitive and lower level behavior signal like audio, and it needs more

higher level Cognit-ive ability to learn text for machine, this field

is often called semantic analysis. For past few years, rapid development in Deep learning has a major breakthrough in word embedding.

Word2vec is a word embedding method developed by Tomas Mikolov Google[7], it can maps words into high dimension semantic space so that form more compact relation between word and word. After using Facebook FastText[8] to train Word2vec, we generate size 300 word vector and adopt the same method in the audio to split word to the same step size.

3.3 Model

3.3.1 SVR

Support vector regression is used to predict the final results. We can get approximately 30 to 40 percentage of correlation or sometimes even 70 percentage of correlation in the better situation without fine-tuning. Furthermore, for the purpose of making the result better, we have once performed feature selection. Nevertheless, perhaps the feature are tuned the best in fast-text, we found that using all features can perform better than simply using merely some part. Eventually, we have consider to use other data mining algorithms such as binary tree… etc. in the future works to show the advantage of our main purpose of LSTM-RNN.

3.3.2   LSTM-RNN

By RNNLM[8], we train two LSTM model for audio and text re spectively, the structure showed in figure 2, and parameter showed below, integrate the prediction of activation and valence of each frame to sentence by mean.

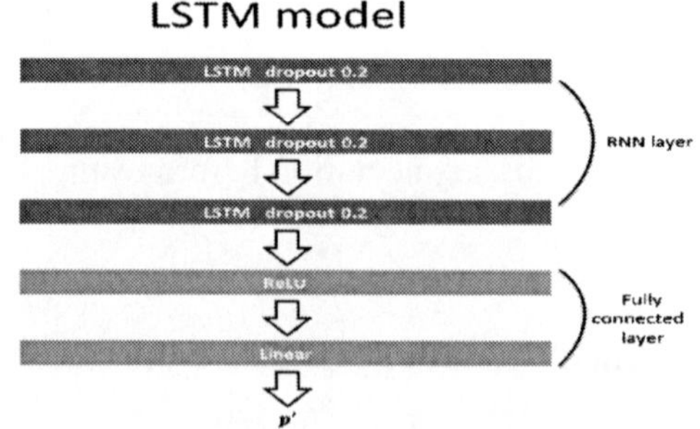

Figure 4. Sample Caption of LSTM Model

Audio parameter	Text parameter
Node : 45 35 25 10 1	Node : 300 200 100 50 1
Epoch : 20	Epoch : 30
Optimizer : Adam	Optimizer : Adam
Learning rate : 0.001	Learning rate : 0.001
Batch size : 200	Batch size : 50
Cost func. : MSE	Cost func. : MSE

Table 1. LSTM Model Parameters

3.4 The processing of the visualized effect

Our purpose is to enhance the feeling while the audience are watching the video, including audio, video and some other feelings. So we make some visualizing effect onto the video for example. In the future, we could make some more audio effects onto it.

3.4.1 RGM Version

Here we make two versions of the effect. One is RGB version, and the other is Vignette version. RGB version is to change the RGB value according to the value of Valence and Arousal. As the Valence and Arousal increase, the Red and blue elements would enhance in the video accordingly. Two bars are placed at the left-most position of the video. The upper bar shows the value of arousal, and the lower one shows the value of valence. The two bars can make people more convenient to observe the two values.

Moreover, we make the observation much simpler and we also filter the video through a color filter. The higher the arousal is, the higher the red value of RGB will be given. As to the valence, but it operates on the blue value. The green value does not change for maintain the original image. As a consequently, theoretically, when the arousal gets higher, the tone of the frame color tends to be orange. In additions, the frame tone tends to be blue, when the valence gets higher.

However, in practical, with the mutual influence of the three colors, it tends to be green when red is higher than blue, and be blue when blue is higher than red. Besides, it is predictable, when the two values are both high, the lightness will become higher. Considering that it is not obvious of the color change, we decide to modify the influence of the two values. Fortunately, for the analysis of the value distribution, almost values are distributed at the range between 0.4 to 0.8. We raise the impact on the values between 0.4 to 0.8, and reduce the influence on the values out of this range. The adjustment makes it more apparent on visualization that people can observe the change of the two values simply.

Figure 5. Sad atmosphere

Figure 6. Angry atmosphere

3.4.2. Vignette Version

Vignette version is to change the parameter of the Vignette filter. As the Valence increases, the bright area of the Vignette would expand to make the frame look brighter. As for the value of Arousal is more than 5, we make a twinkling effect, which would make the video switching between the black-and-white frame and the colorful frame. The implement of Vignette filter is making two dimensional Gaussian distribution. By adjusting the mean and variance of x-axis and y-axis we could make the central spot light effect with different size of bright area. While the value of valence is higher, we let the variance of the distribution increase to make the bright area larger. Which is as shown below

Figure 7. Example of Vignette

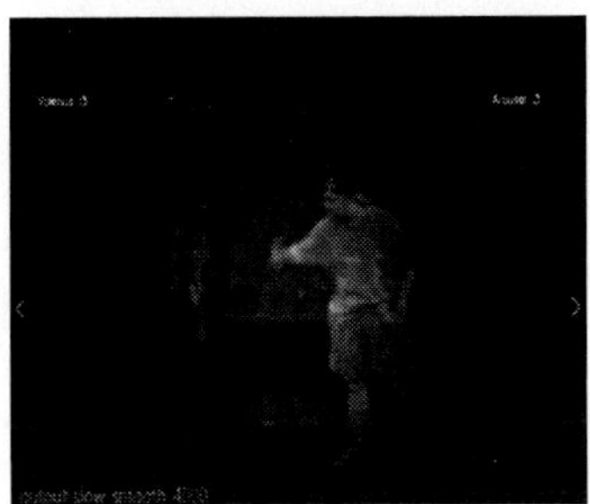

Figure 8. Example of Vignette

4. Result and analysis

The final result is showed in below audio result is better than baseline about 0.11 in activation and 0.04 in valence, but text is much worse. We think that maybe when training Word2vec which need to join more emotion corpus to improve model performance or this database is not appropriate for text LSTM model. Therefore, in the future, we may do some improvement in our algorithm or collect more corpus. First of all, we can combine word feature with audio feature generated from LSTM middle layer by more advanced algorithm. Secondly, by using python crawler to collect a large amount of corpus about psychology or drama. Finally, we can introduce more complicated algorithm like bidirectional RNN to try to capture more time series information in text and audio.

	Activation	Valence
Baseline(Audio)	0.32	0.09
Audio	0.43	0.13
Baseline(Text)	0.43	0.32
Text	0.1	0.04

Table 2. Result of LSTM Model

5.　Conclusion

We probably know that it's almost impossible to manifest without emotions. Emotions give passion to your thoughts, making them "loud" enough to leave an impression. Some people however have trouble adding emotion – it either isn't very strong, or there's no emotion at all. Therefore, we want to amplify emotions on movie scenes by "Fisheye effect" or "color filters". Not only enhancing emotion experience but also providing directly emotional clues for people who have trouble sensing emotions. However, our model doesn't perform well. Audio LSTM-RNN model only increases 11% (0.32 to 0.43) on activation evaluation and 4 % (0.09 to 0.13) on valence evaluation than SVR model. Text is not better than SVR model, and it might be caused by too small Chinese sentence data. We will do more effort on Chinese emotion recognition, and hoping we can do the robust model and finding interesting knowledge about emotions in the future.

6. Reference

[1] Huang-Cheng Chou, Wei-Cheng Lin, Lien-Chiang Chang, Chyi-Chang Li, Hsi-Pin Ma,Chi-Chun Lee. "NNIME: The NTHU-NTUA Chinese Interactive Multimodal Emotion Corpus" in Proceedings of ACII 2017

[2] Picard, Rosalind W., and Roalind Picard. *Affective computing.* Vol. 252. Cambridge: MIT press, 1997.

[3] Narayanan, Shrikanth, and Panayiotis G. Georgiou. "Behavioral signal processing: Deriving human behavioral informatics from speech and language." *Proceedings of the IEEE* 101.5 (2013): 1203-1233.

[4] Quan, Changqin, and Fuji Ren. "A blog emotion corpus for emotional expression analysis in Chinese." Computer Speech & Language 24.4 (2010): 726-749.

[5] Eyben, Florian, Martin Wöllmer, and Björn Schuller. "Opensmile: the munich versatile and fast open-source audio feature extractor." Proceedings of the 18th ACM international conference on Multimedia. ACM, 2010.

[6] Ma, Wei-Yun, and Keh-Jiann Chen. "Introduction to CKIP Chinese word segmentation system for the first international Chinese Word Segmentation Bakeoff." *Proceedings of the second SIGHAN workshop on Chinese language processing-Volume 17.* Association for Computational Linguistics, 2003.

[7] Efficient Estimation of Word Representations in Vector Space Tomas Mikolov, Kai Chen, Greg Corrado, Jeffrey Dean

[8] Bojanowski, Piotr, et al. "Enriching word vectors with subword information." arXiv preprint arXiv:1607.04606 (2016).

[9] Mikolov, Tomas, et al. "Rnnlm-recurrent neural network language modeling toolkit." Proc. of the 2011 ASRU Workshop. 2011.

The 2017 Conference on Computational Linguistics and Speech Processing
ROCLING 2017, pp. 148-148
© The Association for Computational Linguistics and Chinese Language Processing

Question Retrieval with Distributed Representations and Participant Reputation in Community Question Answering

Sam Weng[12], Kevin Chun-Kai Wu[3], Yu-Chun Wang[4], Richard Tzong-Han Tsai[2*]

[1]AsusTek Computer Inc., Taiwan
[2]Department of Computer Science and Information Engineering,
National Central University, Taiwan
[3]Department of Computer Science, National Tsing Hua University, Taiwan
[4]Department of Buddhist Studies, Dharma Drum Institute of Liberal Arts, Taiwan
*corresponding author

thtsai@csie.ncu.edu.tw

Abstract

In recent years, community-based question and answer (CQA) sites have grown rapidly in number and size. These sites represent a valuable source of online knowledge; however, they often suffer from the problem of duplicate questions. The task of question retrieval (QR) aims to find previously answered semantically similar questions in CQA archives. Nevertheless, synonymous lexical variations pose a big challenge for question retrieval. Some QR approaches address this issue by calculating the probability of correlation between new questions and archived questions. Much recent research has also focused on surface string similarity among questions. In this paper, we propose a method that first builds a continuous bag-of-words (CBoW) model with data from Asus's Republic of Gamers (ROG) forum and then determines the similarity between a given new question and the Q&As in our database. Unlike most other methods, we calculate the similarity between the given question and the archived questions and descriptions separately with two different features. In addition, we factor user reputation into our ranking model. Our experimental results on the ROG forum dataset show that our CBoW model with reputation features outperforms other top methods.

Keywords: question retrieval, QR, community-based question and answer, CQA

Acknowledgement

This research was supported in part by the Ministry of Science and Technology of Taiwan (MOST 106-2633-E-002-001), National Taiwan University (NTU-106R104045), Intel Corporation, and Delta Electronics, and Advantech.

The 2017 Conference on Computational Linguistics and Speech Processing
ROCLING 2017, pp. 149-151
© The Association for Computational Linguistics and Chinese Language Processing

使用查詢意向探索與類神經網路於語音文件檢索之研究

Exploring Query Intent and Neural Network modeling Techniques for

Spoken Document Retrieval

羅天宏 Tien-Hong Lo, 陳映文 Ying-Wen Chen , 陳柏琳 Berlin Chen

國立臺灣師範大學資訊工程學系

Department of Computer Science and Information Engineering,

National Taiwan Normal University

E-mail: {teinhonglo, cliffchen, berlin}@ntnu.edu.tw

陳冠宇 Kuan-Yu Chen

國立台灣科技大學資訊工程系

Department of Computer Science and Information Engineering,

National Taiwan University of Science and Technology

kychen@mail.ntust.edu.tw

王新民 Hsin-Min Wang

中央研究院資訊科學研究所

Institute of Information Science,

Academia Sinica

whm@iis.sinica.edu.tw

摘要

伴隨著網際網路快速發展與多媒體資訊的大量增長，影音的傳遞與瀏覽越來越多並且成為我們日常生活的重要活動，這使得關於語音文件檢索(Spoken Document Retrieval, SDR)的研究成為一個有魅力的研究主題[1][2][3][4]。一般而言，SDR 的研究主要可分成兩大研究方向：第一個研究方向為建立具強健性的索引(Robust Indexing)以表達語音文件中詞彙和語意內涵，並且減緩語音辨識錯誤所造成的影響；第二個研究方向為發展有效的檢索模型(Effective Retrieval Models)，基於索引所代表的詞彙和語意內涵來量化使用者輸入的查詢(Query)和語音文件的相似程度，以協助使用者找到相關資訊，可分為向量式模型[5]、統計式語言模型[6][7][8]。近年來，隨著類神經網路的突破，這類的方法也被大量應用在檢索的任務上[9][10]。雖然這幾年取得長足的進步，但如同傳統文字文件檢索，語音文件檢索也面臨輸入查詢過於簡短不能完整地表達使用者資訊需求的情況。因此，不少研究是利用使用者一次檢索後，將點擊的文件視為相關文章並做為查詢意向(Query Intent)[11]的依據，並在下一次提供更為精確的檢索結果，可視為與準相關回饋(Pseudo Relevance Feedback) [12]相似的流程，但必須進行兩次檢索的程序而會有耗時的問題。

基於上述的觀察，為了有效的查詢表示和即時性，我們發想了一個基於查詢意向應用在語音文件檢索的新穎方法，這樣的方法有兩個部份的貢獻。第一個部分，根據不同的查詢意向自動分辨查詢的種類，並使用相關性感知查詢模型(Neural Relevance-Aware Query model, NRM)推論出更有區別力(Discriminant)的查詢表示，豐富原先語意表達不足的查詢。不僅如此，相較於準相關回饋，不用進行兩次檢索，因此也附帶即時回饋的好處。第二個貢獻是在 NRM 架構下，分析查詢分群多寡對於系統效能的影響，我們認為不同主題的查詢應該各自分群訓練，強化模型的鑑別能力。實驗結果顯示，基於查詢效果下，我們的方法可進一步地提升訓練的有效性。

關鍵詞：查詢意向、類神經網路、準相關回饋

參考文獻

[1] C. Chelba, T. J. Hazen, and M. Saraclar, "Retrieval and browsing of spoken content," *IEEE Signal Processing Magazine*, 25(3), pp. 39–49, 2008.

[2] L. S. Lee and B. Chen, "Spoken document understanding and organization," *IEEE Signal Processing Magazine*, 22(5), pp. 42–60, 2005.

[3] C. L. Huang, B. Ma, H. Li, and C.-H. Wu, "Speech indexing using semantic context inference," in *Proceedings of INTERSPEECH*, pp. 717–720, 2011.

[4] B. Chen, K.-Y. Chen, P.-N. Chen, and Y.-W. Chen, "Spoken document retrieval with unsupervised query modeling techniques," *IEEE Transactions on Audio, Speech, and Language Processing* 20(9), pp. 2602–2612, 2012.

[5] G. Salton, A. Wong, and C. S. Yang, "A vector space model for automatic indexing," *Communications of the ACM*, 18(11), pp. 613–620, 1975

[6] J. M. Ponte and W. B. Croft, "A language modeling approach to information retrieval," in *Proceedings of SIGIR*, pp. 275–281, 1998.

[7] F. Song and W. B. Croft, "A general language model for information retrieval," in *Proceedings of CIKM*, pp. 316–321, 1999.

[8] W. B. Croft and J. Lafferty (eds.), "Language modeling for information retrieval," *Kluwer International Series on Information Retrieval*, 13, Kluwer Academic Publishers, 2003.

[9] J.-F. Guo, Y. Fan, Q. Ai, and W. B. Croft, "A deep relevance matching model for ad-hoc retrieval," in *Proceedings of CIKM*, pp. 55–64, 2016.

[10] B. Mitra, F. Diaz, and N. Craswell, "Learning to match using local and distributed representations of text for web search," in *Proceedings of WWW*, pp. 1291–1299, 2017.

[11] Shen, D., Pan, R., Sun, J. T., Pan, J. J., Wu, K., Yin, J., & Yang, Q. (2006). Query enrichment for web-query classification. ACM Transactions on Information Systems (TOIS), 24(3), 320-352.

[12] C. Zhai and J. Lafferty, "Model-based feedback in the language modeling approach to information retrieval," in *Proceedings of CIKM*, pp. 403–410, 2001.

The 2017 Conference on Computational Linguistics and Speech Processing
ROCLING 2017, pp. 152-159
© The Association for Computational Linguistics and Chinese Language Processing

TOWARD CONTEXTUAL VALENCE SHIFTERS IN VIETNAMESE REVIEWS

Thien Khai Tran[1,2], Tuoi Thi Phan[1]

[1] Faculty of Computer Science and Engineering, Ho Chi Minh City University of Technology
VNU-HCM, Ho Chi Minh City, Vietnam

[2] Faculty of Information Technology, Ho Chi Minh City University of Foreign Languages and
Information Technology, Ho Chi Minh City, Vietnam

[1,2]thientk@cse.hcmut.edu.vn, [1]tuoi@cse.hcmut.edu.vn

Abstract. Valence shifters are complex linguistic structures that can modify the sentiment orientations of texts. In this paper, the authors concentrate on the study of shifters in Vietnamese texts and a discussion on the distribution of different types of shifters in the hotel reviews is presented. Finally, an approach for extracting the contextual valance shifters is proposed.

Keywords: valance shifters, polarity shifters, sentiment shifter, Vietnamese shifters, sentiment analysis for Vietnamese, valance shifters of Vietnamese

1. Introduction

Sentiment analysis assumes the task of identifying positive, negative, and neutral thoughts as well as emotional and subjective attitudes of the holder to the target audience, such as products, persons, or topics. Sentiment analysis is emerging as a research field attracting the scientific community. This includes the construction of emotional lexicons as a basis for other sentiment analysis problems at the document level, sentence level, and aspect level. This work can be done in many ways, with the simplest approach being to manually decide the polarities of sentiment words, and then to have a way of identifying the sentiment for each sentence or for the whole document based on the sentiment values of the words. However, this approach is not appropriate for subjectivity analysis because the sentiment values may be changed in context by the so-called valence shifters [1]. Valence shifters (or "polarity shifters", "sentiment shifter") are words (or phrases) that can change the sentiment orientations of texts. They are complex linguistic structures that may include explicit negations, contrasts, intensifiers, and diminishers, etc. [2].

In this paper, the authors present some approaches for contextual valence shifting detection of a Vietnamese sentiment analysis problem. We focus on rule-based methods that may be suitable for the complexity of the linguistic characteristics of Vietnamese.

With this paper, the authors describe the research contributions:

- Identifying many situations that cause valence shifters in Vietnamese texts.

- Proposing an approach to deal with the problem of valence shifters of Vietnamese texts.

To the best of our knowledge, this is the first work to investigate valence shifters in Vietnamese texts.

The authors have organized the rest of this paper as follows: in Section 2 the related work is presented. In Section 3 the valence shifters for Vietnamese are introduced. In Section 4 the authors conclude the paper and discuss possibilities for future work.

2. Related Work

The rise of the "contextual valence shifters" phenomenon has made traditional methods become ineffective when used to extract individual terms that indicate prior positive or negative polarity and build a set of emotional words. The fact that the valence of a word/phrase may be modified by one or more words founds the basis of the so-called "contextual valence shifters". These shifters were categorized into several types by the authors in [1], some of them are Negators, Intensifiers, Modals and conditional words, Presuppositional items, and Connectors.

Rule-based methods

SO-CAL [2], an early publication, deals with valence shifters by pattern rules. The authors created a set of emotional words annotated with their semantic orientation and then used the Mechanical Turk to check the consistence and reliability of the method.

The authors in [3,4] adopted dependency grammar to develop some syntatic rules for determining the scope of each negator as well as other shifters.

Machine learning, data mining, and deep learning approaches

Early sentiment classification work did not pay attention enough to the effect of negators and other shifters, as the authors only used a bag-of-words and n-grams. This meant that two reviews such as "I like this hotel" and "I don't like this hotel" would be classify to the same emotional category since both contain one sentiment word "like", although the first one shows a positive sentiment while the second shows a negative sentiment.

Recently, some remarkable works have adopted machine learning, data mining, or deep learning to successfully consider these problems. In [5], a semi-automatic approach based on sequence mining was proposed to extract valence shifter patterns that inverted, attenuated, or canceled polarity. This approach covered many valence shifter patterns and reduced the cost of human annotating.

The authors in [6] used a hybrid approach to deal with the valence shifting problem. At first, a rule-based method was designed to detect shifters. These shifters were then used to train a component classifier of an ensemble method. Along with this, another component classifier was trained on the processed reviews, where the negators were removed and an antonym dictionary (which was built by adopting a weighted log-likelihood ratio algorithm took place of the negators.

3. VALENCE SHIFTERS OF VIETNAMESE TEXTS

Tien et al. [7] developed VietSentiWordNet, which contains approximately 1,000 lexicons. Hong et al. [8] built Vietnamese sentiment lexicons for product domains. Son et al. [9] built a Vietnamese emotional dictionary with five sub-dictionaries (noun, verb, adjective, adverb, and proposed features). In those, each lexicon is inherently carrying a sentiment polarity that is positive, negative, or neutral. As mentioned in the above section, these polarities may be shifted by the context of the texts. In this section, the authors identify many valence shifter situations in Vietnamese texts and propose some approaches to settle these problems.

Based on Vietnamese language characteristics, the authors realized five kinds of shifters, and these were Modifier (or Negator), Intensifier, Booster, Diminisher, and Minimizer [10,11].

For the corpus, 14,460 hotel reviews were extracted from mytour.vn. There were 3,829,253 words. The "AntConc" software [12] was destined to perform the corpus linguistics research and produced a model of the distribution of different types of valance shifters.

3.1 Valence shifting situations in Vietnamese texts

Modifier

A Modifier (or Negator) is the most common kind of valence shifter. For example, in the sentence "Cô ấy không thích cái laptop này" *("She doesn't like this laptop. ")*, the negator "không" doesn't reverses the valance of the sentiment word "thích" ₗᵢₖₑ. We can list some other forms of Modifiers, such as "không" ₐₒₙ'ₜ, "chả" ₙₒₜ, "chẳng" ₙₒ, and "chẳng bao giờ" ₙₑᵥₑᵣ, etc. Table I presents the Modifiers that occurred in the corpus very often, the maximum number of occurrences was for the word "không" with 9,778 from a total of 3,829,253 words in the corpus.

TABLE I. STATISTICS OVER THE MODIFIER FREQUENCY IN THE HOTEL REVIEWS CORPUS.

Shifters	Occurrences in the corpus	
không don't/doesn't		No. of Hits = 9778 File Length (in chars) = 3829253
chẳng no		No. of Hits = 260 File Length (in chars) = 3829253
chả not		No. of Hits = 7 File Length (in chars) = 3829253

Diminisher and Minimizer

The sentiment words (or phrases) will decrease their sentiment strength when occurring with a Diminisher or Minimizer. For example, the valence of the sentence "Cô ấy học khá chăm chỉ" *("She studies rather hard.")* is lesser than the valence of the sentence "Cô ấy học chăm chỉ" *("She studies hard.")*. Some Diminisher/Minimizer words are "khá" ᵣₐₜₕₑᵣ, "hơi" qᵤᵢₜₑ, and "phần nào" ₛₒₘₑwₕₐₜ, etc. Table II presents the Diminishers or Minimizers that occurred in the corpus, the maximum is reached by the word "khá" ᵣₐₜₕₑᵣ with 5,977 occurrences from a total of 3,829,253 words in the corpus.

TABLE II. STATISTICS OVER THE DIMINISHER OR MINIMIZER FREQUENCY IN THE HOTEL REVIEWS CORPUS.

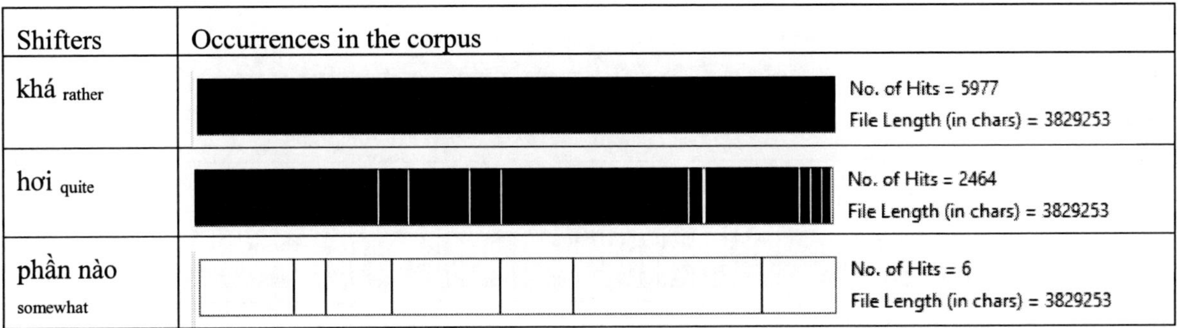

Shifters	Occurrences in the corpus	
khá rather		No. of Hits = 5977 File Length (in chars) = 3829253
hơi quite		No. of Hits = 2464 File Length (in chars) = 3829253
phần nào somewhat		No. of Hits = 6 File Length (in chars) = 3829253

Intensifier and Booster

The sentiment words (or phrases) will increase their sentiment strength when they occur with an Intensifier or Booster. For example, the valence of the sentence "Cô ấy học rất chăm chỉ" *("She studies very hard.")* is greater than valence of the sentence "Cô ấy học chăm chỉ" *("She studies hard.")*. Some Intensifiers/ Boosters are "rất" very, "cực kỳ" extremely, and "vô cùng" exceedingly, etc. Table III presents the Intensifiers or Boosters that occur in the corpus, the maximum is reached by the word "rất" very with 8,373 occurrences from a total of 3,829,253 words in the corpus.

TABLE III. STATISTICS OVER THE INTENSIFIER AND BOOSTER FREQUENCY IN THE HOTEL REVIEWS CORPUS.

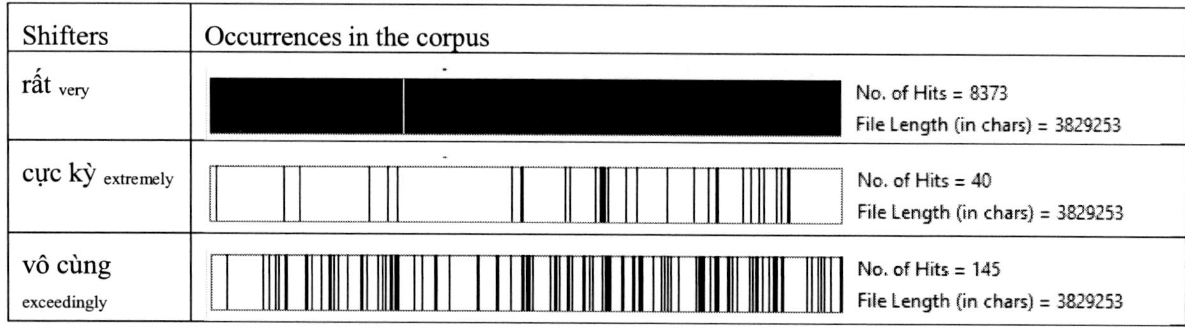

Shifters	Occurrences in the corpus	
rất very		No. of Hits = 8373 File Length (in chars) = 3829253
cực kỳ extremely		No. of Hits = 40 File Length (in chars) = 3829253
vô cùng exceedingly		No. of Hits = 145 File Length (in chars) = 3829253

Connectors

Connectors, such as "mặc dù" although, "tuy nhiên" however, and "nhưng" but, etc., can both modify information and work on information elsewhere in the sentence to decrease the force of that information. For example, the valence of the phrase "Cô ta thì xinh nhưng không tốt" *("She is pretty but is not kind.")* is equal to the valence of the phrase "nhưng không tốt" *("is not kind")*. Table IV presents the Connectors that occur in the corpus, the maximum is reached by the word "nhưng" but with 3,728 occurrences from a total of 3,829,253 words in the corpus.

TABLE IV. STATISTICS OVER THE CONNECTOR FREQUENCY IN THE HOTEL REVIEWS CORPUS.

Shifters	Occurrences in the corpus	
mặc dù although		No. of Hits = 193 File Length (in chars) = 3829253
tuy nhiên however		No. of Hits = 1450 File Length (in chars) = 3829253
nhưng but		No. of Hits = 3728 File Length (in chars) = 3829253

Cause-Effect sentences

The valance of a cause-effect sentence is the valance of the effect clause. For example, in the sentence "Vì cô ấy chăm chỉ nên cô ấy thi đậu." *("She passed the exam because she studied hard."),* the valence of this sentence is equal the valence of the clause *"she studied hard".* Some cause-effect words are "vì...nên" _{because ... that,} "vì…mà" _{because ... that,} and "bởi vì…mà" _{because ... that,} etc.

Conditional sentences

Conditional sentences often do not contain emotion. We cannot determine the valance of these sentences because of the "if-then" statement. For example, in the sentence "Nếu laptop đó rẻ thì tôi sẽ mua một cái" *("If that laptop is cheap then I will buy it."),* we do not know whether the laptop is *"cheap"* or not. Some conditional words are "nếu … thì" _{if...then,} "hễ … thì" _{if...then,} and "giả sử … thì" _{if...then,} etc.

Questions

Questions also do not contain emotion because we cannot determine the polarities of the words in the texts. For example, in the question "Laptop đó có ok không?" *("Is that laptop ok?"),* we do not know whether the laptop is *"ok"* or not.

3.2 Approach to deal with contextual valance shifters in Vietnamese texts

We can capture the above situations by using some rule-based methods built on the presence of many predefined patterns. In [13], we proposed an approach for mining features and opinion words based on an upgraded double propagation algorithm [14], some regular expression rules and ontologies. However, as mentioned in [10,11], there are several exceptions based on the linguistics characteristics of Vietnamese. For example, the kind of adjective that goes along with negators or the position between the shifters and adjectives (or verbs), etc.

Moreover, we also pay attention to some special words/phases that can modify the valence of Vietnamese texts, as follows:

- Example 1: "Khách sạn ấy <u>đã từng</u> được ưa chuộng" *("This hotel <u>used to be</u> popular.")*. In this review, the word "ưa chuộng" _{popular} shows a positive emotion, but the whole sentence shows a negative emotion because of the word "đã từng" _{used to be}.

- Example 2: "Hotel ấy <u>mới nhìn</u> có vẻ tốt" *("<u>At first glance</u>, this hotel seems to be good.")*. In this example, the word "tốt" _{good} shows a positive emotion but the whole sentence does not show a positive emotion because of the phrase "mới nhìn" _{at first glance}.

After capturing the words/phrases that are the valence shifters in texts, we can identify their sentiment scores in the same way as the authors in [10,11] have done.

4. Conclusions

This paper presented valence shifters in the Vietnamese language and proposed some approaches to deal with this problem. In the paper, a discussion of the distribution of different types of shifters was conducted using hotel reviews. Based on this, and via investigating the linguistic characteristics of Vietnamese, the authors intend to build effective rules for extracting reliable shifters. In future work, the proposed rules will be actualized and machine learning or deep learning methods will be adopted. This will help the system become more flexible and robust.

5. References

1. L. Polanyi and A. Zaenen, 2006. Contextual valence shifters. Computing attitude and affect in text: Theory and applications, pages 1–10, 2006.
2. M. Taboada, J. Brooke, M. Tofiloski, K.D. Voll, M. Stede, 2011. Lexicon-based methods for Sentiment Analysis. Computational Linguistics, 37 (2011), pp. 267-307.
3. J. Carrillo de Albornoz, L. Plaza, and P. Gervas. A hybrid approach to emotional sentence polarity and intensity classification. In Proceedings of the Fourteenth Conference on Computational Natural Language Learning, CoNLL'10, pages 153–161, Stroudsburg, PA, USA, 2010. Association for Computational Linguistics.
4. L. Jia, C. Yu, and W. Meng. The effect of negation on sentiment analysis and retrieval effectiveness. In Proceeding of the 18th ACM conference on Information and knowledge management, CIKM'09, pages 1827–1830, New York, NY, USA, 2009. ACM.
5. Xu, G. & Huang, CR. Extracting Chinese polarity shifting patterns from massive text corpora. Lingua Sinica (2016) 2: 5. https://doi.org/10.1186/s40655-016-0014-z

6.   Xia, R.; Xu, F.; Yu, J.; Qi, Y. Erik Cambria: Polarity shift detection, elimination and ensemble: A three-stage model for document-level sentiment analysis. Inf. Process. Manag. 2016, 52, 36–45.

7.   Tien-Thanh Vu, Huyen-Trang Pham, Cong-To Luu, Quang-Thuy Ha.: A feature-based opinion mining model on product reviews in Vietnamese. In: Semantic Methods for Knowledge Discovery and Communication, Polish-Taiwanese Workshop, Springer Berlin Heidelberg (2011) 22–23.

8.   Hong Nam Nguyen, Thanh Van Le, Hai Son Le, Tran Vu Pham, Domain Specific Sentiment Dictionary for Opinion Mining of Vietnamese Text. The 8th Multi-Disciplinary International Workshop on Artificial Intelligence (MIWAI 2014): 136-148.

9.   Son Trinh, Luu Nguyen, Minh Vo, Phuc Do, (2016) "Lexicon-Based Sentiment Analysis of Facebook Comments in Vietnamese Language," Recent Developments in Intelligent Information and Database Systems Volume 642 of the series Studies in Computational Intelligence. pp 263-276

10. Thien Khai Tran, Tuoi Thi Phan: Computing Sentiment Scores of Verb Phrases for Vietnamese. ROCLING 2016.

11. Thien Khai Tran, Tuoi Thi Phan: Computing Sentiment Scores of Adjective Phrases for Vietnamese. MIWAI 2016: 288-296.

12. Anthony, L. (2014). AntConc (Version 3.4.3) [Computer Software]. Tokyo, Japan: Waseda University. Available from http://www.laurenceanthony.net/.

13. Tran, T.K. & Phan, T.T. Int. j. inf. tecnol. (2017) 9: 239. https://doi.org/10.1007/s41870-017-0032-9.

14. Qiu G, Liu B, Bu J, Chen C (2011) Opinion word expansion and target extraction through double propagation. Comput Linguist 37(1): 9–27.

The 2017 Conference on Computational Linguistics and Speech Processing
ROCLING 2017, pp. 160-177
© The Association for Computational Linguistics and Chinese Language Processing

基於雙工音高感知模型之神經網路旋律抽取演算法

The duplex model of pitch perception inspired neural network for melody extraction

周歆, 冀泰石

國立交通大學電機工程學系

chousmit.04g@g2.nctu.edu.tw, tschi@mail.nctu.edu.tw

摘要

　　本論文根據聽覺的觀點提出利用類神經網路建構旋律抽取的方法，針對複音音樂進行旋律的抽取。根據傳統心理聲學音高分析理論，人在音高的解析分為頻譜模型和時間模型。在此論文中，我們先對個別模型進行探討並建構模型評比效能，觀察個別模型的訓練結果與聽覺理論是否相同，並依據結果建構出頻譜模型上的聽覺模板。再進一步針對頻譜模型上高頻諧音無法解析的缺失利用時間模型補足，建構出雙工模型。由實驗結果可知由時間模型補足頻譜模型無法解析的頻段有助於提升旋律抽取及音高判別。此實驗結果也證明以心理聲學為基礎來建構類神經網路確實可用於音樂資訊檢索的相關應用中。

1.　生理聽覺現象與特性

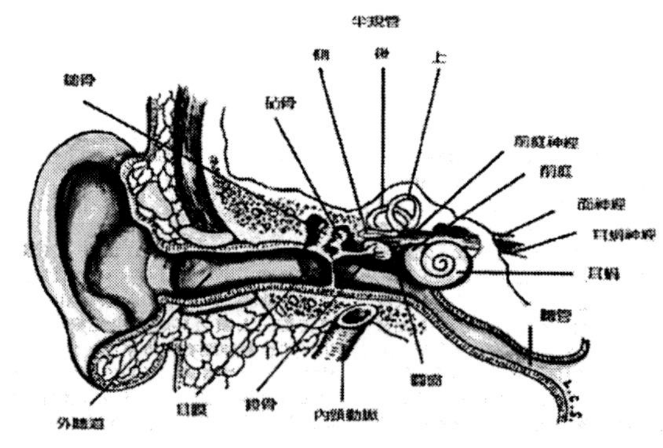

圖 1.1：耳朵基本構造[1]

　　圖(1.1)為人耳的基本構造，主要包含外耳、中耳、以及內耳三個部份。外耳包含耳殼及外聽道，耳殼負責收集外界聲音，經由外聽道傳至耳膜；中耳由三小聽骨(鎚骨、砧骨及鐙骨)組成；而內耳最重要的部分為耳蝸，耳蝸被基底膜所分成兩層，其內部充滿組織液，因組織液的流動在基底膜上產生行進波(Traveling wave)。依據外界生音的頻率不同，行進波會在基底膜上不同的位置產生最大振振幅，如圖(1.2)所示。

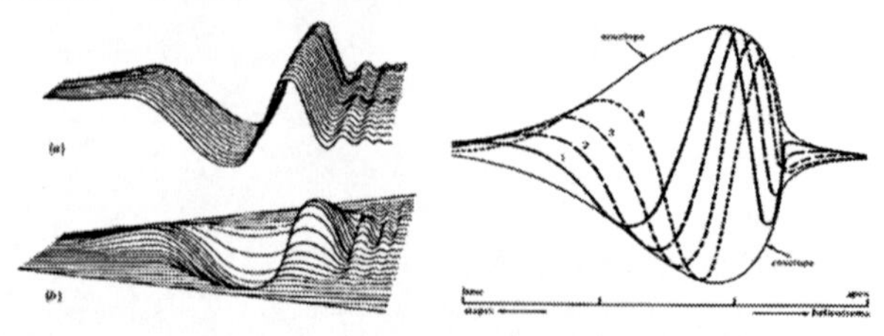

圖 1.2：基底膜上行進波[2]

由於基底膜上的質地和寬度差異，靠近膜底部(前端，base)的質地較硬寬度較窄；而靠近頂部(後端，apex)較寬軟，如圖(1.3)所示。使得不同頻率的聲音，在基底膜上所產生的行進波會在不同的位置為產生最大振幅。因此，基底膜可視為一系列的頻率濾波器。較低頻的聲音會在較遠處才產生最大共振；而頻率較高的聲音，在靠近卵圓窗膜底部的位置就會產生最大共振，此一濾波頻率範圍大約為 20 Hz 到 20000 Hz，即正常人類的聽覺範圍。外界的聲波，經由外耳、中耳、內耳的順序依序傳遞，將聲波轉換成最後的電訊號，使我們能聽到聲音。

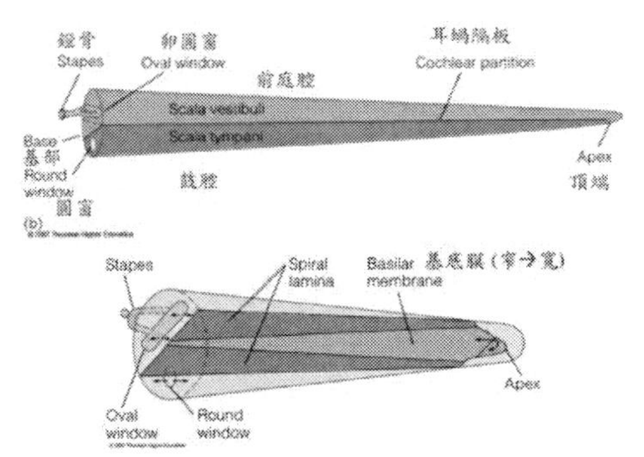

圖 1.3：基底膜構造示意圖[3]

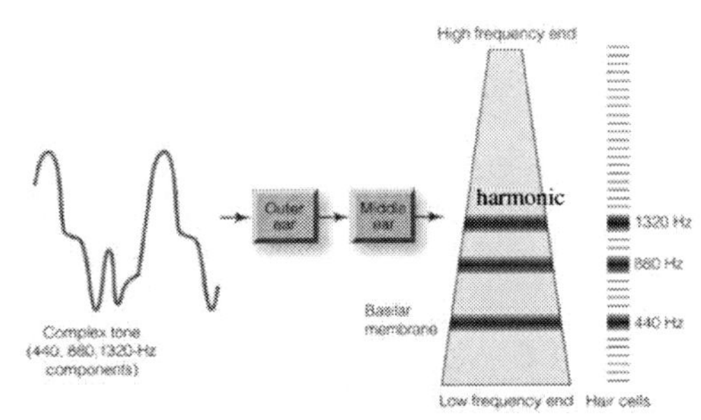

圖1.4：複音在基底膜上的響應分布[3]

　　上圖(1.4)表示一個複音訊號經由外耳、中耳再到耳蝸內的基底膜上的反應。可看出此複音是由 440、880、1320Hz 三個頻率呈倍數的單音組合，三種頻率分別會在基底膜不同的位置有最大共振效應可視為分頻的效果，由圖可看出在頻率與其共振的位置呈現對數關係。
文獻[4]將人在音高的判別流程分為四個階段如圖(1.5)，前兩步驟為帶通濾波器及半波整流，對應於人的耳蝸構造及毛細胞的放電反映。然而後兩者的週期性偵測及神經彼此間的交互反映尚未發現生理上的證據，但經由一些現象及結果可推測判斷音高可能的機制。

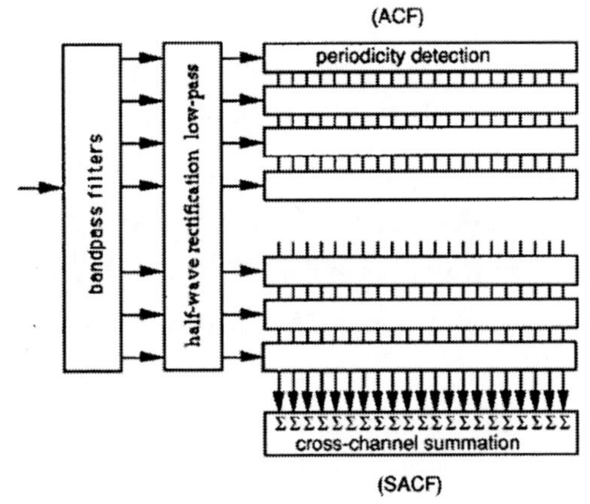

圖1.5　判斷音高的四階段流程圖[4]

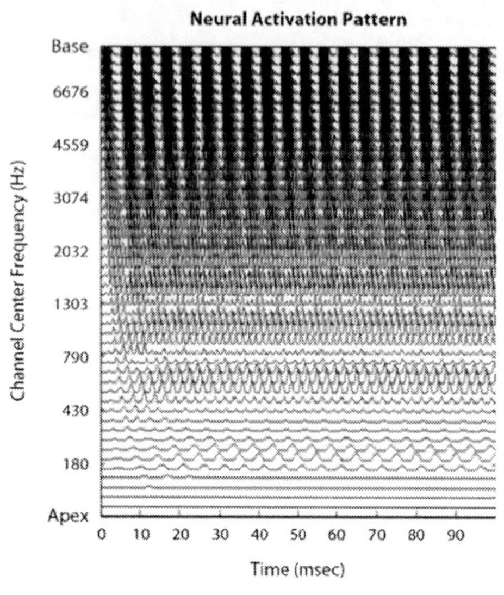

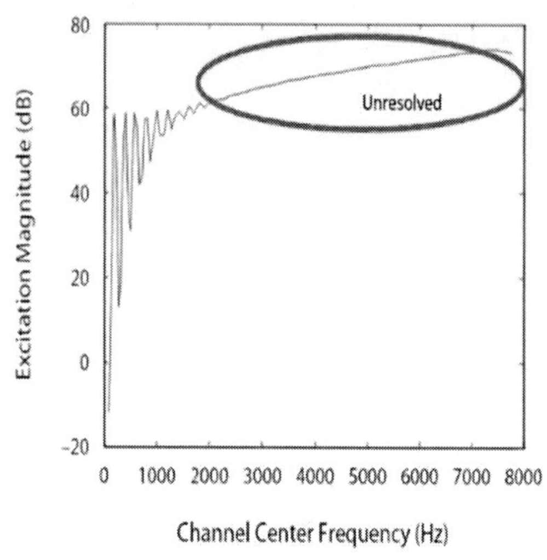

圖 1.6：基頻為 200Hz 的複音在聽神經上的模擬反應[5]

圖 1.7：200Hz 複音刺激聽神經，將反應能量加總後的神經激發反應[5]

　　聲音在基底膜的分頻在不同地方產生共振後會發送電訊號至腦部，圖為 PATTERSON 和 ALLERHAND [5]模擬當聽到基頻為 200Hz 的複音時神經所產生的激發反應，基底膜的底部到頂端分別對應到高頻到低頻，由圖(1.6)可看出低頻對於諧音的解析較好，越高頻則越差，若將總能量依時間加總起來則會得到圖(1.7)。可發現圖(1.7)中可解析的頻率約至 2000Hz，也就是第 10 個諧音(harmonic)，超過第 10 個的諧音則在此神經激發圖中無法被解析出來。因此，若此時的聲音為 500Hz 的複音，則大約超過 5000Hz 的諧音無法被解析出來，此解析度與耳蝸的濾波器頻寬(critical bandwidth)有關。

　　基於此現象，頻譜模型(Spectral model)在 1970 年代被提出，藉由解剖學及訊號處理的觀點，聲音訊號經由耳蝸有順序性的分頻可以解析出複音(complex tone)中的諧音成分，而且其諧音的的排列與音高有密切的相關。因此當時的學者認為人類在認知音高上存在一些固定的模板樣式(pattern)，人的生理構造或是腦中有這些模板樣式以致我們可以辨認出不同的音高，基於這個理念提出了許多音高辨識的方法。多數的模型皆是先建立出音高模板(template)，再針對輸入訊號做配對，找出最適合的模板從而決定因高，如圖(1.8)所示。這個方法成功地解釋大部分的生心理聽覺現象，但仍存在一些不能由此模型解釋的盲點，例如殘餘音高的問題(Residual pitch)。

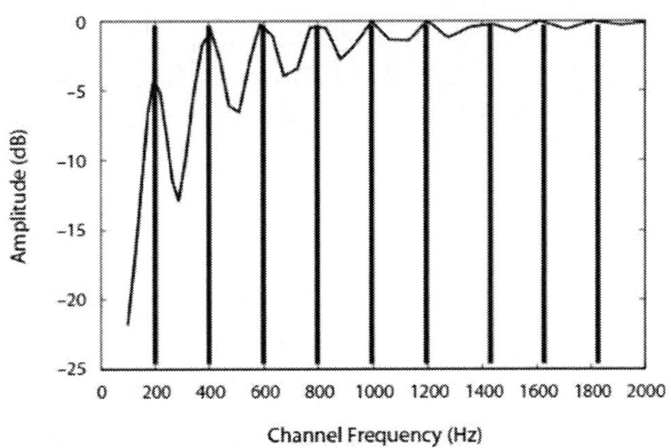

圖 1.8：頻譜模型偵測音高示意圖[6]

　　然而實際上人仍可聽到高於第 10 個諧音頻律以上的複音結構，這是因為人除了在頻率上解析音高之外，在時間上也可以解析音高，因此有一些學者從其他的觀點來解釋生心理聽覺現象。下圖(1.9)顯示一個間隔 5ms 的脈衝串聲音經對數頻律分佈的濾波器組分頻後在時間軸上的關係。可看出在低頻時因濾波器頻寬較窄，所以可解析出個別的諧音，例如 200、400、600、800Hz，但在高頻的部分因濾波器頻寬很寬無法解析出個別的諧音，但在時間軸上仍可看出明顯的間隔，而此間隔的時間長短也反映了此聲音的音高。

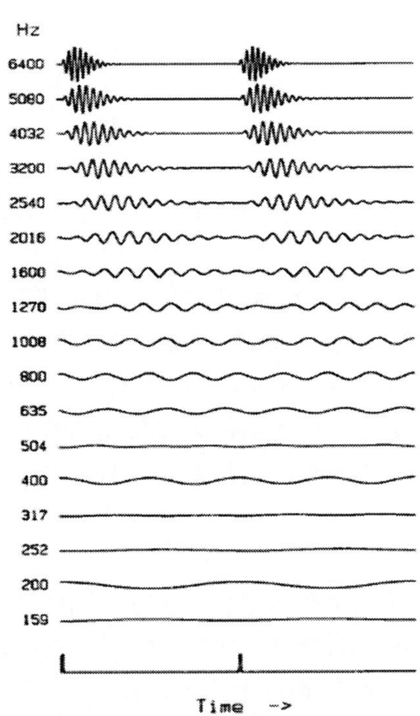

圖 1.9：在時間上不同頻率的響應[1]

因為頻譜模型所存在的一些缺陷，且發現時間上也有包含音高的資訊既而提出時間模型
(temporal model)。多數支持時間模型的學者認為人在音高感知判斷上皆是基於自相關函數
(autocorrelation)，$A(\tau)$，其數學式如下：

$$A(\tau)=\int x(t)x(t+\tau)dt$$

其中 $x(t)$ 為時間軸的波形訊號，τ 為時間延遲。因訊號包含週期成份，自相關函數在於計
算此訊號於其自身在不同時間點的互相關，也就是找出重複模式。標準化自相關函數則是在內
積後除上時間延遲。若訊號包含週期成份，計算出的自相關函數也會存在周期性，而這些顯著
周期的倒數就是基頻，有可能是人所認知的音高資訊。因為此方法探究時間上的變化資訊，支
持時間模型的學者認為此模型可以解釋頻譜模型上高頻諧音無法解析時的音高感知現象。

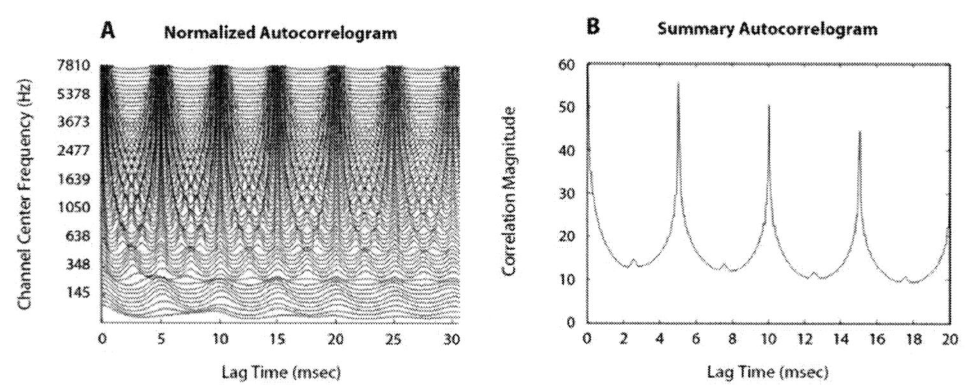

圖 1.10：自相關函數示意圖。[6]
左圖 A 為基頻為 200Hz 的複音在各頻段的自相關響應圖。
右圖 B 為將反應能量加總的自相關響應圖。

在 1997 年 Meddis 和 O'Mard，對於頻譜模型和時間模型做了總體評估[4]，將頻段依據可
否解析的程度劃分為低(LOW:125-625Hz)、中(MID: 1375-1875Hz)、高(HIGH:3900-5400Hz)三個區
段分別做討論，經過幾種實驗後他們發現到人在判斷音高時對於可解析的諧音(Resolved
harmonics)與不可解析的諧音(Unresolved harmonics)的判斷分析方法有所不同。主要的區別為
可解析的諧音對於音高的感知上有較強的影響，但在相位的感知上卻不強烈。反之，不可解析
的諧音在音高的感知上的影響較弱，但相對的在相位的感知上很顯著。所以他們認為兩種音高
感知模型皆有其道理，推斷人在音高的感知上並不只是單一的模型可以充分解釋，因而提出雙
工音高感知模型(Unitary model of pitch perception)[7]。

然而這些模型皆是對於聽覺上的假設，目前仍無確切的證據證明符合這些聽覺模型生理構
造的存在，只能從一些現象中推測而得。在本論文中，我們將嘗試運用類神經網路結合生理聽
覺在音高感知上的模型，來抽取音樂的旋律並與其他方法的抽取結果做比較。

2. 提出系統架構及實驗結果

2.1 卷積神經網路簡介

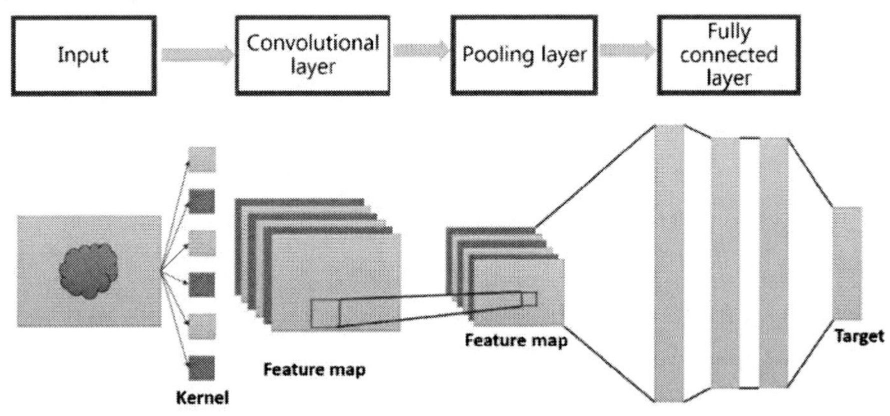

圖 2.1：卷積神經網路架構示意圖

卷積神經網路(Convolutional Neural Network, CNN)為神經網路的變形，其特色為神經元可以同時作用於一個區塊的資料，此網路在大型的影像處理應用上有出色的表現，一般的卷積神經網路包含三層：卷積層(convolutional layer)、池化層(pooling layer)以及特徵映射層(fully connected layer)。圖(2.1)為標準的卷積神經網路架構之範例。輸以是二維的原始圖像，在卷積層中經過與卷積核(kernel)的運算後，可以提取到其相對應的特徵圖(feature map)，每個卷積核所得到的特徵圖皆為一獨立平面，且其平面上所有神經元之權值相等，此步驟於物理意義上為提取與目標相關之特徵，以利我們之後的計算。圖(2.2)為卷積層數學運算之範例。

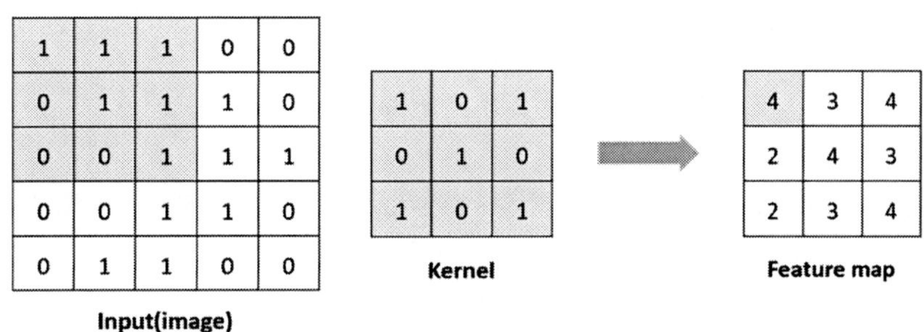

圖 2.2：卷積核大小為 3x3 之卷積層範例

因卷積神經網路適合對二維圖像資料進行分析，且具有權值共享、資料平移不變性的特點，非常符合音高的頻譜模型中使用模板找尋音高諧音所產生的固定特徵，因此我們在頻譜模型的實作上將採用卷積神經網路作為諧音比對偵測的架構。
首先我們討論諧音樣式在線性頻率頻譜圖及對數頻率頻譜圖上的差異，如圖(2.3)所示

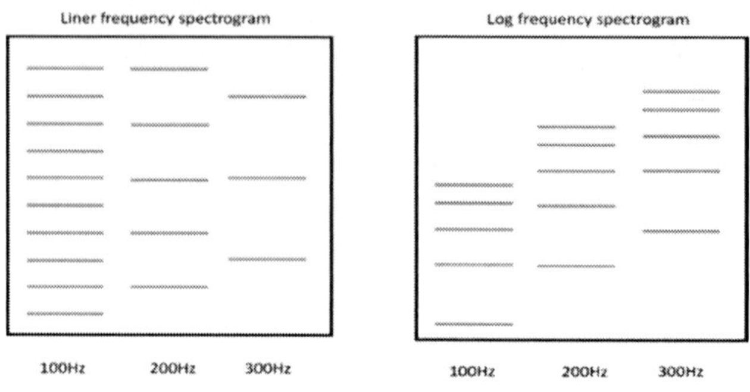

圖 2.3：不同音高的諧音在線性頻譜與對數頻譜比較圖

可由圖(4.8)看出若在頻率軸為線性的頻譜圖上，諧音的間距會隨著音高變高而變寬，而在對數頻率軸的頻譜圖上，不同音高諧音之間的間距並不會改變，我們認為人耳聽覺在能量及頻率上的感受符合對數關係，且在分析音高時有一定的形式，因此我們採用卷積神經網路作為訓練模型，並使用對數頻率軸的頻譜圖作為訓練輸入如圖(2.4)所示，可發現不同音高其諧音的結構在對數頻率頻譜圖上皆一致，僅是垂直平移的關係。我們將卷積核視為抓取諧音樣式的濾波器，預期卷積神經網路在做旋律音高辨識時與人的生心理聽覺特性相符。

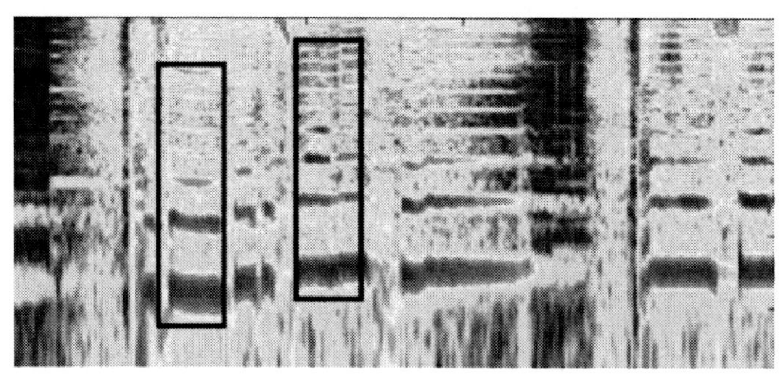

圖 2.4：範例樂曲片段之對數頻律軸頻譜圖

在文獻[8]中模擬神經彼此對於不同音高的交互反性，如圖(2.5)所示，認為人在音高判別上存在著一個呈對數分布的聽覺模板。

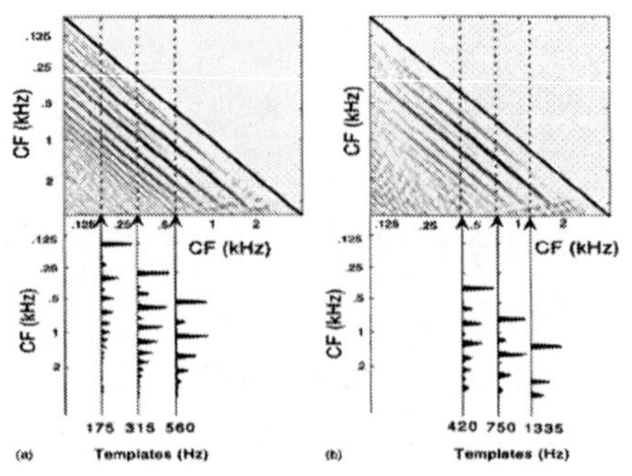

圖 2.5：模擬神經對於不同音高的交互反映現象[8]

如圖(4.9)所示，我們認為在第一階段頻譜圖做卷積時應是做諧音的抓取，在對數頻譜圖上諧音的樣式(pattern)滿足位移不變性(shift-invariant)，文獻[8]中提出在人的聽覺系統中可能存在著一個抓取諧音的聽覺模板，因此我們認為在對數頻譜圖上只需要一個卷積核即可抓取到偵測音高重要的資訊。我們將依照此想法給定初始的卷積核樣式如下圖(2.6)。

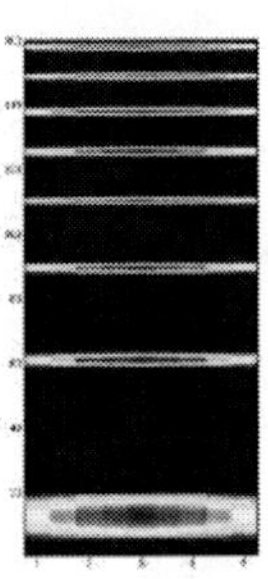

圖 2.6：初始卷積核樣式

依據我們對於頻譜圖的觀察，若要從卷積核看出諧音的樣式需要縱軸(頻率)方向包含的範圍夠大時才能觀察的出。因此我們設計卷積核為 5x160 的大小，並根據下式決定各個諧音間的位置。

$$h_i = A \times \log(f_0 \times i)$$

h_i 代表第 i 條諧音位置，A 和 f_0 則是調控整體起始位置及間距寬度在此分別設定為 48/log 和 1 使之寬度間距與輸入之對數頻譜圖相符，i 的範圍設定為 1 到 9，亦即僅選取 9 個諧音，因根據文獻[6]指出，人類在分析頻譜時超過第 10 個諧音將難以被解析出來。此外，音高對於時間的敏感度很高，我們推測輸入頻譜的中心時間資訊最為重要，所以對於每個諧音在時間軸上做高斯分佈；而每個諧音在頻率軸上會有散布的能量，因此我們對於每個諧音在頻率軸上的寬度也做了高斯分佈；在對數頻譜圖上，當頻率越低，諧音在頻率軸上的寬度也會越寬，依據此特性我們也將諧音在頻率軸上的寬度依據所在頻率做調整。

我們將探討隨機給定卷積神經網路的初始值(random initial) 以及依此模板(template)作為卷積核之初使值所訓練出來的結果，觀察兩者最終訓練出來對於旋律抽取的結果表現，以及卷積核所抓取的特徵是否具有物理意義，符合上述的假設得到預期的效果，從而能更加瞭解深度學習所習得的內容，得知抓取音高旋律時重要的特徵並簡化模型架構，以至於能針對旋律抽取設計出適合的架構。下圖(2.)為基於頻譜模型的旋律抽取架構流程圖。

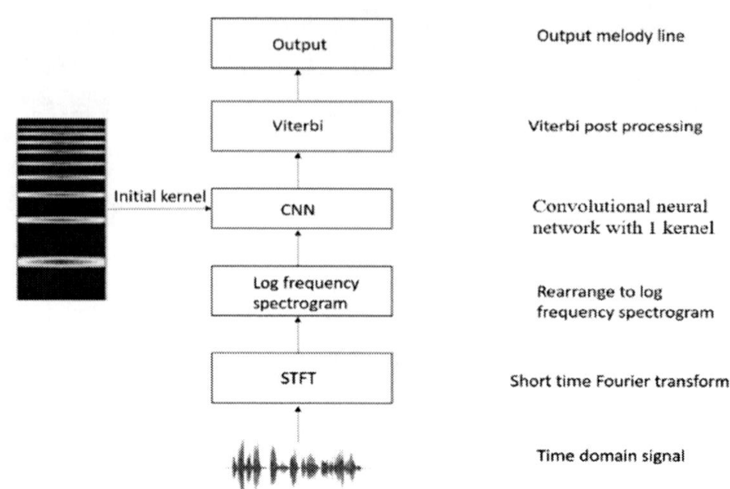

圖 2.7：基於頻譜模型之神經網路於旋律抽取之流程圖

　　首先我們將輸入的訊號降取樣至 16kHz 以減資料算量，經由短時傅立葉轉換(short time Fourier transform)計算出音訊的頻譜圖，因為人在聽覺上對於頻率及能量的感受皆呈對數關係，我們將計算出來的頻譜圖重新排列成對數頻譜圖(log-frequency spectrogram)，並將能量取對數運算變成對數能量(log-power)頻譜。經由卷積神經網路訓練出頻譜圖及音高的對應關係。通常訓練卷積神經網路會有多個卷積核可視為不同種類的濾波器，然而因我們認為不同音高的聲音在對數頻率軸的頻譜圖上僅是憑一的關係，因此在諧音萃取階段僅需一個濾波器就足夠，在 2.5 的實驗結果將會對此做更深入的探討。最後再針對神經網路輸出音高序列做維特比(Viterbi)解碼後處理得到較平滑的旋律線。

2.2 時間模型

　　計算自相關函數(Autocorrelation function)是一在音高偵測上很常被使用到的方法，至今仍有很多基於此方法的延伸改良，其主要的概念是因為有音高的聲音會在一定的時間內產生週期性的震盪，藉由計算自相關函數的方式可以突顯出震盪的週期，而理想中這些震盪周期的倒數即為音高頻率。然而在實際的情形目標訊號可能會受到噪音、空間效應及錄音裝置等影響，或是發聲的始末會有較難預估的暫態響應皆會影響自相關函數計算出來的結果，許多研究皆是針對這些問題提出不同的方法以進行改良。

　　在這裡我們保留原始計算出的自相關函數，使類神經網路針對旋律抽取的問題做學習建立出適當的模型，因為在時域訊號上並不會有高頻無法解析的問題，我們將探討在頻譜模型頻率無法解析的區段在時間模型上的表現，因此我們會將對輸入訊號做頻譜白化(frequency whitening)的預處理，藉此強調出高頻成份，流程架構如圖(2.8)。

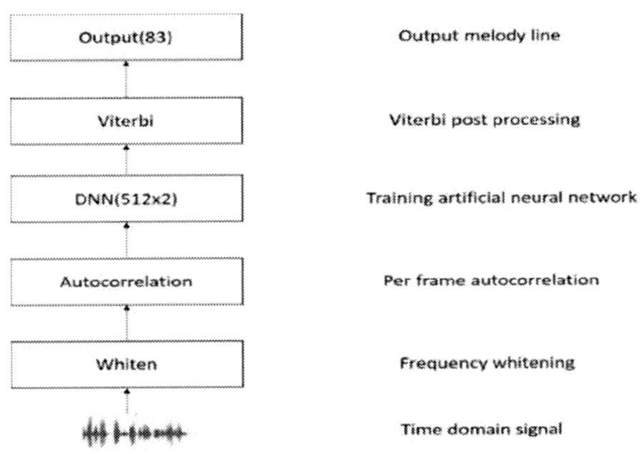

圖 2.8：基於時間模型之神經網路於旋律抽取之流程圖

2.3 雙工模型

在文獻[32-33]中提出，經由實驗數據推斷，人在分析音高時不僅只參考一種聽覺模型之輸出，而我們在上述研究發現確實在頻域及時域上對於旋律音高的偵測分別皆有效果，再加上在生心理聽覺上頻譜分析會有無法解析的區段，因此我們嘗試結合頻譜模型及時間模型兩個方法，期望藉由生理聽覺的概念出發，從不同面向的分析以及資訊的互補，建構出基於雙工模型之類神經網路的音高判別演算法，架構如圖(2.9)。

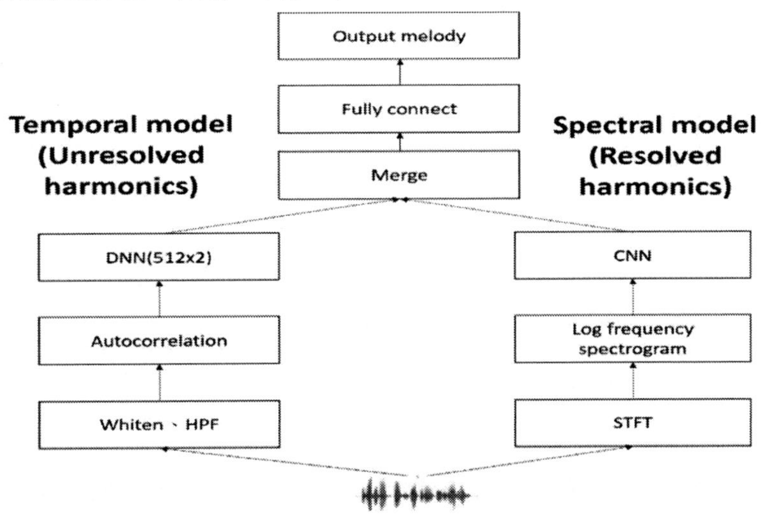

圖 2.9：基於雙工模型之神經網路於旋律抽取之流程圖

整體架構主要上述兩種模型作合併，為了區分出兩個模型各自的效用，我們在雙工模型中的時域部分的輸入多加了高通濾波器的預處理，使時域部分特別針對頻域無法解析的部分做補足，而高通濾波器的截止頻率(cutoff frequency)的選擇我們參考文獻[4]對於頻率上可否解析諧音的分段我們選擇使用截止頻率為 1375Hz 的高通濾波器做預處理，經過時間及頻譜模型後再做整合的模型訓練。

2.4 維特比解碼

　　觀察神經網路的輸出值，我們發現有些時候會有可能會因為短時干擾而使預估的輸出值會有不符合預期的跳動，然而一般而言人所認知的旋律並不會在短時間內產生快速的變化，因此在神經網路的輸出之後我們嘗試使用維特比解碼做為後處理。我們以訓練資料的音高轉移作為依據，計算狀態轉移機率來做預估判斷，嘗試修正不符合預期的瞬間跳動值，得到較合理平滑的旋律線。依據訓練資料將所對應的音高做量化視為不同的狀態，計算狀態間的轉移次數產生狀態轉移機率矩陣(transition matrix)，依照此機率作為修正懲罰權重，對深度學習做出來的結果作修正。

2.5 評量方式

		Detected		
		unvx	**vx**	Sum
Ground truth	**unvoiced**	TN	FP	GU
	voiced	FN	TP	GV
	sum	DU	DV	TO

表 2.1 : 旋律抽取評量方式

1.回答率(voicing recall rate)

　　經由演算法所估計出有聲音的音訊片段佔資料庫所標記答案有聲音的音訊片段之比例，與偵測理論中的擊中率相同(hit rate)。

$$Voicing\ recall\ rate = TP\ /\ GV$$

2.誤答率(voicing false alarm rate)

　　經由演算法估算出有聲音的音訊片段但在資料庫卻標記為無聲段落之比例。

$$Voicing\ false\ alarm\ rate = FP\ /\ GU$$

3.音高正確率(raw pitch accuracy)

　　計算在資料庫標記有音高的時間點經由演算法估計出的音高的正確率。在此計算音高的單位為赫茲(Hz)，且對於計算誤差有 1/2 個半音(50 音分)的容忍度。

$$Raw\ pitch\ accuracy = (TPC\ +\ FNC)\ /\ GV$$

4.音名正確率(raw chroma accuracy)

　　計算在資料庫標記有音高的時間點經由演算法估計出的音名的正確率，忽略八度音的估計誤差。

$$Raw\ chroma\ accuracy = (TPCch\ +\ FNCch)\ /\ GV$$

5.總體正確率(overall accuracy)

　　同時考量有無旋律的判別及音高偵測的結果，計算總體正確率。

$$Overall\ accuracy = (TPC\ +\ TN)\ /\ TO$$

2.6 實驗資料

　　本論文主要針對人聲旋律做預估，使用了兩種資料庫來進行演算法效能的評估，分別為 MIR1K 及 iKala 資料庫，實作上為了統一訓練資料格式並降低運算量，我們將 iKala 資料庫的音檔取樣率降至 16kHz 使之與 MIR1K 相同，又因為兩個資料庫皆是設計給歌聲分離使用的雙聲道音檔，在本論文的實驗中我們皆以訊噪比(signal to noise ratio)為 0dB 的方式將歌聲與背景音樂做混合，成為單聲道的音檔。iKala 資料庫我們將前 200 首作為訓練資料，其餘 52 首為測試資料。MIR-1K 資料庫我們取前 720 個音樂片段作為訓練資料，後 280 個音樂片段為測試資料。

2.7 實驗設定

　　首先我們先設定欲偵測的音高區間，根據[9]的實驗設定考量合理的人聲音高範圍，我們將音高從 D2(73.4Hz)到 F#5(740Hz)，按照每 50 音分做頻率的量化(quantize)成為 82 種狀態如圖(5.1)所示，將音高偵測視為分類問題。而我們希望系統預期能同時達成音高偵測及有無旋律的判別因此再增加一個無聲(unvoiced)的狀態，總共將有 83 種狀態輸出。

　　我們先將音檔取樣頻率降至 16kHz，針對頻譜模型的輸入使用 1024 點的短時傅立葉轉換來做頻譜分析，音框大小為 48ms，音框重疊率為 50%，再將頻譜重新排列成每八度 48 點 (48 points per octave)的對數頻譜圖。觀察人的歌聲頻率分布及對數頻譜的解析程度，最後選用 250 點(約 5 個八度)的對數頻譜圖，觀察範圍約為 100 到 3700Hz。由文獻[9]指出考量前後音高的資訊對於判別當下音高有幫助，因此我們擴增當下時間前後各 3 個音框，最終產生維度為 7x250 的小區域頻譜圖作為輸入，如圖(2.10)所示。

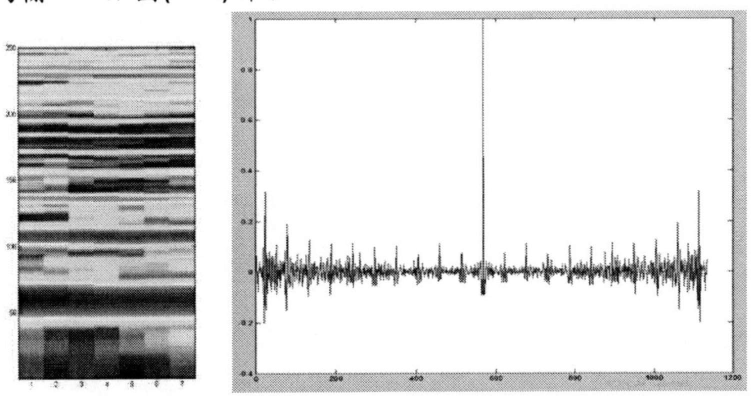

圖 2.10：頻譜模型輸入資料

　　針對時間模型，我們採用自相關函數作為輸入，首先將音檔取樣頻率降為 16kHz，再經由 10 階的巴特沃斯高通濾波器，截止頻率為 1375Hz，音框大小與重疊率皆與考慮頻譜模型時的設定相同，一個音框大小為 48ms，也就是 768 個取樣點，我們先對音框內的頻率進行白化，如圖(5.4)，將高頻部分強調出來，經由自相關運算後得到 1535 個點，因為邊界值的計算誤差較大，我們最後取鄰近中心點的自相關函數 1136 維的資料作為時間模型的訓練輸入。

2.8 實驗結果

2.8.1 頻譜模型

　　首先我們先將問題簡化，使用純歌聲無背景音樂作為訓練目標，觀察卷積神經網路訓練的結果。實作上我們卷積神經網路的架構為一層卷積層(convolutional layer)及兩層的 512 點的 (fully connect layer)及 83 維的輸出層(output layer)。

　　當不給定神經網路卷積核初始值，經訓練後所得的卷積核樣式為圖(2.11A)，可發現其樣式類似於對數分佈，代表第一層卷積層確實是在做諧音的抓取，與我們的假設相符。我們進一步的觀察卷積層的輸出，其樣式為圖(2.11B、C)。為了方便觀察整體輸出樣式，我們將每一個資料經由卷積層的輸出值只取出時間中心的資訊(第 4 欄)，將多個輸出資料整併成一個段落，而該段落所對應的參考旋律標記為圖(2.13)。由圖中我們可以發現到在第一層的卷積層的輸出其實已大致描繪出音高走勢，其樣式也與參考標記極為相似。但在圖(2.12)中也可以明顯看出同一個時間約有兩條較明顯的輸出值，發現皆呈約 48 個單位的間距，而我們所使用的對數頻譜圖的設定正好就是每八度 48 點(48 points per octave)，因此我們合理推測其原因為諧音所造成的八度誤差(octave error)。在偵測音高旋律的議題上八度誤差是很常遇到的問題，傳統的方式多是觀測輸出的音列，給定一些準則加以限制並修正，而在此我們認為卷積層之後所連接的特徵映射層(fully connected layer)有助於解決此問題，可由評量結果數據看出。

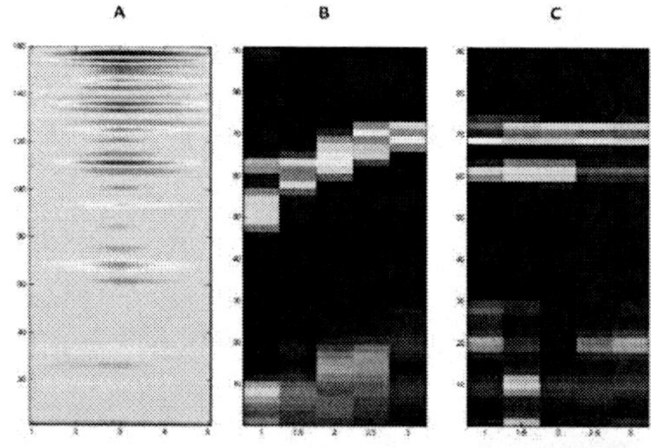

圖 2.11：隨機初始訓練結果。A 為卷積核，B、C 為某例卷機神經網路輸出

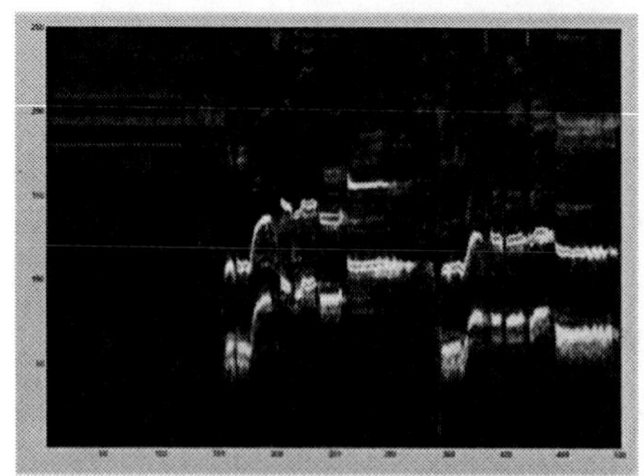

2.12：第一層 CNN 之輸出樣式(某範例音樂片段)

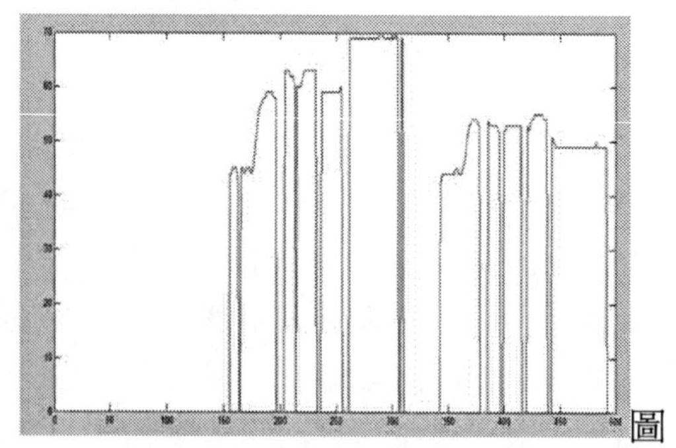

圖 2.13：圖(2.12)片段的參考音高標記

2.8.2 討論不同個數的卷積核的結果

　　一般而言，訓練卷積神經網路會用多個卷積核萃取不同特徵，上述實驗中因為我們依據生心理聽覺的假設只使用一個卷積核，在這裡我們將探討使用不同個數的卷積核是否對結果有所影響，為了專注探討此議題，在此我們皆不連接特徵映射層作訓練。以下分別列出卷積核樣式、卷積層輸出及輸出分數評量圖(2.14)、表(2.2)。

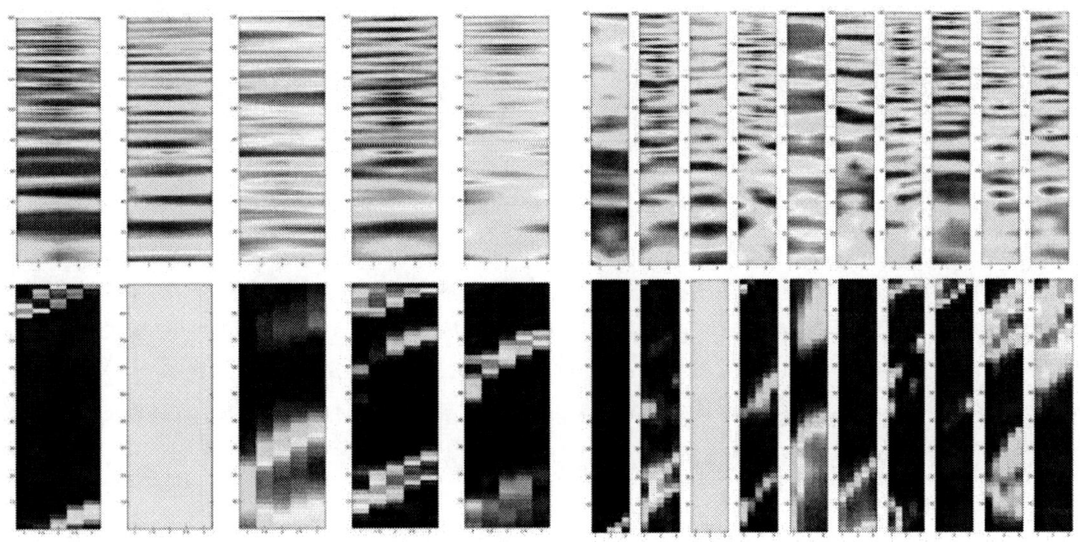

圖 2.14：5、10 個卷積核訓練結果

Kernel number	5	10	15
Recall	91.42%	90.38%	92.09%
False alarm	11.55%	9.78%	10.95%
Raw pitch	87.31%	86.48%	87.64%
Raw chroma	88.05%	87.42%	88.36%
Overall　accuracy	88.60%	88.68%	89.05%

表 2.2：不同個數卷積核結果比較

　　客觀分數評量可以看出增卷對於積核的個數對於效能的影響並不顯著，原因推測如上述所提，增加卷積核並沒有顯著的增加資訊豐富度。且增加卷積核個數也是在增加模型的複雜度，計算的時間也相對提高。以上這些現象皆支持對於音高諧音的抓取僅需 1 個模板即足夠，且卷積神經網路的訓練結果與生心理聽覺感知中的頻譜模型概念非常相似，可以用一個聽覺模版來找出對應音高。

如圖(2.15)所示，給定卷積核初始模板再做訓練，我們發現卷積核的樣式確實會跟照著給定的模板樣式作微調，但是經由多次的訓練後抓取基頻的諧音線會漸漸消失，推測這個現象是因為對數頻率軸對低頻的解析度很高，因此低頻的聲音在頻譜圖上會看起來比較擴散而模糊，所以資訊價值較小。

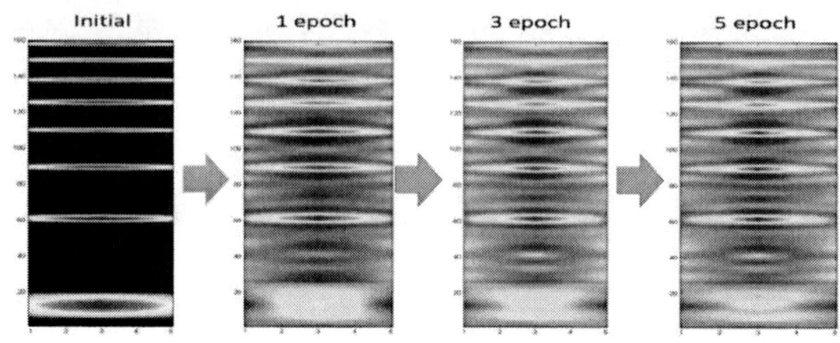

圖 2.15：給定模板後訓練趨勢

我們觀察出由卷積神經網路所得的輸出值有不連續的跳動，因此我們使用同樣的訓練資料集的音高標記計算狀態轉移矩陣，基於此矩陣做維特比解碼的後處理來修正一些不連續的狀態。下圖顯示針對某範例音樂片段，參考標記資料、原始輸出及經由維特比解碼修正後的結果。可觀察到經由維特比解碼的後處理可以修正一些不連續的跳動，得到較平滑的旋律線如圖(2.16)所示。加入維特比解碼後之整體效能評估分數如表(2.3)。

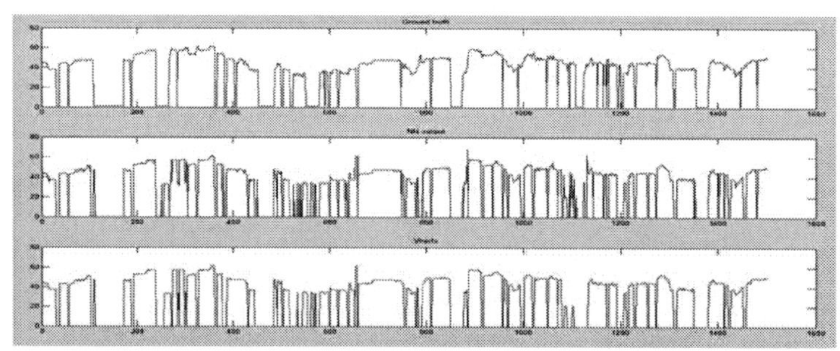

圖 2.16：維特比解碼後處理的輸出比較(某範例音樂片段)。

(上)原始參考標記、(中)類神經網路輸出、(下)維特比解碼輸出

	Without Viterbi	With Viterbi
Recall	84.78%	85.44%
False alarm	15.11%	15.51%
Raw pitch	75.43%	76.40%
Raw chroma	77.03%	78.22%
Overall accuracy	78.55%	79.07%

表 2.3：維特比解碼結果比較

2.8.3 時間模型

在頻譜模型上我們已驗證可解析的諧音對於旋律音高的判別有不錯的效果。因此在時間模型上我們首先要驗證在頻譜模型不可解析的頻段，加上時間軸上的資訊是否對於判斷旋律音高有所幫助。與之前實驗設定所述相同，我們使用混和人聲與背景音樂的時域訊號自相關函數作為訓練輸入，比較不同頻段輸入對於旋律抽取的效能差異，結果於表(2.4)。

	All pass	HPF(1375Hz)
Recall	78.12%	75.82%
False alarm	29.14%	28.52%
Raw pitch	69.94%	62.12%
Raw chroma	73.32%	65.31%
Overall accuracy	70.25%	63.56%

表 2.4：iKala 資料庫混合背景音樂在時間模型經高通濾波器之結果比較

由結果看出經由高通濾波器後的訊號仍有一定的效能，此現象也說明了在頻譜模型無法解析的範圍仍存在著對於旋律音高判別有價值的資訊。然而，時域訊號上的資訊較為雜亂，也較易受到雜訊的干擾，因此採用時間模型整體的效能較於採用頻譜模型時來得差是可預期的。

雙工模型

我們觀察到在頻譜模型無法解析的頻段上的訊號在時間模型上仍產生一定的效果，因此我們將兩者模型作合併，希望能同時考量可解析與不可解析的頻段，達到互補的效果。雙工模型與個別頻率、時間模型的效能比較於表(2.5、2.6)。

iKala	Spectal	Temporal	Hybrid
Recall	84.78%	75.82%	89.26%
False alarm	15.11%	28.52%	18.94%
Raw pitch	75.43%	62.12%	80.11%
Raw chroma	77.03%	65.31%	81.60%
Overall accuracy	78.55%	63.56%	80.42%

MIR-1K	Spectral	Temporal	Hybird
Recall	83.63%	81.57%	82.73%
False alarm	21.31%	26.76%	16.14%
Raw pitch	68.81%	67.87%	72.23%
Raw chroma	72.16%	71.71%	75.38%
Overall accuracy	71.70%	69.44%	75.64%

表 2.5：iKala 資料庫在雙工模性下的評分比較　　　表 2.6：MIR-1K 資料庫在雙工模性下的評分比較

由表可看出利用類神經網路綜合考量時間與頻率的資訊確實對於旋律抽取的效能有所提

升，結合兩者從不同面向的觀測確實有互補的效用。

　　最後我們與其他旋律抽取的方法做比較，為了公平性我們皆使用相同的訓練及測試資料集做衡量，其中 MCDNN 的方法依循文獻[9]的描述做出，輸入資料則與所提出的頻譜模型相同。我們與近期旋律抽取的議題上著名的專家系統 Melodia 比較[10]，並考量文獻[11]使用 HPSS(Harmonic/Percussive Source separation)[12]經由聲源分離前處理的訓練結果呈現於表(2.7、2.8)。

Algorithm	Proposed	HPSS	MCDNN	Melodia
Recall	89.26%	83.42%	85.85%	82.02%
False alarm	18.94%	13.92%	15.05%	26.71%
Raw pitch	80.11%	74.43%	77.88%	75.99%
Raw chroma	81.60%	75.97%	79.60%	78.36%
Overall accuracy	80.42%	78.28%	80.22%	72.80%

表 2.7：使用 iKala 資料庫混和背景音樂與其他系統比較

Algorithm	Proposed	HPSS	MCDNN	Melodia
Recall	82.73%	75.35%	78.36%	85.10%
False alarm	16.14%	12.37%	14.25%	30.80%
Raw pitch	72.23%	64.29%	65.21%	72.95%
Raw chroma	75.38%	67.72%	68.30%	75.74%
Overall accuracy	75.64%	71.12%	71.22%	69.61%

表 2.8：使用 MIR-1K 資料庫混和背景音樂與其他系統比較

3. 結論

　　本文利用類神經網路架構模擬人的生心理聽覺提出旋律抽取演算法。基於過往生心理聽覺學者在人類音高感知上的研究，根據頻率的解析與否主要分為頻譜及時間兩種聽覺模型，我們使用類神經網路實現出這些生心理聽覺的音高感知模型，來抽取音樂片段中的旋律。頻譜模型上我們使用卷積神經網路，因其架構的特性符合模板濾波器的觀點，經實驗發現存在一個抓取音高的聽覺模板，即可達到對所有諧音音高的識別，增加卷積核的個數對於旋律抽取的效能並無顯著的提升，因此我們也提出了聽覺感知模板作為訓練初始值增進訓練的收斂速度。時間模型我們使用自相關函數作為輸入資料，我們發現在頻譜模型無法解析之頻律處在時間模型中仍有效果，這現象也符合偵測殘餘音高(residual pitch)的理論。因此我們使用時間模型對於頻率模型頻率不可解析處做補強，建立出結合頻譜及時間資訊的雙工模型，運用神經網路的整合達到互補以提升效能。

　　針對頻譜模型的輸入訊號我們嘗試使用不同的輸入資料如諧音與敲擊聲的分離(HPSS)，以及維特比解碼的後處理，兩者對於訓練結果並沒有顯著的提升，代表類神經網路能從原始資料(raw data)中找出適合旋律抽取的特徵及方法。此外我們也嘗試將背景噪音改為混和白雜訊或是工廠噪音等非諧音噪音時表現明顯較好，因此在非諧音噪音干擾下有不錯的表現。

參考資料

[1] 張斌. *耳鼻喉科學*, 正中書局, 台北 (1996).

[2] Jing Chen, Thomas Baer, and Brian CJ Moore, "Effect of enhancement of spectral changes on speech intelligibility and clarity preferences for the hearing impaired," *J. Acoust. Soc. Am.,* 131.4: 2987-2998, 2012.

[3] Takashi Yamauchi, Presentation on theme: "Sensation & Perception", http://slideplayer.com/slide/6639448/

[4] Ray Meddis and Lowel O'Mard, "A unitary model of pitch perception," *J. Acoust. Soc. Am.,* 102.3: 1811-1820, 1997

[5] Roy D. Patterson, Mike H. Allerhand, and Christian Giguere, "Time-domain modeling of peripheral auditory processing: A modular architecture and a software platform," *J. Acoust. Soc. Am.,* 98.4: 1890-1894, 1995.

[6] William A. Yost, "Pitch perception," *Attention, Perception, & Psychophysics,* 71.8: 1701-1715, 2009.

[7] Robert P. Carlyon, Comments on "A unitary model of pitch perception" [J. Acoust. Soc. Am. 102, 1811–1820 (1997)], *J. Acoust. Soc. Am.,* 104, 1118 ,1998.

[8] Shihab Shamma, and David Klein, "The case of the missing pitch templates: How harmonic templates emerge in the early auditory system," *J. Acoust. Soc. Am.,* 107.5: 2631-2644, 2000.

[9] Sangeun Kum, Changheun OH, and Juhan Nam, "Melody Extraction on Vocal Segments Using Multi-Column Deep Neural Networks," In *Proc. of ISMIR*, pp. 819-825, 2016.

[10] Justin Salamon, and Emilia GÓMEZ, "Melody extraction from polyphonic music signals using pitch contour characteristics," *IEEE Trans. on Audio, Speech, and Language Processing*, 20.6: 1759-1770, 2012.

[11] François Rigaud, and Mathieu Radenen. "Singing Voice Melody Transcription Using Deep Neural Networks," In *Proc. of ISMIR*, 2016.

[12] N. Ono, K. Miyamoto, J. Le Roux, H. Kameoka and S. Sagayama, "Separation of a monaural audio signal into harmonic/percussive components by complementary diffusion on spectrogram," *2008 16th European Signal Processing Conference*, Lausanne, 2008, pp. 1-4.

The 2017 Conference on Computational Linguistics and Speech Processing
ROCLING 2017, pp. 178-182
© The Association for Computational Linguistics and Chinese Language Processing

改進的向量空間可適性濾波器用於聲學回聲消除

Acoustic Echo Cancellation Using an Improved Vector-Space-Based

Adaptive Filtering Algorithm

李尤進 Jin Li-You
國立臺灣大學電信工程研究所
Graduate Institute of Communication Engineering
National Taiwan University
d05942004@ntu.edu.tw

曹昱 Yu Tsao
中央研究院 資訊科技創新研究中心
Research Center for Information Technology Innovation
Academia Sinica
yu.tsao@citi.sinica.edu.tw

錢膺仁 Ying-Ren Chien
國立宜蘭大學電機工程學系
Department of Electrical Engineering
National Ilan University
yrchien@niu.edu.tw

摘要

在回聲消除系統的應用中，濾波器係數是否能有效的快速更新是相當重要的關鍵，而收斂的效果也是影響回聲是否能消除乾淨的重要因素。因此向量空間可適性濾波器被提出，其結合機械學習向量空間的想法，引進可適性演算法中，達到有效的快速收斂的目標，但其運算複雜度也相對提高。然而為對應到現實生活中應用，運算複雜度將會是較為重要的考量。因此本篇提出改進的向量空間可適性濾波器(Improved Vector-space Adaptive Filter)與改進的向量空間仿射投影符號演算法(Improved Vector-space Affine Projection Sign Algorithm)，藉由重新設計向量空間以及濾波器係數合成的架構，將運算的矩陣維度降低，並運用組合演算法的想法，對仿射投影符號演算法與改進的向量空間仿射投影符號演算法進行組合，達到在任何環境下皆能快速且穩定收斂的目標且比起向量空間可適性濾波器有著更低的運算複雜度和更好的收斂速度與收斂效果，提升在現實生活中應用地可行性。

Abstract

To eliminate acoustic echo, the convergence rate and low residual echo are very important to adaptive echo cancelers. Meanwhile, an affordable computational complexity has to be considered as well. In this paper, we proposed the improved vector space adaptive filter (IVAF)and Improved Vector-space Affine Projection Sign Algorithm (IVAPSA). The proposed can be divided into two phases: offline and online. In the offline phase, IVAF constructs a vector space to incorporate the prior knowledge of adaptive filter coefficients from a wide range of different channel characteristics. Then, in the online phase, the IVAF combines the conventional APSA and IVAPSA algorithms, where IVAPSA computes the filter coefficients based on the vector space obtained in the offline phase. By leveraging the constructed vector space, the proposed IVAF is able to fast converge and achieve a better echo return loss enhancement performance. Moreover, the computational complexity is less than a comparable work.

關鍵詞：回聲消除系統,可適性濾波器,向量空間可適性濾波器,機器學習,組合演算法,仿射投影符號演算法

Keywords: Acoustic echo cancellation, Adaptive Filter, Vector-space Adaptive Filter, Machine Learning, Combined Algorithm, Affine Projection Sign Algorithm.

參考文獻 [References]

[1] P. Ahgren, "Acoustic echo cancellation and doubletalk detection using estimated loudspeaker impulse responses," *IEEE Trans. Speech Audio Process.*, vol. 13, pp. 1231 – 1237, 2005.

[2] C. Faller and C. Tournery, "Robust acoustic echo control using a simple echo path model," in *ICASSP*, 2006, pp. 281 – 284.

[3] E. Hansler and G. Schmidt, *Topics in Acoustic Echo and Noise Control*. Germany: Springer-Verlag, 2006.

[4] T. S. Wada and B. Juang, "Enhancement of residual echo for robust acoustic echo cancellation," *IEEE Trans. Audio, Speech, Lang. Process.*, vol. 20, pp. 175 – 189, 2012.

[5] S. Haykin, *Adaptive Filter Theory*. USA: Prentice-Hall, 2003.

[6] T. S. Wada and B. Juang, "Acoustic echo cancellation based on independent component analysis and integrated residual echo enhancement," in *WASPAA*, 2009, pp. 205 – 208.

[7] T. v. Waterschoot and M. Moonen, "Fifty years of acoustic feedback control: State of the art and future challenges," in *IEEE*, 2011, pp. 288 – 327.

[8] B. Widrow and S. D. Stearns, *Adaptive Signal Processing*. USA: Prentice-Hall, 1985.

[9] Y.-R. Chien and S.-I. Chu, "A fast converging partial update lmsalgorithmwith randomcombining strategy," *Circuits, Syst. Signal Process.*, vol. 33, pp. 1883 – 1898, 2014.

[10] E. Soria, J. Calpe, J. Chambers, M. Martinez, G. Camps, and J. D. M. Guerrero, "A novel approach to introducing adaptive filters based on the lms algorithm and its variants," *IEEE transactions on education*, vol. 47, no. 1, pp. 127 – 133, 2004.

[11] A. Tandon, M. O. Ahmad, and M. Swamy, "An efficient, low-complexity, normalized lms algorithm for echo cancellation," in *Circuits and Systems, 2004. NEWCAS 2004. The 2nd Annual IEEE Northeast Workshop on*. IEEE, 2004, pp. 161 – 164.

[12] A. Feuer and E. Weinstein, "Convergence analysis of lms filters with uncorrelated gaussian data," *IEEE Trans. Acoust. Speech Signal Process.*, vol. 33, pp. 222 – 230, 1985.

[13] Y.-R. Chien and W.-J. Zeng, "Switching-based variable step-size approach for partial update lms algorithms," *Electronics Letters*, vol. 49, pp. 1801 – 1803, 2013.

[14] H. C. Huang and J. Lee, "A new variable step-size nlms algorithm and its performance analysis," *IEEE Transactions on Signal Processing*, vol. 60, no. 4, pp. 2055 – 2060, April 2012.

[15] L. Liao and A. W. Khong, "Sparseness-controlled affine projection algorithm for echo cancelation," in *APSIPA*, 2010, pp. 355 – 361.

[16] H.-C. Shin, A. H. Sayed, and W.-J. Song, "Variable step-size nlms and affine

projection algorithms," *IEEE signal processing letters*, vol. 11, no. 2, pp. 132 – 135, 2004.

[17] K. Y. Hwang and W. J. Song, "An affine projection adaptive filtering algorithmwith selective regressors," *IEEE Trans. Circuits Syst. II: Exp. Briefs*, vol. 54, pp. 43 – 46, 2007.

[18] J. M. Gil-Cacho, T. van Waterschoot, M. Moonen, and S. H. Jensen, "Nonlinear acoustic echo cancellation based on a parallel-cascade kernel affine projection algorithm," in *Acoustics, Speech and Signal Processing (ICASSP), 2012 IEEE International Conference on*. IEEE, 2012, pp. 33 – 36.

[19] T. Shao, Y. R. Zheng, and J. Benesty, "An affine projection sign algorithm robust against impulsive interferences," *IEEE Signal Processing Letters*, vol. 17, no. 4, pp. 327 – 330, April 2010.

[20] J. Yoo, J. Shin, and P. Park, "Variable step-size affine projection sign algorithm," *IEEE Transactions on Circuits and Systems II: Express Briefs*, vol. 61, no. 4, pp. 274 – 278, April 2014.

[21] J. Shin, J. Yoo, and P. Park, "Variable step-size affine projection sign algorithm," *Electronics Letters*, vol. 48, no. 9, pp. 483 – 485, April 2012.

[22] Y. Tsao, S. H. Fang, and Y. Shiao, "Acoustic echo cancellation using a vector-space-based adaptive filtering algorithm," *IEEE Signal Processing Letters*, vol. 22, pp. 351 – 355, March 2015.

[23] R. Kuhn, J.-C. Junqua, P. Nguyen, and N. Niedzielski, "Rapid speaker adaptation in eigenvoice space," *IEEE Transactions on Speech and Audio Processing*, vol. 8, no. 6, pp. 695 – 707, 2000.

[24] Y. Tsao and C.-H. Lee, "An ensemble speaker and speaking environment modeling approach to robust speech recognition," *IEEE Trans. Audio, Speech, Lang. Process.*, vol. 17, pp. 1025 – 1037, 2009.

[25] P. N. Belhumeur, J. P. Hespanha, and D. J. Kriegman, "Eigenfaces vs. fisherfaces:

Recognition using class specific linear projection," *IEEE Transactions on pattern analysis and machine intelligence*, vol. 19, no. 7, pp. 711 – 720, 1997.

[26] J. Li-You, "A study of convex combined adaptive filtering algorithms," 2015.

[27] M. Rages and K. C. Ho, "Limits on echo return loss enhancement on a voice coded speech signal," in *The 2002 45th Midwest Symposium on Circuits and Systems*, vol. 2, Aug 2002, pp. 152 – 155.

[28] S. Sukhumalwong and C. Benjangkaprasert, "Adaptive echo cancellation using variable step-size algorithm lattice filters," in *TENCON 2006 - 2006 IEEE Region 10 Conference*, Nov 2006, pp. 1 – 4.

[29] E. A. Habets, "Room impulse response generator techn. univ. eindhoven," Techn. Univ. Eindhoven, Tech. Rep., 2006.

[30] H.-G. Hirsch and D. Pearce, "The aurora experimental framework for the performance evaluation of speech recognition systems under noisy conditions," *ASR-2000.*, pp. 181 – 188, May 2000.

[31] D. Macho, L. Mauuary, B. Noé, Y. M. Cheng, D. Ealey, D. Jouvet, H. Kelleher, D. Pearce, and F. Saadoun, "Evaluation of a noise-robust dsr front-end on aurora databases." in *INTERSPEECH*, 2002, pp. 17 – 20.

[32] N. Parihar, J. Picone, D. Pearce, and H. G. Hirsch, "Performance analysis of the aurora large vocabulary baseline system," in *Signal Processing Conference, 2004 12th European*, 2004, pp. 553 – 556.

The 2017 Conference on Computational Linguistics and Speech Processing
ROCLING 2017, pp. 183-196
© The Association for Computational Linguistics and Chinese Language Processing

PTT 網站餐廳美食類別擷取之研究
A Study of Restaurant Information and Food
Type Extraction from PTT

鍾智宇 Chih-Yu Chung
國立中央大學資訊工程學系
Department of Computer Science and Information Engineering
National Central University
tommychihyu@gmail.com

周建龍 Chien-Lung Chou
國立中央大學資訊工程學系
Department of Computer Science and Information Engineering
National Central University
formatc.chou@gmail.com

張嘉惠　Chia-Hui Chang
國立中央大學資訊工程學系
Department of Computer Science and Information Engineering
National Central University
chia@csie.ncu.edu.tw

摘要

隨著資訊科技與網際網路的快速發展，從自然語言中擷取所需資訊（Information Extraction）技術也愈顯重要，本研究希望針對國內最大的電子佈告欄系統 (BBS, Bulletin Board System) 「PTT」中的「Food」版發展出一套自動化擷取文章中餐廳相關資訊並判斷餐廳類別的方法，讓餐廳資訊的取得更加快速且便利。本文架構主要分為三個部分，第一部分為餐廳相關資訊擷取，透過 PTT Crawler 擷取 PTT Food 版上的文章進行格式化處理，並藉由關鍵字比對的方式擷取特定文章標題，以及正規表達式 (Regular Expression) 擷取內文包含的餐廳名稱、電話、地址及 URL 資訊。第二部分則是文章標題作為餐廳類別(例：咖啡、涮涮鍋、台式料理)的擷取來源，隨機挑選 10,000 筆標題資料針對隱含其中的餐廳類別進行人工標記；最後再透過 WIDM 實驗室研究室整合了條件式隨機域 (Conditional Random Field, CRF) 所開發的 WIDM NER TOOL 分別進行監督式學習與半監督式學習的實驗，並從實驗結果得知利用此法在餐廳類別的擷取可獲得不錯的效果。

Abstract

In this study, we hope to develop a system to automatically extract restaurant type from the FOOD board of PTT, the largest BBS web site in Taiwan. This paper is divided into three parts. The first part is pre-processing, where we crawl articles from the PTT FOOD board and extract title、restaurant name、telephone、address and URL information via regular expressions. The second part is restaurant type labeling from title data. We used WIDM NER TOOL to train a model for restaurant type extraction. The last part of the article is experiment. We randomly selected 10,000 titles for manual labeling and testing. We used the labeled data for supervised learning and included unlabeled data for Semi-Supervised learning. Finally we got a good result using this method in restaurant type extraction.

關鍵詞：機器學習，Tri-Training，Distant Learning，命名實體辨識

Keywords: Machine Learning, Tri-Training, Distant Learning, Named Entity Recognition

一、　　緒論

在資訊化技術及網際網路快速發展的今日，網路上豐富且大量的資料成為人們取得資訊的主要來源，其中美食餐廳資訊更是生活中不可或缺的部分，因此越來越多的美食評論網站、部落格…等隨之產生；然而這些資料來源的組成大多為知名或是大型的連鎖餐廳，無法涵蓋許多不具名但人氣度高的路邊攤小店，加上該類網站大多由商家透過程式設計者設計出帶有廣告性質的既定框架與內容，此外該類網站資料更新的頻率通常取決於管理者的維護頻度，因此資料更新的即時性往往跟不上消費者更新的速度。基於上述考量，本文以時下台灣最大的電子佈告欄系統 (Bulletin Board System, BBS) 「PTT 實業坊」作為研究的資料來源，希望設計出一套方法能自動擷取 PTT FOOD 版上不斷即時更新的文章內容，讓使用者能更快速便利得透過此方法獲取餐廳的相關資訊，並提供擷取後的資訊做為其他相關研究的興趣點(Point of Interest, POI)參考資料。

二、　　相關研究

資訊擷取主要是從各種結構化與非結構化的文字中萃取出特定的資訊，而命名實體辨識 (Named Entity Recognition, NER)則屬於自然語言處理 (Natural Language Processing，NLP) 的領域。早期以 Rule Based Extraction Methods 為主要方向但耗費的成本通常較高，而機器學習法（Machine Learning Based Method）[1,2] 是人工智慧的一個支領域且在資訊擷取領域廣泛的使用。目前大多數 NER 的相關研究方向以監督式學習為基礎，透過序列標記(Sequence Labeling)的方式來建立模型，主要可分為三種模型：第一種為隱藏式馬可夫模型 (Hidden Markov Model, HMM) [3]。第二種最大化熵馬可夫模型

(Maximum-Entropy Markov Model, MEMM) [4]，或稱為條件式馬可夫模型(Conditional Markov Model, CMM) [5]。最後一種則是條件式隨機域(Conditional Random Field, CRF)。

半監督式學習 (Semi-Supervised Learning) 所涉及的監督程度較小，常用於資料來源不易且昂貴時，常見的演算法有：Self-Learning [6]、Semi-Supervised- Support -Vector Machine (S^{3}VM) [7]、Co-Training [8]、Tri-Training[9] 等。關於半監督式學習的廣泛調查發現，並未有明確的實驗結果證明半監督式學習的效能優於監督式學習 [10]。

Co-Training 和 Tri-Training 在少量標記資料的分類相關研究上時常被提及。最早關於 Co-Training 的相關研究是由 Blum and Mitchell [8]所提出，而 Zhou[9]等人提出 Tri-Training 可視為 Co-Training 的改良，不同的地方在於 Tri-Training 使用三個分類器並且以投票 (Voting) 的機制來解決如何衡量分類記所標記的的答案可信度問題，並提供完整的數學證明與演算法，計算每回合自未標記資料 U 可取得的新資料量上限以及停止疊代條件。其實驗內容是比較在 12 個資料集執行 Tri-Training 的效果，首先對每個資料集取 25%的資料為測試資料，剩餘資料中再取 20%、40%、60%、80%的資料量為已標記資料 L 來訓練三個效能較差的分類器，再透過 Tri-Training 自剩餘資料的未標記資料 U 取得新的資料，這些新的資料再與 L 做聯集後重新訓練模型。透過此方式，經過數次疊代後可用較多的資料訓練並得到效能較好的模型。

Distant Supervision Learning 是透過啟發式規則 (Heuristics Rule) 所標記的小量資料或是小型的知識庫來訓練模型。舉例而言，Chou 等人[11]利用已知的 7,053 個人名於新聞網站收集 67,104 個句子，後續利用這些已知人名標記訓練資料，以及透過觀察而得的記者人名 Pattern 提升訓練資料品質，實驗結果 F-Measure 可達到 0.8689。

三、　設計與實作

本文欲擷取的資訊主要分成兩個部分，第一個部分是餐廳名稱、地址、電話、URL、標題等屬於半結構化的資料，可透過正規表達式擷取；第二部分為餐廳類別擷取，例如咖啡、義大利麵。

經由隨機挑選 1,000 筆PTT貼文(如圖1)，經人工檢視並統計餐廳類別隱含於文章內文、標題、餐廳名稱的比例以決定擷取此項資訊的來源。經分析發現，雖然大部分的內文存在著餐廳類別，但內文屬於敘述性文章，作者往往同時介紹多種該餐廳所販售的美食與特色，如此不具固定章法的文字敘述難以判斷何者為主要餐廳類別。例如一篇有關義大利麵館的文章，其內文可能同時提到其他食物或與其他餐廳的食物比較結果。因此，排除以內文作為擷取來源後，我們發現餐廳類別隱含在「文章標題」的比例為 72.5%，所以本研究以「文章標題」作為餐廳類別的擷取來源。

```
作者   zzzzzken（做正確的事）
標題   [食記] 台北萬華 現選現滷極神秘豬腳麵攤
時間   Wed Oct 18 16:29:38 2017

餐廳名稱：無名攤販
消費時間：2017年/10月
地址：台北市萬華區環河南路二段125巷7弄
電話：沒有電話
營業時間：0500AM ~ 1030AM
每人平均價位：110
可否刷卡：不行
有無包廂：沒有
推薦菜色：豬腳
官網：沒有

超級神秘的40年老攤販，在巷弄裡，還只賣早上，到底是何等運氣我才不小心發現，當時
6年前我只是想找個豆漿喝，卻讓我念念不忘，想再訪又老是睡過頭。
```

圖 1 PTT 文章範例

本研究的系統架構圖如圖 2 所示，包含相關資訊擷取(3.1 節)、餐廳類別擷取(3.2)，實驗與效能評估(第四章)三大模組，各模組細節請參考對應章節。

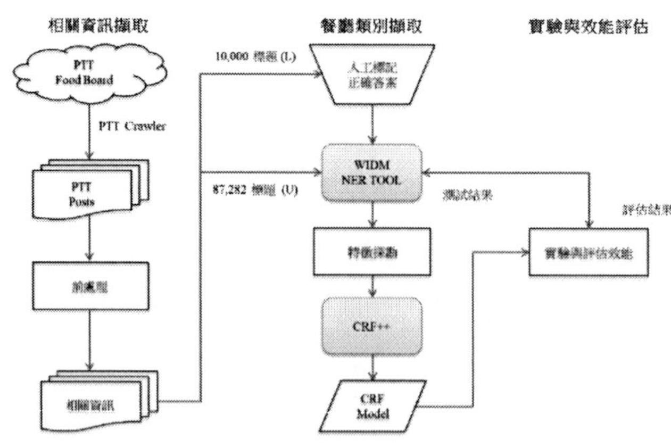

圖 2 系統架構圖

3.1 相關資訊擷取

相關資訊擷取包含三個程序，依序是網頁資料蒐集、資料前處理、餐廳相關資訊擷取。首先透過 PTT Crawler 將 PTT FOOD 版上的文章逐一下載後儲存於資料庫。第二部分則

為資料前處理，主要目的是去除雜訊並濾除無關的文章。第三部分為餐廳相關資訊擷取，此部分所擷取的資料屬於半結構化資訊，可透過資料分析獲取相關規則，再依規則撰寫正規表達式進行擷取，相關資訊包含了文章的「餐廳名稱」、「地址」、「電話」、「URL」以及「文章標題」。除少數文章內文電話格式不正確或根本缺少該項資訊外，大部份的相關資訊擷取不易出錯。

3.2 餐廳類別擷取

我們先針對「餐廳類別」加以定義；本文將「餐廳類別」定義為具有獨立意義且可讓消費者辨識餐廳類型的名稱，主要可分為兩大類：「可成為獨立類別的餐廳特徵」，例如台式料理、無菜單料理；或是「餐廳的主要販售商品」，例如咖啡、義大利麵。

但在人工標記檢視文章標題並標記答案時遇到許多模擬兩可的情況，例如當標題包含「日式涮涮鍋」時，其正確餐廳類別應為「日式涮涮鍋」、「涮涮鍋」還是「鍋」？為了解決此一問題，我們使用 CKIP [12]對大量文章標題斷詞並取得詞性，以斷詞結果決定那一些詞要不要再細分為更細的詞，而且經分析詞性後發現大部分的餐廳類別可由前綴詞(例：炒、牛肉、日式)、後綴詞(例：飯、麵、火鍋)與獨立美食(本身就是一種食物類別) 所組成，其中前後綴詞大多是由形容詞(A)或名詞(N)所構成，獨立美食則以名詞(N)為主，相關範例如下：

- 「前綴詞」＋「獨立美食」：日式(A)＋ 烏龍麵(N)

- 「獨立美食」＋「獨立美食」：咖哩(A)＋ 烏龍麵(N)

- 「獨立美食」＋「後綴詞」：老虎(N)＋ 麵食館(N)

- 單一「獨立美食」： 鐵板燒(N)

因此在人工標記答案時我們透過 CKIP 取得斷詞結果與詞性作為人工標記之參考。例如原始文章的標題為「東海商圈－炒日式拉麵館」，此時「日式拉麵」、「拉麵」、「麵」都可作為餐廳類別，參考 CKIP 斷詞後的結果：「東海(N) 商圈(N) －(DET) 炒(Vt) 日式(A) 拉麵館(N)」並以最長詞彙優先標記的餐廳類別為：日式拉麵館。

3.3 特徵探勘與擷取

以 NER 的角度來看，我們欲擷取文章中的餐廳類別即為命名實體 (Named Entity)，在

3.2 節中，依據 CKIP 的分析結果得知文章標題具有一定的規則，亦即實體前後的詞是有規則的，同時實體本身也是有規律存在。因此我們應用 WIDM NER Tool 所設計 14 個特徵辨識標題中的實體，包括實體前後的詞(長度 1-3)，以及實體本身的前綴詞、後綴詞(長度 1-3)，再加上英文/數字以及符號，細節請參考表 1。

以常見實體的前綴詞為例，假設欲辨識的是人名，那麼前綴詞就是常見的姓(例：陳、林)，這一些常見的姓可自公開資料中取得 (例：榜單)，但本研究欲辨識的目標為餐廳類別，所以收集這些資料是有困難的。因此特徵探勘(Feature Mining)目的是分析訓練資料後擷取隱含於訓練資料中，實體前後方的詞及實體的前後綴詞，以作為餐廳類別辨識的辭典項目(Dictionary Terms)。

表 1 特徵值設計

ID	特徵	說明	長度	範例
1	Common Before_1	常見於實體前方的詞	1	的、式、大、小
2	Common Before_2	常見於實體前方的詞	2	手工、創意、經典
3	Common Before_3	常見於實體前方的詞	3	好吃的、古早味
4	Entity Prefix_1	常見實體的前綴詞	1	素、茶、烤、乾
5	Entity Prefix_2	常見實體的前綴詞	2	日本、日式、泰式、港式
6	Entity Prefix_3	常見實體的前綴詞	3	義大利、無國界
7	Entity Suffix_1	常見實體的後綴詞	1	鍋、粥、羹、凍
8	Entity Suffix_2	常見實體的後綴詞	2	料理、飲茶、火鍋
9	Entity Suffix_3	常見實體的後綴詞	3	自助餐、吃到飽
10	Common After_1	常見於實體後方的詞	1	館、屋、廳、亭、店
11	Common After_2	常見於實體後方的詞	2	大王、餐廳
12	Common After_3	常見於實體後方的詞	3	專賣店、專門店
13	English/ Number	數字與英文字母的混合	1	「A」、「F-15」
14	Symbol	半形或全形符號	1	「，」、「。」、「：」

我們分別針對辭典項目出現的「頻率 (Support)」以及「置信度 (Confidence)」作為自訓練資料中擷取項目的方法。以 Common Before 特徵為例，所謂「Support」意指該項目於訓練資料中出現於 Entity (餐廳類別)前方的次數，而 Confidence 定義為「出現於 Entity 前方的次數/該項目於訓練資料的總出現次數」。

舉例而言：「涮」此一項目出現於食物類別前的次數有 65 次，但是在整體訓練資料出現了 130 次，亦即此項目後連接一個 Entity 的機率只有 50%；但「炒」此項目雖然出現在食物類別中的次數僅有 15 次，但在訓練資料中也是出現了 15 次，意即此項目後連接一個 Entity 的機率達 100%，代表這些項目出現的次數雖少，但只要一出現幾乎後方都會出現欲辨識的 Entity。所以若僅用次數作為挑選條件，容易忽略這些次數低但具有高度鑑別力的項目。

因此，我們先分析訓練資料，依據表 1 的設計，統計所有不同長度辭典項目(Dictionary Terms)的出現次數，以及該項目於訓練資料中出現的總次數。依據這兩個數據即可計算每個項目的 Support 與 Confidence 值，並輸出辭典項目。

- By Support：將 Support 由大到小排序後，輸出 Top n 項目

- By Confidence：將 Confidence 由大到小排序，輸出 Top n 項目

本研究使用 BISEO 標記法分別根據符號出現的位置標誌分為：開始 B (Beginning)、中間 I (Intermediate)、結尾 E (End)、獨立類別 S (Single) 以及不屬於餐廳類別的符號 O。

本研究使用 CRF 做為序列標記的模型，並採用 Taku Kudo 發展 CRF++ [14]工具將餐廳類別擷取問題轉換成序列標誌問題(Sequence Labeling Problem)，標題中的每一個符號有其對應的標記 (Label)，對此我們採用 BISEO 標記法分別根據符號出現的位置標誌分為：開始 B (Beginning)、中間 I (Intermediate)、結尾 E (End)、獨立類別 S (Single) 以及不屬於餐廳類別的符號 O (Other) 等五種類別，範例請參考下圖 3。

本研究使用中央大學資工系 WIDM 實驗室開發的 WIDM NER TOOL [13] 來實作，其結合了 [特徵擷取]、[辭典分析]、[訓練模型]、[實驗測試]...等功能，此工具可直接呼叫 CRF++作為訓練模型的工具。

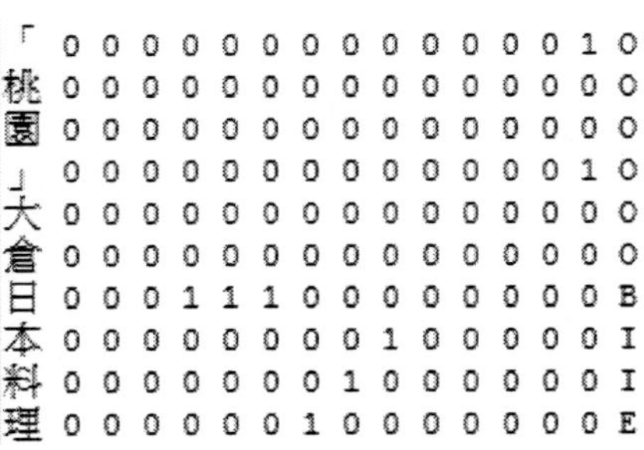

圖 3 特徵矩陣範例

四、　實驗與效能評估

本研究使用人工標記答案的 10,000 筆資料 (L) 及未標記的 87,282 筆資料 (U) 作為基礎進行實驗；主要分成三個部份，特徵探勘(Features Mining)、監督式學習、半監督式學習三個部分，並以 5-fold cross validation 方式完成所有實驗。

第一個部分以監督式學習的方式搭配 10,000 筆已標記資料進行特徵探勘用以決定選取辭典項目的方式與參數。第二部分則進行監督式學習的基礎模型 (Basic Model) 實驗，最後半監督式學習實驗的部分包含(1)以 Basic Model 為基礎，搭配未標記資料 U (Un-Labeled Data) 進行 Tri-Training 實驗，用以測試加入自 U 選取的新訓練資料對系統效能提升的程度，以及(2)利用 L 中人工標記的餐廳類別作為已知實體(Known Entities，a.k.a. Seeds) 並依其出現的次數由高而低排序後進行 Distant Learning 實驗。

4.1　特徵探勘

首先以 10,000 筆已標記的資料 (L) 分成五等分取其中 8,000 筆作為訓練資料，2000 筆作為測試資料 (5-Fold CV)，將 By Confidence 與 By Support 兩種實驗方法所得的效能 繪成圖表 (如下圖 4) ，By Confidence 在 取 Top 500 的項目 時所得的 F-Measure 達到最高 0.8645，故選定以 By Confidence Top 500 作為選取辭典項目的方式進行後續實驗。

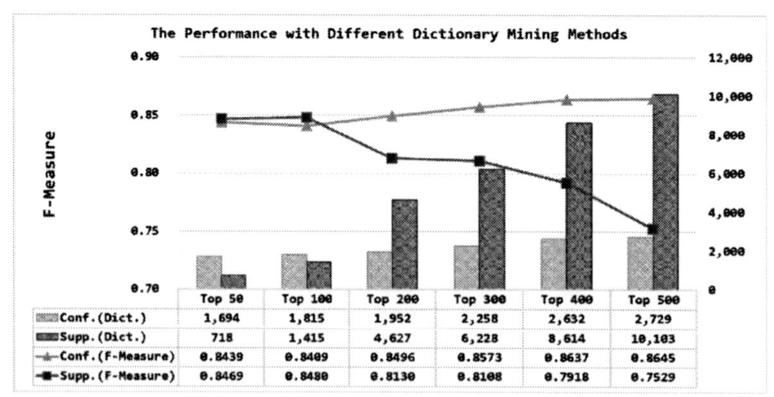

	Top 50	Top 100	Top 200	Top 300	Top 400	Top 500
Conf.(Dict.)	1,694	1,815	1,952	2,258	2,632	2,729
Supp.(Dict.)	718	1,415	4,627	6,228	8,614	10,103
Conf.(F-Measure)	0.8439	0.8409	0.8496	0.8573	0.8637	0.8645
Supp.(F-Measure)	0.8469	0.8480	0.8130	0.8108	0.7918	0.7529

圖 4 The Performance with Different Dictionary Mining Methods

4.2　監督式學習

完成辭典探勘實驗後，以 By Confidence Top 500 自 10,000 筆已標記資料 (L)擷取適當的辭典項目後，以 5-Fold CV 的方式進行學習曲線(Learning Curve)實驗，結果如圖 5 中顯示，當訓練資料量達 8,000 筆時 F-Measure 可達 0.8645。

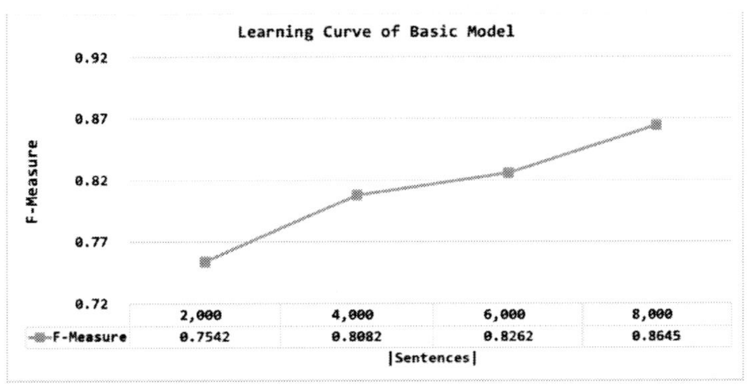

圖 5 Learning Curve of Basic Model

4.3 半監督式學習

4.3.1 Tri-Training

依照 4.2 節的實驗，我們自 PTT FOOD 版收集的未標記資料(U)共 87,282 筆，透過 Tri-Training 每一回合自 U 中選取部分資料，再利用已訓練完成的 NER 模型標記答案，這些新資料答案可能不正確(即包含 Noise)，隨著每回合加入更多的新訓練資料提升系統效能。為避免實驗數據受 U 中離群值 (Outliers) 影響，因此在每一次的 5-Fold-CV 中均再進行 5 次的 Tri-Training 並取其平均，共執行 5*5 = 25 次 Tri-Training，流程如圖 6。

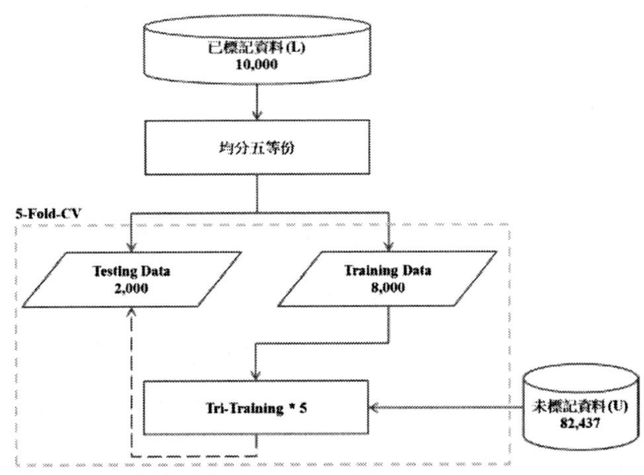

圖 6 Tri-Training 實驗流程圖

Tri-Training 的實驗結果如圖 7。從實驗數據中可發現，Tri-Training 平均所使用的訓練資料量 17,684 是 Basic Model 訓練資料量的 2.2 倍，而其平均 F-Measure 為 0.8685 較 Basic Model 的 0.8645 微幅提升 0.0040，結果顯示雖然 Tri-Training 效能僅微幅提升，但這也達到 Tri-Training 從龐大的 U 中獲取新訓練資料來提升 NER 效能的目的。

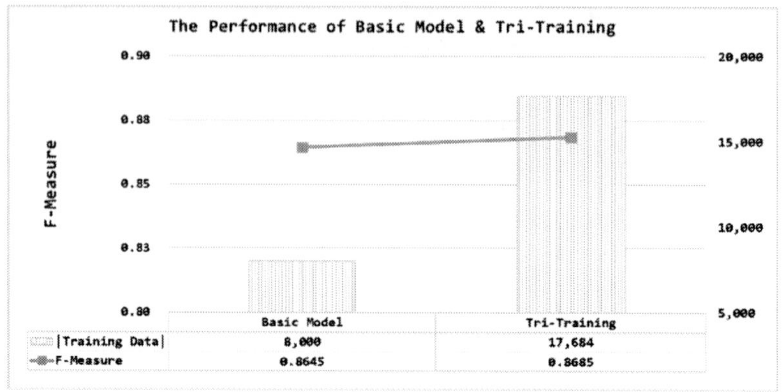

圖 7 The Performance of Basic Model & Tri-Training

4.3.2 Distant Learning

我們以 Basic Model 為基準，以 L 所包含的 1,563 個 Entities 為種子 (Seeds) 進行半監督式 Distant Learning 實驗，藉以測試以 Seeds 自動標記資料取代人工標記的實驗結果，實驗流程如下圖 8 所示。

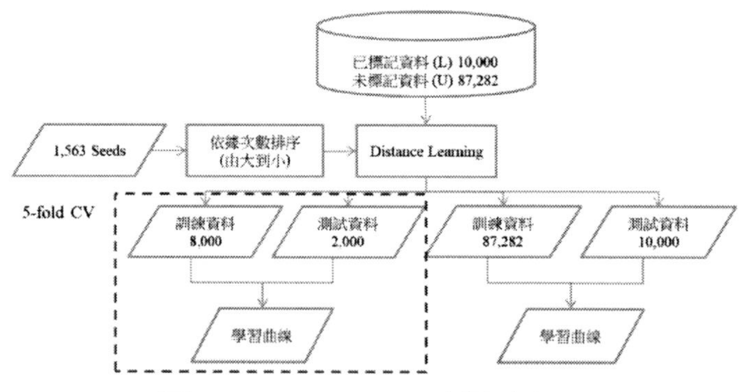

圖 8 Distant Learning 實驗流程圖

首先統計各 Seed 的出現次數並依照降冪排序後以向下累積的方式整理如下圖 9，圖中顯示 1,563 個 Seeds 於 L 中總出現次數為 7,961 次，而前 500 個 Seed 的累積出現次數已達 6,738 次，亦即前 31.9% 的 Seed 其出現次數占了總出現次數的 84.6%，由此顯示利用出現次數較高 (可視為較熱門) 的前幾個 Seed 即可完成相當大比例的資料標記，因此後續實驗的進行將依熱門程度排序後的 Seed 出現次數為組距，依順序由高至低進行自動標記，再將實驗結果依組距區分後繪製成學習曲線，後續觀察使用不同 Seed 量對系統效能的影響，最後再將實驗結果與監督式學習的 Basic Model 及 Tri-Training 實驗進行效能比較。

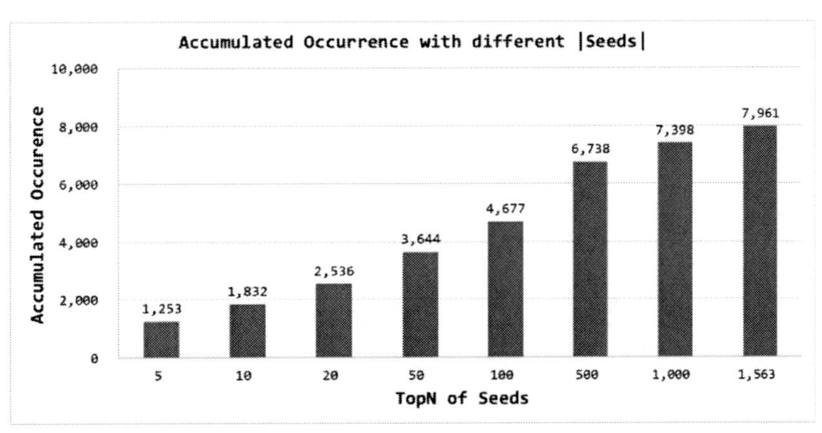

圖 9 Seeds 出現次數累計圖

實驗的第一個部分自 L 取 8,000 筆資料並移除答案後以 Seeds 標記後作為訓練資料，剩餘的 2,000 筆資料作為測試資料進行 5-Fold-CV 實驗，實驗結果取 F-Measure 的平均值整理如下圖 10。從結果可見在使用所有的 Seeds 時可於 8,000 筆資料中標記 5,958 筆最少包含一個 Entity 的資料 (positive example)，並移除未標記任何 Entity 的資料(negative example)後，F-Measure 為 0.8387，與人工標記進行 Basic Model 實驗的結果 0.8645 差距 0.0258; 由此可見利用 Distant Learning 的方式進行自動標記的結果其效能雖然略低於人工標記，但卻可大幅節省人工標記所需耗費的時間與成本。

實驗的第二個部分同樣依各組別的 Seeds 量對 87,282 筆未標記資料 (U) 進行自動標記後僅以 positive examples 作為訓練資料，實驗結果如下圖 11，其 F-Measure 在使用所有 Seeds 時可達到 F-Measure 0.8702，相較人工標記的結果，效能略微增加。由此顯示可透過 Distant Learning 標記大量訓練資料時，甚至可達到更好的效能。

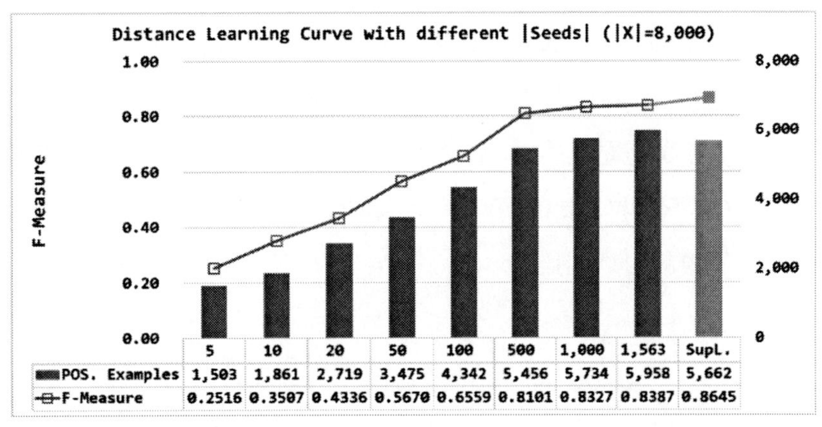

圖 10 Distance Learning Curve with different |Seeds| (|X|=8,000)

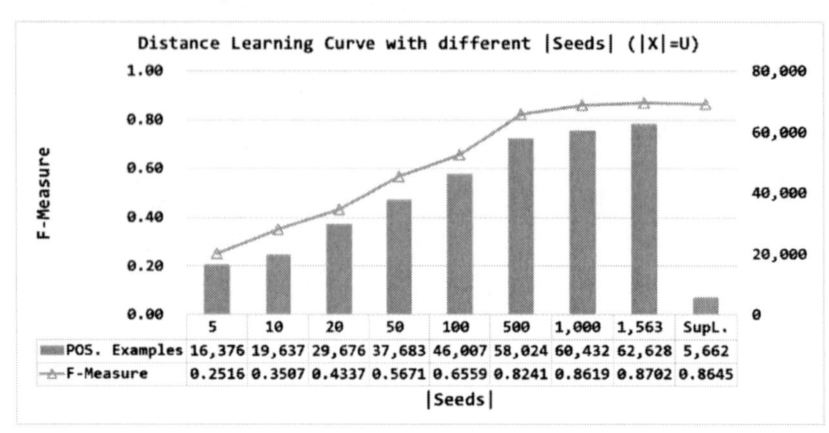

圖 11 Distance Learning Curve with different |Seeds| (|X|=U)

4.4 討論

首先我們利用 L 的 10,000 筆資料訓練 Basic Model，因為 L 的答案是經由人工標記的，因此可視為 F-Measure 0.8645 為這一份資料的效能上限(Upper Bound)，若希望再提升效能，提供更多的訓練資料是其中一個可行方法。

首先我們使用 Tri-Training 來達成此一目的，使用 L 訓練 Basic Model，再自 U 中挑選新的資料並使用 Basic Model 標記答案，此即為新的訓練資料。再以新的訓練資料重新訓練模型，此步驟重複執行數次，總訓練資料量亦隨之增加，但 Tri-Training 為了防止一個回合新增遠超過|L|的新增資料，因而陷入新增許多 Noise 的風險，故 Tri-Training 限定每一回合新增的訓練資料為一個|L|，依據我們的實驗數據得知，當 Tri-Training 停止時，總資料量將略少於|L|*2。

另外一個方法為 Distant Learning，因為是利用 Seeds 來標記訓練資料，所以必定會出現標記錯誤或未標記的 Noise，故需要收集大量的未標記資料以及 Seeds 來掩護 Noise 的負面影響。此方法優點是原理簡單，缺點是資料量以及 Seeds 的數量要求較高，為了降低 Noise 的影響，需一直收集新的資料以及 Seeds。若新資料/Seeds 的收集若沒有困難，或已知標記的訓練資料可以透過 Pattern 減少 Noise，則 Distant Learning 可說是一個簡單而又有效的方法。

整體而言，Tri-Training 僅需利用少數、品質高的訓練資料才可訓練效能不太差的 Basic Model，若品質太差則利用模型標記的答案則大多數是 Noise，則效能還是無法提升，因此優點是訓練資料量的要求較低，因新增的資料是透過 NER 模型標記，故品質通常較 Distant Learning 為佳，故可使用較少的資料量得到效能差異不大的模型，缺點是每一回合需花費大量時間重複訓練模型。

由之前實驗結果得知 Tri-Training 共使用 17,684 筆資料其 F-Measure 為 0.8685，而 Distant Learning 使用 62,628 筆資料其 F-Measure 為 0.8702，總訓練資料量差異 3.54 倍，此結果正與上列兩個半監督學習方法的比較相符。

五、　　結論

美食資訊與日常生活息息相關，建立一個即時且完整的 POI 資料庫讓使用者能更便利查詢在這波行動潮流中有著重要的地位。本文以 WIDM 實驗室所開發的 WIDM NER TOOL 結合 CRF++ Package 直接針對 PTT 內非結構化文章的簡短標題進行餐廳類別擷取，其結果可作為相關資訊系統、行動 App 的資料來源，未來亦可結合意見探勘 (Opinion Mining) 對該文章的內容分析，自動化給予該文章所提及的餐廳與美食評分，即可得到更完整的美食餐廳相關資訊資料庫。

參考文獻

[1]　Dayne Freitag: Information Extraction from HTML: Application of a General Machine Learning Approach. AAAI/IAAI 1998: 517-523.

[2]　Thomas G. Dietterich: Machine Learning for Sequential Data: A Review. SSPR/SPR 2002: 15-30.

[3]　L. Satish and B.I. Gururaj. 1993. Use of hidden Markov models for partial discharge pattern classification. Electrical Insulation, IEEE Transactions on 28, 2 (Apr 1993), 172–182.

[4]　Gideon S. Mann and Andrew McCallum. 2010. Generalized Expectation Criteria for Semi-Supervised Learning with Weakly Labeled Data. J. Mach. Learn. Res. 11 (March 2010), 955–984.

[5]　Andrew Eliot Borthwick. 1999. A Maximum Entropy Approach to Named Entity Recognition. Ph.D. Dissertation. New York, NY, USA. Advisor(s) Grishman, Ralph.

AAI9945252.

[6] Ellen Riloff, Janyce Wiebe, and Theresa Wilson. 2003. Learning Subjective Nouns Using Extraction Pattern Bootstrapping. In Proceedings of the Seventh Conference on Natural Language Learning at HLT-NAACL 2003 - Volume 4 (CONLL'03). Association for Computational Linguistics, Stroudsburg, PA, USA, 25–32.

[7] Kristin P. Bennett and Ayhan Demiriz. 1999. Semi-supervised Support Vector Machines. In Proceedings of the 1998 Conference on Advances in Neural Information Processing Systems II. MIT Press, Cambridge, MA, USA, 368–374.

[8] Avrim Blum and Tom Mitchell. 1998. Combining Labeled and Unlabeled Data with Co-training. In Proceedings of the Eleventh Annual Conference on Computational Learning Theory (COLT' 98). ACM, New York, NY, USA, 92–100.

[9] Zhi-Hua Zhou and Ming Li. 2005. Tri-Training: Exploiting Unlabeled Data Using Three Classifiers. IEEE Trans. on Knowl. and Data Eng. 17, 11 (Nov. 2005), 1529–1541.

[10] Olivier Chapelle, Bernhard Schölkopf, and Alexander Zien. 2006. Semi-Supervised Learning.

[11] Chien-Lung Chou and Chia-Hui Chang and Ya-Yun Huang, " Boosted Web Named Entity Recognition via Tri-Training", <u>ACM Trans. Asian Low-Resour. Lang. Inf. Process.</u> , Vol 16, pp. 10:1--10:23, December 2016.

[12] Ma, W.-Y., Chen, K.-J.: Introduction to CKIP Chinese Word Segmentation System for the First International Chinese Word Segmentation Bakeoff. In: Proceedings of the Second SIGHAN Workshop on Chinese Language Processing - Volume 17, pp. 168-171. Association for Computational Linguistics, (2003)

[13] CRF++: Yet Another CRF toolkit : http://crfpp.sourceforge.net/

The 2017 Conference on Computational Linguistics and Speech Processing
ROCLING 2017, pp. 197-212
© The Association for Computational Linguistics and Chinese Language Processing

基於半監督式學習之廣播節目語音逐字稿自動轉寫系統

Automatic Transcription of Broadcast Radio Speech Based on Quality Estimation-Guided Semi-Supervised Training

王星月 Sing-Yue Wang, 許吳華 Wu-Hua Hsu, 廖元甫 Yuan-Fu Liao
國立臺北科技大學電子工程系
Department of Electronic Engineering, National Taipei University of Technology
u00157104@gmail.com, asmayday24@gmail.com, yfliao@ntut.edu.tw

摘要

廣播節目製作時通常只有收錄語音訊號，沒有保留相對應的節目內容詮釋資料（metadata），導致節目播出後，很難檢索節目內容，或是加以組織再利用。針對此問題，常用的方法是以語音辨認器，自動轉寫廣播節目內容，產生語音逐字稿，但是目前缺乏已標記好的廣播語音語料庫，因此無法訓練出適合轉寫廣播節目的語音辨識器。所以在本論文中，我們探討如何同時使用語音訊號特徵參數、辨認器辨認結果與語言模型參數，訓練一語音品質估算(Quality Estimation，QE)器，取代傳統只依賴語音辨認器的信心值估算（Confidence Measure），從源源不絕，但未標記的大量廣播語料中，挑選適合訓練語音辨認器的語料，進行半監督式聲學模型訓練，以提升轉寫廣播語料逐字稿的效能。實驗中以一不佳錄音品質 NER-set1 與一優良 NER-set2 之廣播節目測試語料集，測試種子語音辨認器與經半監督式訓練後，新的語音辨認器轉寫語音逐字稿的效能。實驗結果顯示經半監督式訓練後，新的語音辨認器可以把 NER-set1 與 NER-set2 的字元辨認錯誤率（CER）從原始種子模型的 25% 與 14.24%，壓低至 23.61% 與 13.24%。此外，若進一步改用進階語言模型，更可將 CER 再改善至 23.25% 與 12.63%。

關鍵詞：半監督式學習、品質估算、信心度評估、語音辨認系統

1.　簡介

　　廣播節目的語音資料源源不絕，但因人力、資源等因素，廣播節目製作完成後，通常只有保留最後要播出的語音訊號，沒有將錄製過程中的用到的相關資料，整理成後設資料（metadata）。導致節目播出後，很難檢再檢索節目內容，或是加以組織再利用。因此我們希望能夠轉寫廣播節目產生語音逐字稿，以便將廣播節目組織成有聲書，讓這些大量的語音資料可以有更多的加值運用。除了可以讓聽眾能夠容易地以文字檢索的方式，去找到最關鍵的講述內容部分，尤其是名人在節目中所說的故事、想法思維、新知等等，也可以利用逐字稿，將廣播節目的語音轉成字幕檔，變成多媒體視訊檔案，讓聾胞也可以從中獲知廣播節目內容，或是當做第二語言學習用的語音範例。

　　要能達到將廣播節目自動轉寫成語音逐字稿這個目的，通常需要先擁有一個適合辨認廣播節目語音的大詞彙語音辨認（Large Vocabulary Continuous Speech Recognition, LVCSR）器，但是因為廣播節目錄製時，通常不會先給主持人與來賓講稿，尤其是對話性質的節目，問答之間常讓來賓自由發揮，因此廣播節目中的語音通常為較隨興的口語，具有強烈的自發性語音（spontaneous speech）特性。

　　但是，目前非常缺乏高效能的自發性語音辨認器。這是因為若要提高自發性語音辨認器的效能，需要直接以大量的自發性語音語料與口語文字語料來訓練辨認器中的聲學模型與語言模型。但這兩種語料，通常很難取得。尤其是標註好逐字稿的自發性語音語料庫，因其需耗費大量人工、時間、金錢成本才能完成，因此通常有公開發行的自發性語音語料庫都很小，只適合進行語言學分析，探討語言現象。而若要建立基於深度學習的高效能語音模型，就需要很大的數據量，通常需要數百小時，或是數千小時標註好的自發性語料才能達成。因此如何獲得足夠的有標記自發性語音語料，是目前急需解決的一大問題。

　　針對此問題，一般的做法是以半監督式學習[1][2]方式解決，例如圖 1 所示的架構。方法是先利用較易取得、有正確標註的讀稿語料（reading speech），建立一種子語音辨認器，再用此種子語音辨認器，自動對大量未經人工標註的廣播電臺節目語音語料，進行逐字稿轉寫。接著把自動產生的逐字稿加入訓練語料庫，重新訓練新的語音辨認模型，以改善辨認自發性語音的效能。

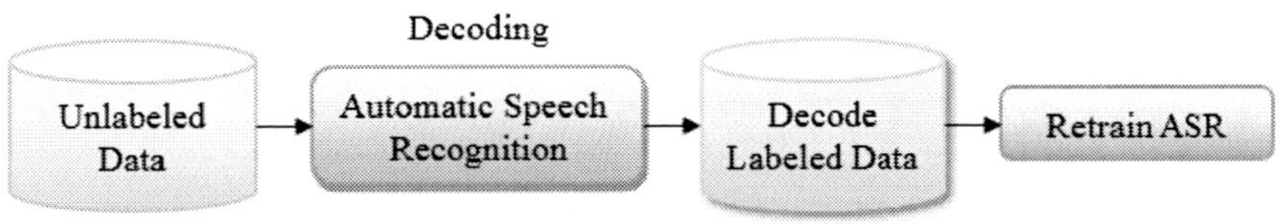

圖 1 利用未標記語料訓練語音辨認器架構

其中，因為自動轉寫出的逐字稿，通常會有錯誤，無法完全信任。因此傳統上會再利用如圖 2 的架構，增加一個信心值估算（Confidence Measure）[3]，計算每段逐字稿的辨認信心值，只挑選較可靠的轉寫結果，加入訓練語料庫。

圖 2 傳統半監督式學習語音辨認器訓練架構

逐字稿的信心值估算，通常是依賴種子辨認器的解碼輸出。然而因為種子辨認器一般是用讀稿語料建立，與自發性語音會有說話模式（speaking style）不匹配的問題，因此算出來的信心值估算不見得可靠。所以在本論文中，將改以同時利用多種語音品質線索，包括語音訊號本身的特徵參數，逐字稿文字內容特徵參數，與多種訊號與文字內容混合參數，建立一語音品質估算器（Quality Estimation，QE），直接預測未標記語料自動轉寫逐字稿的辨識字元錯誤率（CER），並且只挑選辨認錯誤率較低的轉寫結果，加入訓練語料庫。我們所提出的架構如圖 3 所示。

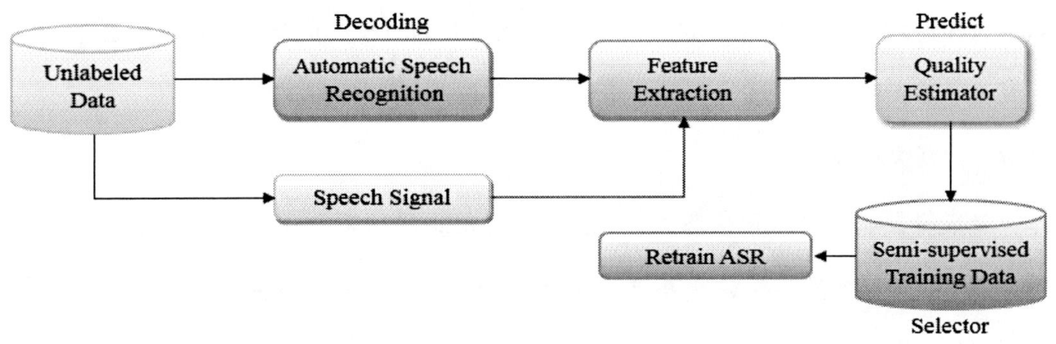

圖 3 以預測錯誤率挑選半監督式學習訓練語料架構

2. 基於語音品質估算之半監督式語音辨認模型

以下說明本論文提出的半監督式語音辨認器中的各模組，包括（1）種子語音辨認模型與（2）半監督式學習訓練的作法。

2.1. 種子語音辨認模型

本論文利用 Kaldi speech recognition toolkit[4]環境，建立種子語音辨認系統，包括語音特徵參數擷取、聲學模型訓練、語言模型訓練。最後以加權有限狀態轉換機[5]結合語言模型與詞典，對教育電臺廣播節目音檔進行轉寫逐字稿，整體架構如圖 4 所示。以下詳細說明各模組。

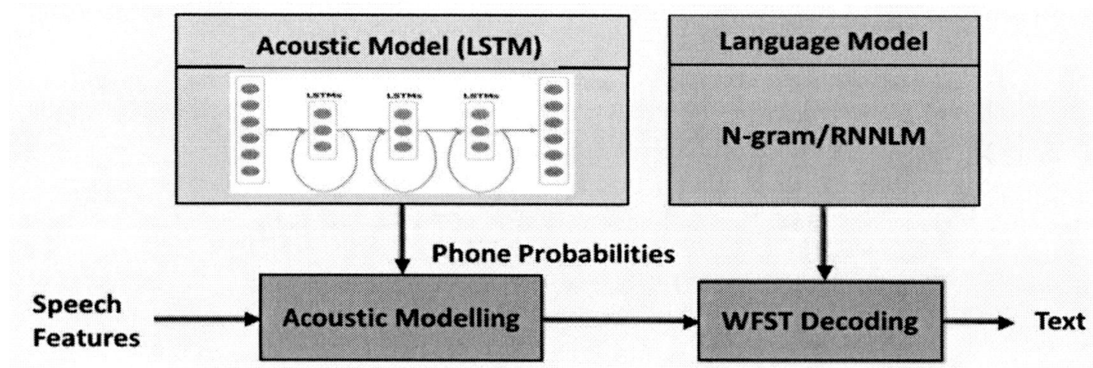

圖 4 種子語音辨認系統架構圖

2.1.1. 聲學模型

LSTM 網路是一種特殊的 RNN 結構[6]，可以記憶較長的時間資訊。其中所有有關訊息傳遞的運作都決定於門(gates)，而這些 gates 依據接收到的信號，計算激發強度來決定訊息是否通過或是被移除。LSTM 的結構能夠用來防止長距離依賴問題，也就是可以解決梯度消失的問題，在此論文中，我們使用我們所擁有的多個語料庫，包含中文、英文、中英夾雜語料，共約 400 小時，來訓練遞迴式類神經網路聲學模型。

2.1.2. 語言模型

語言模型最主要的目標為使用詞序列中先前出現的詞來預測現在最有可能用到的詞。較常被使用的語言模型為 n 連語言模型(n-gram language model)，其統計方式為計算詞與詞之間連接的可能性以挑選可能的字詞。目前進階的作法則是，使用遞迴式類神經網路語言模型(Recurrent Neural Network Language Model, RNNLM) [7] ，在本論文中我們即使用 RNNLM 去增加語言模型的整體效能，以改善辨認系統的辨認率。

2.2. 半監督式學習訓練

廣播電臺的語音資料非常龐大，但未標記的語料無法拿去做聲學模型訓練。因此我們提出一新的半監督式學習方法，其包含訓練 QE 模型與挑選語料兩部分，整體架構如圖 5 與圖 6 所示。

主要做法是先利用種子語音辨認系統自動轉寫未標記的廣播語料，再使用訓練好的 QE 錯誤率模型，預測其辨認錯誤率，挑選錯誤率較低的語料當作半監督式學習訓練語料，加入種子模型訓練語料重新訓練聲學模型。我們的半監督式學習與傳統方法最大不同的地方，在於增加一個新的 QE 模型，以取代傳統的 CM 語料挑選方法，其中 QE 模型訓練，是依據圖 5 所示的架構，基於監督式學習訓練而成。一方面利用種子語音辨認系統將現有已標記的語料，自動轉寫出逐字稿，並利用已有的人工標記，計算出逐字稿的錯誤率。一方面從自動轉寫的逐字稿擷取文字相關特徵參數、訊號相關參數，以及利用種子語音辨認系統產生的切割時間，與對應的音檔訊號，提取混合特徵參數。再以實際錯誤率為目標，訓練出一個 QE 錯誤率預測模型。

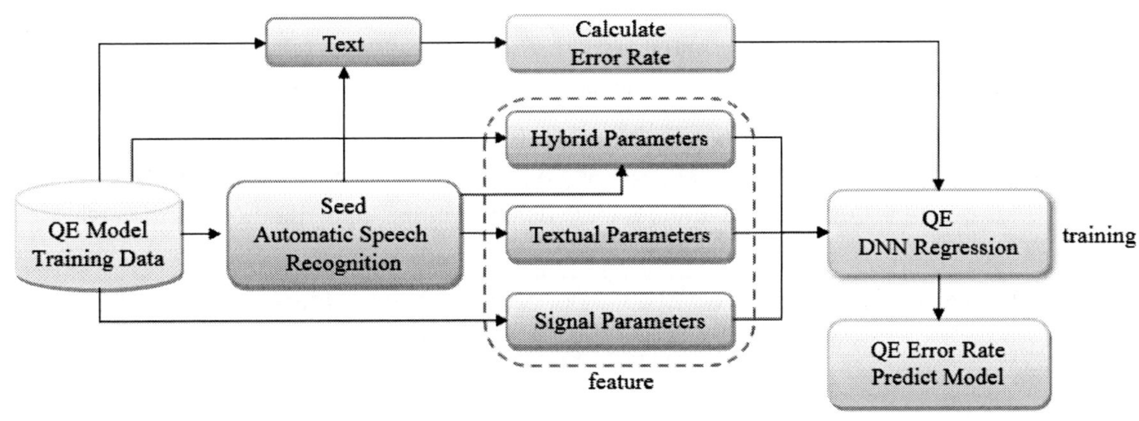

圖 5 QE 模型訓練架構

待 QE 模型訓練好後，就可以依圖 6 所示的架構，利用 QE 模型，預測訓練語料的辨認錯誤率，以從源源不絕，但未標記的大量廣播語料中，挑選適合訓練語音辨認器的語料，進行半監督式聲學模型訓練。

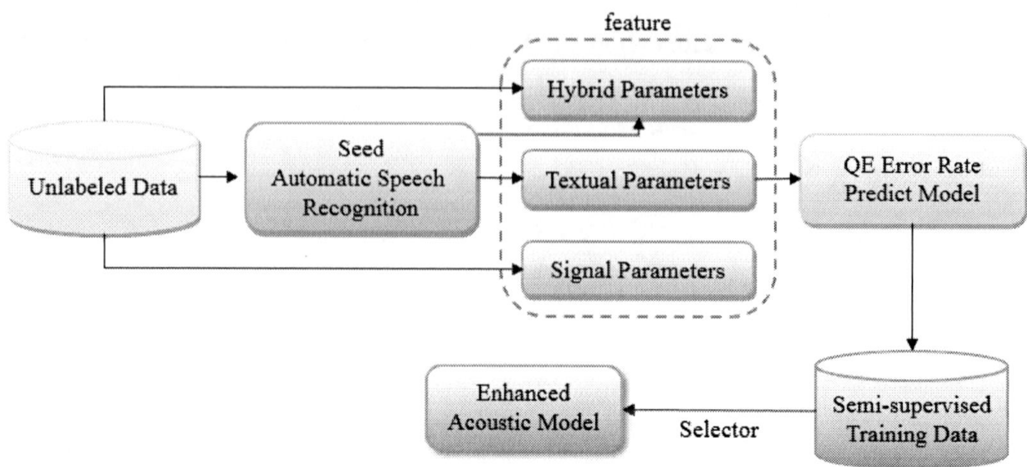

圖 6 利用 QE 名行挑選半監督式學習訓練語料架構

2.2.1. QE 訓練參數擷取

本論文中，我們共利用 93 個參數來訓練 QE 模型[8]，如表 1 所示，包含三類特徵參數。其中 16 個擷取自語音訊號參數、57 個擷取自語言模型參數、20 個擷取自語音訊號與辨認結果的混合參數。

表 1 QE 模型訓練參數

Signal(16)	Total segment duration (sec), Mean/Min/Max raw energy (dB), mean MFCC(12).
Hybrid(20)	SNR, Mean/Min/Max word energy, Mean/Min/Max noise energy, max word - min noise energy, No. of silences, ratio of silences and words, words per second, silences per second, total duration of words, total duration of silences, mean duration of words, mean duration of silences, ratio of total duration silences and total duration words, Std of word duration, Std of silence duration, total duration words - total duration silences.
Textual(57)	Mean of the probability of each word, Sum of log probability of each word, Perplexity in a sentence, probability of each phoneme.

2.2.2. QE 模型訓練

本實驗中利用深層類神經網路方法來製做 QE 模型。深層類神經網路是一種具備至少一個隱藏層的神經網路。其可以透過隱藏層層數的增加，提供更複雜的非線性處理能力，因而能提高模型的能力。

其中深層類神經網路的架構包含多個節點或神經元的多層次，架構如圖 7 所示，其隱藏層間的神經元互不連結，每個神經元使用 Relu 激活函數，用來解決更新權重值時的梯度消失問題，而訓練時使用的成本函數，為依據人工標記算出的真正錯誤率，與 QE 預測的錯誤率間的均方差(Mean Squared Error, MSE)。

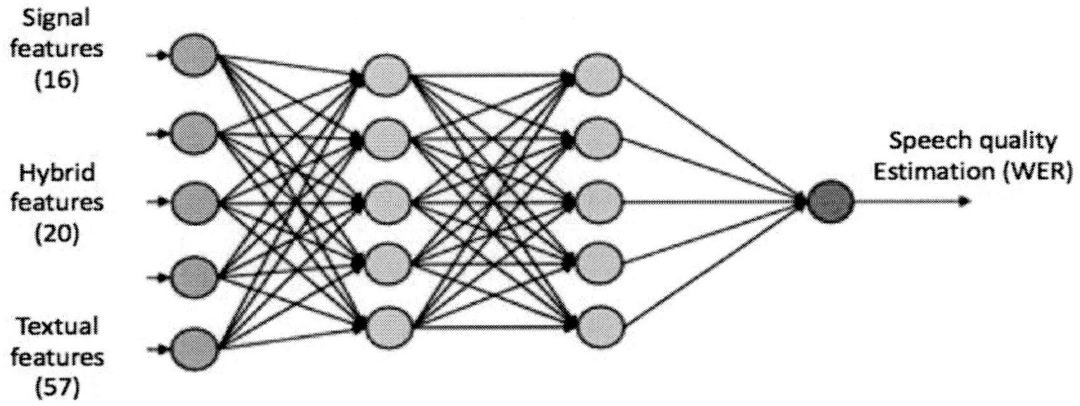

圖 7 DNN-based QE 架構

3. 實驗設定

3.1. 語料庫介紹

在本論文中，我們先使用多個已有的中文、英文及中英夾雜的語料庫，訓練種子語音辨認系統。再利用此種子語音辨認系統，對大量未標記的廣播語料，進行自動轉寫逐字稿，並分別對自動轉寫出的逐字稿做預測錯誤率與信心度評估(Confidence Measure)，挑選適合的語料，加入種子系統的訓練語料重新訓練聲學模型，以比較 QE 方法與 CM 方法的效能。

3.1.1. 種子辨認器訓練語料及測試語料

種子語音辨認系統的訓練語料如表 2 所示，包含 5 個語料庫，共約 400 小時。測試語料如表 3 所示，包含 7 組測試語料。尤其是在測試語料部分，增加了從教育廣播電臺節目挑出錄音品質較差，辨認率較不好的 NER-set1（技職最前線），以及錄音品質較佳，辨認率較好的 NER-set2（國際教育心動線），以測試半監督式訓練對不同廣播節目的轉寫效能。

表 2 種子系統訓練語料

訓練語料	時數	語者數	語句數
TCC300 (all)	26.4	300	27,375
MATBN (train)	127.3	5,207	29,549
OC16-CE80 (train)	63.8	1,163	58,132
SEAME	95.1	138	94,034
Librispeech (train-clean100hr)	100.6	251	28,539
Total	413.2	7,059	237,629

表 3 半監督式訓練系統測試語料

測試語料	時數	語者數	語句數
NER-set1	1.75	35	438
NER-set2	3.23	23	640
MATBN (test)	3.06	273	729
OC16-CE80 (test)	7.93	142	7,099
SEAME	13.70	18	12,104
Librispeech (test-other)	5.10	33	2,939
Librispeech (test-clean)	5.40	40	2,620
Total	40.17	564	26,569

3.1.2.　QE 模型訓練語料

在此利用人工先標記部分教育電臺語料庫，來進行 QE 錯誤率預測模型訓練。其中包含八個不同節目廣播語料，總計約 65 小時、10526 語句數。詳細資料如表 4 所示。

表 4 QE 錯誤率預測模型訓練語料

訓練語料	時數	語句數
創設市集 On-Air	10.73	3,000
多愛自己一點點	6.77	720
兒童新聞	0.86	166
國際教育心動線	3.23	640
技職最前線	1.75	438
科學 So Easy	1.84	208
雙語新聞	34.49	4,042
文教新聞	5.46	1,312
Total	65.13	10,526

3.2. 中英夾雜語音辨認器

在華語國家由於被國際語言英文的影響狀況下時常在講話時會穿插一些英文字詞，而單語言語音辨認器顯然無法正常辨識多語言夾雜的說話語流，所以訓練一個多語言語音辨認器會是一個符合現代人在自然說話語流的說話形式，因此我們將中、英文利用 X-SAMPA 音素編碼規則產生音素，並且使用音素共享與中英混合模型來完成我們的中英夾雜語音辨認器。

3.2.1. 音素共享

在不同語言之間存在著相近音的現象，既然是相似的音就不需要因為語言的不同而分開訓練，而是將其相近的發聲音素合併建模訓練，在此實驗中所有音素編碼規則皆使用 X-SAMPA，中文音素共有 131 個(包含語調)，英文音素共有 69 個(包含重音)，其中選取了中、英音素在 X-SAMPA 用於相同符號表示的音素，去掉原本區別中、英音素的標籤，其中共享了 10 個子音音素如表 5 所示，最後，我們所使用的 X-SAMPA 共有 190 個音素。

表 5 音素共享表

共享(子音)音素	註音
j、w、t、s、p、n、m、l、k、f	ㄧ、ㄨ、ㄉ、ㄙ、ㄅ、ㄋ、ㄇ、ㄌ、ㄍ、ㄈ

3.2.2. 中英混合字典

我們設定了 X-SAMPA 有 190 個音素與整理完訓練文本後，需要整合成一個中英混合字典，從訓練文本中挑出所有不重複的單詞，並且按照 X-SAMPA 標記出音素，我們的中英混合字典最終有 455,715 個字詞。

3.2.3. 中英混合語言模型

表 6 則為種子系統語言模型的訓練文本，在此實驗我們集結諸多語料庫的文本進行訓練。但為了避免 inside test 情形發生，我們只抽取語料庫的訓練語料之文本做為訓練資料，並且使用 4-gram 與 RNNLM 來建構語言模型。

表 6 種子系統語言模型訓練文本

訓練文本	語句數	字詞數
TCC300 (all)	27,375	186,369
MATBN (train)	29,549	1,264,625
OC16-CE80 (train)	58,132	509,657
SEAME	94,034	1,200,121
Librispeech (train-960)	28,539	9,403,555
Giga Word	500,000	9,899,664
Total	737,629	22,463,991

4. 實驗結果與分析

4.1. 實驗一-種子語音辨認系統效能

我們先測試種子語音辨認系統的辨認效能，尤其是對從教育廣播電臺節目中挑出，辨認率較差的 NER-set1（技職最前線），以及辨認率較好的 NER-set2（國際教育心動線），分別做測試，以此做為 Baseline 系統的效能參考值。

表 6 為種子辨認器辨認效能實驗結果。從表 7 可以看到，雖然都是來自教育廣播電臺的語料，但是因為節目錄音品質不同，主持人及來賓的口語不同，所談論的話題不同，在整體的辨認上這兩個測試語料的錯誤率差距相當大（相差約 10%）。

表 7 種子語音辨認系統辨認率

測試語料	種子模型
NER-set1	25.00
NER-set2	14.24
MATBN (test)	13.18
OC16-CE80 (test)	16.30
SEAME	36.32
Librispeech (test-other)	18.17
Librispeech (test-clean)	5.00

4.2. 實驗二- QE 模型訓練結果

此實驗中將擷取的 93 個特徵參數，利用三種不同迴歸訓練架構，包含（1）支援向量回歸（Support Vector Regression, SVR)[9]、（2）極端隨機樹（Extremely randomized trees, Extra-Tree）[10]與（3）DNN，分別訓練三種 QE 錯誤率預測模型，進行錯誤率預測效能比較。其中，DNN 的訓練參數設定為 learning rate= 0.001、epochs=100、batch size=500、dropout=0.1，DNN 的層數則嘗試使用 1~3 層隱藏層。

因訓練語料較少，為公平比較三種方式，我們利用 Cross-validation 訓練與測試方式，在每一次的訓練將其中一個節目當作測試資料，其餘七個節目當作訓練資料，總共進行八次訓練與測試，最後再將八次測試結果所計算的 MAE、MSE 加總平均。

首先，由於 SVR 與 Extra-Trees 是屬於淺層分析，在 DNN 部分先只使用一層隱藏層與 SVR 和 Extra-Trees 比較。實驗結果如表 8 所示，可以看到使用 DNN 架構訓練出來的預測模型，其錯誤率誤差最小。

表 8 QE 錯誤率預測模型三種架構訓練結果比較

廣播節目	1 layer DNN		SVR		Extra-Trees	
	MAE	MSE	MAE	MSE	MAE	MSE
多愛自己一點點	0.0819	0.0101	0.0769	0.0110	0.0893	0.0194
創設市集 On-Air	0.1134	0.0201	0.1057	0.0230	0.0991	0.0196
兒童新聞	0.0938	0.0141	0.1006	0.0157	0.0979	0.0147
國際教育心動線	0.0742	0.0100	0.0875	0.0129	0.0930	0.0138
技職最前線	0.0898	0.0128	0.0878	0.0138	0.0944	0.0153
科學 So Easy	0.0676	0.0069	0.0793	0.0098	0.0688	0.0096
雙語新聞	0.0989	0.0163	0.1103	0.0220	0.1078	0.0219
文教新聞	0.0966	0.0133	0.0932	0.0141	0.0965	0.0146
Average	0.0895	0.0129	0.0927	0.0153	0.0934	0.0161

然後，我們再訓練多層 DNN，看多層 DNN 是否可以進一步提升預測效果。從實驗結果中使用 2 layer DNN 會有較低的預測誤差，總結如下表 9 所示。因此，在以下的非監督式學習實驗中，皆使用兩層的 DNN 模型做 QE 預測。

表 9 QE 錯誤率預測模型測試結果

廣播節目	1 layer DNN		2 layer DNN		3 layer DNN	
	MAE	MSE	MAE	MSE	MAE	MSE
Average	0.0894	0.0164	**0.0855**	**0.0130**	0.0865	0.0134

4.3. 實驗三-基於 CM 及 QE 之半監督式訓練效能比較

為測試 QE 與 CM 兩種不同語料挑選方法，我們從教育電臺廣播語料中，先取出 16

個不同節目，總計約為 377 小時的未標記語料。經過信心度評估 CM 及品質估算 QE，分為 QE1，QE2，CM1 與 CM2 四種挑選機制。CM1 挑出約 210 小時（此部分因語料時數不同，僅為參考用），而 QE1，QE2 與 CM2 各挑選出約莫 38 小時的半監督式學習訓練語料，如表 10。

表 10 半監督式學習訓練語料挑選

使用語料時數	Total	CM1	CM2	QE1	QE2
廣播節目語料(hour)	377.58	209.25	38.28	38.44	38.21

其中，CM1 是以每一字詞的信心度評估，依照較高的轉寫信心程度$(score \geq 0.9)$，以詞為單位做挑選。CM2 則是先計算每一句中所有字詞信心度評估，再以句為單位取平均$(score \geq 0.9)$，進行挑選。QE1 使用 93 個特徵參數，預測出錯誤率，挑選錯誤率$(wer < 0.3)$較低的語句。最後，QE2 是將 CM 值再加入原有的 93 個特徵參數，訓練出新的 QE 錯誤率預測模型，一樣從錯誤率較低$(wer < 0.3)$的語句開始挑選。

依挑選結果，我們各自將所挑選出的語料加入原先的訓練語料，重新訓練四個聲學模型以測試四種挑選半監督式學習訓練語料方法的效能。

測試結果如表 11 所示，可以發現使用 QE 或是 CM 值挑選語料，所訓練出來的聲學模型，在不同測試語料的語音辨認上都能降低整體的錯誤率，並且用 QE1 或是 CM2 挑選訓練語料，訓練出的聲學模型，在平均語音辨認錯誤率上都有較好的表現。

表 11 基於半監督式學習聲學模型訓練結果

測試語料	種子模型	CM1(610h)	CM2(438h)	QE1(438h)	QE2(438h)
NER-set1	25.00	24.66	23.88	24.04	23.88
NER-set2	14.24	13.85	13.26	13.11	13.35
MATBN (test)	13.18	13.19	13.00	13.00	13.24
OC16-CE80 (test)	16.30	15.96	16.10	16.08	15.95
SEAME	36.32	36.70	35.85	35.96	36.13
Librispeech (test-other)	18.17	18.00	17.83	17.87	18.15
Librispeech (test-clean)	5.00	5.18	5.02	4.96	5.2
Average1 (with SEAME)	20.53	20.57	20.19	20.22	20.39
Average2 (without SEAME)	13.21	13.08	12.93	12.92	13.09

　　而若只針對教育電臺測試語料來看半監督式學習的效能，實驗結果顯示四種方法的相對辨認改善率如表 12 所示。其中錄音品質較差的 NER-set1 （技職最前線）的最佳相對改善率來到 4.48%（QE2 與 CM2），錄音品質較好的 NER-set2（國際教育心動線）的最佳相對改善率來到 7.94%（QE1）。

表 12 廣播語料測試結果_相對改善率

辨認模型	CER in %		相對改善率	
	NER-set1	NER-set2	NER-set1	NER-set2
種子模型	25.00	14.24	-	-
CM1(610h)	24.66	13.85	1.36%	2.74%
CM2(438h)	23.88	13.26	4.48%	6.88%
QE1(438h)	24.04	13.11	3.84%	7.94%
QE2(438h)	23.88	13.35	4.48%	6.25%

4.4. 實驗四-挑選語料量與效能比較

　　以下實驗針對 QE1 錯誤率預測模型所挑出的語料，以漸進的方式加入半監督式學習訓練語料，重新訓練聲學模型，測試挑選語料量與效能的影響。語料挑選順序為依預測錯誤率從低到高，挑出四組，各有 38 小時，50 小時、50 小時與 60 小時。因此訓練語料總時數分變成為 438 小時、488 小時、538 小時、598 小時四組。

　　挑選語料量與效能實驗結果如表 13 所示。另外，圖 8 為只針對教育電臺測試語料來看半監督式學習的效能改善曲線，實驗結果顯示對 NER-set1，隨著加入的訓練語料的時數增加，所訓練出來的語音辨認器，的確有更好的辨認效能。

表 13 不同語料量對半監督式學習型訓練結果的影響

測試語料	種子模型	QE(438h)	QE(488h)	QE(538h)	QE(598h)
NER-set1	25.00	24.04	24.00	23.86	23.61
NER-set2	14.24	13.11	13.23	12.96	13.24
MATBN (test)	13.18	13.00	13.04	13.12	13.28
OC16-CE80 (test)	16.30	16.08	16.08	16.11	16.40
SEAME	36.32	35.96	36.15	36.45	36.84
Librispeech (test-other)	18.17	17.87	18.01	18.59	18.51
Librispeech (test-clean)	5.00	4.96	5.22	5.19	5.31
Average	18.32	17.86	17.96	18.04	18.17

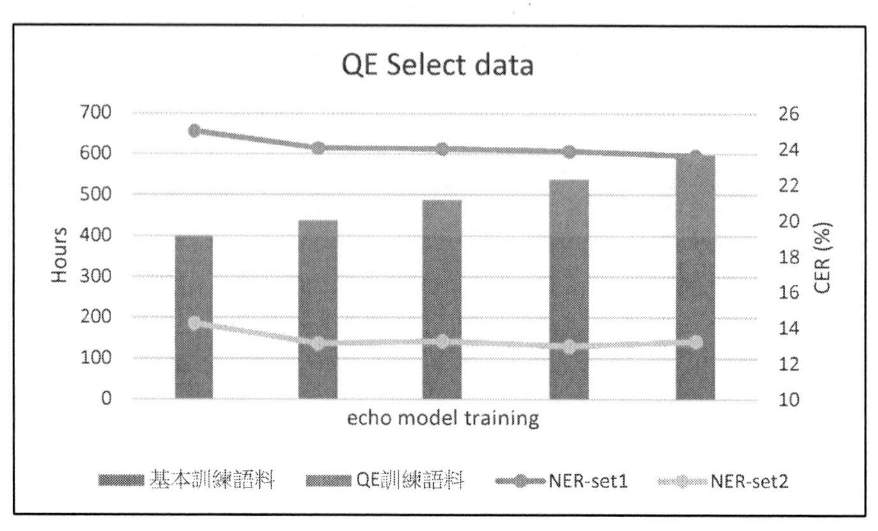

圖 8 半監督式學習聲學模型訓練結果(改善曲線)

4.5. 實驗五-語言模型改善

在上一節的實驗中，針對聲學模型的訓練上從原本的種子訓練語料 400 小時增加了

198 小時的半監督式學習訓練語料重新訓練，改善程度已經趨近於收斂狀態。而在實驗

五，我們將加入更豐沛的訓練文本，來訓練我們的語言模型。主要是在種子系統語言模

型訓練文本中，增加了更完整的訓練文本 Giga Word2。其統計資料如表 14 所示。

表 14 語言模型訓練文本

訓練文本	語句數	字詞數
TCC300 (all)	27,375	186,369
MATBN (train)	29,549	1,264,625
OC16-CE80 (train)	58,132	509,657
SEAME	94,034	1,200,121
Librispeech (train-960)	28,539	9,403,555
Giga Word	500,000	9,899,664
Giga Word2	16,500,000	441,889,701
Total	17,237,629	464,353,692

實驗的結果如表 15 所示，可以看到語言模型建模的能力對語音識別的結果有一定

的影響，讓辨認率較差的 NER-set1(技職最前線)相對改善率來到 7%，辨認率較好的

NER-set2(國際教育心動線)相對改善率來到 11.3 %。

表 15 加入完整 Giga Word 語料後之廣播語料辨認錯誤相對改善率

辨認模型	CER in %		相對改善率	
	NER-set1	NER-set2	NER-set1	NER-set2
種子模型	25.00	14.24	-	-
種子模型+LM2	24.54	13.27	1.84%	6.81%
QE1(598h)	23.61	13.24	5.56%	7.02%
QE1(598h)+LM2	23.25	12.63	7%	11.3%

5. 結論

我們用 QE 模型挑選半監督式學習語料，對辨認率較差的 NER-set1 字元錯誤率（CER）來到 23.61%，辨認率較好的 NER-set2 字元錯誤率（CER）其辨認率來到 13.24%。若增加了更完整的語言模型訓練文本 Giga Word2，能讓 NER-set1 的最佳辨認率來到 23.25%，NER-set2 的最佳辨認率來到 12.63%。

最後，整體效能改善總結如圖 9 所示，其顯示使用 QE 模型來挑選半監督式學習訓練語料，重新訓練聲學模型，確實能有效提升聲學模型之效能。

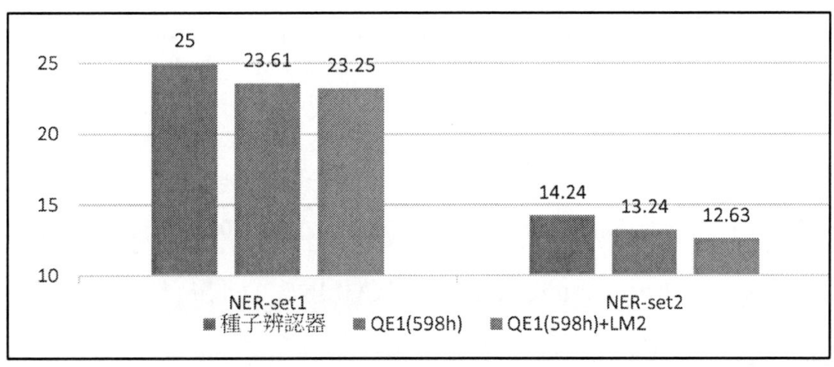

圖 9 廣播語料測試結果改善率

參考文獻

[1]　Wessel, F. and Ney, H., "Unsupervised Training of Acoustic Models for Large Vocabulary Continuous Speech Recognition," IEEE Transactions on Speech and Audio Processing, vol. 13, no. 1, 2005, pp. 257-265.

[2]　Chen, B., Kuo, J.W., Tsai, W.H., "Lightly Supervised and Data-Driven Approaches to

Mandarin Broadcast News Transcription," International Journal of Computational Linguistics & Chinese Language Processing, vol. 10, no. 1, 2005, pp. 1-18.

[3]   H. Jiang, "Confidence measures for speech recognition: A survey," Speech Communication, vol. 45, no. 4, pp. 455 – 470, 2005.

[4]   D. Povey, A. Ghosal, G. Boulianne, L. Burgat, O. Glembek, N. Goel, M. Hannemann, P. Motlicek, YM Qian, P. Schwarz, J. Silovsky, G. Stemmer, K. Vesely, "The Kaldi Speech Recognition Toolkit," in IEEE 2011 Workshop on Automatic Speech Recognition and Understanding, Big Island, Hawaii, 2011.

[5]   D. Povey, M. Hannemann, G. Boulianne, L. Burget, A. Ghoshal, M. Janda, M. Karafiat, S. Kombrink, ´ P. Motl´ıcek, Y. Qian, N. T. Vu, K. Riedhammer, and ˇ K. Vesely, "Generating exact lattices in the WFST ´ framework," 2011, submitted to ICASSP 2012.

[6]   Understanding LSTM Networks http://colah.github.io/posts/2015-08-Understanding-LSTMs/ , 2016, July.

[7]   Mikolov Tomáš, Kombrink Stefan, Deoras Anoop, Burget Lukáš, Černocký Jan: RNNLM - Recurrent Neural Network Language Modeling Toolkit, In: ASRU 2011 Demo Session.

[8]   Negri, M., Turchi, M., Falavigna, D., C. de Souza, J.G., 2014. Quality Estimation for Automatic Speech Recognition, in: Proc. of COLING, Dublin, Ireland. pp. 1813–1823.

[9]   0Smola, Alex J., and Bernhard Schölkopf. "A tutorial on support vector regression." Statistics and computing 14.3 (2004): 199-222.

[10]   Geurts, P., Ernst, D., & Wehenkel, L. (2006). Extremely randomized trees.Machine Learning, 63(1), 3-42.

[11]   Raj Nath Patel, Sasikumar M. 2016. Translation Quality Estimation using Recurrent Neural Network. In Proceedings of the First Conference on Machine Translation, pages 819-824, Berlin, Germany.

The 2017 Conference on Computational Linguistics and Speech Processing
ROCLING 2017, pp. 213-229
© The Association for Computational Linguistics and Chinese Language Processing

完全基於類神經網路之語音合成系統初步研究

A Preliminary Study on Fully Neural Network-based Speech Synthesis System

廖書漢 SHU-HAN Liao[a] ,蔡亞伯 Ya- Bo Chai[a] , 廖元甫 [a] Yuan-Fu Liao,

[a] 國立台北科技大學電子工程系

sam8105111@gmail.com, d0030253@gmail.com, yfliao@ntut.edu.tw

摘要

　　傳統的語音合成使用先文字分析後語音合成的架構，但是這種兩階段的作法，通常會有，若前級分析錯誤，就會影響後級合成，且無法挽救的問題。因此，在本論文中我們希望嘗試把前後級，全部都改成以類神經網路實現，以便將來可以直接合成一個大的端對端語音合成類神經網路。主要的想法是，直接以字元串為輸入單位，並盡量用大量未標記語料，進行非監督式類神經網路訓練。我們的系統包含四個子網路，分別是DNN$_G$以sequence-to-sequence[1] [2]架構作字轉音，DNN$_C$以word2vec[3]擷取characterclass， DNN$_T$以recurrent neural networklanguage model（RNNLM）[4]，求取字元時序關係，與DNN$_S$以deep neural network進行語音合成。實驗語料由專業播音員錄製，內容包括孟德爾傳全書以及從網路擷取約3000句的中英夾雜句子。並以相同文字要求新舊系統各自合成測試語料，請10人進行聽測試，分別以新舊系統各聽10句，進行A/B/X偏好度測試，與以新舊系統各聽20句，做mean opinion score（MOS）評分，評估新舊系統的可理解度，自然度與相似度。從實驗結果發現，在可理解度、自然度和相似度方面，分別有72%、70%和61%的人偏好新系統。而且新系統的可理解度、自然度和相似度的MOS主觀分數各為3.59、3.1和3.18分，高於舊系統的3.33、3.03和2.9分，顯示我們所提出的系統效能相當不錯，印證我們提出的想法確實可行。

關鍵詞：**語音合成、深度類神經網路、端對端**

一、簡介

　　傳統語音合成系統中，包含兩個處理階段，分別是前端文本分析與後端聲音合成(如下圖1)。其中在前端文本分析模組，包含了文字正規化、斷詞、字轉音、詞性(part of speech，POS)標註[5]等文字分析，以求取文脈訊息。另一方面在後端的聲音合成模組，則透過前級求出的的文脈訊息特徵參數，進行語言合成模型訓練，以合成聲音訊息。

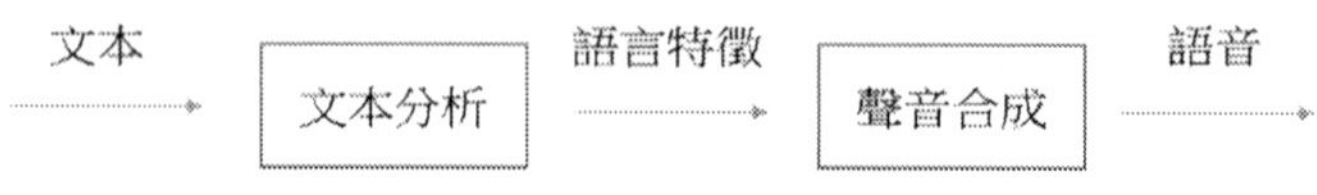

圖1 傳統 TTS 系統架構圖

但在這個架構下，前級和後級都是獨立建構的，因此，如果前級出現問題的話，後級也會只能繼承前級的錯誤，但卻無法往回調整，以更正前級的錯誤。而且，傳統上，前級所用parser，都是使用自然語音專家發展好的現成系統，並不容易自行修改。

因此，我們希望能把前後級，全部都改成以類神經網路實現，以便將來可以直接合成一個如圖2的端對端語音合成類神經網路，避免傳統兩階段架構的缺點。

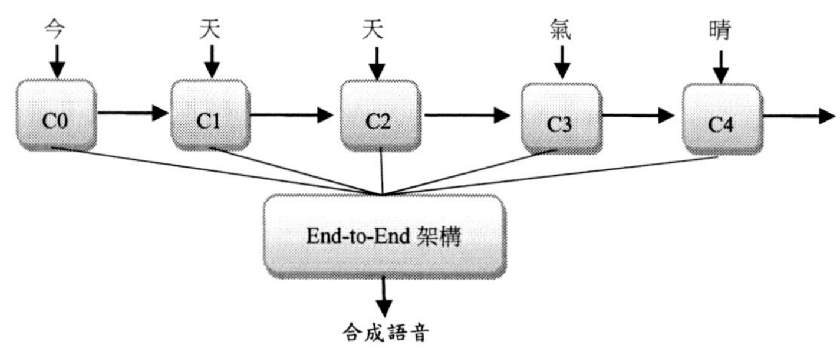

圖2 字元層級的End-to-End架構

為達到此目的，我們完全用類神經網路，取代前級的字轉音，文字分析，與後級的語音合成模組。主要的想法是，先將原本的系統改成直接以字元串為處理單位，再使用四個子網路，分別是DNN$_G$以sequence-to-sequence架構作字轉音，DNN$_C$以Word2vec擷取每個輸入字元的類別與文法屬性，DNN$_T$以RNNLM，求取每個字元在整個句子中的狀態跟時序關係，與DNN$_S$以deep neural network接收各個網路的隱藏層神經元激發資訊，進行語音合成。

在此架構中的DNN$_G$因為是使用sequence-to-sequence模型，可以處理未曾看過的字詞的發音，DNN$_C$與DNN$_T$所使用的Word2vec與RNNLM更可以善用大量隨手可得

的未標記文字語料，進行非監督式訓練，充分訓練整個類神經網路，避開傳統
parser，需要依賴人工標記語料，才能進行才能進行訓練的問題。

二、朝向端對端語音合成架構

為了朝向以基於字元層級的端對端語音合成系統，我們將整個端對端語音合成
系統，以圖3的方式，切分成4塊DNNs。分別是文字轉拼音網路DNN_G、字元屬性
與角色分類DNN_C、字元時序關DNN_T和語音合成DNN_S。

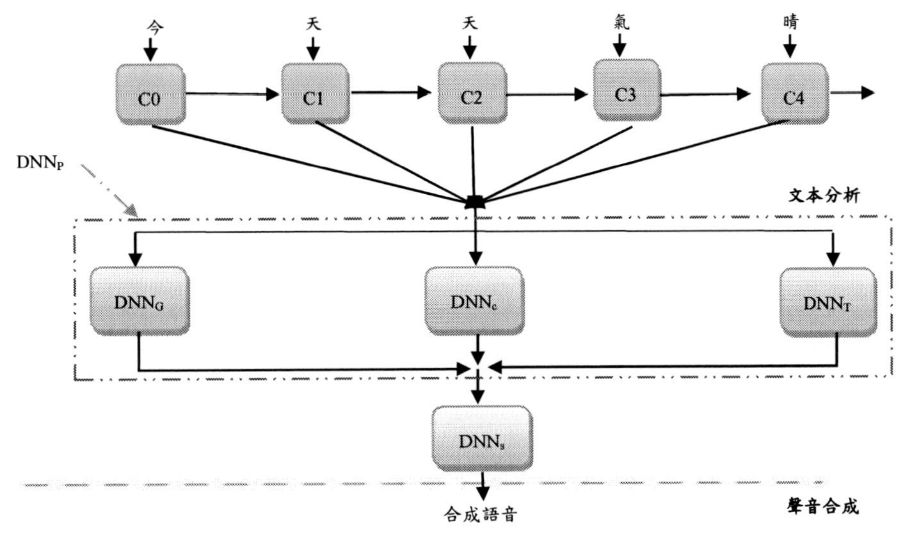

圖3 One-Stage架構內部功能方塊

其中字轉音(DNN_G)主要是利用sequence-to-sequence模型轉換文本的拼音和音調，
DNN_C使用 Word2vec 來抓取字元特性，而DNN_T 透過RNNLM來擷取字元前後時
序資訊關係。最後形成一個所有的文脈訊息，都是由類神經網路自動產生。這樣
一來便能避開傳統文本分析的諸多不便。最後後級聲音合成部分則使用DNN_S來
接收DNN_G、DNN_C與DNN_T擷取出的文脈訊息，以合成語音。以下進一步詳細敘述
各子網路的實際作法。

(一)、字轉音(DNN_G)

Seq2Seq 全名是 Sequence to Sequence，Seq2Seq 就像一個翻譯模型，比如輸入
序列是英文(hello)，輸出序列是中文(你好)，該技術改善了傳統輸入序列和輸出序
列長度需要一樣的問題，開始了將深度神經網路模型(DNN)運用在機器翻譯這類

型的任務。Seq2Seq 最早是由兩篇文章闡述他的主要思想，分別是 Google 的 Sequence to Sequence Learning with Neural Networks[1]和 Yoshua Bengio 團隊的 Learning Phrase Representation using RNN Encoder-Decoder for Statistical Machine Translation[2]，這兩篇文章針對機器翻譯的問題不約而同的提出相似的解決想法，Seq2Seq 由此產生。

在字轉音方面利用Seq2Seq技術，Seq2Seq全名是Sequence to Sequence，Seq2Seq的核心想法就是透過深度神經網路模型(常用的是Long-Short Term Memory，LSTM)，將一個輸入的序列映射到一個輸出的序列。而這過程包含兩個環節，分別是將輸入編碼和解碼產生輸出。在這個模型中每一個時間的輸入和輸出是不一樣的，例如現在的輸入編碼序列是「上班族EOS」，其中EOS(End of Sentence)為句尾識別符號，依序將「上」、「班」、「族」、「EOS」傳入模型中，將輸入序列映射為解碼輸出序列「ss_ch-A:_ch-N_chp_ch-A:_ch-n_chts_ch-u:_ch<EOS>」。

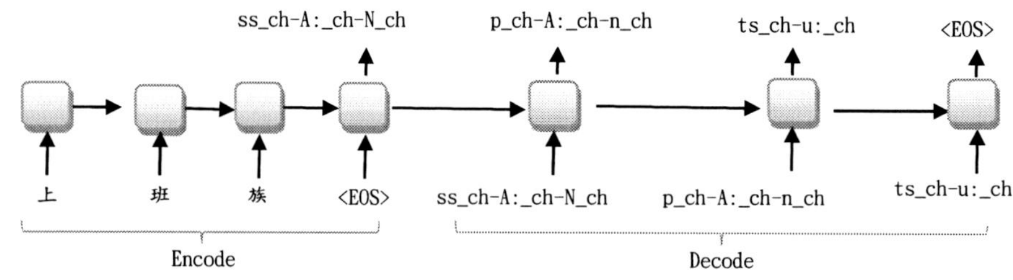

圖4 Google的Sequence to Sequence架構[1]

此外為使Seq2Seq的G2P架構可以考慮到前後文的內容，進而給予當前字一個較為可能的發音，以處理多音字的問題，因此我們一次不是只輸入一個字，而是同時包含其前後關係。

表1為進行Seq2Seq的G2P訓練時的輸入資料形式[] []，主要模仿CNN開一個sliding window去掃前後的字，讓它能往前與往後多看5個字，以獲得更多訊息，而能學得更好。

表1 G2P訓練資料格式

句子/單字	拼音
各行各業皆顯著的改善不	xian3
行各業皆顯著的改善不少	zhu4
各業皆顯著的改善不少,	de0
○○○○○隔閡○○○○	ge2
○○○○隔閡○○○○○	he2
○○○○○三○○○○○	san1

(二)、字元語意與文法屬性(DNNₑ)

　　word2vec[3]能夠將輸入的字詞轉換到向量空間進行計算，分析後可以在向量空間中發現，相聚在一起的向量轉換回文字後，會是相近屬性的詞彙。word2vec能夠將字詞語意和文法角色做分類，而且它不需要給標註過的文字語料就能訓練，這可以避開傳統 parser 需要人工標註的繁雜工作，也能夠做到類似 POS 的功能。

　　我們利用Word2Vec，訓練如圖5的類神經網路，將字元轉到向量空間。訓練完成後，再擷取隱藏層神經元的word vector輸出向量，當作每個字元的語意與文法角色資訊。主要是將大量未標註語料倒入Word2vec，讓他自行訓練，再利用求出之字元向量，界定每個字元的屬性與文法角色關系。

　　也因為Word2vec所訓練出來的字向量空間，能有意義的表示字的屬性，並且能夠將訓練出來的字向量進行排列，讓類似屬性的字聚類在一起，所以我們覺得用它來替代傳統Parser中的標註詞性功能可能是行得通的。

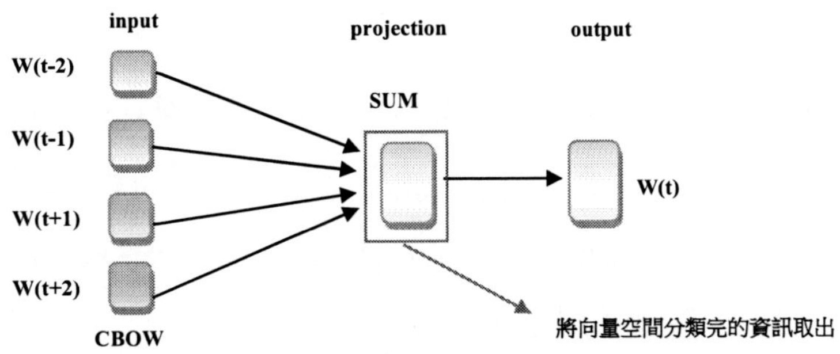

圖 5　擷取隱藏層分類資訊

(三)、字元時序狀態(DNN_T)

在我們的架構下，我們希望能不使用 parser 就從文本獲得每個字元在當前語句的狀態，讓機器自動學習文章的脈絡，進而能從目前語句預測到下一句可能為何。遞迴神經網路在 Distributed Representations of Words and Phrases and their Compositionality [4]此篇論文也指出使用遞迴神經網路模型進行訓練能從隱藏層中的連續輸出向量獲得字詞在語句中的狀態。

本文所使用的是Mikolov的RNNLM，不過我們是使用字元階層來進行訓練。RNNLM能夠直接使用無標註文章語料，進行訓練，並因其擁有記憶能力，能夠學習到較長時間的文章脈絡。所以我們用大量無標記語料，訓練完RNNLM後，藉由擷取RNNLM隱藏層神經元的激發狀態值（如圖6所示），當作某一字元在文章段落中的時序狀態資訊。此外，我們並進一步進行量化，整理成0與1的值，用來表示某一字元在句子中的時序狀態資訊。

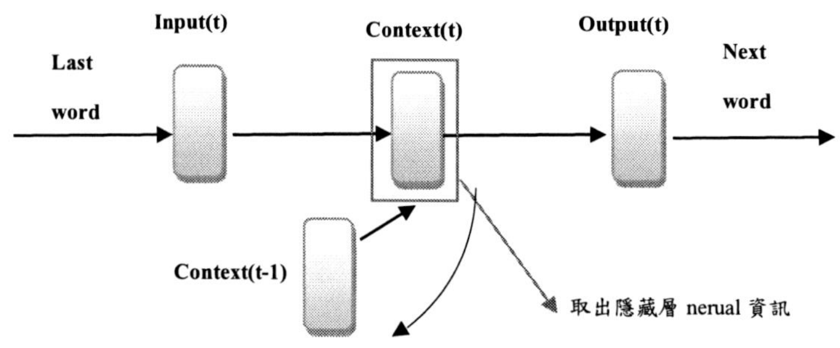

圖6　擷取隱藏層時序資訊

四、DNN 架構(DNN_S)

在本論文中，為了將整個架構用成 One-Stage，後級聲音合成勢必也要替換成類神經網路的架構，在我們的 One-Stage 中利用了 HTS[6] version 2.3.1 中新添加的 frame-by-frame modeling option using DNN based on HMM state alignment，來接收前面 3 個 DNN 所萃取出的資訊並且訓練合成語音。

前面3個DNN所萃取出的資訊，可以進一步合併成為完整的文脈訊息。DNN_S要學習的就是DNN_P輸出的文脈訊息，與訓練語料間的對應關係。在DNN_S這邊，會先從聲音語料中擷取Frame-by-Frame的聲音特徵參數，先前3個DNN所擷取的資訊也會做成Frame-by-Frame的格式，再以如圖7所示的架構，進行和成模型訓練。

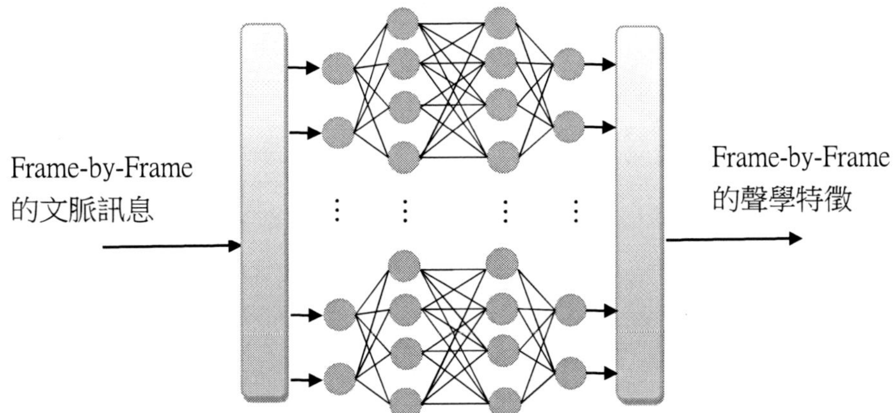

三、語音合成實驗結果與分析

為了與傳統方法作比較，舊系統使用Parser做文本分析和查表字轉音，而新系統則是使用DNN_P、DNN_C與DNN_T來分析文本，DNN_S來合成語音。新舊系統皆使用相同的中英夾雜語料訓練。我們要比較的是新舊系統合成音檔的相似度、可理解度、自然度的偏好度與MOS分數。為求公平比較，選用沒有在訓練過程中出現的語料來合成，最後比較的音檔皆為同樣文字，但受測者不知道那個音檔為新或舊系統所合成，以盲測方式進行

(一)、實驗設定
1、字轉音語料

在DNN_G部分，G2P訓練語料分別為TCC300與我們實驗室有的10萬字詞字典，TCC300是文章性質的語料，而10萬字字典則是以單字詞和多字詞為主，如表2。

表2 G2P訓練語料庫

	字數	性質
TCC300 文字語料庫	286685	文章
10 萬字詞字典語料	231477	單字、詞

2、文本語料

在DNN_C與DNN_T部分，我們使用Mikolov團隊的open source，分別是word2vec與RNNLM Toolkit，訓練這兩個模型的語料為Chinese Gigaword Second Edition + Wikipedia。Gigaword與Wikipedia語料的統計資料如表3所示。

表3 word2vec與RNNLM訓練語料

	Chinese Gigaword Second Edition	wikipedia
語料性質	主題式文章	名詞解釋
句子總數	共約 1200 萬句	

3、語音合成語料

　　本實驗使用的語音合成訓練語料，是我們與台灣數位有聲書協會合作錄製的"NTUT Audiobook Corpus Vol.2"。合成的測試語料則是從中抽取中文100句及中英夾雜100句來作合成，抽出的句子皆不在訓練語料之中。表4為訓練語料資料表，表5則為合成語料的資料。

表4 訓練語料資料表

	中文語料	中英夾雜語料	英文語料
語料內容出處	生命科學大師：遺傳學之父	線上文本	CMU
語料句數	約 4800 句	約 3500 句	約 990 句
每句詞數	20-35 詞	10-30 詞	5-15 個單字
時間長度	約 170 分鐘	約 200 分鐘	約 79 分鐘

表5 合成語料資料表

	中文語料	中英夾雜語料
語料內容出處	生命科學大師：遺傳學之父孟德	線上文本
測試語料音檔數	2 個	2 個
測試語料總句數	192 句	100 句
測試語料每句字數	依文章為準	10-30 字

表6 HTS的DNN參數

Number of Hidden&Units	3layers1024units
activation	Sigmoid
optimizer	Adam
Batch size	256
learnRate	0.001

4、文脈訊息求取方法與設定

新方法與舊方法中整個前級文本分析完全不同，舊文脈訊息依然採用Parser來進行文本分析和查表字轉音；新系統則是將舊系統求取文脈訊息的方式都去除，字轉音部分採用DNN$_G$轉換字詞拼音語調，原本Parser部分則是使用DNN$_C$與DNN$_T$來分析，並利用DNN$_T$的隱藏層狀態來代表字元在語句中的時序關係。

(二)、評估方法

評估測試包括合成音檔可理解度，相似度與自然度的偏好度與MOS主觀分數，我們將測試音檔給10位母語為國語的人士進行評分，新舊系統偏好度測試是2選1的方式，為標準的A/B/X測試，新舊系統請每人各聽10句；而平均主觀值分數請每人各聽20句，評分方式式為1~5分，分數越高則為越好。

(三)、聲音合成實驗結果

1、前級文本分析實驗結果

a.G2P

為了評估我們DNN$_G$使用Seq2Seq的G2P能否替換掉原本的字轉音方式，我們以中英夾雜文字語料(工研院提供之線上文本)、大陸文章(Blizzard Challenge 2010的測試語料)與擷取於國家文學博士/國立師大教授許錟輝主編的「常見破音字」一書，和<薛意梅>常用的100個破音字中的破音字集來做比較，看不同情況下新舊G2P各自的正確率為何。實驗結果如表7、表8與表9所示。

表7　中英夾雜文字語料新舊G2P的正確率

一般文章	總共 450 句(約 7330 字)	Accuracy
舊 G2P	錯 26 字	99.64%
新 G2P	錯 32 字	99.56%

表8　大陸文章中新舊G2P的音節正確率

一般文章	總共 5880 句(約 31 萬個音節)	Accuracy
舊 G2P	錯 3096 個音節	99.0%
新 G2P	錯 8488 個音節	97.3%

表9 破音字句子中新舊G2P的破音字正確率

破音字句子	總共 227 句(7988 字,破音字 509 字)	破音字 Accuracy
舊 G2P	錯 65 字	87.22%
新 G2P	錯 58 字	88.6%

由表7、8、9可以看見在一般文章中,新G2P與舊G2P差距不大,但是在大陸文章中,新G2P的表現並沒有很好;而在破音字測試中,新G2P稍微好些,總之新的G2P效能與原本舊系統的效果相當,未來可再多添加破音字訓練語料,才進一步改善正確率。

b. Word2vec實驗

在DNN$_C$與DNN$_T$這部分我們分別做各自的實驗,從實驗結果來看到底有沒有符合我們的預期,表10為利用Word2vec分析Chinese Gigaword Second Edition + Wikipedia文字語料庫,將字元轉成向量後,再以字元向量作分群的結果。由此可知將字元轉換到向量空間處理分析,可以有效的將字元語意、字元文法角色等屬性擷取出來。

表10 character embedding 產生的字分類

分類	字元
1	弊、斂、案、涉、瀆、疑、蒐、貪、賂、賄
2	墾、壩、岩、岸、島、峽、崗、嶺、嶼、巒
3	絮、絹、綢、綴、綿、緞、緻、縷、繡、繪
4	い、が、と、き、り、で、る、く、し、も
5	個、分、呎、哩、尺、斤、鰲、秒、年、頃
6	吧、呀、呢、哦、啊、啦、喔、嗎、嗯、呵

c.RNNLM 實驗

在表 11 可以看見利用 Chinese Gigaword Second Edition + Wikipedia 文字語料庫訓練出來的 RNNLM,在利用 RNNLM 模型產生出的句子中,語意或是時間順序上都貼近新聞文字。因此應用 RNNLM 能學到時序關係的特性,剛好與傳統文本分析中的時間順序關係相似,所以將其應用在我們的想法上應該是可行的。

表11 使用RNNLM產生之文句

時序方向	範例
Forward	在 民 主 黨 的 表 現 , 他 們 1 致 認 為 , 1 切 不 可 能 會 對 我 們 的 壓 力 .
Backward	. 遇 待 國 惠 最 的 國 美 開 離 定 決 已 , 判 談 的 國 美 與 國 合 聯 在 國 美 兼 理 總 副 國 美 , 示 表 統 總 李

2、替換文字分析模組，對語言合成的影響

語音合成實驗的部分我們透過替換，比較各元件，分為以下三部分，包括（1）舊G2P與新G2P，（2）ParserPOS資訊與Word2vec，（3）Parser斷詞時序位置與RNNLM輸出之隱藏層狀態，來做整體語音合成評估。

a、替換舊G2P與新G2P語音

在此先單獨探討單純的G2P元件，使用Seq2Seq的G2P會不會與傳統的G2P有很大的差異性，以及替換後的聲音合不合理，在此我們使用少量合成音檔測試一下兩者的偏好度與MOS分數。

實驗結果顯示在圖8與表12中，我們可以看見單單只有換掉G2P元件的時候，新舊系統兩者其實相差不會很多。

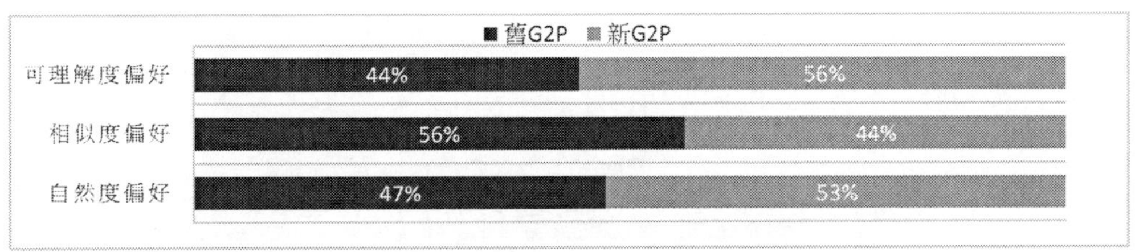

圖8 新舊G2P偏好度比較

表12 新舊G2P之MOS主觀分數比較

純中文	舊 G2P	新 G2P
可理解度評分	3.1	3.3
相似度評分	3.1	3
自然度評分	2.9	3.1

b、替換Parser詞及POS資訊與Word2vec影響之比較

本實驗利用Word2vec來求取字元的語意和文法角色資訊。在此我們與傳統Parser的POS資訊來做比較，觀察字元的語意文法資訊的取代與傳統方式的差異。

在比較新舊系統的POS資訊時，因為G2P還是必需要有的，所以在比較上可能會受到新舊G2P和新舊文法腳色資訊的互相拉扯，不過由圖9與表13的實驗結果來看，總體來說還是改用Word2vec的資訊後的新架構比傳統使用Parser的舊架構稍好一些。

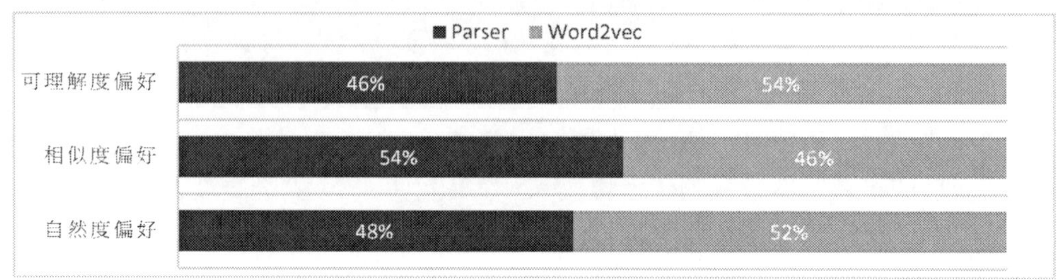

圖9　新舊架構之語意文法偏好度比較

表13　新舊文法角色之MOS主觀分數

純中文	Parser	Word2vec
可理解度評分	3	3.2
相似度評分	3.1	3
自然度評分	3	3

c、替換Parser時序位置資訊與RNNLM影響之比較

時序關係的實驗結果比較顯示在圖10與表14中。總體來說也是改用RNNLM的資訊的新架構比傳統使用Parser的舊架構稍好一些。

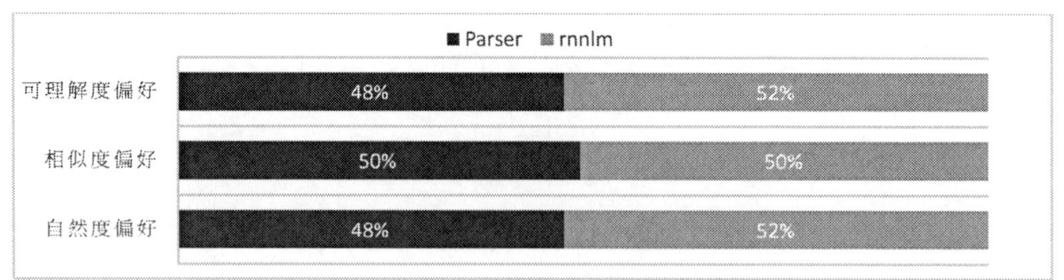

圖10　新舊架構之時序關係偏好度比較

表14　新舊時序關係之MOS主觀分數

純中文	Parser	RNNLM
可理解度評分	3.1	3.3
相似度評分	3.2	3
自然度評分	3	3.1

3、整體新舊系統架構聲音合成偏好度比較

因為我們還缺少 duration model，還不能直接算出每個聲音要合成多長。所以目前是先用 HTS 的 duraiton model 估算合成長度。再加上擷取前級三個網路的輸出當文脈資訊，建立後級要用的 frame-by-frame 合成資訊。主要是前級跟後級如何連接，如何添加 label 中的文脈資訊。

在聲音合成實驗結果部分，我們採用偏好評比以及平均主觀值分數，分別測試以下四種架構，探討前後級的不同組合會有甚麼影響：

- Parser[7][8]+HTS = 前級Parser，後級HTS(傳統Two-Stage語音合成系統)。

- Parser+DNN$_S$= 前級Parser，後級HTS的DNN。

- DNN$_P$+HTS = 前級DNN$_G$ + DNN$_C$ + DNN$_T$，後級HTS。

- DNN$_P$+DNN$_S$= 前級DNN$_G$ + DNN$_C$ + DNN$_T$，後級HTS的DNN(End-to-End)。

a、DNN vs HMM語音合成偏好度比較

此部份我們以比較 Parser+HTS 與 Parser+DNN$_S$ 架構跟比較 DNN$_P$+HTS 與 DNN$_P$+DNN$_S$架構比較，來看以傳統HMM和以DNN作語音合成的差異性。

實驗結果如圖11和12所示。從圖11和12可以看出在說話自然度上以DNN合成的聲音會稍微自然一些，特別是在英文上，但差異不大。

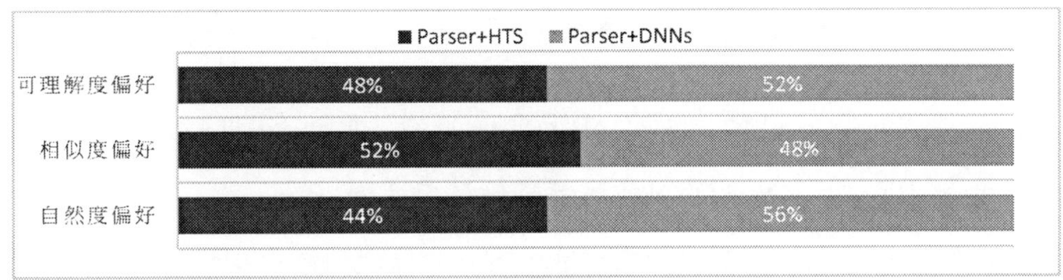

圖 11 Parser+HTS 架構與 Parser+DNN$_S$

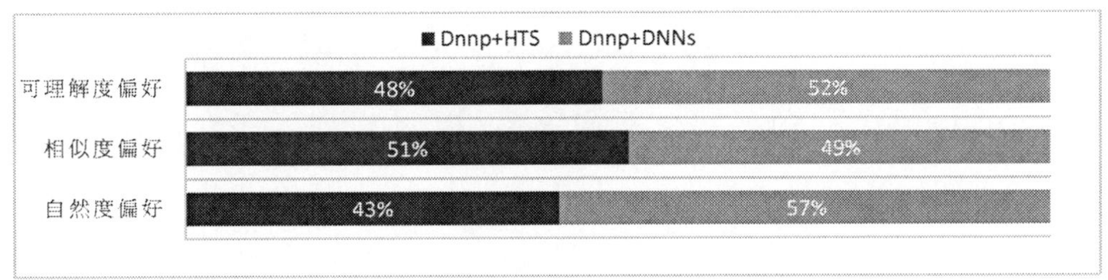

圖 12 Dnn$_P$+HTS 架構與 Dnn$_P$+DNN$_S$ 架構偏好度比較

b、Parser vs DNN_P語音合成偏好度比較

在文本分析方式的偏好比較中，我們比較Parser+HTS與DNN_P+HTS架構，跟比較Parser+DNN_S與DNN_P+DNN_S架構，來了解以Parser方式和DNN_P方式求取文脈對語言合成聲音的影響差異。

圖13和14為實驗結果，可以看出文本分析對合成語音的影響。實驗結果顯示，使用DNN_P的架構不管是對HMM或是DNN_S都會比較好，而且有相當差距。顯然將前級換成DNN_P對語音合成影響相當明顯。

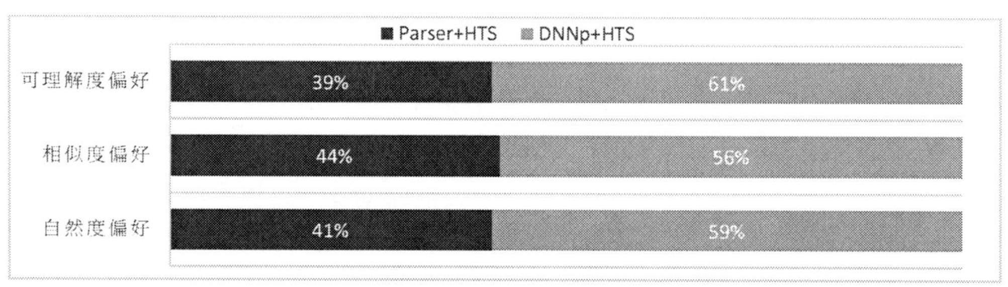

圖13 Parser+hts與DNN_P+HTS架構偏好度比較

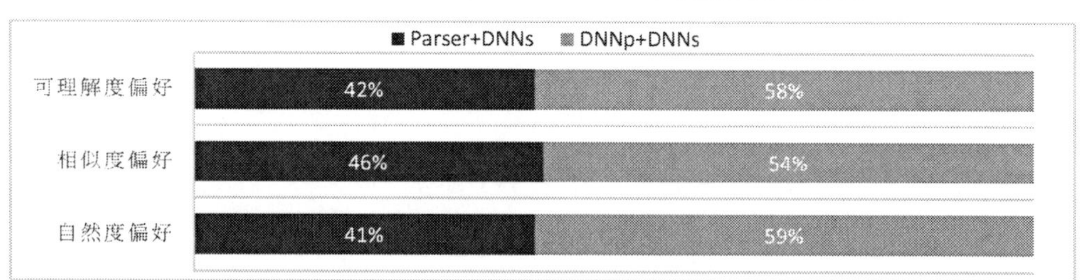

圖14 Parser+DNN_S與DNN_P+DNN_S架構偏好度比較

c、Parser+HTS與DNN_P＋DNN_S語音合成偏好度比較

整體新舊系統的效能比較為本論文的重點，在此我們進一步比較Parser+HTS架構(傳統Two-Stage語音合成系統)與DNN_P+DNN_S號架構(新的DNN架構，前級換成DNN_P、DNN_C與DNN_T，後級使用DNN_S)，來看我們所提出的新架構有沒有比傳統的Two-Stage還要好。實驗結果如下圖15所示。顯然使用DNN_P+DNN_S架構，所合成的聲音明顯好很多。

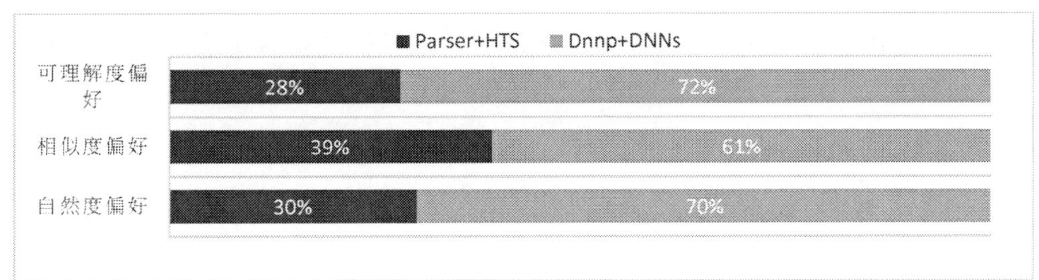

圖15 Parser+HTS架構與DNNₚ+DNNₛ架構偏好度比較

d、四種架構的MOS主觀分數比較

表14與15則分別為（1）Parser+HTS架構、（2）Parser+DNNs架構、（3）DNNp+HTS架構與（4）DNNp+DNNs架構，在純中文及中英夾雜語音合成的MOS分數，由表13和14來看DNNp+DNNs架構，所合成的聲音確實比較好。

表14　四種架構的中文聲音MOS主觀分數比較

純中文	Parser+HTS	Parser+DNNₛ	DNNₚ+HTS	DNNₚ+DNNₛ
可理解度評分	3.38	3.47	3.6	3.56
相似度評分	3.01	3.1	3.05	3.1
自然度評分	2.95	3.14	3.16	3.13

表15　四種架構構中英夾雜聲音MOS主觀分數比較

中英夾雜	Parser+HTS	Parser+DNNₛ	DNNₚ+HTS	DNNₚ+DNNₛ
可理解度評分	3.28	3.3	3.56	3.62
相似度評分	3.05	3.21	2.93	3.1
自然度評分	2.85	3.05	3.1	3.23

五、結論

在本論文中，我們將傳統前級文本分析拆成 DNN_G、DNN_c 與 DNN_T 三個部分，後級則使用 DNN_s 來做語音合成，這是初步嘗試，以後會建一個大網路，包含所有子網路，並以目前的子網路的訓練結果當大網路的係數的初始值。最後直接量測輸出合成語音的錯誤成本函數，回過頭來訓練整個系統。實驗結果總結在表 16 與圖 16。結果顯示新系統所合成的聲音在各方面都勝過於傳統 Paser+HTS 的語音合成系統。因此以各方面來看，整個架構使用神經網路來實做的確會比較優越，這也證明了朝向 **End-to-End** 的語音合成架構的這個想法是可行的。

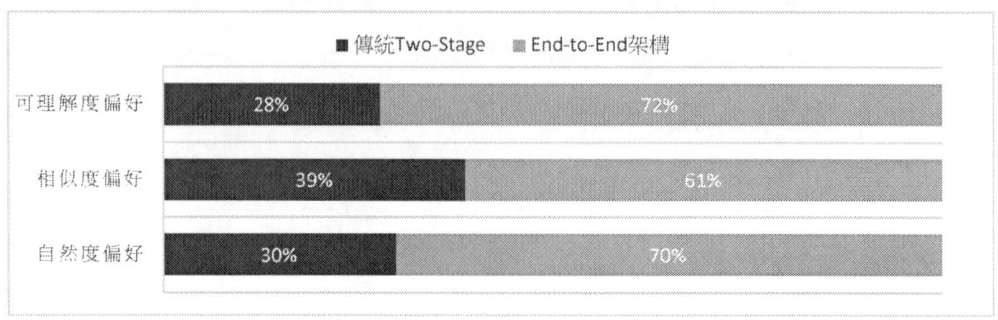

圖16　傳統Two-Stage與新系統架構的架構的偏好度比較

表16　傳統Two-Stage與End-to-End架構的MOS主觀分數比較

	傳統 Two-Stage 架構	End-to-End 架構
可理解度評分	3.33	3.59
相似度評分	3.03	3.1
自然度評分	2.9	3.18

參考文獻

[1] Ilya Sutskever, Oriol Vinyals, Quoc V. Le. Sequence to Sequence Learning with Neural Networks, In arXiv:1409.3215v3 [cs.CL] 14 Dec 2014

[2] Kyunghyun Cho, Bart van Merrienboer, Caglar Gulcehre, Dzmitry Bahdanau, Fethi Bougares, Holger Schwenk, Yoshua Bengio. Learning Phrase Representations using RNN Encoder–Decoder for Statistical Machine Translation. In arXiv:1406.1078v3 [cs.CL] 3 Sep 2014.

[3] Tomas Mikolov, Ilya Sutskever, Kai Chen, Greg Corrado, Jeffrey Dean. Distributed Representations of Words and Phrases and their Compositionality. Advances in Neural Information Processing Systems 26 (NIPS 2013).

[4] Tomas Mikolov, Ilya Sutskever, Kai Chen, Greg Corrado, Jeffrey Dean. Distributed Representations of Words and Phrases and their Compositionality, Advances in Neural Information Processing Systems 26 (NIPS 2013).

[5] Eric Brill, A SIMPLE RULE-BASED PART OF SPEECH TAGGER ,1992.

[6] HMM-based Speech Synthesis System (HTS) : http://hts.sp.nitech.ac.jp , 2016, July.

[7] Yih-Ru Wang, Yuan-Fu Liao, Yeh-Kuang Wu, Liang-Chun Chang,"Conditional Random Field-based Parser and Language Model for Traditional Chinese Spelling Checker" Proceedings of the Seventh SIGHAN Workshop on Chinese Language Processing (SIGHAN-7), pages 69–73,Nagoya, Japan, 14 October 2013.

[8]Stanford-Parser : http://nlp.stanford.edu/software/lex-parser.shtml , 2016, July.

[9] Sequence-to-Sequence G2P toolkit : https://github.com/cmusphinx/g2p-seq2seq

[10] Jason Lee, Kyunghyun Cho, Thomas Hofmann. Fully Character-Level Neural Machine Translation without Explicit Segmentation. In arXiv:1610.03017v1 [cs.CL] 10 Oct 2016.

The 2017 Conference on Computational Linguistics and Speech Processing
ROCLING 2017, pp. 230-243
© The Association for Computational Linguistics and Chinese Language Processing

應用詞向量於語言樣式探勘之研究

Mining Language Patterns Using Word Embeddings

肖湘　Xiang Xiao
福州大學數學與計算機科學學院
元智大學大數據與數位匯流創新中心
College of Mathematics and Computer Science, FuZhou University
Innovation Center for Big Data and Digital Convergence, Yuan Ze University
n150320034@fzu.edu.cn

葉少珍　Shao-Zhen Ye
福州大學數學與計算機科學學院
College of Mathematics and Computer Science, FuZhou University
yeshzh@fzu.edu.cn

禹良治　Liang-Chih Yu
元智大學資訊管理學系
元智大學大數據與數位匯流創新中心
Department of Information Management, Yuan Ze University
Innovation Center for Big Data and Digital Convergence, Yuan Ze University
lcyu@staurn.yzu.edu.tw

賴國華　K. Robert Lai
元智大學資訊工程學系
元智大學大數據與數位匯流創新中心
Department of Computer Science & Engineering, Yuan Ze University
Innovation Center for Big Data and Digital Convergence, Yuan Ze University
krlai@cs.yzu.edu.tw

摘要

負面生活事件是引發抑鬱情緒的重要原因，比如家庭成員的去世、與伴侶的爭吵、被老闆開除或被老師責備等。主語和負面生活事件的組合稱為負面生活事件語言樣式。能否通過自動準確識別這些負面的生活事件來理解那些有抑鬱傾向的網絡文本對建立有效實用的精神病學網絡服務是至關重要的。如問題（父母：離婚::男友：？），本文使用分佈式詞向量模型來挖掘負面生活事件語言樣式，實驗結果 MRR 值達 0.71。

Abstract

Negative life event is an important reason of causing depression, such as the death of family members, quarreled with the spouse, fired by the boss or blamed by the teacher. The combination of a subject and a negative life event is called a language pattern of negative life events. Therefore, whether it can understand those web texts with depression trend by identifying these negative life event language patterns automatically and accurately, which is important to establish effective and practical psychiatric network services. Such as the question (parent: divorce:: boyfriend:?), this study applied the distributional word embeddings to mine the language patterns of negative life events. The experimental results showed that the MRR index reached 0.71.

關鍵詞：自然語言處理，詞向量，語言樣式，負面生活事件

Keywords: Natural Language Processing, Word Emdeddings, Language Patterns, Negative Life Events.

一、緒論

近年來，患抑鬱症的人群急劇擴大，抑鬱症患者自殺的消息轟動社會，抑鬱症受到了廣大關注。許多關注抑鬱症的網站和系統也應運而生，抑鬱症患者可以在網路上諮詢醫生，這些網站包含了大量的關於抑鬱症的資源，如何從中獲取到有價值的資訊，對是否能為患者提供更好的治療方式及能否有效地降低和預防抑鬱症都是至關重要的。在有關的醫療問答的網站上，受抑鬱情緒困擾的患者可以在網站上發佈他們的心情和發生的負面事件，會有專業的心理醫生在網站上進行診斷和回復。但是這個回復的時間取決於問題的數量，通常會是幾天的時間。而這個時間差對於抑鬱症患者而言是一個不可容忍的時間，尤其是對於那些有自殘自殺傾向的患者來說，可能就會錯失一個挽救的機會。如某位用戶的發文：*“頭疼的現象很想拿把刀子把胸口剖開來透透氣”*，表達了強烈的自殘的欲望。如果能夠自動識別問題中的負面生活事件，並通過患者發佈的問題迅速找到以往類似問題的答案，將其回饋給提問者，這會是一個非常有益的事情，患者可以看到也有很多人經歷過同樣的事情，承受過同樣的壓力，不會再感覺自己孤單一人，也會從類似問題的解答中尋找到適合自己的緩解辦法。

網路上的有關抑鬱症的問答文本通常會包含許多負面生活事件的語言樣式，但這些文本包含大量的非結構化的自然語言，負面生活事件也通常不是連續的詞，如*“兄長因失戀沮喪辭公家單位優渥的工作”*這一句話潛含了兩個負面事件*“失戀”*和*“辭職”*，可與主語組成兩個語言樣式（*“兄長”*，*“失戀”*）和（*“兄長”*，*“辭職”*）。負面生活

事件語言樣式就是指一個主語和一件負面事件構成的詞組。需要自動識別這些文本中的負面情緒，構造負面生活事件語言模式是關鍵。

詞向量是將自然語言符號數學化的關鍵技術，目前常見的有兩種表示方法：獨熱表示和分佈表示。前者向量的維度表示詞彙表大小，只有一位是 1 表示當前詞，其餘為 0，簡單直觀但易造成維數災難；後者每一維代表當前詞的一個潛在特征，是稠密的低維實數向量。詞語之間的關係和規律是通過計算相似度來衡量的。詞之間至少有關係相似度和特徵相似度兩種相似性，其中當兩個詞的特徵相似度很高的時候被稱為同義詞；當兩組詞的關係相似度很高的時候被稱為類比[1]。基於統計方法的點互信息（Pointwise Mutual Information, PMI）是最直接的計算詞語之間相似度的方法，只需要統計語料中固有的詞語頻率和共現資訊，很好地模擬了人類的大腦記憶[2]，且計算簡單易懂而在眾多自然語言處理任務中被廣泛使用[3-5]。Mikolov[6,7]通過對分佈式詞向量的矢量加減運算來衡量詞之間的關係相似度，分別對語義和詞法兩大類進行類比實驗，並獲得了高準確率。Levy 和 Goldberg[8]提出了計算關係相似度方法的變型，將向量加減法變型為乘除法，並在相同的詞對類比任務中獲得了更好的結果。Qiu 和 Zhang[9]等人應用這兩種類比方法將英文類比資料翻譯成中文進行了中文的類比研究，並表明可以通過過濾候選詞來獲得更好的結果。類比推理在計算機科學領域尤其是人工智慧方面吸引了眾多關注[10]，在自然語言處理領域，同樣應用廣泛，如改善問答（Question Anawering, Q-A）任務中的答案排名準確率[11-13]；推薦系統[14]；詞語之間的潛在關係分析（Latent Relational Analysis, LRA）[15,16]；以及不需任何預訓練和詞彙知識的中文分詞方法[17]等。類比在語言學習過程中也能幫學習者注意兩個概念間的關鍵對比[18]。

語言樣式的挖掘屬於模式挖掘的範疇，常見的模式挖掘多是使用關聯規則的方法[19,20]。對於負面生活語言樣式的探勘研究，Yu et al.結合進化推理演算法（Evolutionary Inference Algorithm, EIA）和 HAL（Hyperspace Analog to Language）高維語義空間，從少量種子樣式集迭代地推論出額外的相關樣式，並加入了相應的反饋機制[21]；接著透過關聯規則的資料採擷演算法，發現句子中的頻繁項集來產生關聯語言樣式，並將找出來的負面事件語言樣式來幫助句子分類，同時提出了結合監督式資料採擷演算法和非監督式分佈式語言模型來發現抑鬱症文本中標記有負面生活事件句子的小語料庫中的關聯語言樣式[22,23]。

本文結構一共分為四章，接下來第二章主要介紹實驗用到的詞向量模型和相應的實驗方法；第三章介紹資料集、實驗流程以及結果分析；第四章是總結以及對未來工作的展望。

二、詞向量模型和探勘方法

（一）、詞向量模型

語言模型是描述文字內在規律的數學模型，一般形式是給定一組詞，求解下一個詞的條件概率。常見的有基於統計的傳統語言模型和基於神經網絡的語言模型。N-gram 模型假設不改變上下文順序的前提下，距離相近的詞關係越近，當距離足夠遠時認為詞語之間沒有關聯，因而無法完全利用語料的信息。神經網絡語言模型是由 Bengio[24]正式提出的，通過一個三層（輸入層、隱藏層、輸出層）的神經網絡結構來構建語言模型，其中由隱藏層到輸出層的計算量是影響訓練效率的主要因素。神經網絡語言模型通過學習訓練語料庫獲取詞向量，捕獲了語義和詞法的特征信息。

Mikolov[6]提出的 Skip-gram 模型和 CBOW 模型，對神經網絡語言模型做了簡化，去掉了隱藏層，模型從神經網絡結構轉變為對數線性結構，大幅度減少了運算量，提高了訓練模型的效率。模型可以迅速有效地訓練大型語料庫，且得到的是分佈式的詞向量表示。

1、CBOW

CBOW 模型的結構如圖一所示，是根據給定上下文序列 $S = \{w_{t-(n-1)/2}, \ldots, w_{t-1}, w_{t+1}, \ldots, w_{t+(n-1)/2}\}$ 直接對目標詞 w_t 進行預測。

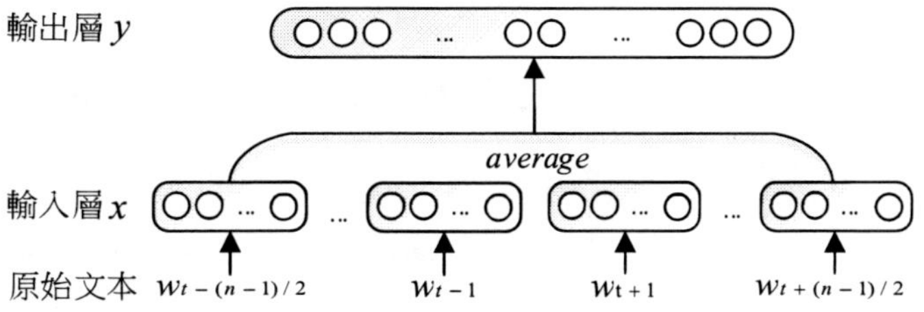

圖一、CBOW 模型結構圖

上下文所有詞對當前詞出現概率的影響權重一樣，不考慮詞序。神經網路語言模型的輸入是上文各詞向量首尾拼接而成，CBOW 模型中是上下文各詞向量的平均值。輸入為：

$$x = \frac{1}{n-1} \sum_{w_j \in S} C(w_j) \quad （1）$$

其中 w_j 表示目標詞 w_t 上下文的任一詞，$C(w_j)$ 表示詞 w_j 的詞向量。對目標詞進行預測：

$$P(w_t \mid S) = P(w_t \mid w_{t-(n-1)/2}, \ldots, w_{t-1}, w_{t+1}, \ldots, w_{t+(n-1)/2})$$

$$= \frac{\exp(e'(w_t)^T x)}{\sum_{w' \in V} \exp(e'(w'_t)^T x)} \tag{2}$$

2、Skip-gram

Skip-gram 模型結構如圖二所示，每次是從目標詞的上下文中選一個詞，將這個詞的向量表示作為模型的輸入作恒等投影，並認為與目標詞距離越遠的詞關係越小，賦予更小的權重。預測目標詞概率:

$$P(w_t \mid w_j) = \frac{\exp(e'(w_t)^T e(w_j))}{\sum_{w' \in V} \exp(e'(w')^T e(w_j))} \tag{3}$$

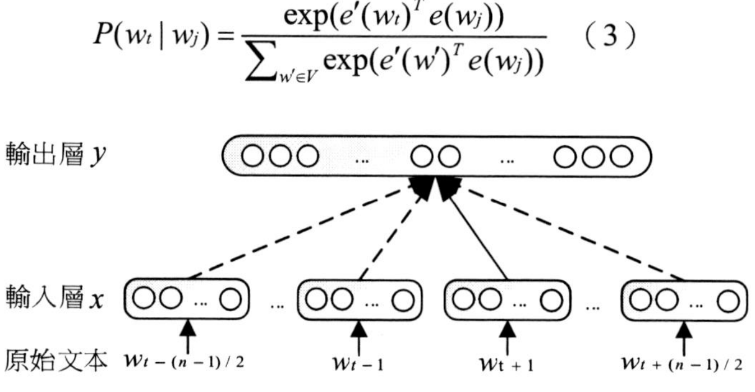

圖二、Skip-gram 模型結構圖

（二）、樣式探勘方法

詞語之間的語義及語法相關性可以通過詞向量的矢量運算來體現，詞向量的語義合成性[7]由矢量加法體現，如 vector（"俄羅斯"）+vector（"河流"）≈vector（"伏爾加河"），類比相似性可以也可由簡單的數學運算來表現，如 vector（"北京"）-vector（"中國"）≈vector（"巴黎"）-vector（"法國"）。Mikolov[6]在實驗中應用詞向量對英文五類語義和九類語法問題關係進行了測試，採用類比推理的原理，證明了其詞向量在捕獲語義和語法特徵方面的有效性。

本文所針對的負面生活事件語言樣式符合類比推理的條件，對於存在類比關係的四個詞 "a:b::a*:b*"，a 之於 b 與 a* 之於 b* 的關係一致，它們的詞向量之間存在 $V(b)-V(a) \approx V(b^*)-V(a^*)$，即 $V(b^*) \approx V(b)-V(a)+V(a^*)$ 的關係。問題可以轉化成計算候選詞與給定詞間相似度:

$$similarity = sim(b^*, b - a + a^*) \quad （4）$$

Mikolov 在實驗中選擇最常見的餘弦相似度，通過計算向量間夾角的餘弦值來衡量詞語之間的相似度，夾角為 0 時相似度為 1，夾角為 90 度時相似度為 0。COSINE 公式為：

$$similarity = \cos(b^*, b - a + a^*) \quad （5）$$

Levy 和 Goldberg[8]進一步提出了將加減法轉換成乘除法的變換式 COSMUL：

$$similarity = \frac{\cos(b^*, b)\cos(b^*, a^*)}{\cos(b^*, a) + \varepsilon} \quad （6）$$

其中調節因數 $\varepsilon = 0.001$ 避免除數為 0 的情況。

三、語言樣式探勘實驗

本文應用分佈式詞向量來進行生活中的負面事件的中文語言樣式探勘實驗，實驗的總體架構如圖一所示，主要分為三個階段：1）實驗前期，需通過閱讀從網路獲取的抑鬱症文本，挑選出其中存在的負面生活語言樣式，構成種子語言樣式，再通過人工標記產生合理的主語和事件的組合，並產生問題資料集；2）對維基百科中文語料庫進行中文繁簡體轉換、分詞、過濾特殊符號及停用詞等預處理，用不同的語言模型訓練出不同的詞向量模型；3）對不同詞向量模型進行語言樣式探勘實驗，用之前生成的問題資料集按照相似度排名找出答案，並對結果進行評估。

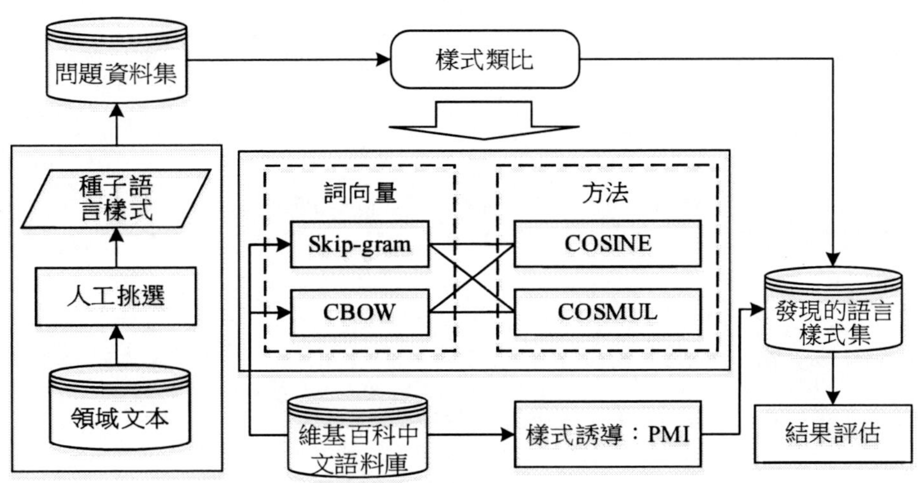

圖一、語言樣式探勘實驗架構

同時設置一組 PMI 對比實驗，與使用詞向量結果進行比較。PMI 無需建立詞向量模型，直接統計語料庫中各詞的出現頻率和共同出現的頻率，從一個主語誘導出能夠構成語言樣式的負面事件。

負面生活語言樣式的探勘每一個問題都對應著多個答案，是一對多類型的推理。為了獲得更好的結果，對結果進行詞性過濾，因為本實驗中考慮的所有負面事件詞性均為動詞，因而在實驗中只對動詞進行推論，即只考慮"名詞：動詞"的語言樣式。採用兩個常用的評價指標，分別是序位倒數均值（Mean Reciprocal Rank， MRR）和前 n 個結果中的正確率 Precision@n。

（一）、語言樣式問題資料集

在精神病、心理學、抑鬱症等相關的網路論壇或諮詢網站上有很多的資源，包括用戶發表的生活中遇到的困難，心中的壓抑和焦慮以及對負面情緒的發洩等。在這些資源中隱含了很多生活負面事件的語言樣式，但是由於大多是以自然語言的描述方式，這些語言樣式通常不是很明顯的表示，可能是連續的詞語，但大部分是非連續的詞語，可能一個句子中會包括多個語言樣式，或者一段話中僅有一個語言樣式，需要一定的語義理解能力才能從中找出潛在的負面生活樣式。如表一舉例說明瞭原文和潛含的負面生活事件語言樣式。

表一、原文和潛含語言樣式舉例

類別	原文	語言樣式
家庭 Family	我好痛苦，父母總是用自己的角度來批判我。	（父母，批判）
愛情 Love	交往三年的男友突然要跟我分手，讓我整個跌入穀底。	（男友，分手）
學校 School	我在學校有被同學排斥使我更不會喜歡說話。	（同學，排斥）
工作 Work	上班也總是被老闆抓到把柄，責備了我好幾次。	（老闆，責備）
社會 Social	跟朋友的關係鬧得很僵，經常說幾句就吵架。	（朋友，吵架）

本實驗中研究的是由名詞和動詞構成的語言樣式，其中名詞是指是日常生活中常見的人物角色的名稱，動詞是指日常生活中常見的負面事件，並且兩者要滿足合理的邏輯關係，即該主語發生該動作是可能的並且是合理的。

為了獲得初始的種子語言樣式，我們人工閱讀了 500 篇抑鬱症相關文本，找出其文本中暗含的負面生活語言樣式，共找出了 132 組這樣的主語和動作的組合，作為種子語言樣式。並按主語所屬生活領域將語言樣式分為家庭、愛情、學校、工作和社會五個類別。
將種子語言樣式拆分成主語和動作兩部分，並分別對人物名稱和負面生活事件進行了一
定擴充。由三位研究生分別填寫列頭為主語、行頭為動作的表格，如果認為對應的主語
發生該動作是合理的，則在對應的區域標記為 1，否則不標記。實際完成的表格是一個
152×54 的矩陣。對於同一個位置，若有兩人及以上的人標記了 1，則認為該語言樣式成
立。表二是語言樣式標記示例，對於"生病"和"吵架"兩個事件而言，對所有的主語
皆成立，而"離異"、"分手"、"輟學"、"辭職"這四個事件則不是對所有主語成
立。

表二、語言樣式標記示例

	父母	男友	同學	同事	朋友
生病	1	1	1	1	1
吵架	1	1	1	1	1
離異	1				
分手		1			
輟學		1	1		1
辭職	1	1		1	1

通過整理三份不同的標記結果，最後生成了共 6002 組合理的主語和動作的語言樣式。
本研究中的語言樣式探勘是指在給定 a、b、a* 三個對象的前提下來找出相似度最高的第
四個對象 b*。上文中已經完成了所有的主語與動作的有效組合（a:b 對）。要進行類比樣
式探勘，需要先生成問題資料集，即所有的 "a:b ::a*: ?" 組合。其中 a 和 a* 都是指日常
生活中常見的人物角色名稱，b 是日常生活中常見的負面壓力事件。生成問題資料集的
方式是生成所有 "a:b" 對與 a*（在同一個問題中不同於 a）的排列組合。問題資料集的
形式如表三所示，當同一個問題中 a 和 a* 來自於同一類別的時候稱為同類別類比，否則
稱為非同類別類比。

表三、問題及答案示例

	a:b ::a*: ?	b*
同類別	哥哥:輟學::弟弟: ?	退學、休學…
	同學:嘲諷::老師: ?	嘲弄、取笑、譏諷…
非同類別	朋友:背叛::老師: ?	背棄、背離…
	妻子:鬥嘴::同事: ?	吵架、爭執、爭吵…

要對不同的向量模型找出來的語言樣式進行測評，必須要建立一份標準答案。在本實驗
中定義答案的標準是該動作是主語 a* 所在類別能夠合理發生的事件。為了盡量減少漏掉
的正確答案，本實驗中通過廣義知網（E-HowNet）[25]對答案進行了擴充。

（二）、語言樣式探勘實驗

問題資料集分為開發集（Development Set）和測試集（Test Set），其中開發集用來調節訓練詞向量過程中的參數，選擇其最優的參數進行測試實驗。

1、詞向量模型調參

Skip-gram 模型和 CBOW 模型通過開發集來調節詞向量的維度，圖二是調參結果，橫軸表示維度，縱軸表示評估結果，圖中曲線隨維度上升都呈現先上升後下降的趨勢，其中 CBOW 模型後期變化曲線趨於平緩，下降趨勢不太明顯。Skip-gram 模型詞向量取 300 維時 precison@5 結果最好，取 400 維時 MRR 結果最好；CBOW 模型取 500 維時 precison@5 和 MRR 評估指標的結果同時最好。

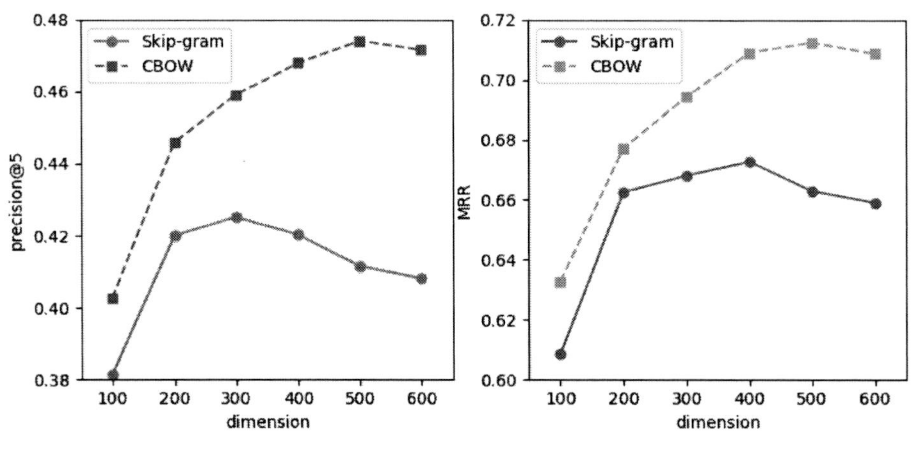

圖二、訓練詞向量調參結果

2、實驗結果及分析

調參過程結束後，已經確定了各向量模型將在測試階段用於不同評估指標的參數。測試問題集根據給定兩個主語的所屬類別，分為 25 個子集，其中同類別類比問題集有 5 個，其餘 20 個為非同類別問題集。測試實驗將分別對每一個測試問題子集進行測試。每一個子實驗用模型名字+類比函數名字標識，如 Skip-gram 模型用餘弦相似度進行計算的實驗，表示為 "Skip-gram+COSINE"。表四表示兩個向量模型在使用 COSINE 方法進行同類別實驗和非同類別類比實驗的平均結果。

表四、COSINE 實驗同類別和非同類別實驗結果

評估指標	同類別		非同類別	
	Skip-gram	CBOW	Skip-gram	CBOW
Precision@5	0.4345	0.4904	0.4215	0.4684
Precision@10	0.3824	0.43	0.3705	0.4129
MRR	0.6683	0.7287	0.6683	0.7037

從表中可以看出，同類別實驗結果優於非同類別實驗，CBOW 模型表現比 Skip-gram 要好，其中同類別實驗最優，Precision@5 和 MRR 結果分別領先 Skip-gram 模型 5.59%和 6.04%，非同類別實驗分別領先 Skip-gram 模型 4.69%和 3.54%。

表五表示兩個向量模型在使用 COSMUL 方法進行同類別實驗和非同類別類比實驗的平均結果。總體而言同類別的類比實驗結果比非同類別的實驗表現稍好，三個評估指標中的兩個 Precision@n 指標值都高於非同類別實驗結果，Skip-gram 模型和 CBOW 模型的 Precision@5 指標分別比非同類別類比實驗高 2.1%和 2.68%。CBOW 模型的 MRR 結果差距較明顯，同類別實驗結果高出非同類別實驗 3.76%。

表五、COSMUL 實驗同類別和非同類別實驗結果

評估指標	同類別		非同類別	
	Skip-gram	CBOW	Skip-gram	CBOW
Precision@5	0.3961	0.4272	0.3751	0.4004
Precision@10	0.3516	0.3809	0.3321	0.3589
MRR	0.6286	0.6654	0.6197	0.6278

在本研究中一共做了 5 組測試實驗，其中 PMI 是作為對比實驗的語言樣式誘導實驗，其餘 4 組則是使用詞向量的實驗，每一組類比實驗測試了 25 個問題集，包括 5 個同類別實驗和 20 個非同類別實驗，表六中對五組實驗的總體結果進行了一個對比，其中 4 組類比實驗是 25 個子實驗結果的平均值。對比表中的五組實驗結果，四組使用詞向量的結果都比 PMI 好，說明這探勘語言樣式這個領域，使用詞向量的效果比簡單的樣式誘導好。總體實驗結果表明 CBOW 模型的表現優於 Skip-gram 模型，COSINE 方法表現優於 COSMUL 方法，所有實驗中最好的是 CBOW+COSINE 這一組結果，Precision@5 平均結果達 0.47，MRR 值達到 0.71。

表六、總體實驗結果對比

實驗名稱	Precision@5	Precision@10	MRR
PMI	0.1296	0.1241	0.2589
Skip-gram+COSINE	0.424	0.3729	0.6683
CBOW+COSINE	0.4728	0.4163	**0.7087**
Skip-gram+COSMUL	0.3793	0.336	0.6215
CBOW+COSMUL	0.4057	0.3633	0.6353

四、結論與展望

本論文應用詞向量針對負面生活事件進行語言樣式探勘，選取近年來熱門的 Word2Vec 中兩種低維分佈式詞向量模型 Skip-gram 和 CBOW 模型，使用 Mikolov 實驗中用到的 也是最常見的餘弦相似度，以及 Levy 和 Goldberg 提出的餘弦相似度的乘除變型的方 法。從網絡抑鬱症文本中挑選出負面生活語言樣式，經人工判斷生成問題資料集，再通 過廣義知網擴充答案集。使用維基百科中文語料庫訓練詞向量模型，樣式探勘實驗主要 分為調參和測試實驗。為了使實驗更完整，設置了一組 PMI 基礎實驗作為對比。共 5 大組實驗，所有使用詞向量的實驗結果優於 PMI 實驗，說明使用詞向量的方法更適用 於語言樣式探勘。同類別實驗結果好於非同類別實驗結果，說明詞向量捕獲的同類別語 義特徵更準確。CBOW 模型平均結果最好，說明其訓練出的詞向量捕獲的語義資訊與 負面生活事件語言樣式的要求更契合。

本研究是首次將詞向量模型結合類比推理的思想應用於語言樣式探勘研究領域，並且結 果好於傳統的 PMI 方法。在語言樣式探勘實驗中，具體探討了不同向量模型在捕捉語 義資訊方面的準確性高低，以及不同詞向量方法的優劣。接下來的工作，我們會從三個 方面進一步完善研究：一是將納入其他熱門的詞向量模型和類比方法，探討不同向量模 型和方法的效能優劣；二是會對更多不同的語料進行樣式探勘，如抑鬱症專業領域的語 料，或基本語料庫與抑鬱症專業領域語料相結合等；三考慮將語言樣式建立標準資料集 並投入到進一步的研究中如文本分類等。

參考文獻

[1] Turney, P. D., "Similarity of semantic relations," *Computational Linguistics*, vol. 32, no.3, pp. 379-416, 2006.

[2] G. Recchia, and M. N. Jones, "More data trumps smarter algorithms Comparing pointwise mutual information with latent semantic analysis." *Behavior research methods*, vol. 41, no.3, pp. 647-656, 2009.

[3] P. D.Turney, "Mining the web for synonyms PMI-IR versus LSA on TOEFL," *European Conference on Machine Learning*, Springer Berlin Heidelberg, pp. 491-502, 2001

[4] E.Terra, and C. L. Clarke, "Frequency estimates for statistical word similarity measures," *Proceedings of the 2003 Conference of the North American Chapter of the Association for Computational Linguistics on Human Language Technology-Volume 1*. Association for Computational Linguistics, pp.165-172, May, 2003.

[5] T. Van de Cruys, "Two multivariate generalizations of pointwise mutual information," *Proceedings of the Workshop on Distributional Semantics and Compositionality*, Association for Computational Linguistics, pp. 16-20, June, 2011.

[6] T. Mikolov, K. Chen, G. Corrado, and J. Dean, "Efficient estimation of word representations in vector space," *arXiv preprint arXiv1301.3781*, 2013.

[7] T. Mikolov , I. Sutskever, K. Chen, G. Corrado, and J. Dean, "Distributed representations of words and phrases and their compositionality," *Advances in neural information processing systems*, pp. 3111-3119, 2013.

[8] O. Levy, Y. Goldberg, and I. Ramat-Gan, "Linguistic Regularities in Sparse and Explicit Word Representations," *CoNLL*, pp. 171-180, 2014.

[9] L. Qiu, Y. Zhang, Y. Lu, "Syntactic Dependencies and Distributed Word Representations for Chinese Analogy Detection and Mining," *EMNLP*, 2015.

[10]H. Prade, and G. Richard, "A short introduction to computational trends in analogical reasoning," *Computational Approaches to Analogical Reasoning: Current Trends.* Springer Berlin Heidelberg, pp. 1-22, 2014.

[11]H. Toba, M. Adriani, and H. M. Manurung, "Predicting Answer Location Using Shallow Semantic Analogical Reasoning in a Factoid Question Answering System," *PACLIC*, pp.

246-253, 2012.

[12] X. Tu, D. Feng, X. J. Wang, and L. Zhang, "Analogical reasoning for answer ranking in social question answering," *IEEE Intelligent Systems*, vol. 27, no. 5, pp. 28-35, 2012.

[13] V. K. Chaudhri, S. Heymans, A. Overholtzer, and M. Wessel, "Large-Scale Analogical Reasoning," *AAAI*, pp. 359-365, 2014.

[14] N. Hug, H. Prade, and G. Richard, "Experimenting Analogical Reasoning in Recommendation," *International Symposium on Methodologies for Intelligent Systems*, Springer International Publishing, pp. 69-78, 2015.

[15] N. T. Duc, D. Bollegala, and M. Ishizuka, "Using relational similarity between word pairs for latent relational search on the web," *Web Intelligence and Intelligent Agent Technology (WI-IAT), 2010 IEEE/WIC/ACM International Conference on*. IEEE, vol.1, pp. 196-199, 2010.

[16] C. Liang, and Z. Lu, "Chinese Analogy Search Considering Multi Relations," *Cloud and Service Computing (CSC), 2012 International Conference on*. IEEE, pp.193-197, 2012.

[17] Z. Zheng, Y. Wang, and Y. Lepage, "Chinese word segmentation based on analogy and majority voting," *PACLIC*, 2015.

[18] D. Gentner, and L. L. Namy, "Analogical processes in language learning," *Current Directions in Psychological Science*, vol. 15 no. 6, pp. 297-301, 2006.

[19] J. T. Chien, H. Y. Chen, "Mining of association patterns for language modeling," *INTERSPEECH 2004 - Icslp, International Conference on Spoken Language Processing*, Jeju Island, Korea, October, 2004.

[20] A. C. Mendes, and C. Antunes, "Pattern Mining with Natural Language Processing: An Exploratory Approach," *International Workshop on Machine Learning and Data Mining in Pattern Recognition*, Springer Berlin Heidelberg, pp. 266-279, 2009.

[21] L. C. Yu, C. H. Wu, J. F. Yeh, and F. L. Jang, "HAL-Based Evolutionary Inference for Pattern Induction From Psychiatry Web Resources," *IEEE Transactions on Evolutionary Computation*, vol. 12, no. 2, pp. 160-170, 2008.

[22] L. C. Yu, C. L. Chan, C. H. Wu, and C. C. Lin, "Mining association language patterns for negative life event classification," *Proceedings of the ACL-IJCNLP 2009 Conference*

Short Papers, Association for Computational Linguistics, pp. 201-204, 2009.

[23] L. C. Yu, C. L. Chan, C. C. Lin and I. C. Lin, "Mining association language patterns using a distributional semantic model for negative life event classification," *Journal of Biomedical Informatics*, vol.44, no. 4, pp. 509-518, 2011.

[24] Y. Bengio, R. Ducharme, P. Vincent, and C. Jauvin, "A Neural Probabilistic Language Model," *Journal of Machine Learning Research*, pp.1137-1155, 2003.

[25] 中文詞知識庫小組, "廣義知網知識本體架構 2.0 版," *http://ehownet.iis.sinica.edu.tw*，2011.

The 2017 Conference on Computational Linguistics and Speech Processing
ROCLING 2017, pp. 244-253
© The Association for Computational Linguistics and Chinese Language Processing

Multi-Channel Lexicon Integrated CNN-BiLSTM Models for Sentiment Analysis

Joosung Yoon
Korea University
Seoul, South Korea
xelloss705@gmail.com

Hyeoncheol Kim
Korea University
Seoul, South Korea
hkim64@gmail.com

Abstract

We improved sentiment classifier for predicting document-level sentiments from Twitter by using multi-channel lexicon embedidngs. The core of the architecture is based on CNN-BiLSTM that can capture high level features and long term dependency in documents. We also applied multi-channel method on lexicon to improve lexicon features. The macro-averaged F1 score of our model outperformed other classifiers in this paper by 1-4%. Our model achieved F1 score of 64% in SemEval Task 4 (2013-2016) datasets when multi-channel lexicon embedding was applied with 100 dimensions of word embedding.

Keywords: Deep Learning, Lexicon, Multi-Channel, CNN-BiLSTM, Sentiment analysis

1. Introduction

Sentiment analysis, known as opinion mining is a task of natural language processing (NLP) aimed to identify sentiment polarities expressed in documents. Numerous amounts of opinioned texts are created on social media every day. For instance, Twitter users generate over 500 million tweets daily. It is important to analyze these opinioned texts because they give useful information such as response for specific product, opinion for candidates and etc.

However, in sentiment analysis, sarcasm is difficult to distinguish. Usually, sentiment classifier can identify polarity better in the case of clear expression than in the case of sarcasm. Contextualization and informal language in social media are additional complicating factors to sentiment classifier (Deriu et al, 2017).

To solve this problem, our approach focuses on high level features of document extracted by

CNN and the context considered by BiLSTM that capture long term dependency which helps to understand the context. Therefore, we propose a Multi-Channel Lexicon Integrated CNN-BiLSTM (MCLICB) model for sentiment analysis.

Our contributions are:

(i)　To improve performance of sentiment classifier

(ii)　To introduce multi-channel lexicon embeddings and analyze influence for sentiment analysis.

2. Related Works

The first success of sentiment analysis based on convolutional neural networks (CNN) was triggered by text classification (Kim, 2014). This work provided simple and effective architecture for text classification. Convolutional layer can extract local n-gram features. After this research, various modified models based on CNN have been proposed.

One of the modified models is lexicon integrated CNN model with attention (Shin and Lee and Choi, 2016). In the traditional setting, where statistical models are based on hand-crafted features, lexicon is a useful feature, consisting of words and their sentiment scores. CNN architecture of Shin showed that lexicon embedding still can be a useful feature for sentiment analysis.

CNN based methods have been successful in many NLP tasks. However, it has limitations in respect of long term dependency. In contrast, Long Short-Term Memory (LSTM) (Hochreiter et al., 1997; Tai et al., 2015) can capture semantic information with long term dependency.

In order to consider local n-gram features and long term dependency, various models which combined both CNN and LSTM were proposed (Zhang, 2017). Our model improves this approach.

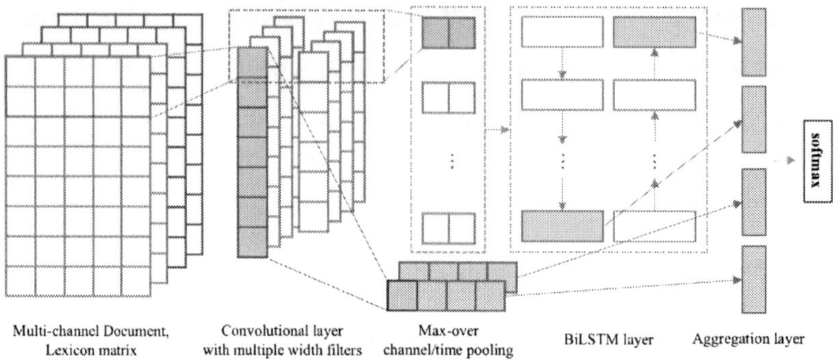

Figure 1: The architecture of our model

3. MCLICB

The architecture of MCLICB consists of a multi-channel embedding layer, a CNN-BiLSTM layer, an aggregation layer, and softmax layer.

3.1 Multi-channel embedding layer

The input of our model (document, lexicon matrix) are based on two multi-channels:

(i)   Multi-channel word embedding,

(ii)   Multi-channel lexicon embedding.

 Multi-channel word embedding is the same as the architecture of Kim (2014) which is both static and non-static. We used word2vec (w2v) trained by skip-gram (Mikolov, 2013). In the similar manner, we applied multi-channel method on lexicon to improve lexicon feature for sentiment analysis. As the coverage of lexicon is low, multi-channel method is more useful because it resolves sparseness in lexicon embedding. The word document matrix is $s \in \mathbb{R}^{n \times d}$, where n is the number of words in a document and d is the dimension of word embedding. The lexicon document corresponding to each word in a document is $s_l \in \mathbb{R}^{n \times e}$, where e is the dimension of lexicon embedding determined by the number of lexicon corpus in section 4.2.

3.2 CNN-BiLSTM layer

To combine advantages of CNN and LSTM, the input local n-gram features were extracted by

CNN. We added padding to the output of CNN because different size of filters produced different size of feature map. Then, max pooling over channels was applied to the padded output of CNN.

To consider long term dependency, bidirectional LSTM were applied to the output of max pooling layer. We set the hidden size h as 150 for all BiLSTM layers. In the case of lexicon embedding, when multi-channel lexicon embedding was convolved by filters, separate convolution approach of Shin (2016) was used.

3.3 Aggregation layer

While LSTMs are advantageous for capturing long term dependency, CNNs generally outperformed in capturing high level features in short text.

To consider various document lengths, we concatenated the outputs of CNN which were produced by max pooling over time and the outputs of CNN-BiLSTM which were generated from last hidden states at aggregation layer. We used different filters between CNN and CNN-BiLSTM to capture improved representations.

3.4 Softmax layer

In softmax layer, the outputs of aggregation layer were converted into classification probabilities. In order to compute the classification probabilities, softmax function was used. The output dimension is 3 (positive, negative and neutral classes).

4. Experiments

In this section, we evaluated our model on sentiment analysis task. We first introduced the implementation of our model in section 4.1. Then, we demonstrated data, preprocessing, training and hyperparameters in section 4.2 and 4.3.

4.1 Implementation

To conduct experiments, we used PyTorch which can fully utilize the GPU computing resource to train our model. We trained our model on a single GTX 1080 8GB GPU with CUDA

(Nickolls et al., 2008) and cuDNN (Chetlur and Woolley, 2014).

4.2 Data and Preprocessing

Tweets which were provided by the SemEval-2017 competition were used for training and as test datasets. The training datasets were from Twitter 2013 to 2016 train/dev and the rest were the test datasets in Table 1.

Table 1. Overview of datasets

Corpus	Total	Positive	Negative	Neutral
Train 2013	9,684	3,640	1,458	4,586
Dev 2013	1,654	575	340	739
Train 2015	489	170	6	253
Train 2016	6,000	3,094	863	2,043
Dev 2016	1,999	843	391	765
DevTest 2016	2,000	994	325	681
Test 2013	3,547	1,475	559	1,513
Test 2014	1,853	982	202	669
Test 2015	2,390	1,038	365	987
Test 2016	20,632	7,059	3,231	10,342
TwtSarc 2014	86	33	40	13
SMS 2013	2,094	492	394	1,208
LiveJournal 2014	1,142	427	304	411

Lexicons used in the proposed model consist of eight types of sentiment lexicons which include sentiment score. Some lexicons were preprocessed to normalize sentiment score to the range from -1 to +1. If words are not in the lexicon vocabulary, neutral sentiment score of 0 were assigned. The following lexicons are used in our model:

- SemEval-2015 English Twitter Sentiment Lexicon (2015).
- National Research Council Canada (NRC) Hashtag Affirmative and Negated Context Sentiment Lexicon (2014).
- NRC Sentiment140 Lexicon (2014).
- Yelp Restaurant Sentiment Lexicons (2014).
- NRC Hashtag Sentiment Lexicon (2013).
- Bing Liu Opinion Lexicon (2004).
- Macquarie Semantic Orientation Lexicon (2009).

- NRC Word-Emotion Association Lexicon (2010).

Preprocessing were applied to tweets and lexicon datasets before extracting features using the following procedures:

- Lowercase: characters in tweets and lexicons were converted to lowercase.
- Tokenization: all tweets were tokenized by using NLTK twitter tokenizer.
- Cleaning: URLs and '#' token in hashtags were removed.
- Replacement: for the out-of-vocabulary (OOV) words, they were replaced by <UNK> token.

4.3. Training and Hyperparameters

The parameters were trained by Adam optimizer (Diederik et al. 2014). The following configuration is our hyperparameters:

- Word embedding dimension d = (50, 100, 200, 400) for pre-trained word2vec.
- Lexicon embedding dimension e = (8) for considering lexicon features.
- Hidden size h = (150) for hidden states of BiLSTM.
- Filter size = (2, 3, 4, 5) for capturing n-gram features.
- Number of filters = (200) for convolving the document and lexicon matrix.
- Number of layers = (2) for number of BiLSTM layers.
- Batch size = (100) for calculating losses.

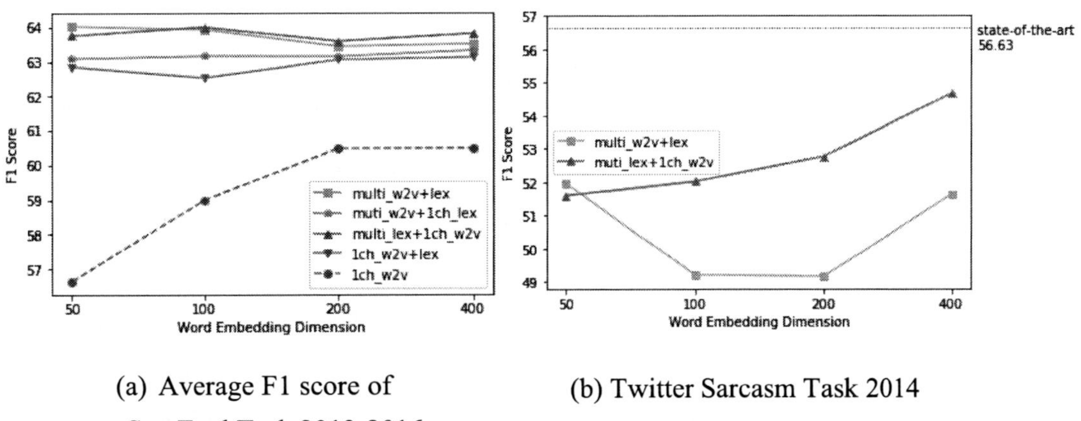

    (a) Average F1 score of   (b) Twitter Sarcasm Task 2014
SemEval Task 2013-2016

Figure 2: The performances of models change across various dimensions of word embedding. In general, as the dimensions of word embedding increase, the performances of multi-channel lexicon models are better than that of multi-channel word embedding (w2v) and lexicon embedding (lex).

- Learning rate = (0.0005) for updating the parameters.
- Number of epochs = (15) for training models.
- Dropout rate = (0.5, 0.65) for avoiding overfitting (Hinton et al., 2012).
- Regularization lambda = (0.0001) for avoiding overfitting.

5. Evaluation

To evaluate the performances of our models in comparison to other classification models, we used the evaluation metric as macro-averaged F1 score across the positive, negative and neutral classes. In our experiment, baseline is 1 layer CNN which is the architecture of Kim (2014) in Table 2.

Table 2. Overall macro-averaged F1 scores of models.
Best (second-best) results of models are highlighted in bold (underlined) face.

	Method	Test 2013	Test 2014	Test 2015	Test 2016	Twt Sarc 2014	SMS 2013	LiveJournal 2014
This Paper	1 layer CNN (baseline)	63.22	60.43	61.04	60.41	43.46	65.05	65.18
	1 layer CNN + lex	62.70	61.37	61.76	62.19	46.39	67.07	68.04
	2 layer CNN	61.71	61.84	61.17	60.16	51.20	64.35	66.96
	2 layer CNN + lex	62.63	63.75	61.65	61.91	49.82	67.17	67.99
	Our model	<u>66.59</u>	<u>64.92</u>	<u>62.50</u>	<u>62.53</u>	<u>51.97</u>	**69.55**	**70.08**
Deriu, et al., 2016	FS (state-of-the-art)	**70.01**	**71.55**	**67.05**	**63.30**	**56.63**	-	<u>69.51</u>

5. Results

Our model outperformed other classification models all as shown in Table 2. In the case of sarcasm, modifying embedding dimension and using multi-channel lexicon embedding alone improved our model about 3% which are shown in Figure 2 (b).

F1 score of our model based on multi-channel lexicon embedding was higher than that of our model based on 1 channel word embedding by about 4-7% as shown in Figure 2 (a). In our experiments, our model achieved the highest F1 score when multi-channel lexicon embedding was applied with 100 dimensions of word embedding in Figure 2 (a).

5. Conclusion

In this paper, we improved our model based on CNN-BiLSTM architecture for predicting document-level sentiments with multi-channel embeddings. Our model outperformed other classifiers in this paper by 1-4%, confirming multi-channel lexicon embedding's effectiveness in improving the performance.

For future work, the application of attention mechanism (Xu, et al., 2015; Yang, et al., 2016), other word embedding method such as fastText (Joulin et al., 2016) and ensemble methods (Deriu, et al., 2016) can be applied to improve our model.

Acknowledgments

This research was supported by Basic Science Research Program through the National Research Foundation of Korea (NRF) funded by the Ministry of Science, ICT & Future Planning (NRF- 2017R1A2B4003558).

References

[1] D. Kingma and J. Ba, "Adam: A method for stochastic optimization," *arXiv preprint arXiv:1412.6980*, 2014.

[2] Y. Kim, "Convolutional neural networks for sentence classification," *arXiv preprint arXiv:1408.5882*, 2014.

[3] S. M. Mohammad and P. D. Turney, "Crowdsourcing a word–emotion association lexicon," *Computational Intelligence*, vol. 29, no. 3, pp. 436–465, 2013.

[4] S. Chetlur, C. Woolley, P. Vandermersch, J. Cohen, J. Tran, B. Catan- zaro, and E. Shelhamer, "cudnn: Efficient primitives for deep learning," *arXiv preprint arXiv:1410.0759*, 2014.

[5] T. Mikolov, I. Sutskever, K. Chen, G. S. Corrado, and J. Dean, "Distributed representations of words and phrases and their composi- tionality," in *Advances in neural*

information processing systems, 2013, pp. 3111–3119.

[6] A. Joulin, E. Grave, P. Bojanowski, M. Douze, H. Je´gou, and T. Mikolov, "Fasttext. zip: Compressing text classification models," *arXiv preprint arXiv:1612.03651*, 2016.

[7] S. Mohammad, C. Dunne, and B. Dorr, "Generating high-coverage semantic orientation lexicons from overtly marked words and a the- saurus," in *Proceedings of the 2009 Conference on Empirical Methods in Natural Language Processing: Volume 2-Volume 2*. Association for Computational Linguistics, 2009, pp. 599–608.

[8] Z. Yang, D. Yang, C. Dyer, X. He, A. J. Smola, and E. H. Hovy, "Hierarchical attention networks for document classification." in *HLT- NAACL*, 2016, pp. 1480–1489.

[9] K. S. Tai, R. Socher, and C. D. Manning, "Improved semantic rep- resentations from tree-structured long short-term memory networks," *arXiv preprint arXiv:1503.00075*, 2015.

[10] G. E. Hinton, N. Srivastava, A. Krizhevsky, I. Sutskever, and R. R. Salakhutdinov, "Improving neural networks by preventing co- adaptation of feature detectors," *arXiv preprint arXiv:1207.0580*, 2012.

[11] J. Deriu, A. Lucchi, V. De Luca, A. Severyn, S. Mu´ller, M. Cieliebak, T. Hofmann, and M. Jaggi, "Leveraging large amounts of weakly supervised data for multi-language sentiment classification," in *Pro- ceedings of the 26th International Conference on World Wide Web*. International World Wide Web Conferences Steering Committee, 2017, pp. 1045–1052.

[12] B. Shin, T. Lee, and J. D. Choi, "Lexicon integrated cnn models with attention for sentiment analysis," *arXiv preprint arXiv:1610.06272*, 2016.

[13] S. Hochreiter and J. Schmidhuber, "Long short-term memory," *Neural computation*, vol. 9, no. 8, pp. 1735–1780, 1997.

[14] M. Hu and B. Liu, "Mining and summarizing customer reviews," in *Proceedings of the tenth ACM SIGKDD international conference on Knowledge discovery and data mining*. ACM, 2004, pp. 168–177.

[15] S.M.Mohammad,S.Kiritchenko,andX.Zhu,"Nrc-canada:Building the state-of-the-art in sentiment analysis of tweets," *arXiv preprint arXiv:1308.6242*, 2013.

[16] S. Kiritchenko, X. Zhu, C. Cherry, and S. Mohammad, "Nrc-canada- 2014: Detecting aspects and sentiment in customer reviews." in *SemEval@ COLING*, 2014, pp. 437–442.

[17] J. Nickolls, I. Buck, M. Garland, and K. Skadron, "Scalable parallel programming with cuda," *Queue*, vol. 6, no. 2, pp. 40–53, 2008.

[18] S. Rosenthal, P. Nakov, S. Kiritchenko, S. Mohammad, A. Ritter, and V. Stoyanov, "Semeval-2015 task 10: Sentiment analysis in twitter." in *SemEval@ NAACL-HLT*, 2015, pp. 451–463.

[19] S. Kiritchenko, X. Zhu, and S. M. Mohammad, "Sentiment analysis of short informal texts," *Journal of Artificial Intelligence Research*, vol. 50, pp. 723–762, 2014.

[20] K. Xu, J. Ba, R. Kiros, K. Cho, A. Courville, R. Salakhudinov, R. Zemel, and Y. Bengio, "Show, attend and tell: Neural image caption generation with visual attention," in *International Conference on Machine Learning*, 2015, pp. 2048–2057.

[21] J. Deriu, M. Gonzenbach, F. Uzdilli, A. Lucchi, V. De Luca, and M. Jaggi, "Swisscheese at semeval-2016 task 4: Sentiment classifica- tion using an ensemble of convolutional neural networks with distant supervision." in *SemEval@ NAACL-HLT*, 2016, pp. 1124–1128.

[22] H. Zhang, J. Wang, J. Zhang, and X. Zhang, "Ynu-hpcc at semeval 2017 task 4: Using a multi-channel cnn-lstm model for sentiment classification," in *Proceedings of the 11th International Workshop on Semantic Evaluation (SemEval-2017)*, 2017, pp. 796–801.

The 2017 Conference on Computational Linguistics and Speech Processing
ROCLING 2017, pp. 254-263
© The Association for Computational Linguistics and Chinese Language Processing

Using Teacher-Student Model For Emotional Speech Recognition

蕭伯瑋 Po-Wei Hsiao

國立中山大學資訊工程學系

Department of Computer Science and Information Engineering

National Sun Yat-sen University

M053040067@student.nsysu.edu.tw

謝博丞 Po-Chen Hsieh

國立中山大學資訊工程學系

Department of Computer Science and Information Engineering

National Sun Yat-sen University

M053040031@student.nsysu.edu.tw

陳嘉平 Chia-Ping Chen

國立中山大學資訊工程學系

Department of Computer Science and Information Engineering

National Sun Yat-sen University

cpchen@mail.cse.nsysu.edu.tw

摘 要

本研究使用Teacher-student model藉由修改訓練資料的標籤來重新訓練靜態分類模型。研究中會使用偏斜強健性類神經網路做訓練及分類，網路在訓練時會加入與各類情緒資料筆數呈反比的權重，以解決資料不平衡的問題。資料前處理的部分則是對訓練資料和測試資料做語者正規化來消除各語者之間的差異性。上述方法使用 FAU-Aibo 情緒語料庫來做評估，並與 Interspeech 2009 Emotion Challenge 分類子挑戰做辨識率的比較。在Interspeech 2009 Emotion Challenge 分類子挑戰中靜態模型的基準辨識率為38.2%，參賽者中最佳的辨識率為41.65%；而本實驗所得到的辨識率為46.0%。

關鍵字：情緒辨識，情緒語料庫，多層感知器，Teacher-Student Model

一、緒論

近年來機器學習發展迅速，應用到許多不同的層面，例如微軟所開發的智慧型個人助理Cortana，或是蘋果的Siri，意味著人工智慧的發展會越來越融入人類的生活。

過往人機介面都需要使用者主動操縱機器，現在即可藉由語音讓使用者跟電腦進行互動。雖然諸如上述的智慧型介面可以對於語音進行辨識，但是還無法對情緒進行精確分析。如果電腦可以依照使用者當下的情緒去作出反應，例如智慧系統依照使用者情緒與使用者進行互動。因此電腦在接收我們的指令時，除了字面上的意思外也應該考慮情緒的差異。例如以色列科技公司Beyond Verbal開發出可以根據對話偵測人類情緒、意圖與個性的軟體: Moodies Emotions Analytics。 從1980年代開始，已經有學者發現情緒上存在著普遍能辨識出的特徵，這些特徵與人類的發聲模式有關，開啓了使用語音情緒特徵進行分類的先河[1]。在1997 年時，Picard 等人[2] 描述了情緒辨識的應用及重要性。情緒語料庫例如：柏林情緒語料庫FAU-Aibo[3]、EMO-DB[4]、LCD情緒語料庫及波蘭情緒語料庫。LIN Chu-Hsuan 等人[5]整理常用於辨識的語音特徵，包括能量、音高、過零率、噪音諧音比和梅爾頻率倒譜係數等。本實驗所使用的情緒語料庫是FAU- Aibo，由於FAU-Aibo錄製的是孩童的自然對話，情緒較不鮮明，因此會影響辨識的準確度。因為此語料庫都是以德國人用德語錄製而成，除了語系不同外，德國人在情緒表現上可能也會和我們有所差異。

情緒辨識系統一開始會先對原始音檔做處理，之後會擷取聲學特徵並用訓練資料來訓練分類模型，最後使用訓練好的分類模型對其進行分類。常用的分類模型有支持向量機(Support Vector Machine, SVM)[6]、多層感知器(Multilayer Perceptron, MLP)[7]、高斯混合模型(Gaussian Mixture Model, GMM)[8]、隱藏式馬可夫模型(Hidden Markov Model, HMM)[9]、遞歸神經網路(Recurrent Neural Network, RNN)[10]。在 Interspeech 2009 Emotion Challenge[11] 分類子挑戰中靜態模型的基準辨識率為 38.2%，使用的分類器為SVM，前處理部分除了會對資料做標準化之外還會使用Synthetic Minority Oversampling TEchnique (SMOTE)對資料做平衡。

本論文主要分為四個部分：第一部分為緒論；第二部分為實驗架構及研究方法；這個部分會介紹實驗流程及資料處理的方法；第三部分會放上實驗結果；第四部份會歸納實驗結論。

二、 研究方法

（一）、 Teacher-Student Model

Teacher-student model 的訓練流程為：先使用訓練資料訓練分類模型，並以此模型對訓練資料做辨識分類，分類的結果會使每筆訓練資料皆會得到一個包含五類情緒事後機率的向量，再以這些向量中作為每筆訓練資料的新標籤，即為 teacher label，並重新訓練分類模型。因此訓練資料的標籤將會由原本的 one-hot vector 表示法轉變為包含五類情緒事後機率的向量。此訓練過程即為 teacher-student training。訓練過程如圖一。

　　由於原始的標籤是由五位語言學者投票標記的，但不同學者對語音所要表達的情緒解讀可能不同，因此可能會出現特徵類似但被標記成不同類或是特徵不同但被標記為同類的情況。這種情況會不利於一般的 MLP 分辨語音的特徵，所以藉由將標記的方式由原本的 one-hot vector 改成以機率呈現的 teacher label 來使模型能夠更廣泛的考慮各類特徵並進行分類，進而提升辨識率。

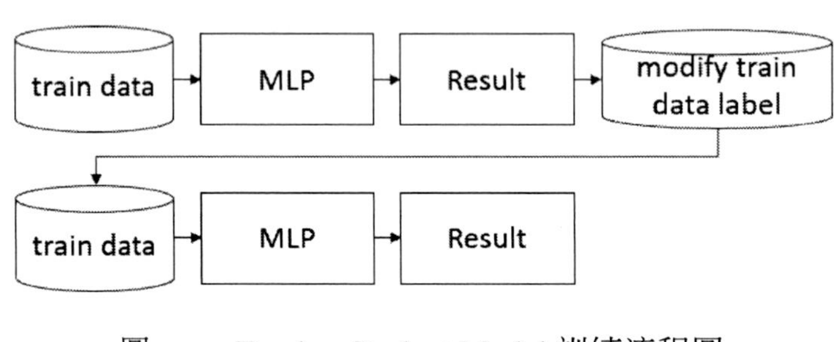

圖 一、 Teacher-Student Model 訓練流程圖

（二）、 多層感知器(Multi-Layer Perceptron, MLP)

　　類神經網絡是一種模仿生物神經網絡(動物的中樞神經系統，特別是大腦)的結構和功能的數學模型或計算模型，用於對函數進行估計或近似。神經網絡由大量的人工神經元連結進行計算。大多數情況下人工神經網路能在外界訊息的基礎上改變內部結構，是一種自適應系統。現代神經網絡是一種非線性統計性數據建模工具。

　　多層感知器為一種前向結構的神經網路，使用 back propagation 作為學習的演算法，以監督式的方式進行學習，處理輸入與輸出之間的非線性映射關係。 Back propagation network 是由向前傳遞(forward pass)及向後傳遞(backward pass)兩部分所組成，向前傳遞是先將訓練資料放進網路中去執行，之後再計算出輸出值與目標值之間的誤差，而後向傳遞是根據誤差值去對權重進行調整，經過這樣多次的訓練之後，就能夠將網路的誤差值修正到極小的範圍內。 Back propagation network 的特性主要有：

I. 學習精確度高

II. 回想速度快

III. 可以處理非線性問題

在進行向前傳遞時:會使用sigmoid function(1) 作為做為激活函數，sigmoid function 會使得輸出值位於區間[0,1]函數如下。

$$f(x) = \frac{1}{1+e^{-x}} \tag{1}$$

會以Cross entropy(2)作為計算誤差的方法

$$-\sum_{k=1}^{K} target_k \times \log(predict_k) \tag{2}$$

加入權重之最佳化參數更新以下列公式做為表示

$$-r_{ik} \times \sum_{k=1}^{K} target_k \times \log(predict_k) \tag{3}$$

最後使用 Softmax function(4)將各類輸出結果轉換為機率。

$$\sigma(y_i) = \frac{e^{y_i}}{\sum_j e^{y_j}} \tag{4}$$

在進行向後傳遞時:計算輸出層(5)及隱藏層(6)的誤差值

$$\delta_k = (t_k - y_k) \times y_k \times (1 - y_k) \tag{5}$$

$$\delta_j = (\sum_{k=1}^{K} w_{jk} \times \delta_k) \times y_k \times (1 - y_k) \tag{6}$$

調整隱藏層到輸出層(7)及輸入層到隱藏層(8)的權重，x_i :輸入層的神經元，z_j :隱藏層的神經元，y_k :輸出層的神經元 η ：learning rate , m：momentum

$$w_{jk} = w_{jk} + \eta \times \delta_k \times z_j + m \times \Delta w_{previous} \tag{7}$$

$$w_{ij} = w_{ij} + \eta \times \delta_j \times x_i + m \times \Delta w_{previous} \tag{8}$$

　　資料前處理的部份，由於不同語者產生的聲音會有所差異，因此本實驗會使用語者正規化的方法來消除此差異性，並只保留情緒的變異。語者正規化會將多個實際語者轉換為一個虛擬語者，如此一來我們就能夠得到一個虛擬語者的資料分布，接下來將每個實際語者都轉換成虛擬語者的分布，正規化的方法為直方圖均衡法(Histogram Equalization, HE)[12]。語者正規化的流程如圖二。

　　為了處理各類訓練資料不平衡的問題，對於每一類別，本研究參考[13]引入一個類別權重 r_{ik} 來調整參數更新。其中，r_{ik} 為該類別之訓練資料數與整體資料數之相對頻率的倒數，與該筆資料所屬類別之總資料數成反比(9)。加入類別權重進行訓練的MLP模型即為Skewness-robust MLP。

$$r_{ik} = \frac{N}{N_k} \propto \frac{1}{N_k} \tag{9}$$

各類別的權重如表一所示。

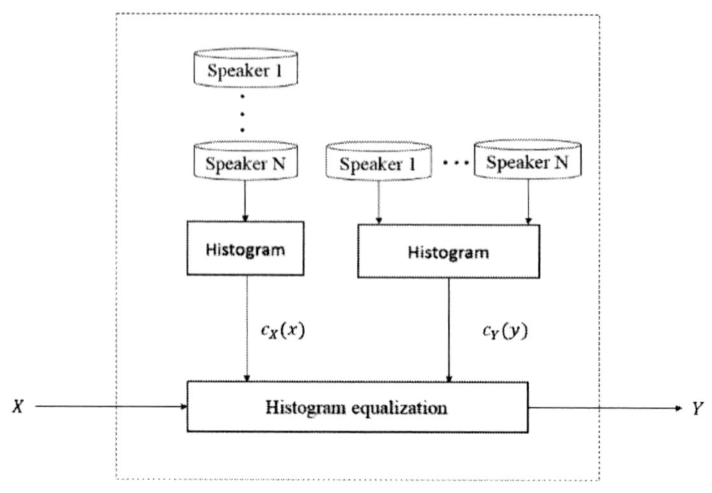

圖 二、 語者正規化流程

表 一、 類別權重

	Angry	Emphatic	Neutral	Positive	Rest
Weight	1.1	0.5	0.2	1.5	1.4

三、 實驗結果

　　FAU-Aibo情緒語料庫為德國研究員Stefan Steidl根據 51 名 10-13 孩童與 Sony 的機器狗 Aibo 互動 9 小時所產生的語音檔，透過近距離麥克風將孩子們自然發出的聲音所產生的情緒記錄下來，用人為手動的方法將音訊檔切割成較小的片段，其中訓練資料包含來自同一個學校的 26 名孩童，而測試資料的 25 名孩童是來自於另一所學校。語料庫的情緒標記工作由 5 名專業的語言學者共同完成，共分為11類情緒，分別為：歡樂(Joyful)、驚訝(Surprised)、強調(Emphatic)、無奈(Helpless)、敏感(Touchy)、憤怒(Angry)、媽媽語(Motherese)、無聊(Bored)、譴責(Reprimanding)、中性(Neutral)與正向 (Positive)。本實驗依照 Interspeech 2009 Emotion Challenge的情感識別挑戰，選出憤怒(Angry)、強調(Emphatic)、中性(Neutral)、正面(Positive)、其餘(Rest)五類情緒。此五類的資料量如表二所示。

　　本實驗根據[11]中所設定的 基準聲學特徵並使用 openSMILE 工具擷取，包含 16 個低階參數(Low-Level descriptors, LLDs)及 12 個泛函(Functionals)。16 個低階參數分別是：梅爾頻率倒譜系數 (Mel-Frequency Cepstral Coefficients，MFCCs)(1-12維) 、均方根

表 二、 FAU-Aibo情緒語料庫

	Angry	Emphatic	Neutral	Positive	Rest
Train	881	2093	5590	674	721
Test	611	1508	5377	215	546

能量(RMS energy)、過零率(Zero Crossing Rate, ZCR)、諧音噪音比(Harmonics-to-Noise Ratio, HNR)、音高頻率(Pitch Frequency)，加上每個低階參數的一階係數差(Delta)。12個泛函(Functionals)為：平均值、標準差(standard deviation)、 峰度(Kurtosis)和偏移態(Skewness)、最大最小值、相對位置(Relative Position)、範圍(Range)以及另外兩個線性迴歸係數(Linear Regression Coefficients)及其均方差(Mean Square Error, MSE)。因此，對於每一個低階參數，經過一階係數差計算再經由12個泛函計算後，最後得到的特徵集包含了 16×2×12=384 維特徵參數。

在訓練網路之前，會先將訓練資料正規化到 [0,1] 以降低原始資料間的差異性。實驗中所使用的 MLP 架構為一層 30 個神經元的隱藏層如圖三。本實驗會比較有無使用 teacher-student training 的差異，第一組實驗以 FAU-Aibo 訓練資料對偏斜強健性類神經網路訓練 600 個 epoch，使用的參數如表三，於 FAU-Aibo 測試資料得到 44.6% 的辨識率。第二組實驗使用同樣的參數以及訓練資料對偏斜強健性類神經網路做 teacher-student training，再以此模型對 FAU-Aibo 測試資料做分類且得到 46% 的辨識率，實驗結果如表四。各類情緒分類情形如表五、表六。本研究使用 teacher-student model 所得到的辨識率(46%)比基準辨識率(38.2%)高出約8%，此外，根據 Interspeech 2009 Emotion Challenge 參賽者所得到的多組實驗結果[14]中，最佳的結果為Marcel Kockmann 等人[15]所獲得的的41.65%。

四、 結論

根據表四所得到的實驗結果顯示，使用 teacher-student model之後，辨識率能夠從44.6%提升到46%。因此可得知原本用人為標記的方式存在一些問題，可能會造成 MLP 在學習時，無法針對資料的特徵值進行學習，而在使用 teacher label 改變原本的標籤後，有助於提升 MLP 對 FAU-Aibo 情緒語料庫的辨識率。有鑑於對資料的標籤做修改能夠提升辨識率，因此在未來的研究中，我們想進一步的去研究資料標籤的標記方法，若能以其他方式結合 teacher-student training ，或許能在更短的時間內對大量的

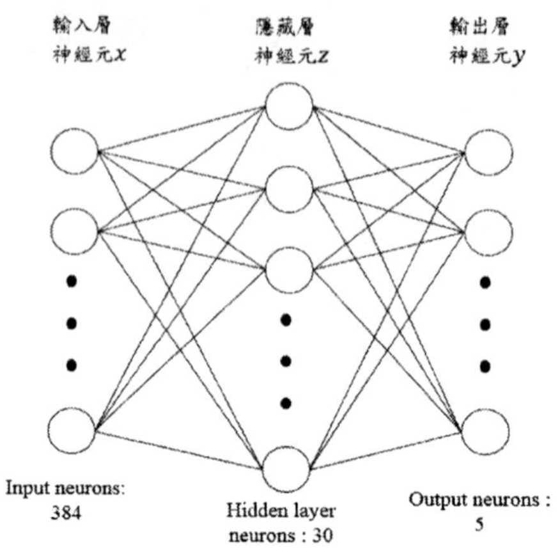

圖 三、 MLP架構圖

表 三、 實驗參數

Hyperparameter	Value
Mini-batch	100
Learning rate	0.4
Learning rate decay	0.0005
Momentum	0.5
Optimizer	Stochastic gradient descent
Loss function	Cross-entropy
Epoch	600

表 四、 MLP、Teacher-Student Model 實驗結果

	Recall
Skewness-robust MLP	44.6%
Teacher-student model	46.0%

資料做標記或修改，可能會遇到的挑戰包含標記的結果是否具有足夠的可靠性，以及使用此標籤進行訓練時，對於神經網路訓練過程的影響。希望能夠結合相關的資料標記方法來讓 MLP 對於五類 FAU-Aibo 情緒語料庫的辨識率提升。

表 五、 Skewness-robust MLP 分類結果混淆矩陣

	Angry	Emphatic	Neutral	Positive	Rest	Recall
Angry	300	131	70	30	80	49.1%
Emphatic	218	778	281	52	179	51.6%
Neutral	528	900	2209	666	1074	41.1%
Positive	11	10	29	116	49	54.0%
Rest	300	79	121	104	150	27.5%
					Avg.recall	44.6%

表 六、 Teacher-student model 分類結果混淆矩陣

	Angry	Emphatic	Neutral	Positive	Rest	Recall
Angry	329	110	72	37	63	53.8%
Emphatic	265	776	278	92	97	51.5%
Neutral	630	948	2085	1073	641	38.8%
Positive	8	7	32	141	27	65.6%
Rest	80	86	117	151	112	20.5%
					Avg.recall	46.0%

參考文獻

[1] Van Bezooijen, Renée, Stanley A. Otto, and Thomas A. Heenan. "Recognition of vocal expressions of emotion: A three-nation study to identify universal characteristics." Journal of Cross-Cultural Psychology 14.4 (1983): 387-406.

[2] Picard, Rosalind W., and Roalind Picard. Affective computing. Vol. 252. Cambridge: MIT press, 1997.

[3] S. Steidl, "Automatic classification of emotion related user states in spontaneous children'sspeech," PhD thesis, University of Erlangen-Nuremberg, 2009.

[4] F. Burkhardt, A. Paeschke, M. Rolfes, W. F. Sendlmeier, and B. Weiss, "A database of german emotional speech." in Interspeech, vol. 5, 2005, pp. 1517–1520.

[5] LIN Chu-Hsuan, CHEN, Yen-Sheng, "結合非線性動態特徵之語音情緒辨識 (Speech Emotion Recognition via Nonlinear Dynamical Features)"[In Chinese], in RO-CLING 2015.

[6] Hu, Hao, Ming-Xing Xu, and Wei Wu. "GMM supervector basedSVM with spectral features for speech emotion recognition."Acoustics, Speech and Signal Processing, 2007. ICASSP 2007.IEEE International Conference on. Vol. 4. IEEE, 2007.

[7] Kamaruddin, Norhaslinda, and Abdul Wahab. "Emulating humancognitive approach for speech emotion using MLP and Gen-SofNN." Information and Communication Technology for theMuslim World (ICT4M), 2013 5th International Conference on.IEEE, 2013.

[8] Cheng, Xianglin, and Qiong Duan. "Speech emotion recognition using gaussian mixture model." The 2nd International Conference on Computer Application and System Modeling. 2012. APA

[9] Metallinou, Angeliki, Athanasios Katsamanis, and Shrikanth Narayanan. "A hierarchical framework for modeling multimodality and emotional evolution in affective dialogs." Acoustics, Speech and Signal Processing (ICASSP), 2012 IEEE International Conference on. IEEE, 2012.

[10] Hopfield, John J. "Neural networks and physical systems with emergent collective computational abilities." Proceedings of the national academy of sciences 79.8 (1982): 2554-2558.

[11] Schuller, Björn W., Stefan Steidl, and Anton Batliner. "The INTERSPEECH 2009 emotion challenge." Interspeech. Vol. 2009. 2009

[12] B.-C. Chiou, "Cross-lingual automatic speech emotion recognition,"Master's thesis, National Sun Yat-sen University, 2014

[13] P.-Y.Shih, Skewness-Robust Neural Networks with Application to Speech Emotion Recognition, Master's thesis, National Sun Yat-sen University, 2016.

[14] Schuller, Björn, et al. "Recognising realistic emotions and affect in speech: State of the art and lessons learnt from the first challenge." Speech Communication 53.9 (2011): 1062-1087.

[15] Kockmann, Marcel, Lukáš Burget, and Jan Černocký. "Brno university of technology system for interspeech 2009 emotion challenge." Tenth Annual Conference of the International Speech Communication Association. 2009.

The 2017 Conference on Computational Linguistics and Speech Processing
ROCLING 2017, pp. 264-275
© The Association for Computational Linguistics and Chinese Language Processing

SUT System Description for Anti-Spoofing 2017 Challenge

Department of Computer Engineering

Sharif University of Technology, Tehran, Iran

Mohammad Adiban, Hossein Sameti, Nooshin Maghsoodi, Sajjad Shahsavari

adiban@ce.sharif.edu, sameti@sharif.edu, nmaghsoodi@ce.sharif.edu,

mrshahsavari@ce.sharif.edu

Abstract

Reliability of Automatic Speaker Verification (ASV) systems has always been a concern in dealing with spoofing attacks. Among these attacks, replay attack is the simplest and the easiest accessible method. This paper describes a replay spoofing detection system applied to ASVspoof2017 corpus. To reach this goal, features such as Constant-Q Cepstral Coefficients (CQCC), Modified Group Delay (MGD), Mel Frequency Cepstral Coefficients (MFCC), Relative Spectral Perceptual Linear Predictive (RASTA-PLP) and Linear Prediction Cepstral Coefficients (LPCC), and different classifiers including Gaussian Mixture Models (GMM), Multi-Layer Perceptron (MLP), Support Vector Machine (SVM) and Linear Gaussian (LG) classifier have been employed. We also used identity vector (i-vector) based utterance representation. Finally, scores of different subsystems have been fused to construct the proposed system. The results show that the best performance is attained using this score level fusion.

Keywords: Spoofing Attack, Automatic Speaker Verification, Replay, ASVspoof2017

1. Introduction

In recent years, there has been growing interest to develop Automatic Speaker Verification systems. ASV systems aim to verify the speaker's identity using his/her speech. There are many mass-market applications of ASV systems, such as phone banking and trading, password resetting, access control in smart phones, credit card activation etc. [1, 2]. Due to the development of ASV systems, concerns about spoofing attacks and security of these systems are increasing. To study spoofing approaches and their threats, the ASVspoof2015 [3] and ASVspoof2017 [4] challenges are introduced. Spoofing attacks include four main approaches: impersonation, speech synthesis, voice conversion and replay [3, 5].

Among them, replay attack is the most easily accessible approach available with low technology recording devices, such as voice recorder, laptop, smartphone etc. [5]. These devices may incur different noises during spoofing attacks such as channel or convolutional noise and quantization noise. The channel noise could be originated from the different recording devices, different recording environment and changes in the distance to the microphone. Therefore, in spoofing attacks context, this noise occurs owing to the fact that replayed speech is recorded by two devices and one loudspeaker [2, 6]. Quantization noise is due to analog-to-digital conversion. These distortions cause a mismatch between the genuine and replayed speech pattern. This mismatch can be detected by training a classifier using cepstral-based or spectral-based features. According to the replayed speech threats, the ASVspoof2017 challenge is introduced concentrating on the replay spoofing attacks. This challenge aims to analyze vulnerability of ASV systems and its countermeasures in the face of replay attack [4]. In this study, we focus on the replay spoofing attacks and countermeasures based on the ASVspoof2017 dataset.

In this work, we utilized six different features, Comprising Constant Q Cepstral Coefficient (CQCC), Modified Group Delay (MGD), Mel-Frequency Cepstral Coefficient (MFCC), Relative Spectral Perceptual Prediction (RASTA-PLP), Linear Prediction Cepstral Coefficient (LPCC) and identity vector (i-vector) [7]. We used four types of classifiers: Gaussian Mixture Model (GMM), Multi-Layer Perceptron (MLP), Support Vector Machine (SVM), and Linear Gaussian (LG) Model. Within this framework, we investigated fusion of these different subsystems. The rest of this paper is organized as follows: in Section 2 ASVspoof2017 dataset and metrics are introduced. An overview of the above mentioned features is provided in Section 3 and the classifiers are described in Section 4. Eventually, the experimental results are reported in Section 5 and the conclusion is presented in Section 6.

2.   Dataset and Metrics

The ASVspoof2017 challenge is introduced to provide a standard database containing genuine and spoofed speech by replay attack [4, 8]. Spoofed speech is created in 179 sessions with 125 different configurations by applying different replay techniques to a given utterance as described in [9]. This corpus is based on the RedDots [10] corpus and consists three subsets: training, development and evaluation. The training subset is generated from 10 male speakers and contains 1508 genuine utterances and 1508 spoofed speech trials by replay attack. Spoofed speech is created in six sessions with three different configurations. The development subset is comprised of 760 genuine and 950 spoofed utterances and generated by 8 speakers. Furthermore, the spoofed utterances are generated from 10 different replay sessions with different playback and recording devices. The evaluation data includes 13306 utterances generated from 1298 genuine and 12008 spoofed trials. The statistics of each subset are summarized and illustrated in Table 1. It should be noted that the number of spoofed trials was 14420 originally and it was decreased to 12008 after modification by organizer. There are six evaluation conditions in this corpus. For each there is a disjoint set of replay trials. Replay trials in condition C1 have a remarkable amount of background noise or channel distortion so that they are almost easily detectable, whereas replay trials in condition C6 are of high quality thus they are relatively more difficult to detect. More details about the corpus and the ASVspoof2017 challenge can be found in [4, 11].

Table 1: Statistic of the ASVspoof 2017 database.

Subset	#spk	#Replay sessions	#Replay config	#Utterance	
				Non-replay	Replay
Training	10	6	3	1508	1508
Devel.	8	10	10	760	950
Eval.	24	163	112	1298	12008
Total	42	179	125	3566	14466

2.1. Evaluation Metrics

In this task the metric of evaluation is based on Equal Error Rate (EER). Therefore, we assign a score to each trial, then let define $P_{fa}(\theta)$ as the false alarm and $P_{miss}(\theta)$ as the miss rates at threshold θ:

$$P_{fa}(\theta) = \frac{\#\{replay - trials > \theta\}}{\#\{Total - replay - trials\}} \tag{1}$$

$$P_{miss}(\theta) = \frac{\#\{non - replay - trials \leq \theta\}}{\#\{Total - non - replay - trials\}} \tag{2}$$

Now EER is computed [4]:

$$EER = P_{fa}(\theta_{EER}) = P_{miss}(\theta_{EER}) \tag{3}$$

where θ_{EER} is the value of the parameter θ when P_{fa} equals P_{miss}.

3. Features

3.1. Constant Q Cepstral Coefficients

We first used the Constant Q Cepstral Coefficients (CQCC) feature [12]. This feature is based upon the Constant Q Transform (CQT), initially proposed in the field of music processing [13]. In the recent years the CQT has been widely used to analyze, classification and separation of audio signals, and has achieved significant results [14, 15, 15]. The CQT uses geometrically spaced frequency bins [12]. Considering Fourier-based approaches, using regular spaced frequency, makes them variable in the shape and width (the Q-factor) of the filter in the frequency domain [16], while CQT engages a constant Q factor along the entire spectrum. One advantage of CQT over Fourier-transform is related to their frequency and temporal resolution. In other word, Fourier-transform yields low frequency resolution in lower frequency and low temporal resolution in higher frequency while CQT has high resolution in both cases [17]. More details about CQT are given in [12]. For extracting CQCC, first we compute the CQT for the discrete time domain signal $x(n)$. Then in the case of speech signals, the spectrum is usually obtained using the discrete Fourier transform (DFT). In the next step the cepstrum in a time sequence $x(n)$ is obtained using the inverse transformation in the spectrum logarithm whereas the inverse transformation is normally implemented with the discrete cosine transform (DCT). The steps for extracting the CQCC are depicted in Fig. 1.

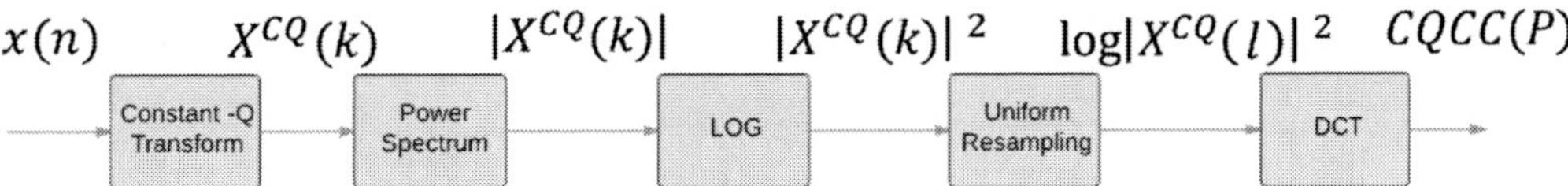

Figure 1: Block diagram of CQCC feature extraction [12].

3.2. Modified Group Delay

The Modified Group Delay (MGD) [18] has been used in phoneme recognition for many years [19]. MGD contains both magnitude and phase information [20] and can be used as an informative cue for replay speech detection. Phase information is vital factor in speech coding. Its role is contributed to keeping the balance between redundant information reduction and quality of the received speech. Accordingly, perceptual threshold value is fixed and we try to keep phase quantization error below the mentioned value. This value is experimentally determined by listener(s) given signals with noticeable difference in their face but not perceptually recognizable. Several methods of spoofing countermeasures based on features using magnitude and phase information are introduced in [21]. Modified group delay is originated from the group delay (GD) which is the derivative of phase spectrum with respect to frequency:

$$GD(t,\omega) = princ\{\theta(t,\omega) - \theta(t,\omega - 1)\} \tag{4}$$

where princ is the mapping function and adds integer numbers of 2π to map the input onto $[-\pi;\pi]$ interval. The robustness of the group delay in the face of transmission channel and ambient noise has been studied in [22, 23, 24]. Considering GD, the modified group delay can be computed according to:

$$MGD = \frac{\tau(t,\omega)}{|\tau(t,\omega)|}|\tau(t,\omega)|^\alpha \tag{5}$$

$$\tau(t,\omega) = \frac{X_R(t,\omega)Y_R(t,\omega) + X_I(t,\omega)Y_I(t,\omega)}{|S(t,\omega)|^{2\gamma}} \tag{6}$$

here, $X(t;\omega)$ is the fast Fourier transform (FFT) of speech signal $x(n)$ and $Y(t;\omega)$ is the fast Fourier transform of the $nx(n)$ where $x(n)$ is re-scaled form of $x(n)$, R is the real part of spectrum, and I is the imaginary part of spectrum. Furthermore, $S(t;\omega)$ is a smoothed configuration of $X(t;\omega)$.

3.3. Mel Frequency Cepstral Coefficients

Commonly, phase information remains in the original utterance in replayed speech [5]. Therefore, amplitude-based features such as MFCC provides the important information and a reliable means of detecting replay spoofing attack. Experimental result on ASVspoof2017 as are described in Section 5 shows fusion of MFCC and phase-based features like MGD achieves significant performance to spoofing detection.

3.4. Relative Spectral Perceptual Linear Predictive

The Perceptual Linear Predictive (PLP) [25] is a feature extraction method based on short-term spectrum. As less sensitivity of human perception to the speech spectral factors [25], such features are very informative on spectral analysis domain. RASTA-PLP is the modified version of PLP making it more robust to linear spectral distortions [26]. It should be noted that there is almost no preference regarding the performance in applying RASTA-processing in PLP comparing with applying PLP for the clean data, however, the recognizer would be much robust respect to the factors such as microphone quality or its position to the mouth in the case of employing RASTA-PLP. Therefore, the efficiency of RASTA-PLP in the face of convolutional noise is clear [26].

3.5. Linear Prediction Cepstral Coefficient

Linear Prediction Coding (LPC) is one of the most popular and powerful methods that gives us the basic parameters of the speech signals and is widely used in speaker recognition [27]. LPCC coefficients can be obtained from LPC using autocorrelation method. One of the properties of LPCC is its high sensitivity to quantization noise. Speech processing systems using LPCC feature have achieved high performance dealing with speech recorded in the noise-free conditions [27]. This feature can be useful for replay spoofed speech detection especially when it is fused with MFCC and RASTAPLP.

3.6. Identity Vector(i-vector)

As mentioned before, in this work we have also used i-vector as a representation for each utterance. For i-vector extraction, firstly, a large GMM (*e.g.* with 2048 components), called Universal Background Model (UBM), is trained on the sufficient data. Using UBM, each utterance is modeled by a super vector which is produced by concatenating mean vectors of Gaussian components in the UBM. In the factor analysis viewpoint, this super vector, M, can be modeled as:

$$M = m + Ty \tag{7}$$

where T is a low rank matrix representing speaker and channel variability jointly, m is the speaker and channel independent super vector defined by the means of UBM components and y is a latent variable with standard normal distribution. In this model, T is denoted as i-vector extractor or total variability space, and y is representing i-vector. The next stage is training the i-vector extractor, and then, using i-vector extractor, the super vector corresponding to each utterance will be mapped to a vector with lower dimension (*e.g.* 100 or 200), the i-vector.

4. Classifiers

4.1. Gaussian Mixture Models

In this work, Gaussian mixture model (GMM) is used as classifier. We trained two GMMs by EM iterations, one for the genuine speech and the other for the spoofed speech. In the next step, the score for each trial is obtained by computing log likelihood ratio:

$$LLR(S) = logP(S|\theta_{genuine}) - logP(S|\theta_{spoof}) \tag{8}$$

where S is a feature vector corresponding to the test utterance and $\theta_{genuine}$ and θ_{spoof} denote the GMMs for genuine and spoof speech, respectively.

4.2. Multi-Layer Perceptron

We also used Multi-Layer Perceptron (MLP) as a discriminative classifier to compute the posterior probability of each genuine and spoof class for the given input feature vector as named before. We trained the networks with mini-batch stochastic gradient descent (MSGD) optimization algorithm for minimizing cross entropy objective function. The output layer consists of two neurons with softmax activation function that represent posterior probabilities of the genuine and spoof classes. In the following, the output score for each given speech signal sequence is obtained by computing log likelihood ratio (LLR):

$$LLR(S) = logP(genuine|S) - logP(spoof|S) \tag{9}$$

Where S is the input sequence and $P(genuine|S)$ and $P(spoof|S)$ are posteriors of genuine and spoofed trials, respectively.

4.3. Support Vector Machine

In this paper, Gaussian Support Vector Machine (SVM) is applied to the problem of spoofed/non-spoofed classification. In this manner, a binary SVM is trained using i-vector features to discriminate genuine from replayed speech. Accordingly, we obtain a binary function that determines the posterior probability of spoofed and genuine trials based on Logistic regression.

4.4. Linear Gaussian

A linear Gaussian model [28] is a Bayes net model. The popularity of linear Gaussian models comes from analytical properties of Gaussian processes [9]. In this model all the variables are Gaussian and the output of the linear system obtained by Gaussian distributed input is also Gaussian distributed. In this work we have used a linear Gaussian model for classification of genuine and spoofed speech. For the linear Gaussian, we used system identification methods based on Expectation Maximization (EM) algorithm to maximize the likelihood of the observed data, and we have used i-vector as the input to the linear Gaussian.

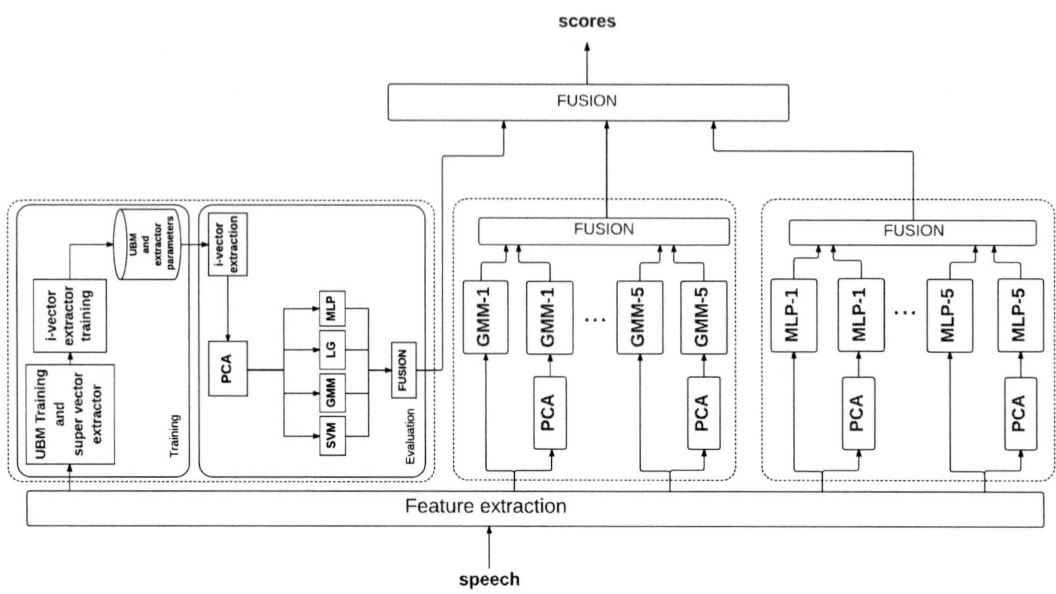

Figure 2: Proposed SUT system structure

5. Experimental Results

5.1. Baseline System

ASVspoof2017 challenge has introduced a baseline system to detect replay/non-replay trials [11]. This system is used as our baseline in this paper. This system uses a common GMM back-end classifier and CQCC features. The attained EER of the baseline was reported 24.65%. It is worth mentioning that 20 participants from all 49 participants could achieve better performance in terms of EER compared to the baseline system, in this challenge. Obviously, the reported performance shows the difficulty level of the challenge.

5.2. SUT System Structure

In this work, we have applied 90-dimensional CQCC, 427-dimensional MGD (with two tuning parameters γ and α set to 0.9 and 0.4, respectively), 24-dimensional MFCC, 13-dimensional RASTA-PLP and 12-dimensional LPCC for each GMM and MLP. The GMM components were set to be 512 (except for the GMM used in the i-vector based system). Furthermore, each MLP (except for the MLP used in the i-vector based system) was trained with 2 hidden layers each containing 256 neurons with rectified linear unit (ReLU) activation function. In i-vector based part the number of UBM components are 2048, and the dimensionality of the i-vetor extractor was set to 200. In addition, for training the classifiers in i-vector based system, we used 4-components GMM, one layer MLP with 30 neurons and applied one Gaussian in linear Gaussian.

Table 2: EER (%) for different systems in *development* set.

Systems	EER%
GMM1 (CQCC + PCA)	**6.12**
GMM2 (MGD + PCA)	31.33
GMM3 (MFCC + PCA)	20.45
GMM4 (RASTA-PLP + PCA)	17.69
GMM5 (LPCC + PCA)	29.87
FUSION (GMM-all features)	**4.23**
MLP1 (CQCC + PCA)	**21.36**
MLP2 (MGD + PCA)	41.70
MLP3 (MFCC + PCA)	28.15
MLP4 (RASTA-PLP + PCA)	25.48
MLP5 (LPCC + PCA)	39.17
FUSION (MLP-all features)	**19.02**
i-vector	**5.38**
FUSION (GMM + i-vector)	3.81
FUSION (MLP + i-vector)	5.96
FUSION (GMM + MLP)	4.66
FUSION (GMM + MLP + i-vector)	**3.10**

5.3. Development Set

Table 2 represents the EER obtained by our different countermeasure systems and their fusion of the development set. Consequently, we trained 5 GMMs and 5 MLPs as classifiers, then the obtained scores by each classifier were fused. As the input of each classifier we used one feature vector and its Principal Component Analysis (PCA) vector. Experimental results show that applying feature PCA transformation, especially for CQCC, significantly improves the results. Fig. 2 illustrates our proposed system. We used all features and their PCA transformation for training GMMs and MLPs. The results obtained from GMM classifiers and their fusion are presented in the first part of the Table 2. It shows CQCC and its PCA performs better than others. As shown in Table 2, the best EER is achieved by fusion of CQCC-based GMM classifier with the others features and it is about 4.23%. The second part of the Table 2 denotes the results of MLP classifiers. It is observed that the EER values of MLP are not as good as of GMM values are, however, MLP improves the EER when it is fused with GMM classifiers. Like GMM, MLP can get lower EER in the fusion condition.

The third part of Table 2 presents i-vectors result. In this step, after i-vector extraction, PCA without dimension reduction is applied to them and they are centered by their mean and length normalized. Then, i-vectors are directly used to train four different classifiers separately. The classifiers are two-class classifier and include GMM, SVM, Linear Gaussian Classifier and MLP. Finally, we used BOSARIS toolkit [29] to train logistic regression for fusion. It is obvious that the identity vector shows significantly better results respect to the neural network and GMM except in the case of fusing the GMMs trained with all the features. The last part of Table 2 shows results with different systems fusion. It shows that i-vector performs better when it is fused whether with only GMM or with both GMM and MLP. However, fusing with MLP alone cannot improve the performance. Also, it is observed that fusion of the systems reduces the EER significantly and the lowest EER is obtained when all systems are fused. It should be noted that this score is attained by linear fusion of subsystems scores.

5.4. Evaluation Set

Table 3 shows the EER values of the evaluation set obtained by the different fusion systems. In the evaluation phase, we have used the same system as for the development data. The first part of Table 3 denotes the results of GMM classifiers. As same as the results in the development part, between the different types of features the lowest EER has been obtained by CQCC and it is about 16.21% while fusing CQCC with other features considerably reduces EER by approximately 3 percent. In the second trying, in contrast with the DEV results, an EER of 27.23% is obtained in MLP-based system using MFCC feature. Unexpectedly, using CQCC feature was not resulted in the best EER, however, the fusion of features improved the results like prior system. We speculate that the low amount of training data causes low performance of MLP. However, as shown in the Table 3, the fusion of the MLP with other systems improves EER. Furthermore, an EER of 16.69% has been measured when i-vector has been applied to the system. Although i-vector feature can help us to reach a considerable EER, the results would be more attractive in the case that i-vector have been fused with other system scores. The fusion sets are mentioned in the fourth part of Table 3.

Table 3: EER (%) for different systems in *evaluation* set.

Systems	EER%
Baseline	**26.65%**
GMM1 (CQCC + PCA)	**16.21**
GMM2 (MGD + PCA)	30.24
GMM3 (MFCC + PCA)	26.41
GMM4 (RASTA-PLP + PCA)	29.13
GMM5 (LPCC + PCA)	35.60
FUSION (GMM-all features)	**13.36**
MLP1 (CQCC + PCA)	37.76
MLP2 (MGD + PCA)	39.53
MLP3 (MFCC + PCA)	**27.23**
MLP4 (RASTA-PLP + PCA)	36.34
MLP5 (LPCC + PCA)	31.44
FUSION (MLP-all features)	**26.12**
i-vector	**16.69**
FUSION (GMM + i-vector)	10.88
FUSION (MLP + i-vector)	13.75
FUSION (GMM + MLP)	13.24
FUSION (GMM + MLP + i-vector)	**10.31**

Like previous results achieved in the development set, the lowest ERR for evaluation data belongs to the fusion of all the three systems (GMM + MLP + i-vector). The final score is obtained by linear fusion of sub-systems scores. The coefficients of this linear fusion are determined by tuning parameters on development data. An overview of SUT system is graphically illustrated in Fig. 2.

6. Conclusion

Replayed speech can be used as a spoofing speech attack and provides wide threats for the automatic speaker verification (ASV) systems. To study these threats and countermeasures ASVspoof2017 corpus is presented by NIST. In this work, we described an anti-replay spoof system based on ASVspoof2017. Our proposed system used various types of classifiers and features. Since the replayed speech may be distorted, these distortions cause a mismatch between the genuine and the replay speech pattern. This mismatch can be detected by training a classifier using cepstral-based features such as CQCC and MFCC or spectral based features like PLP and RASTA-PLP. To obtain final scores, each classifier computes the posterior probability of each genuine and spoof class for the given input utterance. To achieve better results, we fused the scores computed by systems. Experimental results show that the best result in terms of EER is attained by fusion of all systems (GMM + MLP + i-vector).

7. Acknowledgment

The authors of the paper would like to thank Mohammad Elmi and Hossein Zeinali for their assistance and helpful comments.

References

[1] M. Hakan, "Automatic speaker verification on site and by telephone: methods, applications and assessment," PhD diss., KTH, 2006.

[2] Z. Wu, S. Gao, S. Cling, and H. Li, "A study on replay attack and anti-spoofing for text-dependent speaker verification," *IEEE Asia-Pacific Signal and Information Processing Association, 2014 Annual Summit and Conference (APSIPA)*, pp. 1–5, 2014.

[3] Y. Huang Q. Li, "An auditory-based feature extraction algorithm for robust speaker identification under mismatched conditions," *EEE transactions on audio, speech, and language processing*, pp. 1791–1801, 2011.

[4] X. Xiao, X. Tian, S. Du, H. Xu, S Chng, and H Li, "Spoofing speech detection using high dimensional magnitude and phase features: The ntu approach for asvspoof 2015 challenge," *Sixteenth Annual Conference of the International Speech Communication Association*, 2015.

[5] Z. Wu, T. Kinnunen, N. Evans, J. Yamagishi, C. Hanilci, M. Sahidullah, and A. Sizov, "Asvspoof 2015: the first automatic speaker verification spoofing and countermeasures challenge," *Sixteenth Annual Conference of the International Speech Communication Association*, 2015.

[6] T. Kinnunen, M. Sahidullah, M. Falcone, L. Costantini, R.G. Hautamäki, D. Thomsen, A. Sarkar, Z.H. Tan, H. Delgado, M. Todisco, and N. Evans, "Reddots replayed: A new replay spoofing attack corpus for text-dependent speaker verification research," *Proceedings of the IEEE International Conference on Acoustics, Speech and Signal Processing*, 2017.

[7] Z. Wu, N. Evans, T. Kinnunen, J. Yamagishi, F. Alegre, and H Li, "Spoofing and counter-measures for speaker verification: a survey," *Speech Communication*, vol. 66, pp. 130–153, 2015.

[8] T. Kinnunen, M. Sahidullah, H. Delgado, M. Todisco, N. Evans, J. Yamagishi, and K. A. Lee, "The asvspoof 2017 challenge: Assessing the limits of replay spoofing attack detection," *Interspeech 2017*, 2017.

[9] M. Todisco, H. Delgado, and N. Evans, "A new feature for automatic speaker verification anti-spoofing: Constant q cepstral coefficients," *Speaker Odyssey Workshop, Bilbao, Spain*, vol. 25, pp. 249–252, 2016.

[10] H. Murthy, V.Gadde, and N. Evans, "The modified group delay function and its application to phoneme recognition," *Acoustics, Speech, and Signal Processing, 2003. Proceedings.(ICASSP'03). 2003 IEEE International Conference*, vol. 1, pp. I–68, 2003.

[11] Z. Wu, P. L. De Leon, C. Demiroglu, A. Khodabakhsh, S. King, Z. Ling, and D.saito, "Anti-spoofing for text-independent speaker verification: An initial database, comparison of countermeasures, and human performance," *IEEE/ACM Transactions on Audio, Speech, and Language Processing 24*, pp. 768–783, no. 4 ,2016.

[12] T. Kinnunen, N. Evans, J. Yamagishi, K. A. Lee, M. Sahidullah, M. Todisco, and H. Delgado, "Asvspoof 2017: automatic speaker verification spoofing and countermeasures challenge evaluation plan," *Training*, vol. 10, n. 1508, 2017.

[13] K.R. Ghule and R. R. Deshmukh, "Feature extraction techniques for speech recognition: A review," *International Journal of Scientific & Engineering Research 6*, pp. 2229–5518, no. 5 ,2015.

[14] N.Desai, K. Dhameliya, and V. Desai, "Feature extraction and classification techniques for speech recognition: A review," *International Journal of Emerging Technology and Advanced Engineering 3*, pp. 367–371, no. 12 ,2013.

[15] S. M. Van, "Handling convolutional noise in missing data automatic speech recognition," *Proceedings International conference on spoken language processing*, 2006.

[16] N. Morgan, N. Bayya, A. Kohn, and P. Hermansky, "Rasta-plp speech analysis," *ICSI Technical Report TR-91-969*, 1991.

[17] Y. Liu, Y. Tian, L. He, J. Liu, and M. T . Johnson, "Simultaneous utilization of spectral magnitude and phase information to extract supervectors for speaker verification anti-spoofing," *Sixteenth Annual Conference of the International Speech Communication Association*, 2015.

[18] M. R. Hedge, , H. A. Murthy, and V. R. R. Gadde, "Significance of the modified group delay feature in speech recognition," *IEEE Transactions on Audio, Speech, and Language Processing 15*, pp. 190–202, no. 1 ,2007.

[19] S. H. K. Parthasarathi, R. Padmanabhan, and H. A. Murthy, "Robustness of group delay representations for noisy speech signals," *IEEE Transactions on Audio, Speech, and Language Processing 15*, pp. 190–202, no. 1 ,2007.

[20] B. Egnanarayana and H. A. Murthy, "Significance of group delay functions in spectrum estimation," *IEEE Transactions on signal processing40*, pp. 2281–2289, no. 9 ,1992.

[21] M. Todisco, H. Delgado, and N. Evans, "Constant q cepstral coefficients: A spoofing countermeasure for automatic speaker verification," *Computer Speech and Language 45*, pp. 516–535, 2017.

[22] B. Yegnanarayana and H.A. Murthy, "Significance of group delay functions in spectrum estimation," *IEEE Transactions on signal processing40*, pp. 2281–2289, no. 9 ,1992.

[23] K. A. Lee, A. Larcherand, G. Wang, P. Kenny, N. Brümmer, D. V. Leeuwen, H. Aronowitz, M. Kockmannand, C. Vaquero, B. Ma, and H. Li, "The reddots data collection for speaker recognition," *Sixteenth Annual Conference of the International Speech Communication Association*, 2015.

[24] N. Dehak, P. J. Kenny, R. Dehak, P. Dumouchel, and P. Ouellet, "Front-end factor analysis for speaker verification," *IEEE Transactions on Audio, Speech, and Language Processing 19*, pp. 788–798, no. 4 ,2011.

[25] N. Cristianini and J. Shawe-Taylor, "An introduction to support vector machines and other kernel-based learning methods," *Cambridge university press*, 2000.

[26] C. Y. Peng, K.L. Lee, and G. M. Ingersoll, "An introduction to logistic regression analysis and reporting," *IEEE Transactions on Audio, Speech, and Language Processing 19*, pp. 3–14, no. 1 ,2002.

[27] D. Koller and N. Friedman, "Probabilistic graphical models: principles and techniques," *MIT press*, 2002.

[28] R. Jaiswal, D. Fitzgerald, E. Coyle, and S. Rickard, "Towards shifted nmf for improved monaural separation," pp. 19–19, 2013.

[29] C. Schörkhuber, A. Klapuri, and A. Sontacchi, "Audio pitch shifting using the constant-q transform," *Journal of the Audio Engineering Society 61*, no. 7/8 ,2013.

The 2017 Conference on Computational Linguistics and Speech Processing
ROCLING 2017, pp. 276-286
© The Association for Computational Linguistics and Chinese Language Processing

SUT Submission for NIST 2016 Speaker Recognition Evaluation:

Description and Analysis

Hossein Zeinali, Hossein Sameti and Nooshin Maghsoodi

Department of Computer Engineering

Sharif University of Technology, Tehran, Iran

zeinali@ce.sharif.edu, sameti@sharif.edu, nmaghsoodi@ce.sharif.edu

Abstract

In this paper, the most recent Sharif University of Technology (SUT) speaker recognition system developed for NIST 2016 Speaker Recognition Evaluation (SRE) is described. The major challenge in this evaluation is the language mismatch between training and evaluation data. The submission is related to the fixed condition of NIST SRE 2016 and features a full description of the database and the systems which were used during the evaluation. Most of the systems are developed in the context of the i-vector framework. Preconditioning the i-vectors, score normalization methods and the classifier used are discussed. The performance of the systems on the development and evaluation parts of the NIST 2016 SRE16 dataset are reported and analyzed. The best obtained minimum and actual DCF are 0.666 and 0.740, respectively. This is achieved by score fusion of several systems and using different methods for mismatch compensation.

Keywords: Speaker verification, NIST SRE 2016, SUT, i-vector, PLDA

1. Introduction

During the past two decades, National Institute of Standards and Technology (NIST) has organized several speaker recognition evaluations (SRE). The goals of these evaluations are exploring new ideas in speaker recognition and optimizing speaker recognition systems. Like all SREs, in the SRE16 some challenges are followed. One of them is the mismatch between training and evaluation datasets. Due to attention that most of the provided training data is in English while the evaluation data is in Cantonese and Tagalog, efficient methods are required for reducing the effects of this mismatch. The second challenge is short duration enrollment and test utterances. This challenge more happens for test utterances where their duration varies from 10 to 60 seconds. The last challenge is imbalanced multi-session training. In fact, there are two enrollment conditions for SRE16: three segments available for training some speaker models while only one segment for others. The focus of SRE16 is on the telephone speech in Cantonese and Tagalog languages.

In this paper, we provide the description of our system and analyze the results of using different features sets, different Voice Activity Detection (VAD) systems and methods for preconditioning the i-vectors. Our contrastive system is constructed by combining 5 subsystems that each of them is an i-vector based system. The subsystems differ from each other in terms of input features (i.e. MFCC, PLP, SBN or Perseus) or applied VAD method (i.e. FVAD or EVAD). We have developed two sets of these 5 systems with and without labeled data (i.e. Contrastive 1 and 2). The final system is constructed by fusing these two sets. The first version of our system description without any analysis on the evaluation data can be found in [1].

The rest of this paper is organized as follows. We begin with a brief description of those parts of the system which are different from the standard i-vector pipeline. In the next section, the experimental setup for different parts of front-end and back-end, dataset and our subsystems are provided. The performance results are illustrated in Section 4 and finally, in Section 5, we draw conclusions based on the results.

2. System description

In this evaluation, we used i-vector [2] based systems only. Using different features and also different VADs, several systems were trained. All of them used the same Probabilistic Linear Discriminant Analysis (PLDA) [3] back-end. The parts of our system which differ from conventional i-vector framework are explained in the following sub-sections. A schematic block diagram of the system is depicted in Figure 1.

2.1. NAP trained on languages

As mentioned in the introduction, one of the main challenges in this evaluation is the language mismatch between the training and evaluation data. It seems that using a method for reducing the effect

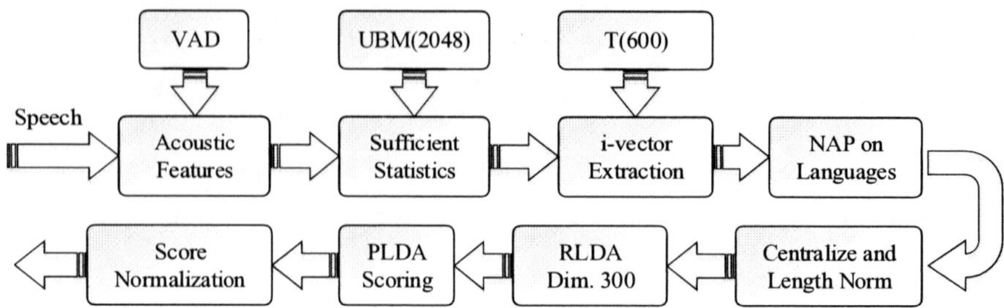

Figure 1: Block diagram of the SUT system with NAP, RLAD, and Score normalization.

of languages may help the performance. Here, in order to reduce the effects of this mismatch, we used Nuisance Attribute Projection (NAP) on top of all i-vectors [2, 4] to project away the language directions. As classes for calculating NAP projection, 20 languages were selected from the primary dataset (see Section 3.1) along with two classes corresponding to the major and minor unlabeled data from the development set. Let $\mathbf{m}_i$ shows the mean of i-vectors for the language i^{th} and $\mathbf{M}_{d \times r}$ shows the matrix of the means (i.e. each column shows mean of one language). If $\mathbf{N} = orth(\mathbf{M})$ be an orthonormal basis for $\mathbf{M}$, then, $\mathbf{A} = \mathbf{I} - \mathbf{NN}'$ is an square matrix, having $r - 1$ eigenvalues equal to zero and $d + 1 - r$ eigenvalues equal to one. The dimension-reducing projection $\mathbf{P}$ is formed by the eigenvectors associated with the non-zero eigenvalues of $\mathbf{A}$. $\mathbf{P}$ projects away the subspace spanned by all differences between pairs of columns of $\mathbf{M}$.

2.2. Regularized LDA

In addition to NAP projection and prior to training PLDA classifier, i-vectors are centeralized and then length normalized [5]. The centeralizing process has been done by calculating the mean from the primary dataset. Based on our previous works on text-dependent speaker verification [6, 7], Regularized LDA (RLDA) [8] was used instead of using conventional Linear Discriminant Analysis (LDA). In this method, the within and between class covariance matrices are calculated using the following formulas:

$$\mathbf{S}_w = \alpha \mathbf{I} + \frac{1}{S} \sum_{s=1}^{S} \frac{1}{N_s} \sum_{n=1}^{N_s} (\mathbf{w_s}^n - \overline{\mathbf{w}_s})(\mathbf{w_s}^n - \overline{\mathbf{w}_s})^t , \tag{1}$$

$$\mathbf{S}_b = \beta \mathbf{I} + \frac{1}{S} \sum_{s=1}^{S} (\overline{\mathbf{w}_s} - \overline{\mathbf{w}})(\overline{\mathbf{w}_s} - \overline{\mathbf{w}})^t , \tag{2}$$

where, S is the total number of classes (i.e. speakers in this paper), N_s is the number of training samples in class s^{th}, $\mathbf{w}_s^n$ is the nth sample in class s, and $\overline{\mathbf{w}_s} = \frac{1}{N_s} \sum_{n=1}^{N_s} \mathbf{w}_s^n$ is the mean of class s, $\overline{\mathbf{w}}$ is the mean of total samples, $\mathbf{I}$ is the identity matrix and α and β are two fixed coefficients which have been calculated using the development set.

It is clear that we just add a regularization to each covariance matrix. Alpha and beta parameters are set to 0.001 and 0.01, respectively. Only telephony recordings from the primary data were used for RLDA training. The dimension of i-vectors was reduced to 300 by using RLDA.

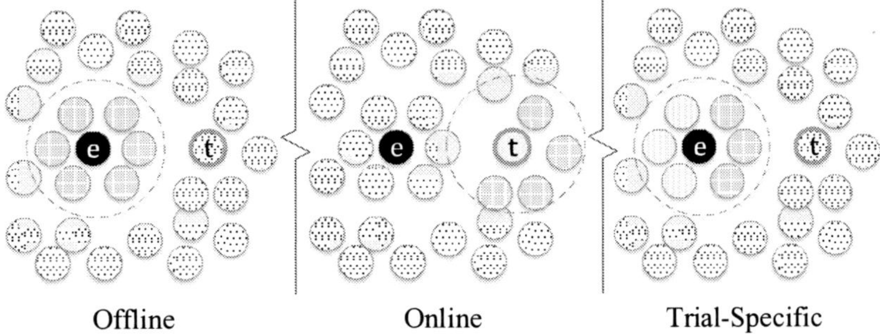

Offline   Online   Trial-Specific

Figure 2: Comparison of the Offline, Online and Trial-Specific methods for imposter set selection. **e** is enrollment i-vector and **t** is test i-vector. It is clear that the Trial-Specific method selects the i-vectors between two enrollment and test i-vectors as imposter set.

2.3. Score normalization

For score normalization, a specific version of the s-norm method was used. In this method, we used trial specific imposter set selection for t-norm part and offline imposter set selection for z-norm part. During enrollment step, 10000 nearest i-vectors are selected for each model from the primary and unlabeled data. Then, these i-vectors are scored against the model and their mean and standard deviation are used for z-norm. For t-norm, each test i-vector was first scored against these 10000 i-vectors and then, 5000 largest scores were used for calculating mean and standard deviation for t-norm. Since imposter sets depend on both model and test i-vectors, this method is called trial specific. For better intuition, the comparison of this method with the offline and online imposter set selection methods is shown in Figure 2. This figure indicates that in the proposed method, only the i-vectors between the enrollment and the test i-vectors are used as imposter set.

Note that this s-norm method is not symmetric. In the original s-norm method [9], imposter sets for t-norm and z-norm parts are the same and so it is symmetric.

3. Experimental setups

3.1. Dataset

The primary training data is the combination of telephony parts from NIST SRE 2004 - 2008, Fisher English and Switchboard. The unlabeled data from SRE16 development set was used as additional training data. For the final system, we also used labeled data from SRE16 development set. For each subsystem, we used a different subset of these datasets that will be indicated in each section.

3.2. VAD

We did experiments with various VAD methods and based on our findings two of them have been used in this evaluation. Our main VAD is based on a phoneme recognizer system which trained on Fisher

279

dataset. All frames that recognized as silence or noise were dropped. We will refer to this method by Fisher VAD (FVAD). The secondary VAD is an energy based method that was used in one system. This method is called as Energy VAD (EVAD).

3.3. Features

We used four different feature sets. All acoustic features have 19 coefficients along with Energy that makes 20-dimensional feature vectors. Delta and delta-delta coefficients were also used which makes 60-dimensional feature vectors. These features were extracted using an identical configuration: 25 ms Hamming windowed frames with 15 ms overlap. For each utterance, the features are normalized using short time cepstral mean and variance normalization after dropping the non-speech frames. Three used acoustic features are as follows:

- 19 MFCC + Energy
- 19 PLP + Energy
- Perseus - description of this feature can be found in [10].

Besides the acoustic features, an 80-dimensional DNN based Stacked Bottleneck (SBN) feature was used. This feature was trained using Fisher English dataset. The details about DNN-SBN can be found in [11, 12].

3.4. UBM training

In all systems, a gender-independent diagonal covariance Gaussian Mixture Model (GMM) with 2048 components is used. This model was first trained using about 8000 utterances that were randomly selected from the primary dataset. The MAP adaptation with relevance factor 512 was then used for adapting only means of this model by using unlabeled data from SRE16 development set. Doing in this manner was marginally better than adding unlabeled data to UBM training data.

3.5. i-vector extractor training

In each system, 600-dimensional i-vectors were extracted from original feature sets using a gender-independent i-vector extractor. This component was trained using about 77000 utterances from the primary dataset and unlabeled data from SRE16 development set. It is worth mentioning that for UBM and i-vector extractor training only the telephony data was used.

3.6. Model enrollment

We did some experiments on two common schemes of multi-session enrollment: 1) statistics averaging and 2) i-vectors averaging. The second strategy performed slightly better and so we decided to use it for model enrollment with multiple utterances.

3.7. PLDA

In all systems, we used PLDA as the classifier. The same training data as RLDA is used for PLDA training. The rank of speaker and channel subspaces were set to 200 and 100, respectively.

3.8. Systems

Our final submission is based on 5 i-vector based systems which are different in terms of the input features or VAD:

- 60 dimensional MFCC with EVAD
- 60 dimensional MFCC with FVAD
- 60 dimensional PLP with FVAD
- 60 dimensional Perseus with FVAD
- 140 dimensional MFCC+SBN with FVAD

We did some experiments to find the best strategy for using labeled data from SRE16 development set. When we added this part to RLDA and PLDA training data, we observed a little change in score distributions (i.e. a little shift just on target scores), because the number of speakers in the development set (i.e. 20 speakers) compared to training speakers is very small. As a result, we decided to add this data to the training data of these 5 systems and used them as a complimentary set for the final fusion.

3.9. Final fusion

As mentioned in the introduction, we had two sets of 5 systems. In the first one, we did not add labeled data to the training data, but in the second one, we did. We trained logistic regression for fusion and calibration of each set of systems using BOSARIS toolkit [13]. SRE16 development trials were used for this fusion training. The final submission is the summation of two fused systems (i.e. with and without labeled data).

3.10. System performance

We analyze and compare the systems performance on the SRE16 development and evaluation data using the Equal Error Rate (EER) and the primary cost function. The primary metric in this evaluation is $C_{primary}$, defined as the average cost at two specific points on the DET curve [14]. The detection cost function (DCF) is defined in normalized form as follows:

$$C_{Norm} = P_{Miss|Tar} + \frac{1 - P_{Tar}}{P_{Tar}} \times P_{FalseAlarm|NonTar} \, , \tag{3}$$

where P_{Target} is a priori probability that a trial is a target trial. Actual detection costs will be computed from the trial scores by applying detection thresholds of $log(\beta)$ for the two values of β, with β_1 for

Table 1: Comparison between various methods for MFCC_FVAD. These results were obtained using NIST scoring script in equalized/unequalized modes. S-Norm(Simple) indicates the conventional normalization method compared to the proposed method.

System name	Development			Evaluation		
	EER[%]	$min\,C_{Prim}$	$act\,C_{Prim}$	EER[%]	$min\,C_{Prim}$	$act\,C_{Prim}$
LDA+PLDA	21.05 / 21.21	0.884 / 0.897	7.833 / 8.254	15.89 / 16.01	0.971 / 0.978	12.487 / 16.300
RLDA+PLDA	20.82 / 21.15	0.861 / 0.858	6.717 / 6.995	15.62 / 15.81	0.948 / 0.956	10.545 / 13.758
RLDA+PLDA+S-Norm(Simple)	19.29 / 19.52	0.734 / 0.730	0.843 / 0.845	14.01 / 13.62	0.771 / 0.754	0.843 / 0.839
RLDA+PLDA+S-Norm	19.19 / 19.51	**0.718** / 0.713	**0.748** / **0.741**	13.36 / 12.99	**0.731** / **0.706**	0.801 / **0.770**
NAP+RLDA+PLDA+S-Norm	**17.75** / **18.77**	0.719 / **0.699**	0.761 / **0.741**	**12.73** / **12.66**	0.755 / 0.748	**0.771** / 0.783

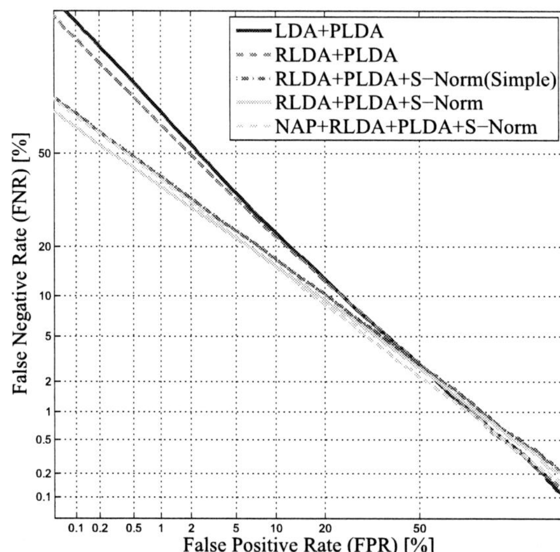

Figure 3: DET plot comparison of different methods for MFCC_FVAD.

$P_{Target_1} = 0.01$ and β_2 for $P_{Target_2} = 0.005$. And finally the primary cost measure for SRE16 is defined as:

$$C_{Primary} = \frac{C_{Norm_{\beta_1}} + C_{Norm_{\beta_2}}}{2} .$$

(4)

Also, a minimum detection cost will be computed by using the detection thresholds that minimize the detection cost.

4. Results

4.1. Methods comparison

The comparison results for different methods are shown in Table 1. These results were obtained with MFCC features and FVAD. The DET curves of different systems from Table 1 are shown in Figure 3.

By comparing the first and second rows of Table 1, it is clear that RLDA performs better than conventional LDA in all operating points, especially in actual $C_{primary}$. Similarly, S-Norm improves the performance and also produces calibrated scores. In this evaluation, the effect of the score normalization is higher than in the previous evaluations. The fourth row of Table 1 reports the performance of trial specific imposter set selection algorithm. It is obvious that this method improves the performance in all criteria and its error reduction for evaluation data is more than development data.

The last row of Table 1 reports the effects of NAP method for reducing the effect of language mismatch. Unfortunately, the performance of this method is not consistent with all criteria. It considerably reduces the EER while in most cases it performs worse in the primary cost points. It is clear that the advantages of this method (i.e. EER reduction) is much more than its disadvantage and so we decided to use this method on top of i-vectors.

4.2. Features comparison

Table 2 shows the performance comparison between 5 systems and their fusion for the fixed condition as defined in the SRE16 evaluation plan. It is clear that the PLP system works considerably worse than other acoustic features in terms of EER while it performs about the same in terms of minimum $C_{primary}$. This also happens for SBN features concatenated with MFCCs (i.e. MFCC+SBN). SBN features were trained using Fisher English data and it is proved that the BN features are language dependent and performs the best in the trained language. Although this system performs worst, it helps final fusion in terms of both measures.

One interesting observation from this section is the difference between the minimum and actual primary cost. It is clear that this difference is not so much and this shows well-calibrated scores without any extra calibration method. This is an important advantage of trial specific imposter set selection for score normalization.

The second section of this table reports performance of different systems when labeled data from development set was added to the training data. It is obvious that in this case, considerable improvement is achieved in terms of EER for development set while the improvement of minimum $C_{primary}$ is not so much. The improvement for evaluation data is not as much as the development results because the development set was added to the training data and the systems are over-fitted to this set slightly.

The third section of Table 2 shows fusion results for the first two sections. It is clear that fusion system (i.e. Contrastive 2) performs better than individual systems in terms of both EER and minimum $C_{primary}$. Contrastive 1 performs better than Contrastive 2 on evaluation set while it was over-fitted to development data. This happens because it used in-domain data for training and this reduces the mismatch effects.

The last row of this table shows our final system, which is a simple summation of two systems from the third section. We selected this system as final submission to reduce the possibility of over-fitting effects on evaluation set while Contrastive 1 performs the best.

Table 2: Performance comparison of different systems and their fusion for the SRE16 dataset. These results were obtained using NIST scoring script in equalized/unequalized modes. The first section shows results from single systems without any usage of labeled data. The results in the second section were obtained using the same systems from the first section that used labeled data. Contrastive 1 and 2 are the fusion of systems from second and first sections respectively. The last row shows the final submitted system which is the fusion of two Contrastive systems.

System name	Lab.	Cal.	Development			Evaluation		
			EER[%]	$min\,C_{Prim}$	$act\,C_{Prim}$	EER[%]	$min\,C_{Prim}$	$act\,C_{Prim}$
MFCC_EVAD	No	No	**17.54** / **17.96**	0.736 / 0.730	0.782 / 0.773	**12.48** / **12.15**	0.763 / 0.757	**0.767** / **0.769**
MFCC_FVAD	No	No	17.75 / 18.77	**0.719** / **0.699**	**0.761** / **0.741**	12.73 / 12.66	**0.755** / **0.748**	0.771 / 0.783
PLP_FVAD	No	No	19.63 / 20.32	0.773 / 0.781	0.798 / 0.806	13.71 / 14.00	0.782 / 0.789	0.824 / 0.846
Perseus_FVAD	No	No	17.66 / 18.16	0.794 / 0.780	0.811 / 0.799	13.65 / 13.40	0.793 / 0.783	0.809 / 0.813
MFCC+SBN_FVAD	No	No	20.59 / 21.93	0.764 / 0.765	0.803 / 0.806	13.86 / 14.22	0.779 / 0.790	0.790 / 0.804
MFCC_EVAD	Yes	No	15.52 / **15.74**	0.678 / 0.673	0.733 / 0.721	**12.19** / **11.94**	0.750 / **0.744**	0.754 / **0.757**
MFCC_FVAD	Yes	No	16.34 / 17.34	**0.666** / **0.654**	**0.708** / **0.692**	12.69 / 12.60	**0.750** / **0.744**	0.769 / 0.782
PLP_FVAD	Yes	No	18.38 / 19.03	0.748 / 0.752	0.756 / 0.763	13.72 / 13.99	0.776 / 0.785	0.823 / 0.844
Perseus_FVAD	Yes	No	**15.37** / 15.99	0.753 / 0.738	0.783 / 0.762	13.41 / 13.16	0.781 / 0.773	0.796 / 0.803
MFCC+SBN_FVAD	Yes	No	19.43 / 20.88	0.741 / 0.741	0.767 / 0.771	13.67 / 14.12	0.774 / 0.785	0.785 / 0.799
Contrastive 1	Yes	Yes	13.26 / 14.04	0.599 / 0.576	0.617 / 0.589	10.41 / 10.15	0.664 / 0.664	0.734 / 0.778
Contrastive 2	No	Yes	15.12 / 15.85	0.642 / 0.616	0.665 / 0.633	10.56 / 10.24	0.671 / 0.670	0.748 / 0.792
Final System	Yes	Yes	14.14 / 14.87	0.620 / 0.598	0.639 / 0.610	10.47 / 10.19	0.666 / 0.666	0.740 / 0.782

Table 3: The final submission results on sub-conditions of evaluation set.

Partition	EER[%]	$min\,C_{Primary}$	$act\,C_{Primary}$
All	10.47 / 10.19	0.666 / 0.666	0.740 / 0.782
Male	10.25 / 09.05	0.620 / 0.573	0.736 / 0.782
Female	10.41 / 10.80	0.708 / 0.730	0.743 / 0.782
Cantonese	05.71 / 06.22	0.514 / 0.531	0.537 / 0.782
Tagalog	15.17 / 14.37	0.807 / 0.803	0.942 / 0.782

4.3.   Results on the sub-conditions

Table 3 shows the results of final submission on the sub-conditions of evaluation set. It is obvious that the male and female results are almost the same. The performance of Tagalog is about three times worse than Cantonese in terms of EER. It seems that Tagalog is a more difficult language for speaker verification. Our calibration for male and also for Tagalog is not as good as it was expected.

4.4.   Execution time and memory consumption

The reported numbers here were measured using a server with Intel(R) Xeon(R) CPU E5-2640 @ 2.50 GHz and with 64 GB memory.

The most consuming steps in our systems are VAD, feature extraction, and i-vector extraction. For extracting acoustic features, the average execution time of these steps using a single thread is about

13 times faster than real time. This number for MFCC+SBN system is about 2.4 times. The memory consumption for these two system types is 3GB and 5GB respectively.

Although the execution time of enrollment and scoring are negligible with respect to the other steps (i.e. it takes about 1.43 second for one model and 1000 test i-vectors), it is worth noting that our score normalization is slower than conventional s-norm. It needs an extra sorting method before selecting scores for calculating mean and standard deviation.

5. Conclusions

This paper describes SUT system for the fixed condition of NIST SRE16. We used different feature sets and VAD in front-end and made the back-end just based on PLDA. Comparison between features showed that acoustic features perform better than bottleneck features in this evaluation, due to the language mismatch between training and evaluation datasets. NAP is an effective method for reducing the effects of language mismatch but it just helps in EER operating point. Experimental results proved that using RLDA performs better than conventional LDA for preconditioning i-vectors prior to PLDA training.

For score normalization, we have used trial specific imposter set selection method combined with s-norm. This method was the best way for selecting imposter sets. The normalized scores with this method were calibrated well without any additional processing.

Using labeled data from SRE16 development set has a risk of over-fitting. So, our final submission system was the fusion of two fused systems (i.e. with and without using this labeled data). This reduces the possibility of over-fitting. Interestingly, the system that used labeled data performs the best on the evaluation set too.

6. Acknowledgement

The authors would like to thank Brno University of Technology (BUT) for providing setups and systems for running these experiments.

References

[1] Hossein Zeinali, Hossein Sameti, and Nooshin Maghsoodi, "SUT System Description for NIST SRE 2016," *arXiv preprint arXiv:1706.05077*, 2016.

[2] Najim Dehak, Patrick Kenny, Réda Dehak, Pierre Dumouchel, and Pierre Ouellet, "Front-end factor analysis for speaker verification," *Audio, Speech, and Language Processing, IEEE Transactions on*, vol. 19, no. 4, pp. 788–798, 2011.

[3] Simon JD Prince and James H Elder, "Probabilistic linear discriminant analysis for inferences about identity," in *Computer Vision, 2007. ICCV 2007. IEEE 11th International Conference on*. IEEE, 2007, pp. 1–8.

[4] William M Campbell, Douglas E Sturim, Douglas A Reynolds, and Alex Solomonoff, "SVM based speaker verification using a GMM supervector kernel and NAP variability compensation," in *Acoustics, Speech and Signal Processing (ICASSP), 2006 IEEE International Conference on*. IEEE, 2006, vol. 1, pp. I–I.

[5] Daniel Garcia-Romero and Carol Y Espy-Wilson, "Analysis of i-vector length normalization in speaker recognition systems," in *Interspeech*, 2011, pp. 249–252.

[6] Hossein Zeinali, Hossein Sameti, and Lukas Burget, "HMM-based phrase-independent i-vector extractor for text-dependent speaker verification," *IEEE/ACM Transactions on Audio, Speech, and Language Processing*, vol. 25, no. 7, pp. 1421–1435, 2017.

[7] Hossein Zeinali, Lukas Burget, Hossein Sameti, Ondrej Glembek, and Oldrich Plchot, "Deep neural networks and hidden Markov models in i-vector-based text-dependent speaker verification," in *Odyssey-The Speaker and Language Recognition Workshop*, 2016.

[8] Jerome H Friedman, "Regularized discriminant analysis," *Journal of the American statistical association*, vol. 84, no. 405, pp. 165–175, 1989.

[9] Patrick Kenny, "Bayesian speaker verification with heavy-tailed priors.," in *Odyssey*, 2010, p. 14.

[10] Ondřej Glembek, Pavel Matejka, Oldřich Plchot, Jan Pešán, Lukáš Burget, and Petr Schwarz, "Migrating i-vectors between speaker recognition systems using regression neural networks," in *Sixteenth Annual Conference of the International Speech Communication Association*, 2015.

[11] Pavel Matejka, Ondrej Glembek, Ondrej Novotny, Oldrich Plchot, Frantisek Grezl, Lukas Burget, and Jan Cernocky, "Analysis of DNN approaches to speaker identification," in *ICASSP*, 2016.

[12] Hossein Zeinali, Hossein Sameti, Lukáš Burget, and Jan Černockỳ, "Text-dependent speaker verification based on i-vectors, deep neural networks and hidden Markov models," *Computer Speech & Language*, vol. 46, pp. 53–71, 2017.

[13] Niko Brümmer and Edward de Villiers, "The bosaris toolkit user guide: Theory, algorithms and code for binary classifier score processing," *Documentation of BOSARIS toolkit*, 2011.

[14] "NIST 2016 speaker recognition evaluation plan," 2016, [Online]. Available at `https://www.nist.gov/sites/default/files/documents/2016/10/07/sre16_eval_plan_v1.3.pdf`.

The 2017 Conference on Computational Linguistics and Speech Processing
ROCLING 2017, pp. 287-294
© The Association for Computational Linguistics and Chinese Language Processing

以語音能量特性發展即時語速偵測裝置-前導型研究

Real-time monitoring device of phonation speed and volume based on speech energy: A pilot study

王棨德 Chi-Te Wang
亞東紀念醫院耳鼻喉科 主治醫師
Department of Otolaryngology
Far Eastern Hospital
drwangct@gmail.com

林峯全 Feng-Chuan Lin
亞東紀念醫院耳鼻喉科 語言治療師
Department of Otolaryngology
Far Eastern Hospital
autoioio@gmail.com

鄭惟中 Wei-Zhung, Zheng
元智大學電機工程學系
Department of Electrical Engineering
Yuan-Ze University
s1010654@ee.yzu.edu.tw

方士豪 Shih-Hau Fang
元智大學電機工程學系
Department of Electrical Engineering
Yuan-Ze University
shfang@saturn.yzu.edu.tw

曹昱 Yu Tsao
中央研究院 資訊科技創新研究中心
Research center for information technology innovation
Academia Sinica
yu.tsao@citi.sinica.edu.tw

賴穎暉 Ying-Hui Lai
國立陽明大學生物醫學工程學系
Department of Biomedical Engineering
National Yang-Ming University
yh.lai@ym.edu.tw

摘要

　　嗓音問題如聲帶結節、息肉等，是現代社會中十分常見的健康疾病。常見的危險因子包括性別(女性)、用聲習慣(過度或不當使用)、環境噪音(背景值 65 分貝以上)及個人特質(如 A 型人格)等。其中，又以錯誤的用聲習慣為疾病常見起因。過去的研究指出，適度的給予患者在錯誤語速(或音量應)產生時給予提醒，將能有效的提升臨床治療效益。有鑑於此，本計畫提出一套低運算需求之即時嗓音監測系統來幫助患者在不當用聲時，給予患者即時之提醒(例如振動、閃燈)。計畫提出之系統包括:(1)語音訊號預處理、(2)噪音消除、(3)語音能量胞絡線偵測、(4)動態發聲閾值調整及(5)即時回饋等五個部份。由實驗結果證明，本研究所發展之系統於噪音情境下之語速偵測準確率可達到 95.4%。此外，由於本研究所提出之系統運算需求量小，未來將會以微型化為目標將其實踐於嵌入式系統中以方便於臨床治療之應用。

關鍵詞：語音訊號預處理、噪音消除、語音能量胞絡線偵測、動態發聲閾值調整

一、緒論

　　嗓音異常是教師常見之職業疾病[1]。根據過去的研究顯示，教師出現嗓音異常的比率明顯高於非教師，且在症狀的程度上也較為嚴重[2,3]。近年，以問卷的方式調查美國 Iowa州教師嗓音異常的盛行率，結果發現在554位中小學教師中，自覺有嗓音異常的比率為32 ％，顯著高於非教師的1 ％；其中有60 ％的教師提到在過去的一年中，曾經因為工作出現嗓音異常的情形，其中又以嘶啞聲、嗓音疲憊等最常出現。此外，Roy等學者於2004[4]調查美國猶他州 (Utah) 和愛荷華州 (Iowa)的1243位教師和1288位非教師的嗓音狀況，結果發現教師嗓音異常之盛行率顯著高於非教師。此外，Śliwińska-Kowalska等學者於2006[5]研究425位教師嗓音異常的盛行率，結果也發現到教師發生嗓音異常的機率是非教師的二至三倍，症狀也較為嚴重。由上述幾項研究可發現，教師嗓音異常的盛行率顯著高於非教師，而嗓音異常症狀也較非教師多且嚴重。有鑑於此，教師的嗓音保健及治療將是一個重要之研究課題[2-4]。

　　教師嗓音異常的原因以嗓音誤用(或濫用)為主 [4,6]，係指長時間說話且語速過快、

於背景噪音下大聲說話等行為[6]。以語音信號的角度來看，便是指我們常聽見之語速頻率過高及語音能量振幅過大。更具體的來說，嗓音誤用（vocal misuse）係指不正確的發聲習慣，如提高說話音調、清喉嚨或不正確的呼吸方式等行為[6]。這些錯誤的發聲行為是造成嗓音異常最主要的原因 [1,6]。Preciado 等學者於 2005 [7]對 579 名嗓音異常教師和 326 名嗓音正常教師進行嗓音研究。結果發現，嗓音異常教師的濫用行為比無嗓音異常教師多（i.e.,74.8%比 67.1%）。換言之，嗓音濫用將是此疾病重要的發病原因之一[8,9]。

　　臨床上為有效的幫助嗓音異常患者能獲得有效之治療，最為常見的方法是進行嗓音治療訓練，以減少錯誤的發聲機會。根據臨床觀察，嗓音治療在類化到日常生活中容易發生困難。換言之，患者雖然能在治療期間正確的使用嗓音，但離開了治療的場域將會不自主的回復到錯誤的嗓音應用情況。因此，讓患者走出治療室後也能持續正確應用嗓音將是最為根本之治療方法。有鑑於此，近年已開始著手於音量監控之裝置開發研究。Van Stan 等將音量監控設備『Ambulatory voice biofeedback』應用在聲帶結節的患者，讓使用者在治療室以外的地方配合使用，以控制音量過大的情況[14]。結果顯示，透過平時不斷的協助患者控制平日說話音量及語速，將會顯著的提升嗓音治療成效。然而上述之方法應用於臨床治療仍有困難(例如成本較高且不易隨身攜帶)。此外，當患者使用環境處於較挑戰時(例如:環境噪音不斷變動)，其方法仍有很大的進步空間。有鑑於上述之問題，本研究提出一套以語音能量特性為基礎之即時語速及音量偵測暨回饋系統(詳細技術可參考下)，來幫助嗓音異常患者在日常生活或工作場合中之適當調整發聲習慣，以增進臨床治療成效。

二、方法

(一) 系統架構

　　本研究提出一套以語音能量特性為基礎之即時嗓音監測系統來幫助患者在不當用聲時(i.e., 語速過快及音量過高)，給予即時之提醒以提升臨床治療效果。而本研究所提出之訊號處理流程如下圖一所示。由於患者所處之環境往往都容易存在許多噪音(例如:冷氣、電冰箱、電視…等)，而這些噪音也會直接的影響語速偵測之準確性。有鑑於此，本研究提出之系統將採用非監督式噪音消除法(i.e., logMMSE[11])做為前端信號處理以消除噪音。接著，處理後之語音將透過語音能量特性進行語音能量胞絡線提取動作。此外，本系統提出一個適應性調動值演算法(adaptive threshold algorithm)來依據使用者所處之環境適時的調動偵測閾值。進而透過此閾值與語音胞線信號間之關係轉換成二元編碼資訊(i.e., binary code)來預估其輸入信號是否為語音成份。接下來，我們更進一步的把這二元編碼資訊轉換成臨床所需之嗓音疲勞指標(i.e., fatigue index)。註:此嗓音疲勞指標將透過醫師依照患者之病情進行參數設定，進而讓患者能即時的進行個人化之語速偵測(i.e., 超速與否)。當患者的語話過快時，系統將會即時的提出警示信號來提醒患者減慢語說速度以提升臨床嗓音復健之治療效益。

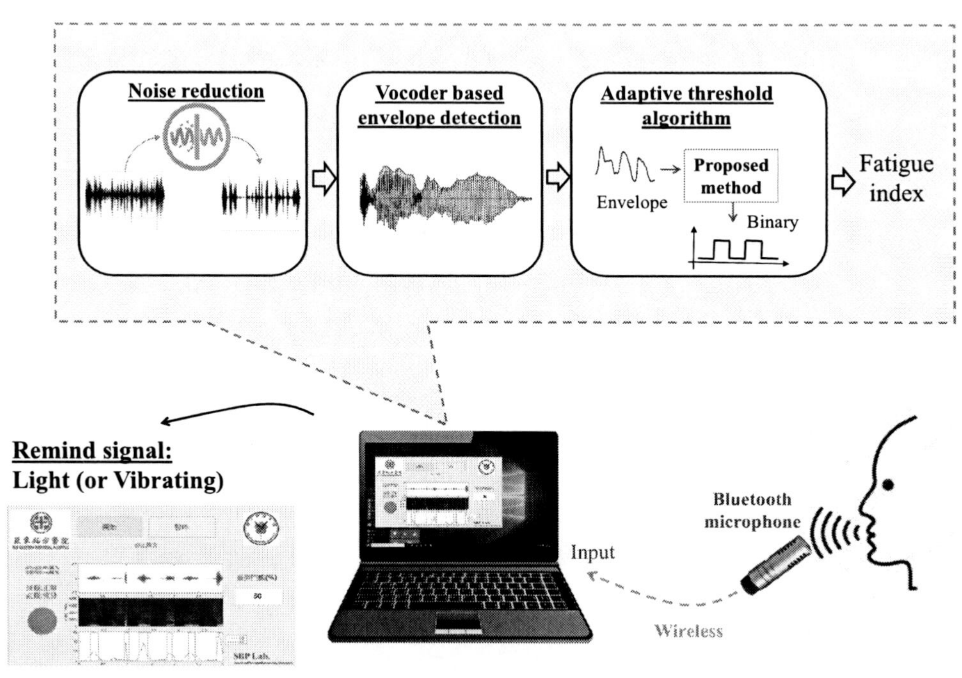

圖一、訊號處理流程

　　本研究將採用之演算法概念如圖二所示。當一個帶有噪聲之語音被上述的噪音消除法處理後(i.e., enhanced speech)，此信號$\hat{x}$將會道先透過 pre-emphasis 處理。接著我們採用整流器(i.e., rectifier)之概念對語音信號之上半部訊息保留後，接下來再採用一個低通濾波器(i.e., LPF)進行語音低頻信號之保量。註:語音胞絡線低頻部份為人類發聲時振動之基頻信號，而也是臨床上用來判別聲音動作與否之重要指標。而其各頻帶間(i.e., 低至高頻)之權重關係將會依據華語語言特性進行權重調整。接著，取出之胞絡線信號將基於一個動態調整閾值(i.e., adaptive threshold, AT)來將此胞線線轉換成方波信號進行單

位時間下之語音與否之預估。其動態調整閾值之設計方法如下(1)式:

$$AT = ax_1 + b^2x_2 + c^3x_3 \qquad\qquad (1)$$

其中x_1、x_2及x_3分別是當下音框及前兩個音框資訊，而 a、b 及 c 分別是優化參數。註:此三個優化參數我們採用基因演算法[10]進行最佳化參數搜尋，以優化對每一個音框所用之 AT 來提升系統的準確性。接著，我們將透上述說明之二元編碼方法進行單位時間中之語音速度百分比，並再將此資訊轉換成臨床所需之"fatigue index"以做為患者語速是否符合醫師建議之評估依據。當患者語速過高時，系統將透過燈號(或振動)適時之提醒患者，以達到治療之目的。

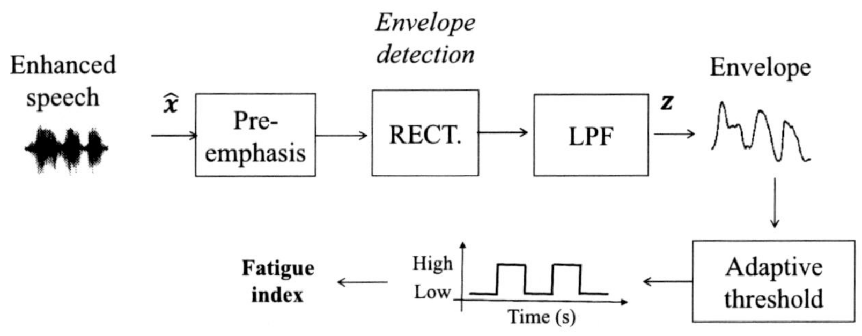

圖二、語速偵測之信號處理流程圖

(二) 實驗設計與流程

本實驗之語句的語音與非語音標記採人工標記，每一句以人工將有語音及沒語音之百分比，共 20 句，每句 10 秒，所混之噪音類型為 SSN、訊噪比為 0dB，共分成 3 組做測試，(1)為音訊未套用 Noise Reduction(NR)便直接代入固定閾值公式進行語音判別之百分比，(2)為音訊經 NR 後代入固定閾值公式進行語音判別之百分比 (註: logMMSE 噪音消除法於此研究被採用 [11]);(3)為音訊經 NR 後代入由基因演算法(GA)最佳化後的動態閾值(AT)公式進行語音判別之百分比，之後將這三組所估出的閾值百分比與人工所標示的答案做比對，即可計算出本研究所提出之架構對於語音判別的準確率，詳細結果請參見圖四。

三、結果與討論

(一) 系統介面

　　圖三為本研究所開發出系統介面，此系統已能讓臨床醫師進行疲勞門檻參數設定，並讓患者能即時的進行個人化之語速偵測(i.e., 超速與否)。更具體的來說，臨床醫師可以依照患者的嗓音傷害情況來個別化的調整疲勞門檻參數設定。當患者的語話過快時而超過此疲勞門檻時，系統將會即時的產生警示信號(綠燈：正常、紅燈：疲勞)來提醒患者減慢語說速度以提升臨床嗓音復健之治療效益。此外，本系統也提到視覺化之介面讓使用者(或家人)能即時自我觀察患者當前之嗓音使用情況(i.e., 時域及頻域語音信號的視覺化)，本系統亦有使用期間內整體嗓音之休息比例及使用比例的數值化呈現，可以讓使用者們可以更即時的掌握嗓音使用率的掌控。

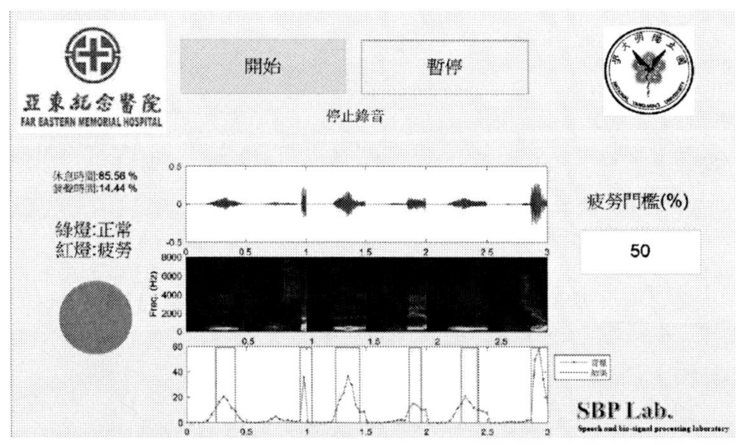

圖三、本研究中所開發出即時語速偵測系統介面圖(Matlab 軟體實現)

(二) 語音識別率

　　圖四為本研究之語速偵測實驗結果，X 軸表示三種不同信號處理方法(i.e.,未使用 NR、採用 NR 及採用 NR+AT 之動態閾值調整法)。實驗結果發現，患者語音於噪音情境下(i.e., SSN 噪音類型、0dB SNR level)，本系統在未使用 NR 處理時的準確率為 86.8%; 當採用噪音消除法時，系統準確率為 93.8%; 最後本系統採用 NR+AT 方法時，系統準確率為 95.4%。由此結果我們觀察到以下幾項結論:(1)噪音消除法將能有效的提升本系統於噪音環境下之預估能力、(2)本研究提出之 AT 動態閾值調整法能更進一步的提升本系統之語速偵測準確性。

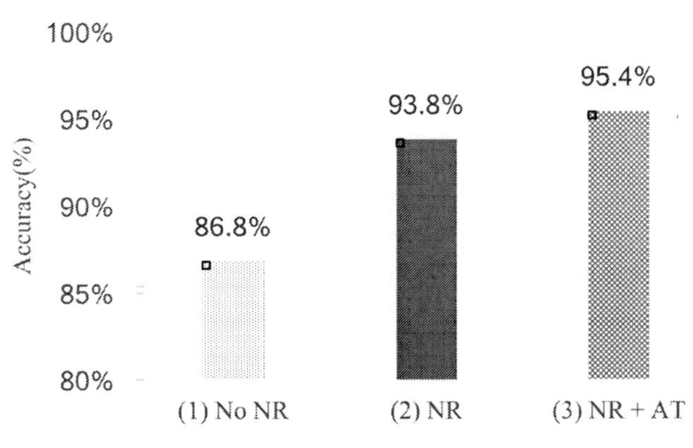

圖四、語音偵測準確率(%)

四、結論

　　於本研究之結果證明，噪音消除法能有效的提升以語音能量為基礎之語速偵測能量。換言之，一個良好的噪音消除演算法將能使本系統有更好的表現。近年 Lu 等學者[12, 13]提出一套監督式噪音消除法，稱為深層降噪自動編碼演算法（DDAE）。其主要運用深類類神經網路訓練架構進行噪音消除任務。於過去之研究也證明此方法能比傳統之噪音消除法有更佳之效益，因此未來也將嘗試採用此新式架構來提升本系統之語速偵測能力。

參考文獻

[1] Stemple, J. C., Glaze, L. E., & Klaben, B. (2010). *Clinical voice pathology: Theory and management.* San Diego, CA: Plural Publishing.

[2] Smith, E., Gray, S. D., Dove, H., Kirchner, L., & Heras, H. (1997). Frequency and effects of teachers' voice problems. *Journal of Voice, 11*, 81-87.

[3] Smith, E., Lemke, J., Taylor, M., Kirchner, H. L., & Hoffman, H. (1998). Frequency of Voice Problems Among Teachers and Other Occupations. *Journal of Voice, 12*(4), 480-488.

[4] Roy, N., Merrill, R. M., Thibeault, S., Parsa, R. A., Gray, S. D., & Smith, E. M. (2004).

Prevalence of voice disorders in teachers and the general population. *J Speech Lang Hear Res, 47*(2), 281-293. doi:10.1044/1092-4388(2004/023)

[5] Śliwińska-Kowalska, M., Niebudek-Bogusz, E., Fiszer, M., Łoś-Spychalska, T., Kotyło, P., & Sznurowska-Przygocka, B. (2006). The prevalence and risk factors for occupational voice disorders in teachers. *Folia Phoniatrica et Logopaedica, 58*(2), 85-102.

[6] Boone, D. R., McFarlane, S. C., Von Berg, S. L., & Zraick, R. L. (2013). *The voice and voice therapy (9th ed.)*. Boston, MA: Allyn & Bacon.

[7] Preciado, J., Pérez, C., Calzada, M., & Preciado, P. (2005). Function vocal examination and acoustic analysis of 905 teaching staff of La Rioja, Spain. *Acta otorrinolaringológica española, 56*(6), 261-272.

[8] Duffy, O. M., & Hazlett, D. E. (2004). The impact of preventive voice care programs for training teachers: a longitudinal study. *J Voice, 18*(1), 63-70. doi:10.1016/S0892-1997(03)00088-2.

[9] Södersten, M., Granqvist, S., Hammarberg, B., & Szabo, A. (2002). Vocal behaviour and vocal loading factors for preschool teachers at work studied with binaural DAT-recordings. *Journal of Voice, 16*, 356-371.

[10] Holland, J. H. (1992). *Adaptation in natural and artificial systems: an introductory analysis with applications to biology, control, and artificial intelligence*: MIT press.

[11] Ephraim, Y., & Malah, D. (1985). Speech enhancement using a minimum mean-square error log-spectral amplitude estimator. *IEEE Transactions on Acoustics, Speech, and Signal Processing, 33*(2), 443-445.

[12] Lu, X., Tsao, Y., Matsuda, S., & Hori, C. (2013). *Speech enhancement based on deep denoising autoencoder*. Paper presented at the Interspeech.

[13] Lu, X., Tsao, Y., Matsuda, S., & Hori, C. (2014). *Ensemble modeling of denoising autoencoder for speech spectrum restoration*. Paper presented at the Interspeech.

[14] Van Stan, J. H., Mehta, D. D., Sternad, D., Petit, R., & Hillman, R. E. (2017). *Ambulatory Voice Biofeedback: Relative Frequency and Summary Feedback Effects on Performance and Retention of Reduced Vocal Intensity in the Daily Lives of Participants With Normal Voices*. J Speech Lang Hear Res, 60(4), 853-864.

The 2017 Conference on Computational Linguistics and Speech Processing
ROCLING 2017, pp. 295-307
© The Association for Computational Linguistics and Chinese Language Processing

Opinion Target Extraction for Student Course Feedback

Janaka Chathuranga, Shanika Ediriweera,
Pranidhith Munasinghe, Ravindu Hasantha and Surangika Ranathunga
Department of Computer Science and Engineering
University of Moratuwa, Katubedda 10400, Sri Lanka
{janaka.13, shanika.13, pranidhith.13, ravindu.13, surangika}@cse.mrt.ac.lk

Abstract

Student feedback is an essential part of the instructor - student relationship. Traditionally student feedback is manually summarized by instructors, which is time consuming. Automatic student feedback summarization provides a potential solution to this. For summarizing student feedback, first, the opinion targets should be identified and extracted. In this context, opinion targets such as "lecture slides", "teaching style" are the important key points in the feedback that the students have shown their sentiment towards. In this paper, we focus on the opinion target extraction task of general student feedback. We model this problem as an information extraction task and extract opinion targets using a Conditional Random Fields (CRF) classifier. Our results show that this classifier outperforms the state-of-the-art techniques for student feedback summarization.

Keywords: Student Feedback Summarization; Opinion target Extraction, Conditional Random Fields

1. Introduction

Student feedback is used widely in present in order to enhance the quality of teaching and learning. Feedback is collected from students as online forms as well as handwritten documents. Since it takes a considerable effort to read and understand all the feedback given by the students, the best way is to read all the feedback and create a summary that covers all the aspects of all the feedback given.

Although many lecturers collect student feedback, comments written by students are not summarized. If a lecturer wants to get a summary of these comments, the lecturer has to manually read and summarize these comments. Manual summarization is not scalable; in a large class with more than few hundred students, it is going to be a tedious and rigorous task. Thus, a system to summarize all student feedback and giving an overall summary by categorizing students' sentiments towards different aspects of the lecture will be very useful for teachers, lecturers, schools, universities, and the education systems as a whole.

Research done in this area so far has focused only on using student feedback collected using reflective prompts [1]. With a reflective prompt, student feedback is collected by giving a specific question (prompt). For an example, a prompt such as "What are the most interesting topics of today's lecture?" is considered as a reflective prompt. In reflective prompts, the prompt decides the opinion of the feedback: positive or negative. Opinion for different aspects in student feedback cannot be measured in this approach.

In this paper, we focus on general student feedback. General feedback means that the feedback is collected using a general prompt (example: "Give feedback on today's lecture"), rather than a specific prompt where the prompt suggests the sentiment of the feedback.

Our system contains three parts:

(1) Identifying and extracting all the opinion targets in the given feedback

(2) Clustering all the targets into unique categories

(3) Determining the sentimental polarity of the targets and getting a statistic of polarity for each target cluster.

Here in this paper, we only focus on the first part of our solution, which is identifying and extracting the opinion targets from student feedback. First, we undergo a data-preprocessing step to fix errors in the dataset. Then we annotate the targets using our own annotation schema into Beginning, Inside, Outside (BIO) tags, and then we use a Conditional Random Field

(CRF) classifier as a supervised approach to extract the opinion targets.

To the best of our knowledge, there is no prior research done on general feedback summarization. Thus, we have no viable baseline, nor an annotated data set. Therefore, we have created the baseline for our system using the supervised approach used by Luo et al. [1], which was done using reflective prompts. We show that for this general feedback data set, our classifier outperforms the selected baseline system.

Even though it is suggested that deep learning techniques such as Recurrent Neural Networks(RNN)[2] perform well in extracting opinion targets, we are not able to get good results because our dataset is very small with 956 student responses in total with 4428 sentences. In order to use deep learning techniques, we need a much bigger dataset and there is no other general student feedback dataset which suits our purpose.

The rest of the paper is structured as follows; Section 2 overviews previous work and section 3 describes the data used for our experiments. Section 4 describes the details about our approach and the features used. Section 5 describes how the experiment is done and the evaluation results, followed by the conclusion in Section 6.

2. Related Work

There are two general approaches for automatic summarization: extraction and abstraction. Extractive methods work by selecting a subset of existing words, phrases, or sentences in the original text to form the summary. In contrast, abstractive methods build an internal semantic representation and then use natural language generation techniques to create a summary.

Research on student feedback summarization done up to the day has only used extractive methods such as Integer Linear Programming [3], Phrase-based approach, clustering, and ranking approaches [4] to summarize student feedback. These techniques use reflective prompt-based student feedback data sets. That means when acquiring feedback, the students are guided with a specific question such as, "Describe what you found most interesting in today's class?" In general feedback, the student is not directed towards a specific aspect. Students are given the chance to write anything related to the lecture on their feedback. Therefore, it contains many unexpected, but useful information. Further, general feedback contains more complex content and noise compared to reflective prompt based feedback. Therefore, target extraction on general feedback is more challenging. To the best of our knowledge, there has not been any research done to summarize general student feedback.

The first step in general feedback summarization is opinion target (aspect) extraction. Opinion target (aspect) is an entity that respondents have raised their opinions about.

Aspect extraction has been studied by many researchers in the domain of sentiment analysis. There are two main approaches: supervised and unsupervised.

When supervised approach has been used for opinion target extraction [5], the sequence labeling scheme known as BIO labeling has been commonly used. However, this research is limited to extract only course names and instructor names as entities.

The system [7] that we consider as the baseline for our work also has used a BIO labeling scheme for candidate phrase extraction. A Conditional Random Fields (CRF) [6] classifier is used as the sequence labeler. Since their dataset is responses to reflective prompts, they extract noun phrases as candidate phrases.

Double Propagation method [7] is an unsupervised approach to solve opinion target extraction. The basic idea of this approach is to extract opinion words (or targets) iteratively using known and extracted (in previous iterations) opinion words and targets through the identification of syntactic relations. At the beginning, opinion word is given as a seed word. Thus, it can also be viewed as a semi-supervised method. Improvement of this method has been proposed by Luo et. al [1].

These two approaches hold the promise for the task of extracting opinion targets from student responses for small data sets.

3. Data

In a student feedback summarization task, the first thing is to identify the entities or aspects students have raised their opinions about. Although currently there are datasets containing student feedback collected by asking them a specific reflection prompt (question), a reasonable sized feedback set that contains feedback about almost every aspect of a course is missing. In this work, we created a new dataset in order to fulfill this purpose.

Our data consists of student responses collected from an undergraduate Computer Science and Engineering Course. General responses were collected from 27 Lectures and Workshops . They contain 956 student responses in total with 4428 sentences.

The prompts we used to collect responses were general prompts. Therefore, student had the freedom to write regarding any aspect of the lecture .In addition, there was no sentence limitation for providing feedback.

This feedback consists of many opinionated responses. Each of those responses focuses their opinion towards a target entity, which is called an opinion target. Some opinion targets have both positive and negative opinions towards them. For example, consider the following sentence.

"The lecture slides were **uploaded to Moodle every week** and I think **it would have been much better if you could upload them on Sunday**".

Here the student expresses his opinions about "lecture slides": positive opinion for uploading them every week and negative opinion for not uploading it on Sunday.

In our work, we used our own way of annotating student feedback.

That is mainly because of the nature of the data. Data used in previous work [1][3][4] only had opinion targets in them whereas the positive / negative expressions were in the prompt itself. The following cases were identified in responses, which contain both opinion targets and positive/ negative expressions.

In the dataset, many different types of opinion targets and opinion expressons were found.

- Multi word opinion targets

Ex: - I think <u>time and weight for documentation of the project</u> is **too much**.

Opinion target is "time and weight for documentation of the project".

- Single target, single opinion expression.

Ex: - Lectures were **really good**.

- Single target, multiple opinion expressions.

Ex: - <u>Overall lecture session</u> was **great**, **well organized** and **very helpful**.

Here the target "Overall lecture session" has three positive opinion expressions towards it.

- Single opinion multiple opinion targets

Ex: - <u>Keeping interactions with students</u>, <u>asking questions</u>, giving in-class activities and discussing them within the class were **greatly helpful for me** to develop my oop skills.

A positive opinion is expressed here for all the following aspects/ targets of the lecture: "Keeping interactions", "asking questions", "giving in class activities".

- Ambiguity about which opinion target to take

E.g.: - <u>Both lecturers</u> did a great job on <u>delivering the subject matter</u>.

Here, two aspects can be identified: "Both lecturers" and "delivering the subject matter". It is difficult to find on which target the opinion is focused on.

We manually annotated 20 feedback files out of 27 using this method. This annotation scheme first identifies sentences or phrases with opinions and then marks the opinion target.

Since we annotated both the target and the opinion towards the target, we had to use unique BIO tags for both target and the opinion expression. Therefore, we used B-T (Beginning-Target) for the beginning of the Target, I-T (Inside-Target) for the inside of the target, B-PO (Beginning-Positive Opinion) for the beginning of the positive opinion expression, I-PO (Inside-Positive Opinion) for the inside of the positive opinion expression, B-NO (Beginning-Negative Opinion) for the beginning of the negative opinion expression,

I-NO (Inside-Negative Opinion) for the inside of the negative expression, and O for the outside words that are not annotated.

For example, consider the sentence "Lectures were really good". This sentence was annotated as shown below:

- Lectures/B-T were/O really/O good/B-PO

4. Aspect extraction

For the task of classification, we choose to use a Conditional Random Fields (CRF) classifier [6]. CRFs are a class of statistical modeling methods often applied in pattern recognition and machine learning and used for structured prediction. CRFs fall into the sequence modeling family. Whereas a discrete classifier predicts a label for a single sample without considering "neighboring" samples, a CRF can take context into account; e.g., the linear chain CRF (which is popular in natural language processing) predicts sequences of labels for sequences of input samples. This has been used for many other sequence labeling tasks such as Named Entity Recognition (NER) as well[8] [9][10].

The CRF labeler is trained using the training data set containing 956 responses.

4.1 Features

As the baseline features we use the features used by Luo et al. [1]. These features are based on sentence syntactic structure and word importance to signal the likelihood of a word being included in the target.

Local Features

- Word trigram within a 5-word window

- Part-of-Speech tag trigram within a 5-word window

- Chunk tag trigram within a 5-word window

- Whether the word is in the prompt

- Whether the word is a stop word

Global Features

- Total number of word occurrences (stemmed)

- Rank of the word's term frequency

These local and global features are used for supervised target extraction. Local features are extracted from one student's response. Global features are extracted using all student responses in one lecture.

4.2 New Features

We increased the accuracy of target extraction by adding following features.

4.2.1 Capitals, Punctuation marks and Numbers (*CPN*)

These features check whether the word is a capital letter, whether the first character is a capital letter, whether all characters are capital letters, whether the word is a punctuation mark, whether all characters are punctuation marks, whether the word contains punctuation marks, whether the word is a number, and whether all characters are numbers. These features are applied as unigram features within a 3-word window.

4.2.2 Word Embedding Features

Previous research [11][12][13] has shown that utilization of unlabeled data can improve the quality of the Named Entity Recognition, which also used a CRF classifier. Therefore, we tried out following word embedding features to improve the target extraction process.

4.2.2.1 Brown Clusters

Brown's algorithm is a hierarchical clustering algorithm that clusters words that have a higher mutual information of bigrams [14]. We created Brown clusters using the given corpus and some other un-annotated feedback data **(this set contains 3970 sentences, which were collected in 37 workshops).** The output of the algorithm is a dendrogram. A path from the root of the dendrogram represents a word and can be encoded with a bit sequence. We used the prefix of the bit sequence as a feature. We used the first 5, 7, 11 bits as three features. Those numbers were discovered by trying different numbers on the same data set. The combination of above numbers gave the best output.

4.2.2.2 Clark Clusters

Clark's algorithm groups words that have similar context distribution and morphological clues starting with the most frequent words [15]. We created 100 clusters using the non-annotated corpus. Clark clusters were used as unigram, bi-gram, tri-gram and 4-gram features within a 9-word window. The window size was determined by trying different window sizes. 9-word window gave best results.

4.2.2.3 Word to vector feature clusters

We trained a word to vector model [16] using the non-annotated data set, and used it to create 100 clusters using k-medoids algorithm. The output was used as a unigram feature within a one-word window.

5. Experiment

We first corrected the spelling mistakes in the dataset using the Bing Spell Check API [17]. Then the data set was annotated according to above described annotation scheme. Annotated data was converted into BIO tags and was used to train the CRF classifier to extract targets. Here CRF is used because our dataset is small and because of that the deep learning techniques cannot be applied on our dataset. Accuracy of the CRF classifier was measured using 10- fold cross validation. Table 1 shows experiment results.

Table 1. Results

Features	Precision	Recall	F1
Baseline	0.76923	0.60437	0.67690
Baseline + CPN	0.76081	0.66788	0.71132
Baseline + Brown	0.74648	0.63174	0.68434
Baseline + Clark	0.79733	0.62991	0.70380
Baseline + Stemmed Word	0.80348	0.61161	0.69454
Baseline + Word2Vec K-medoids	0.76627	0.61939	0.68504
All	0.79566	0.67154	0.72835

When considering the precision and recall, only exact matches were considered. Partial matches were considered as false negatives. CPN has improved the result considerably compared to other features. One of the major reasons could be usage of capital letters in feedback. Some of the mentioned entities did appear at the beginning of the sentence. Further, many targets are named entities, and there is a high probability for them to appear in title case. CPN is much sensitive to title case because it matches whether word contains a capital letter.

Brown clusters, Clark clusters and Word2Vec K-medoids are word embedding features. They provide a cluster representation on words depending on their relative meanings. May be the dataset size being small can be a reason to obtain lower results by Word2Vec K-medoids feature, given that in previous work Word2Vec models were trained on a much larger dataset[18]. Among the word embedding features, Clark clusters has improved the results, but even its improvement is considerably less compared to CPN. Stemmed word feature is also like clustering. For an example, both "Lecture" and "Lectures" will be clustered in to their stemmed word "lecture". It has a less improvement in F-score compared to Clark clusters but it has improved precision considerably.

In both precision and recall wise, the maximum accuracy came by combining all features but only for the recall, maximum accuracy was obtained by baseline and stemmed word feature added, but it has a relatively lower recall. The evaluation of the result shows that adding more features increases the recall.

6. Conclusion

In this work, we have focused on opinion target extraction task of the general student feedback, which is the first sub task of summarizing student feedback. We used a CRF classifier to address this information extraction task. As the baseline, we used the supervised approach used by Luo et al. [1]. Experimental results show that our method yields better opinion targets extraction performance than this previous work [1], which is done on reflective prompts feedback.

Future work includes the other two subtasks of student feedback summarization process, which are clustering the extracted opinion targets using a suitable clustering algorithm, and identifying the student's sentiment towards the opinion target.

7. References

[1]   W. Luo, F. Liu, and D. Litman, "An Improved Phrase-based Approach to Annotating and Summarizing Student Course Responses," *Proc. 26th Int. Conf. Comput. Linguist.*, pp. 53–63, 2016.

[2]   P. Liu, S. Joty, and H. Meng, "Fine-grained Opinion Mining with Recurrent Neural

Networks and Word Embeddings," *Proc. 2015 Conf. Empir. Methods Nat. Lang. Process.*, no. September, pp. 1433–1443, 2015.

[3]   W. Luo, F. Liu, Z. Liu, and D. Litman, "Automatic Summarization of Student Course Feedback," *North Am. Chapter Assoc. Comput. Linguist.*, no. Duc 2004, pp. 80–85, 2016.

[4]   W. Luo and D. Litman, "Summarizing Student Responses to Reflection Prompts," pp. 1955–1960, 2015.

[5]   C. Welch, R. Mihalcea, H. Street, and A. Arbor, "Targeted Sentiment to Understand Student Comments," *Proc. 26th Int. Conf. Comput. Linguist.*, no. 1, pp. 2471–2481, 2016.

[6]   J. Holst, A. L. Szymczak-Workman, K. M. Vignali, A. R. Burton, C. J. Workman, and D. A. A. Vignali, "Generation of T-cell receptor retrogenic mice," *Nat. Protoc.*, vol. 1, no. 1, pp. 406–417, 2006.

[7]   G. Qiu, B. Liu, J. Bu, and C. Chen, "Opinion Word Expansion and Target Extraction through Double Propagation," *Comput. Linguist.*, vol. 37, no. 1, pp. 9–27, 2011.

[8]   C. Lee, Y.-G. Hwang, and M.-G. Jang, "Fine-grained named entity recognition and relation extraction for question answering," in *Proceedings of the 30th annual international ACM SIGIR conference on Research and development in information retrieval - SIGIR '07*, 2007, p. 799.

[9]   B. Settles, "Biomedical named entity recognition using conditional random fields and rich feature sets," in *JNLPBA '04 Proceedings of the International Joint Workshop on Natural Language Processing in Biomedicine and its Applications*, 2004, pp. 104–107.

[10]   a McCallum and W. Li, "Early results for named entity recognition with conditional

random fields," *Proc. CoNLL-2003*, pp. 188–191, 2003.

[11]　R. K. Ando and Z. (Yahoo R. Tong, "A Framework for Learning Predictive Structures from Multiple Tasks and Unlabeled Data," *J. Mach. Learn. Res.*, vol. 6, pp. 1817–1853, 2005.

[12]　J. Turian, L. Ratinov, Y. Bengio, and J. Turian, "Word Representations: A Simple and General Method for Semi-supervised Learning," *Proc. 48th Annu. Meet. Assoc. Comput. Linguist.*, no. July, pp. 384–394, 2010.

[13]　J. Suzuki, H. Isozaki, X. Carreras, and M. Collins, "An empirical study of semi-supervised structured conditional models for dependency parsing," *Conf. Empir. Methods Nat. Lang. Process.*, pp. 551–560, 2009.

[14]　P. F. Brown, P. V DeSouza, R. L. Mercer, V. J. Della Pietra, and J. C. Lai, "Class-Based n-gram Models of Natural Language," *Comput. Linguist.*, vol. 18, pp. 467–479, 1992.

[15]　A. Clark, "Combining distributional and morphological information for part of speech induction," *Proc. tenth Conf. Eur. chapter Assoc. Comput. Linguist. - EACL '03*, vol. 1, p. 59, 2003.

[16]　T. Mikolov, K. Chen, G. Corrado, and J. Dean, "Efficient Estimation of Word Representations in Vector Space," pp. 1–12, 2013.

[17]　"Microsoft Cognitive Services—Bing Spell Check API | Microsoft Azure." .

[18]　S. Poria, E. Cambria, and A. Gelbukh, "Aspect extraction for opinion mining with a deep convolutional neural network," *Knowledge-Based Syst.*, vol. 108, pp. 42–49, 2016.

The 2017 Conference on Computational Linguistics and Speech Processing
ROCLING 2017, pp. 308-322
© The Association for Computational Linguistics and Chinese Language Processing

Multi-Domain Aspect Extraction using Support Vector Machines

Nadheesh Jihan, Yasas Senarath, Dulanjaya Tennekoon, Mithila Wickramarathne, and

Surangika Ranathunga

Department of Computer Science and Engineering,

University of Moratuwa, Katubedda 10400, Sri Lanka

{nadheeshj.13, wayasas.13, dulanjayatennekoon.13, mithwick.13, surangika}@cse.mrt.ac.lk

Abstract

This paper describes a system to extract aspect categories for the task of aspect based sentiment analysis. This system can extract both implicit and explicit aspects. We propose a one-vs-rest Support Vector Machine (SVM) classifier preceded by a state of the art preprocessing pipeline. We present the use of mean embeddings as a feature along with two other new features to significantly improve the accuracy of the SVM classifier. This solution is extensible to customer reviews in different domains. Our results outperform the best recorded F1 score in the SemEval-2016 Task 5

dataset consisting of customer reviews from restaurant and laptop domains.

Keywords: Aspect Extraction, Sentiment Analysis, Supervised Machine Learning, SVM, Preprocessing, Mean Embedding

1. Introduction

The Internet has become the means of expressing opinion and view of consumers of products and services. Information contained in these reviews is of great value to other consumers as well as the companies that own those products and services. However, consumer reviews are often unstructured and noisy. Manual analysis of this huge amount of data for information is impossible. Automatic sentiment analysis of customer reviews has therefore, become a priority for the research community in the recent years.

Conventional sentiment analysis of text focuses on the opinion of the entire text or the sentence. In the case of consumer reviews, it has been observed that customers often talk about multiple aspects of an entity and express an opinion on each aspect separately rather than expressing opinion towards the entity as a whole [1]. Aspect Based Sentiment Analysis (ABSA) has emerged to tackle this issue. The goal of Aspect Based Sentiment Analysis is to identify aspects present in the text, and the opinion expressed for each aspect [2].

One of the most crucial tasks of ABSA is to extract aspects from the review text. The state of the art systems have trouble in working with multiple domains, detecting multiple aspects in a single sentence, handling a large number of hierarchical aspects and detecting implicit aspects where the aspect is to be inferred from the context [3]. The objective of our research is to develop new techniques that would be able to perform aspect extraction from customer reviews with high accuracy, across multiple domains.

A one-vs-rest Support Vector Machine (SVM) classifier and a list of carefully selected features are at the core of our supervised machine learning approach for aspect extraction. We identified that when Mean Embeddings are provided as a feature to the SVM classifier, results get improved significantly. The system was further enhanced using a clever text pre-processing pipeline complemented with context sensitive spell correction. Our system is able to outperform the best results submitted for SemEval-2016 Task 5[i], in both restaurant and laptop domains.

The rest of the paper is organized as follows. In section 2, related work is discussed. Section 3 explains the SemEval-2016 Task 5 dataset. Section 4 elaborates our system in detail. Experimental results are discussed in section 5. Finally, section 6 concludes our paper.

2. Related Work

Aspect extraction is an important and challenging task in sentiment analysis [4]. There is previous work on aspect extraction based on different approaches. Frequency based methods of aspect extraction consider frequent words likely to be aspects. Frequent nouns and noun phrases are considered as frequent words in this approach [3]. Hu and Liu [5] consider single nouns and compound nouns to be aspects. However, not each frequent word in a review sentence refers an aspect, thus this assumption leads to low accuracies in the aspect extraction process.

Syntax-based methods for aspect extraction use syntactical relations between a sentiment word and the aspect it is about. The ability to find low frequent aspects is an advantage in this approach. Still, to have a good recall, many grammatical relations needed to be found. To address this challenge, the double propagation algorithm is used by Qiu et al. [6] and Zhang et al. [7]. Yet, the presence of implicit aspects is not addressed in this approach.

It has been observed that machine learning approaches have excelled in aspect extraction task in the recent literature [3]. Many supervised classifiers have been used for aspect extraction in the literature [8].

Hercig et al. [9] present a system that uses a maximum entropy classifier for aspect category detection. The system is fed in with a massive number of features in order to get competitive results. These features are categorized under semantic, constrained and unconstrained features. However, despite using many features, this classifier was not able to outrank the best performing systems at SemEval-2016 Task 5. It is observed that most of the best performing supervised machine learning models use SVM [10].

In contrast to the supervised machine learning methods, Toh et al. [11] presented a hybrid approach, which uses deep learning techniques along with a binary classifier[ii]. The model has been evaluated with restaurant-domain and laptop-domain datasets of SemEval-2016 Task 5. This model has achieved the best score in the SemEval-2016 Task 5, with an F1 score of 0.7303 for restaurant domain and 0.5194 for the laptop domain. We consider these results as our benchmark results. We try to outperform this complex system using a simple SVM combined with carefully crafted features.

3. SemEval-2016 Task 5 Dataset

The existence of a dataset such as the one provided by SemEval-2016 Task 5 provides a standardized evaluation technique to publish our results, and it can be compared fairly with other systems, which are evaluated on the same dataset. Previously many different researchers used various datasets in their publications, making it difficult to compare and contrast the techniques discussed. SemEval-2016 Task 5 consists of several subtasks and slots [12]. Our system focuses on Slot 1 - Aspect category identification in Subtask 1 - sentence level ABSA. Details of subtask 1 is as follows,

The task is to identify all opinion tuples when opinionated text is given about a target entity. Subtask 1 is composed of 3 slots.

- Slot 1 - Aspect category: Identify entity E and attribute A pairs (denoted E#A) in a given sentence. E and A are chosen from predefined entity types and attribute labels, respectively.

- Slot 2 - Opinion target extraction: Extraction of expression used in the sentence to refer to the entity identified in E#A pair.

- Slot 3 - Sentiment polarity: Identify polarity labels ("positive", "negative", "neutral") for each identified E#A pair.

Our goal is to identify all aspect categories mentioned in each sentence. SemEval-2016 Task 5 dataset of English reviews for restaurant (training: 2000, testing 676 sentences) and laptop (training: 2500, testing 808 sentences) domains are used to train our SVM classifier. Training sentences have been annotated for opinions with respective aspect category while taking the context of the whole review into consideration. The sentences are classified under

12 and 81 classes in the restaurant and laptop domains, respectively.

4. System Description

In this section, we present our aspect extraction system. Our goal is to extract all the relevant aspect categories for a given sentence. We developed an SVM classifier for this task and evaluated its accuracy. The structure of our system is illustrated in Figure 1.

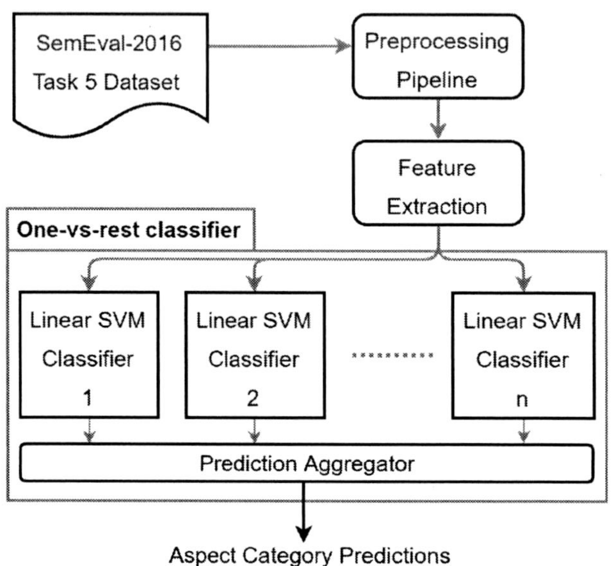

Figure 1 System Structure

4.1 Preprocessing

The dataset is stripped out of unnecessary content such as HTML, and the encoding of text is corrected. The pipeline neutralizes incorrect consecutive letters in words entered due to the excitement of the reviewer (s.a "sooooo") as done by Machácek [13].

We then present the sentences for spell correction. Both isolated word[iii] and context sensitive spell correction[iv] were experimented with. We observed that context sensitive spell correction performs far superior than isolated word spell correction. For example, consider the sentence "I lve in the neightborhood and lve their piza". Individual word spell correction corrected both occurrences of "lve" by "live" where context sensitive spell correction replaces the first "lve" by "live" and the second "lve" by "love".

The reason to specifically use this service is that Bing spell check API[iv] provides correct context sensitive spell correction via machine learning and a statistical machine translation based on a highly contextual algorithm.

After the spell correction, English concatenations present in the sentences were expanded (i.e. 'can't' become 'cannot'). Punctuations present in the data were removed and all symbols were replaced with their word meanings using regular expressions (i.e. - % will be replaced using percent). Moreover, all occurrences of numerical prices and "$" symbols are replaced with a price indicator word. Finally, we remove commonly occurring English articles such as "a" and "an" from the text. Converting all the characters to lowercase is not performed at the preprocessing stage since text features such as Named Entities are case sensitive. However, when creating the lemmatized bag of words, the text is lowercased.

4.2 Features

The SVM classifier requires informative and effective features to improve the results. We came up with following features, which were extracted from the preprocessed text to train and test the SVM classifier. We identified some of these features from recent publications made on SemEval-2016 Task 5. Moreover, we introduce some of our own features, which were not tried out in previous studies for aspect extraction.

Shown below is the feature combination that contributed to the best F1 score of the SVM classifier according to 5-fold cross validation. The last 3 features on the list are newly introduced.

4.2.1 Lemmatized bag of words

Used Stanford CoreNLP[v] to tokenize the text, and the stop words were removed. Then the tokens were lemmatized and were provided as a feature to the SVM. UWB system [9] and BUTknot system [13] at SemEval-2016 have lemmatized the text in a similar manner. Lemmatized bag of words is the base feature of our system.

4.2.2 Custom built word lists

Restaurant domain - We manually compiled a collection of restaurant food and drink names. The food name list contains 1302 items and the drinks list consists of 1400 items.

Laptop domain - We built a collection of laptop manufacturer names, operating systems, processors, display resolutions, CPU quality, hard disks and laptop model series.

Custom word lists were used in past research and could be observed in the BUTknot system [13] at SemEval-2016.

4.2.3 Opinion target annotations

We extracted the opinion targets that were annotated in the training dataset. Lemmatized opinion targets were fed as a feature to the SVM with the respective category of the opinion target. BUTknot system [13] at SemEval-2016 has taken a similar approach.

4.2.4 Frequent words per category based on tf-idf score

We built a custom list of frequent words per category in the laptop domain. UWB system [9] at SemEval-2016 has implemented this feature in their approach. We used equation (3) to extract most important words for each of the categories and manually filtered noise words such as stop words and numbers. We created a document per category by combining all the sentences belonging to a particular aspect category together.

$$tf(word, category) = \frac{f_w}{n_w} \quad (1)$$

$$idf(word, categories) = \log\left(\frac{c_n}{1 + c_w}\right) \quad (2)$$

$$tf - idf\,(word, category) = tf(word, category) * idf(word, categories) \quad (3)$$

Where,

 tf - term frequency score of a word in a given category

 idf - inverse document frequency score of a given word among the categories

 f_w - number of times a given word appears in a category

n_w - total number of words in the category

c_n - total number of categories

c_w - number of categories containing the given word

4.2.5 Presence of price in the text

Presence of price in numeric form in the raw text is fed as a feature. This feature is important to distinguish the price aspect of the respective entities. BUTknot system [13] at SemEval-2016 has presented similar feature in their approach.

4.2.6 Presence of exclamation mark in the text

Use of exclamation mark to express excitement is used as a feature. UWB system [9] at SemEval-2016 has used this feature in their approach.

4.2.7 Bag of five words at the end of sentence

The last five words of a sentence excluding stop words are fed as a feature to the SVM. UWB system [9] at SemEval-2016 has incorporated this feature in their classifier.

4.2.8 Named Entity Recognition (NER)

Indicated the presence of a person, organization, product or location in the text as a feature. SpaCy[vi] was used for NER extraction. Saias system [14] has used a similar feature to extract opinion target expression for SemEval-2015 Task 12. Ahiladas et al. [15] have used NER to extract food names in their Ruchi system [15]. IIT-TUDA at SemEval-2016 Task 5 by Kumar et al. [16] has also used NER for opinion target extraction. In contrast, we provided the extracted NER tags as direct features to the SVM classifier.

4.2.9 Head Nouns

We extract the head noun per sentence phrase, therefore a given sentence with more than one phrase would contain multiple head nouns. Part of speech (POS) tag is considered to select a noun. Stanford CoreNLP[v] is used to parse the sentences and obtain POS tags of the words. Singular noun (NN), plural noun (NNS), proper noun (NNP), plural proper noun (NNPS) POS tags are considered when extracting nouns. If multiple nouns are present in the same sentence phrase, rightmost noun is selected as the head noun. Presence of each extracted head noun is presented to the SVM as a feature. Therefore, a feature is introduced to the SVM for each head noun identified.

This feature is not observed in past research. Instead, in past research, a single head noun per sentence has been used. For example, UWB system [9] at SemEval-2016 Task 5 has incorporated Bag of head words as a feature to their classifier. They have used the head of the sentence parse tree as the headword. Consider the sentence "The food was well prepared and the service impeccable". The word "food" is the head of the sentence parse tree and thus considered as the head noun of the sentence. However, our approach would pick up both "food" and "service" words from the separate sentence phrases of the sentence. This helps to capture multiple features describing multiple aspect categories present in a single sentence. We found that getting the head of the sentence from the sentence parse tree does not always provide correct head word as seen in the ablation results by Toh et al. [11].

4.2.10 Mean Embedding using word2vec

Word embedding represents a class of techniques that represent individual words as real-valued vectors in predefined vector space. Word2vec is a group of related models that are used to produce word embeddings [17]. Mean embedding vector for each sentence was calculated using word2vec GoogleNews vector pre-trained model[vii] and used as a feature for the SVM. This feature was not used in past research in aspect extraction. Equation (4) can be used to obtain the mean embedding vector.

$$MEV = \sum_{i=1}^{n} \frac{vec(word_i)}{n} \quad (4)$$

Where,

       MEV   - Mean embedding vector

       n - Number of words in the sentence

       $vec(w)$ - Embedding of word w

4.3 SVM classifier

$$g(x) = w^T \phi(x) + b \quad (5)$$

A Support Vector Machines (SVM) is a discriminative model used in machine learning. It uses the discriminant function shown in equation (5), where w is the weights vector, b is the bias, and $\phi(x)$ denotes nonlinear mapping from input space to high-dimensional feature space.

The parameters w and b are learnt automatically on the training dataset based on the principle of maximized margin as indicated in (6).

$$\min_{w,b} \frac{1}{2} W^T W + C \sum_{i=1}^{N} \xi_i \quad (6)$$

$$s.t. \begin{cases} y_i g(x_i) \geq 1 - \xi_i \\ \xi_i \geq 0, i = 1, \ldots, N \end{cases}$$

where ξ_i denotes the slack variables and C is the penalty coefficient. Instead of solving this problem directly, it is converted to an equivalent quadratic optimization problem using Lagrange multipliers.

The training sample $(\tilde{x}_i, y_i)$ is called a support vector when satisfying the Lagrange multiplier $\alpha_i > 0$. By introducing a kernel function, the discriminant function can be represented as in equation (7).

$$g(x) = \sum_{i=1}^{\tilde{N}} \alpha_i y_i K(\tilde{x}_i, x) \quad (7)$$

We used a one-vs-rest multi-label support vector machine classifier to classify the text into multiple categories. Therefore, in the restaurant domain, 12 classifiers were used and in the laptop domain, 81 SVM classifiers were used. A sentence may be categorized into multiple categories. We used cross-validation for selecting the optimal parameters of the classifier.

According to Joachims [18], most text categorization problems are linearly separable. Due to this reason and the higher dimensionality of the feature vectors, it was more suitable to use a linear kernel. Furthermore, training an SVM with a linear kernel is faster compared to other kernels and there is only one parameter (regularization parameter) to be optimized in the Linear SVM.

5. Experimental Results

Table 1 presents results of ablation experiments on the testing data of the two domains using the SVM classifier. It is evident that the Mean Embeddings feature contributes significantly to increase the accuracy of the system compared to other features in the two domains we considered.

Table 1 Experimental Results for SVM

Feature	Restaurant F1	Laptop F1
Lemmatization	0.6034	0.3731
+ Exclamation mark	0.6022	0.3712
+ End words	0.6081	0.4146
+ Named Entities	0.6111	0.4282
+ Has price	0.6134	0.4255
+ Term list	0.6692	0.4774
+ Head nouns	0.685	0.4906
+ Mean embeddings	0.7203	0.4991
+ Preprocessing	0.7418	0.5221
Benchmark	0.7303	0.5194

The benchmark system uses a complex hybrid model with Convolutional Neural Network (CNN) and Feedforward Neural Network(FNN), whereas we achieve better results using a simple SVM fed with clever features.

Highlighting the significance of preprocessing for the features used with SVM, the F1 score drops to 0.7203 and 0.4991 in restaurant and laptop domain respectively without the preprocessing pipeline.

The inclusion of context sensitive spell correction during data preprocessing was not observed in past literature and we emphasize that context sensitive spell correction helps to perform more accurate aspect extraction. This is because customer reviews are written by laypeople, and reviews are often written using short-hand versions of words typed in a hurry using a mobile device. The final F1 result increased by 1.78% when isolated spell correction (0.7288) was replaced with context sensitive spell correction (0.7418) in the restaurant domain.

6. Conclusion

In this paper, we presented an effective SVM classifier that performs better than the state-of-the-art classifiers for aspect extraction. Moreover, we introduced a pre-processing pipeline to enhance the accuracy of the classifier. All features to the SVM classifier except the custom compiled lists can be automatically tuned for a new domain. We were able to outperform the best F1 score reported for the SemEval-2016 Task 5 in both restaurant and laptop domains using our classifier. We observed the use of deep learning for aspect extraction as an emerging trend in the field. Therefore, as future work we hope to perform more research on aspect extraction using deep learning techniques. Moreover, we would like to experiment the benefits of a hybrid classifier that uses deep learning and supervised machine learning.

References

[1]   B. Lu, M. Ott, C. Cardie and B. K. Tsou, "Multi-aspect sentiment analysis with topic models," in *Data Mining Workshops (ICDMW), 2011 IEEE 11th International Conference on*, 2011.

[2]   C. Lin and Y. He, "Joint sentiment/topic model for sentiment analysis," in *Proceedings of the 18th ACM conference on Information and knowledge*

management, 2009.

[3]   K. Schouten and F. Frasincar, "Survey on aspect-level sentiment analysis," *IEEE Transactions on Knowledge and Data Engineering,* vol. 28, pp. 813-830, 2016.

[4]   T. A. Rana and Y.-N. Cheah, "Aspect extraction in sentiment analysis: comparative analysis and survey," *Artificial Intelligence Review,* vol. 46, pp. 459-483, 2016.

[5]   M. Hu and B. Liu, "Mining opinion features in customer reviews," in *AAAI*, 2004.

[6]   G. Qiu, B. Liu, J. Bu and C. Chen, "Expanding domain sentiment lexicon through double propagation.," in *IJCAI*, 2009.

[7]   L. Zhang, B. Liu, S. H. Lim and E. OẂBrien-Strain, "Extracting and ranking product features in opinion documents," in *Proceedings of the 23rd international conference on computational linguistics: Posters*, 2010.

[8]   W. Medhat, A. Hassan and H. Korashy, "Sentiment analysis algorithms and applications: A survey," *Ain Shams Engineering Journal,* vol. 5, pp. 1093-1113, 2014.

[9]   T. Hercig, T. Brychćin, L. Svoboda and M. Konkol, "Uwb at semeval-2016 task 5: Aspect based sentiment analysis," in *Proceedings of the 10th international workshop on semantic evaluation (SemEval-2016)*, 2016.

[10]   B. Wang and M. Liu, *Deep Learning for Aspect-Based Sentiment Analysis,* Stanford University report, https://cs224d. stanford. edu/reports/WangBo. pdf, 2015.

[11]   Z. Toh and J. Su, "NLANGP at SemEval-2016 Task 5: Improving Aspect Based

Sentiment Analysis using Neural Network Features.," in *SemEval@ NAACL-HLT*, 2016.

[12]   M. Pontiki, D. Galanis, H. Papageorgiou, I. Androutsopoulos, S. Manandhar, M. AL-Smadi, M. Al-Ayyoub, Y. Zhao, B. Qin, O. De Clercq and others, "SemEval-2016 task 5: Aspect based sentiment analysis," in *ProWorkshop on Semantic Evaluation (SemEval-2016)*, 2016.

[13]   J. Machácek, "BUTknot at SemEval-2016 Task 5: Supervised Machine Learning with Term Substitution Approach in Aspect Category Detection.," in *SemEval@ NAACL-HLT*, 2016.

[14]   J. Saias, "Sentiue: Target and aspect based sentiment analysis in semeval-2015 task 12," in *Association for Computational Linguistics*, 2015.

[15]   B. Ahiladas, P. Saravanaperumal, S. Balachandran, T. Sripalan and S. Ranathunga, "Ruchi: Rating individual food items in restaurant reviews," in *12th International Conference on Natural Language Processing*, 2015.

[16]   A. Kumar, S. Kohail, A. Kumar, A. Ekbal and C. Biemann, "IIT-TUDA at SemEval-2016 Task 5: Beyond Sentiment Lexicon: Combining Domain Dependency and Distributional Semantics Features for Aspect Based Sentiment Analysis.," in *SemEval@ NAACL-HLT*, 2016.

[17]   T. Mikolov, K. Chen, G. Corrado and J. Dean, "Efficient estimation of word representations in vector space," *arXiv preprint arXiv:1301.3781,* 2013.

[18]   T. Joachims, "Text categorization with support vector machines: Learning with many relevant features," *Machine learning: ECML-98,* pp. 137-142, 1998.

i http://alt.qcri.org/semeval2016/task5/

ii https://github.com/JohnLangford/vowpal_wabbit/wiki

iii https://github.com/blatinier/pyhunspell

iv https://azure.microsoft.com/en-us/services/cognitive-services/spell-check/

v https://stanfordnlp.github.io/CoreNLP/

vi https://spacy.io/

vii https://code.google.com/archive/p/word2vec/

The 2017 Conference on Computational Linguistics and Speech Processing
ROCLING 2017, pp. 323-331
© The Association for Computational Linguistics and Chinese Language Processing

以軟體為基礎建構語音增強系統使用者介面

Development of a software-based User-Interface of Speech Enhancement System

王韜維 Tao-Wei Wang 曹昱 Yu Tsao

中央研究院資訊創新科技研究中心
Research Center for Information Technology Innovation
Academia Sinica

賴穎暉 Ying-Hui Lai
國立陽明大學生物醫學工程學系
Department of BioMedical Engineering
National Yang-Ming University

吳家隆 Chia-Lung Wu 許祥平 Hsiang-Ping Hsu

法務部調查局
Investigation Bureau, Ministry of Justice

摘要

本研究的目的在發展以軟體為基準的語音增強系統使用者介面，提供使用者一個快速且便於操作的輔助工具。此使用者平台包含傳統的方法和基於機器學習發展的語音增強演算法，使用者可以針對不同的噪音類型選擇演算法。處理後的語音除了可從介面上取得語音波形圖與聲譜圖的結果，還可播放與儲存處理後的語音。本研究選用 TMHINT 混車噪音與嬰兒哭聲做為驗證的測試語料。從結果與 PESQ 顯示，傳統的方式可有效的降低車噪音，但無法有效的降低嬰兒哭聲；而機器學習方式除了可降低車噪音，也可以有效的降低嬰兒噪音。

Abstract

The topic is to develop a user interface of speech enhancement in this study. This system includes of typical and based-on machine learning algorithm and provides a convenient and user-friendly interface. User can obtain waveform and spectrogram of enhancement speech and play and restore the enhancement speech in this interface. TMHINT database with car noise or baby crying is used to test this noise reduction system. The results show that typical methods are only capable to reduce car noise, but the methods based-on machine learning could reduce both of these two noise.

關鍵詞：語音增強、NMF、DDAE、機器學習、使用者介面

Keywords: Speech enhancement , NMF, DDAE, machine learning, user interface.

一、緒論

　　語音增強技術為各項語音訊號技術之重要前處理單元，針對收集到的聲音訊號抑制環境噪音來增強訊號的品質，進而提升各項應用的效能。然而不同的語音增強技術有不同的應用，傳統的語音增強演算法適合處理穩態的環境噪音，譬如車聲、工廠聲等能量集中在某些頻率的噪音，但非穩態的噪音如鳴笛聲、人聲、風切聲等則是以機器學習所發展的演算法較為有效，因此針對不同環境或使用需求應使用不同的處理方式。本研究預計建立使用者介面，其使用者介面包含傳統與機器學習的語音增強方法；期望一套簡單的使用者介面可以提供使用者以較便利的方式進行多種語音增強方法模擬與比較，輔助使用者快速的選擇適合的語音增強方法。

二、理論

傳統語音增強方法

　　傳統的語音增強系統主要目的為消除背景噪音及降低增強後語音訊號的失真。大多數的語音增強技術在頻域上強化聲音訊號，通常由兩個子系統結合而成，分別是雜訊與增益值估測系統[1]。首先藉由短時傅利葉轉換將訊號進行分頻的處理，並取得帶噪語音頻譜上的振幅與相位。保留相位成份，雜訊與增益值估測系統強化振幅成份，最後經反短時傅利葉轉換將其重組為時域上較為乾淨的聲音訊號。傳統的方法中，較常見的語音增強方式包了韋納濾波器[2][3]、頻譜刪減法[4]、最小化均方誤差估測 [5]和最大事後頻譜振幅預估器的語音增強演算法（Generalized Maximum A Posteriori spectral Amplitude, GMAPA）[6]等。

　　韋納濾波器、頻譜刪減法等典型的語音增強方法已廣被應用，過去有許多研究改

良這些典型的語音增強方法[3]，提升降噪的能力。而最大事後頻譜振幅預估器的語音增強演算法（GMAPA）是本研究團隊過去的研究成果，結合 MLSA [7] 和 MAPA [8] 兩種噪音預估模型的演算法。MLSA 和 MAPA 兩種噪音預估模型各有優缺點，MLSA 模型對於訊號刪減幅度較低，因此在訊號品質較佳的環境可以保留較多的語音資訊，但在訊號品質較差的狀況對於雜訊消除能力較低；而 MAPA 模型對於雜訊的刪除能力較好，但對於高訊雜比的訊號容易過度刪減，造成較大的訊號失真。GMAPA 演算法使用動態調整事前機率比例的機制，在較高訊雜比的條件下，GMAPA 採用較小的事前機率比例，以防止過度語音失真。另一方面，在較低訊雜比的條件下，GMAPA 使用較大的事前機率比例，以提升增強後語音訊號的訊雜比。此外，根據語音訊號的訊雜比 (SNR)，我們設計一個映射函數（如圖一）來決定最佳的事前機率比例。

$$G_{GMAPA} = \frac{\xi[m,l] + \sqrt{\xi^2[m,l] + (2\alpha-1)(\alpha+\xi[m,l])\xi[m,l]/\gamma[m,l]}}{2(\alpha+\xi[m,l])}$$

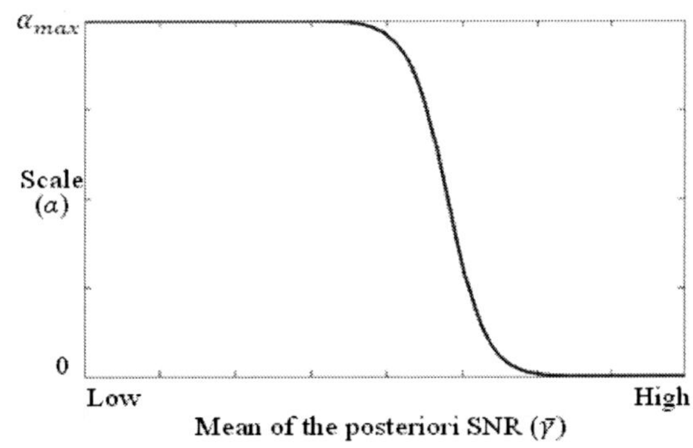

圖一 GMAPA 映射函數示意圖。

機器學習語音增強方法

傳統的語音增強是針對訊號進行噪音與訊號的預估，但對於非穩態的噪音(例如:警笛聲、人聲等)降噪效果較差。近幾年快速發展的機器學習中，DDAE (deep denoising auto-encoder) [9][10] 和 NMF (non-negative matrix factorization) [11-13]兩種技術也常被應用於訊號增強的領域中。非負矩陣分解技術藉由基底矩陣 W 與編碼矩陣 H 相乘以近似輸入頻譜 V，如式(1)：

$$V \approx WH, \qquad\qquad (1)$$

基底矩陣 W 的維度為 FxR、編碼矩陣 H 的維度為 RxT 與輸入頻譜 V 的維度為 FxT；且

W、H 與 V 中所有的元素皆為正實數。在訓練階段，分別使用乾淨語音與雜訊做為訓練語料，取得代表語音與雜訊的基底矩陣 W_S 與 W_N。在測試階段，帶噪聲音頻譜 Y 藉由 W_S 與 W_N 取得編碼矩陣 H，如式(2)所示。

$$Y \approx WH = [W_S\ W_N][H_S\ H_N]^{\mathsf{T}} \tag{2}$$

最後，增強後的聲音頻譜可由式(3)求得。

$$S' = \frac{W_S H_S}{W_S H_S + W_N H_N} \times Y, \tag{3}$$

　　隨著機器學習(machine learning)的進展，語音增強的效能已經有大幅的提昇，在眾多機器學習理論中，又以深層學習理論(deep learning)最為受到矚目。相較於傳統的機器學習理論，深層學習理論利用多層式結構架構出一個非線性且複雜的模型，對於多項標準的訊號處理、模式識別等測試項目，已有諸多優異的研究成果與表現，甚至是這些領域最先進的技術。圖二為流程圖，基於深層學習理論的深層去噪自編碼模型應用於語音增強技術。

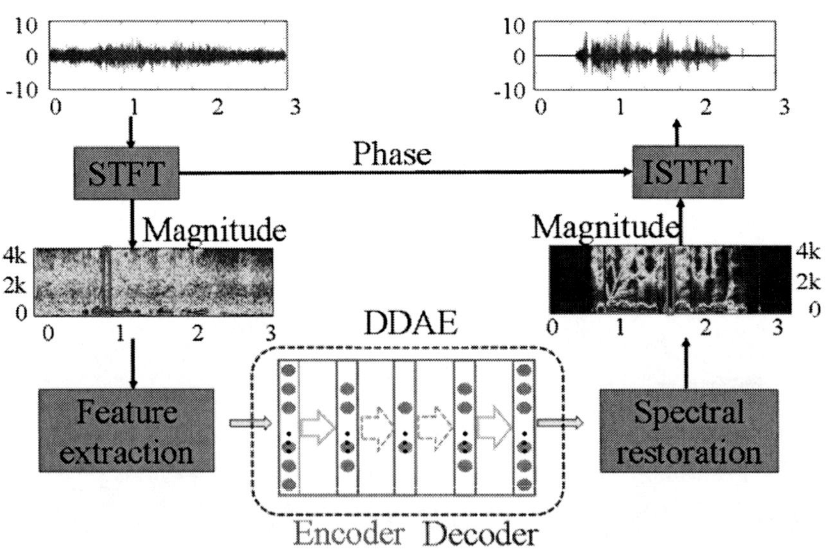

圖二　應用深層去噪自編碼模型於語音增強。

　　如圖二所示，類似於傳統語音增強技術，帶噪語音訊號首先經由短時傅利葉轉換拆解時域訊號至其頻譜成份並保留相位資訊。振幅資訊輸入深層去噪自編碼模型降噪，獲得較為乾淨的振幅頻譜，最後由反短時傅利葉轉換將較為乾淨的振幅頻譜與相位重建為時域訊號。

　　由雜訊語音估測乾淨語音可視為一個函數近似的問題，該函數則用來描述雜訊語音與乾淨語音之間的映射關係。傳統增強技術使用線性映射函數，但由於近來深度學習在訊號處理及物體識別的發展，以類神經網路等複雜的非線性映射函數為基礎的降噪法受到關注。使用深層去噪自編碼模型的優點是易於擴展為不同地類神經網路架構來改善其表現。但不論是基於深層去噪自編碼模型或類神經網路模型降噪法，學習雜訊語音及乾淨語音之間的轉換函數都是基於收集大量的乾淨及雜訊語音資料訓練而得。

三、語音增強使用者介面

　　此研究所開發的語音增強介面包含上述的傳統方法與機器學習降噪方法，介面如圖三，使用者可在圖三①②輸入欲處理的語音與加成的噪音，在③輸入合成的 SNR 進行混噪，若不混噪可輸入'N'，混噪後的語音波形圖與聲譜圖將顯示在⑥。在輸入語音與噪音時，介面會顯示輸入訊號的頻率資訊，若兩者的頻率不同則無法進行混噪處理。降噪的方法分為兩部分，在④選擇噪音估測模型並於⑤選擇語音增強方法。處理後的結果如圖三，在⑦與⑧分別顯示時域語音波形圖與聲譜資訊。此介面也提供了 NMF與 DDAE 模型訓練功能，使用者可以自由設定參數和選擇訓練資料即可生成模型。

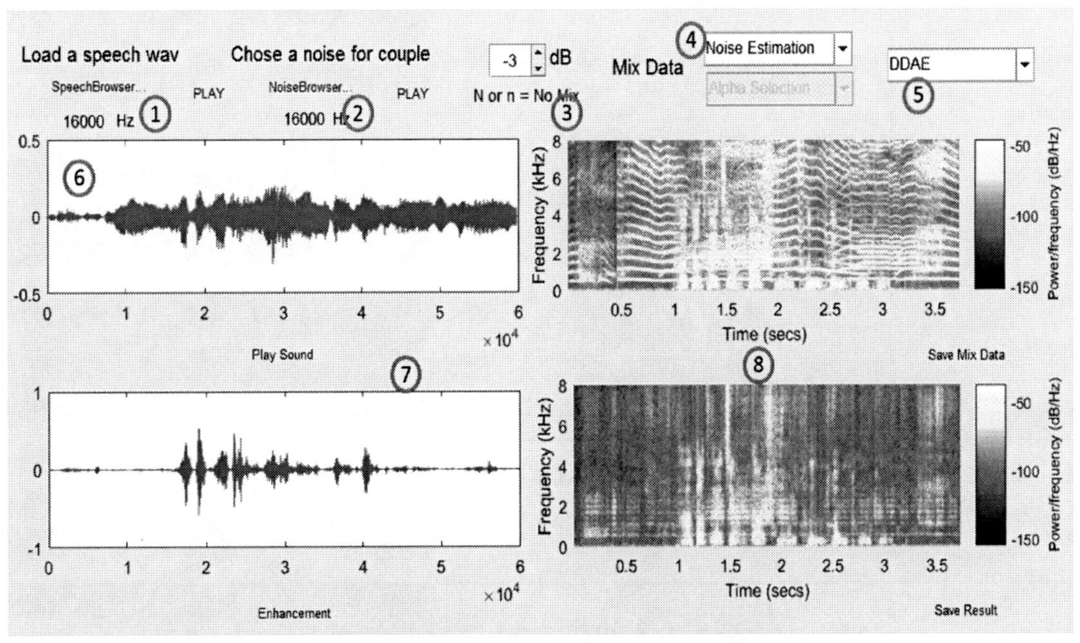

圖三　使用者介面示意圖。

四、語音增強方法比較

　　為了驗證此介面的正確性，我們使用 TMHINT 的語料為，以-5dB、0dB、5dB 的 SNR 值分別混上車噪音與嬰兒哭聲噪音做為測試語料，透過本研究所建立的語音增強介面進行處理。在 NMF 方法的維度設定為 300、100 迴圈數，訓練階段選用 320 句乾淨語音與欲處理的噪音訓練基底矩陣；DDAE 的模型架構為[400 200 100 200 400]的五層模型，訓練資料為 7dB、3dB、-3dB、-7dB 的混噪語音-乾淨語音對，訓練的噪音選擇為車噪音和嬰兒哭聲。本研究的目的在於開發使用者介面，因此在機器學習方法的測試語料與訓練語料相同，其結果以語音波形圖和聲譜圖(0dB)呈現於表一與表三，用 PESQ 當作客觀評量指標，顯示於表二和表四。表一、表二為車噪音而表三、表四為嬰兒哭聲。從表一的結果可發現傳統與機器學習方法都能有效抑制車噪音。我們選用 PESQ 做為客觀評量(如表二)，從客觀評量的結果可以觀察出傳統方法與機器學習方法在 PESQ 上的表現無顯著的差異。

表一　各語音增強方法對車噪音的處理成效。

處理前語音		
韋納濾波器		
KLT		
MMSE		
GMAPA		
NMF		

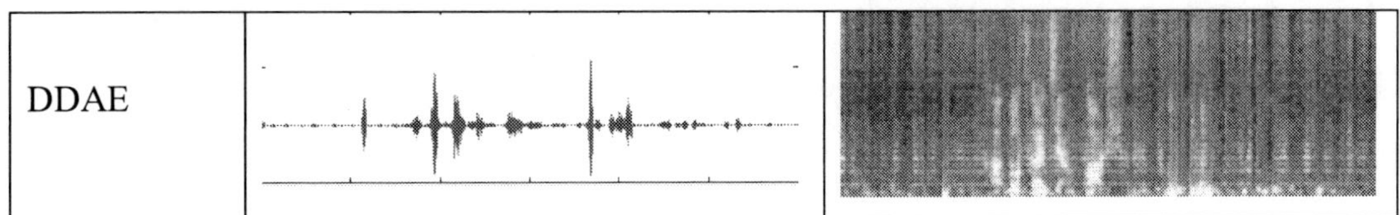

| DDAE | | |

表二　各語音增強方法對車噪音處理後的 PESQ

	-5dB	0dB	5dB
Wiener Filter	1.55	1.65	2.29.
KLT	1.74	1.83	2.60
MMSE	1.95	2.19	2.43
GMAPA	1.88	2.15	2.44
NMF	1.91	2.18	2.52
DDAE	2.18	2.41	2.67

　　表三的噪音為嬰兒哭聲，從表三可看出傳統的方式並無法有效的降低嬰兒哭聲，而機器學習的語音增強方法可以有效的降低嬰兒哭聲。嬰兒哭聲為非穩態的噪音，且嬰兒哭聲的聲學特徵類似人聲，使用傳統方法較難準確的預估並消除。從客觀評量中(如表四)也可得到相同的結論。

表三　各語音增強方式對嬰兒哭聲的處理成效。

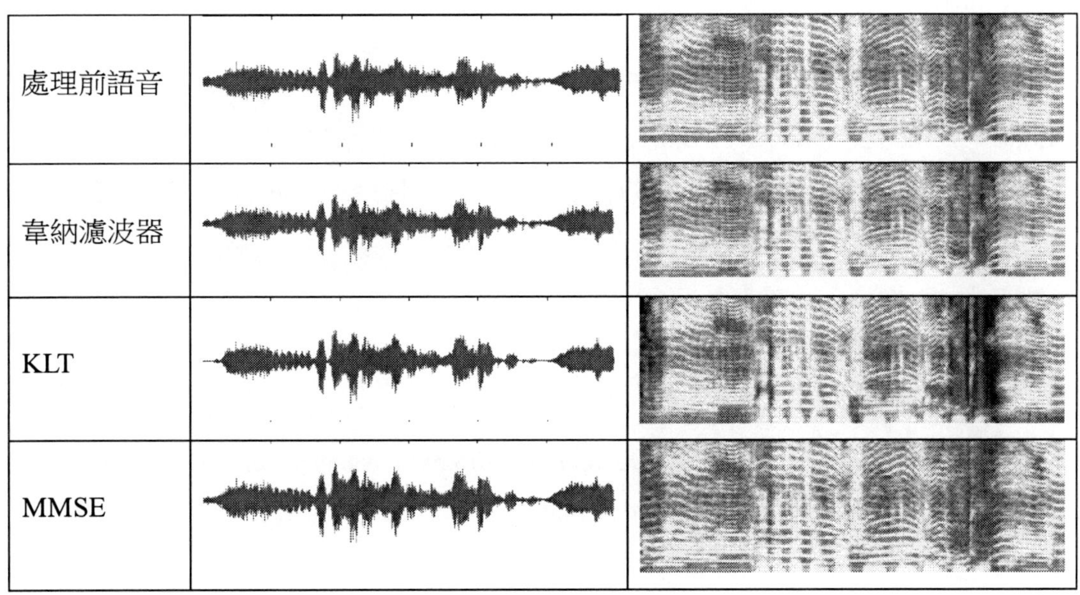

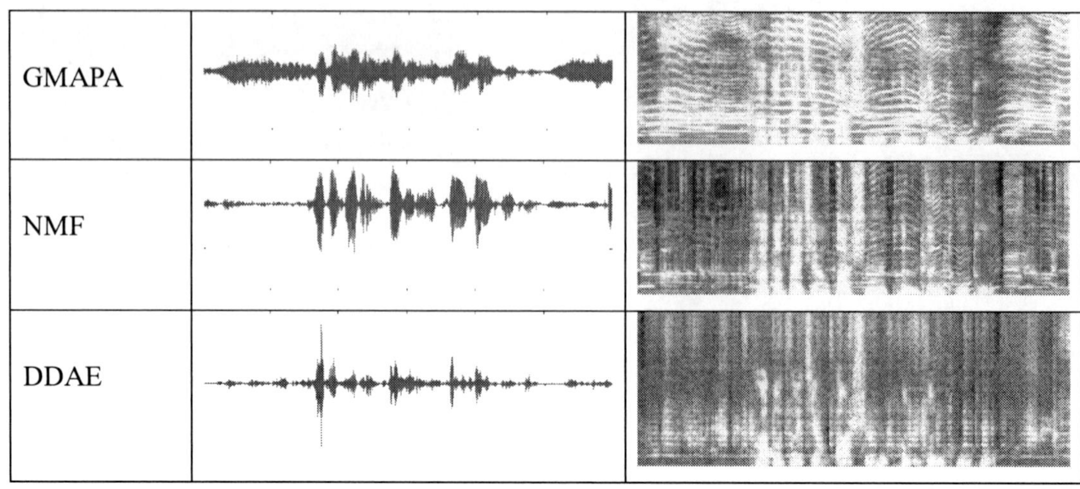

表四　各語音增強方法對嬰兒哭聲處理後的 PESQ

	-5dB	0dB	5dB
Wiener Filter	1.45	1.55	1.59.
KLT	1.47	1.50	1.59
MMSE	1.47	1.49	1.49
GMAPA	1.46	1.49	1.52
NMF	1.99	2.11	2.57
DDAE	2.05	2.29	2.62

五、結論

　　在本研究中我們成功建構了語音增強系統使用者介面，在此介面上包含傳統語音增強與機器學習所開發出來的語音增強方法，簡單的操作介面提供使用者可快速的進行模擬與方法的選擇。目前仍然沒有一個演算法可以有效的抑制所以有噪音，在做語音增強演算法的選擇上還是根據噪音做選擇，此平台可以做為一輔助工具，快速檢視該噪音以何種演算法較為有效。

參考文獻

[1] Su, Y.-C., Tsao, Y., Wu, J.-E., Jean, F.-R., "Speech enhancement using generalized maximum a posteriori spectral amplitude estimator," in Proc. ICASSP, pp. 7467-7471, 2013.

[2] Scalart, P., et al., "Speech enhancement based on a priori signal to noise estimation," in Proc. ICASSP, pp. 629–632, 1996.

[3] Hsu, C.-C., Cheong, K.-M., Chien, J.-T., and Chi, T.-S, "Modulation Wiener filter for improving speech intelligibility," IEEE International Conference on Acoustics, Speech and Signal Processing (ICASSP), pp. 370-374, 2015

[4] Boll, S., "Suppression of acoustic noise in speech using spectral subtraction," IEEE Transactions on Acoustics, Speech and Signal Processing, vol. 27, no. 2, pp. 113–120, 1979.

[5] Ephraim, Y. and Malah, D., "Speech enhancement using a minimum-mean square error short-time spectral amplitude estimator," IEEE Transactions on Audio, Speech, and Language Processing, vol. 32, no. 6, pp. 1109–1121, 1984.

[6] Tsao, Y. and Lai, Y.-H., "Generalized Maximum a Posteriori Spectral Amplitude Estimation for Speech Enhancement," Speech Communication, vol. 76, pp. 112–126, 2016.

[7] McAulay, R. and Malpass, M., "Speech enhancement using a soft decision noise suppression filter," IEEE Transactions on Acoustics, Speech and Signal Processing, vol. 28, no. 2, pp. 137–145, 1980.

[8] Lotter, T. and Vary, P., "Speech enhancement by map spectral amplitude estimation using a super-Gaussian speech model," EURASIP journal on applied signal processing, vol. 2005, pp. 1110–1126, 2005.

[9] Ozerov, A. and F´evotte, C., "Multichannel nonnegative matrix factorization in convolutive mixtures for audio source separation," IEEE Transactions on Audio, Speech, and Language Processing, vol. 18, no. 3, pp. 550–563, 2010.

[10] Hsu, C.-C., Chien, J.-T., and Chi, T.-S., "Layered nonnegative matrix factorization for speech separation," InterSpeech, pp. 628-632, 2015

[11] Lu, X., Tsao, Y., Matsuda, S., and Hori, C., "Ensemble modeling of denoising autoencoder for speech spectrum restoration," in Proc. INTERSPEECH, pp. 885–889, 2014.

[12] Lee, Y.-S., Wang, C.-Y., Wang, S.-F., Wang, J.-C., and Wu C.-H., "Fully complex deep neural network for phase-incorporating monaural source separation," Proceedings of ICASSP2017, New Orleans, USA, March 5~9, 2017

[13] Huang, K.-Y., Wu, C.-H., Su, M.-H., and Fu, H.-C, "Mood detection from daily conversational speech using denoising autoencoder and LSTM," in Proceedings of ICASSP2017, New Orleans, USA, March 5~9, 2017

The 2017 Conference on Computational Linguistics and Speech Processing
ROCLING 2017, pp. 332-353
© The Association for Computational Linguistics and Chinese Language Processing

基於聽覺感知模型之類神經網路及其在語者識別上之應用
Two-stage attentional auditory model inspired neural network and its application to speaker identification

羅玉雯 [a], 廖元甫 [b], 冀泰石 [a]
[a] 國立交通大學電機工程學系
[b] 國立台北科技大學電子工程系
yuwenlo0320@gmail.com, yfliao@ntut.edu.tw, tschi@mail.nctu.edu.tw

摘要

根據神經生理學研究，耳朵會針對聲音的各個頻率進行分頻，並產生出聽覺頻譜，研究人員根據專注聽覺現象和生物聽覺實驗，也發現了大腦聽覺皮質上神經作用的模式。於本論文中，我們運用類神經網路，建構出一種模擬人類聽覺的類神經網路模型，並在語者識別這個應用上進行討論，期望能成功連結神經生理學的知識與工程的技術。而我們所設計的模型，是利用兩層不同維度的卷積神經網路(Convolutional Neural Network)，分別模擬初期耳蝸階段及大腦皮質階段，透過設計卷積核初始值，即耳蝸階段多組一維分頻濾波器和大腦皮質階段同時解析時頻資訊的二維濾波器，以使模型能夠快速地達到收斂狀態。而透過模型訓練，根據目的與環境變因的不同，模型會自動調整其中參數，使輸入資料映射至目標的型態。同時我們也針對所提出的模型架構，進行了多種形態的比較，進而發現在給定初始值的狀況下，即使訓練不夠充分，也能產生不錯的結果。

1. 研究背景

語者識別的目標為有效地準確地辨別目前的說話者，而發展至今已有很多成熟的方法。在本論文中，我們所設計的語者識別系統，是以神經網路學習中的卷積神經網路(CNN)實現，並以模擬人耳聽覺感知為目標。近年來隨著神經網路技術的普及，研究學者發展出了許多以神經網路為核心的語者識別演算法，但這些系統基本上僅利用對原始訊號進行特徵抽取(例如 MFCC)，再透過類神經網路進行個別與者的模型訓練[1][2][3]。但是在計算特徵的同時，可能會遺失掉原本語音訊號的其他重要資訊，因此我們師法人的耳蝸功能，不抽取特定特徵而任由卷積神經網路對原始時域訊號進行濾波[4][5][6]，來進行語者識別。

然而，聽覺神經學的學者透過實際動物實驗發現，哺乳類動物的聽覺形成主要經過兩階段，分別為初期耳蝸階段以及大腦皮質階段。在初期耳蝸階段中，聲音訊號進入到耳朵後，耳蝸會針對聲音頻率進行解析，並且會根據頻率的高低而有不同的解析度，其解析中心頻率與頻寬的比值呈現一個常數 Q 的關係，也就是對低頻聲音有著較為精細的解析；而對高頻聲音則進行較為廣泛的頻率解析。而我們可以透過這個關係，將原始聲音訊號轉換成二維的聽覺頻譜圖，與傅立葉頻譜圖的不同處在於聽覺頻譜圖更能表現出耳朵對聲音所解析出的時頻特徵[7][8]。

之後，將耳蝸階段解析出來的聽覺頻譜送往下個階段，也就是大腦皮質(A1)階段，其神經元會針對聽覺頻譜的時域調變及頻域調變同時進行解析[9][10]，亦即聽覺感知是一對二維時-頻訊息的綜合反應，當頻譜上兩頻率通道資訊互換或者時間軸上兩時間點資訊對調，皆會對聲音的解讀產生困難。基於動物實驗而得到的 A1 神經元紀錄，美國 NSL 實驗室提出了一聽覺感知模型 [11]，而這個模型，能解析出語音能量頻譜中所隱含的多種重要資訊，像是音高(pitch)、諧波成份(harmonic)、振幅調變(AM)、頻率調變(FM)、語音起始(onset)與終止處(offset)等資訊。近年來已成功的應用在許多語音與音訊處理的研究議題上，如評估語音清晰度[12]、語者識別[13]及從背景音樂中進行聲源分離[14][15]等等。

而由動物實驗中，研究人員亦發現聽覺皮質層的神經元會因為認知的目的不同，自我調整出一個專注的機制來選擇提取相對重要的訊息[16][17][18]，換句話說人類常在聽到聲音時表現出注意行為，而這些注意行為是由較高層次的認知功能所引起的，而在聽覺中，這個專注行為可以幫助我們在吵雜的環境中更有效地辨別目標的聲音。

近年來，具強大功能的類神經網路解決了許多困難的工程問題，並且也有許多將其成功應用於語音方面的例子，如語音辨識[19][20]、音源分離 [21]、情緒辨識[22]，而卷積神經網路(convolutional neural network, CNN)，擁有能夠提取二維特徵資訊的功能，除了廣泛的應用在圖像辨識[23][24]，也能成功的應用於語音辨識[25][26]上。

我們根據上述這些理論，在本論文中提出了基於類神經網路的兩階段聽覺感知模型，此模型主要概念為模擬耳蝸對於原始訊號的分頻以及大腦聽覺皮層區的神經元針對輸入封包會有不同的時域及頻域選擇性。也就是說，在經過耳蝸的分頻機制後，我們可以將原始的音源訊號轉換成二維聽覺頻譜圖；而在大腦皮質階段，會透過卷積神經網路建構出其神經元的專注機制，對轉換而成的二維聽覺頻譜圖進行解析。

我們參考的兩階段感知聽覺模型模擬了初期耳蝸階段以及聽覺皮質(A1)區對聲音的解析，但沒有包含聽覺感知更上層的神經細胞的反應，因此，為了模擬更完整的聽覺路徑上神經整合資訊的過程，我們對於 A1 區之後的神經細胞的作用，以標準的神經網路學習演算法來近似。此方法的最大優點是：資料導向(data-oriented)及非模型導向(model-oriented)，亦即在我們不知道大腦運作的任何數學模型下，也能夠利用神經網路演算法自主學習的能力，模擬更深層神經元之間的運算，以完整模擬人類聽覺路徑上所有神經元的作用。

在本論文中，我們採用卷積神經網路，來實現所參考聽覺模型的初期耳蝸階段以及大腦皮質階段，我們以一維的卷積層並透過設定基於耳蝸分頻機制的多組濾波器，來模擬聽覺感知模型的初期耳蝸階段；再利用二維卷積層搭配多個二維時頻調變濾波器，來模擬在大腦皮質階段對於聽覺頻譜的專注機制所進行的特徵提取，並透過特徵映射層來模擬大腦更深層的資訊連結。因此，我們預期所提出的演算法相當接近人類耳朵及大腦處理語音資訊的實際情況，進而在語者識別上能達成不錯的效果。

2. 感知訊號處理

2.1 生理聽覺現象與特性

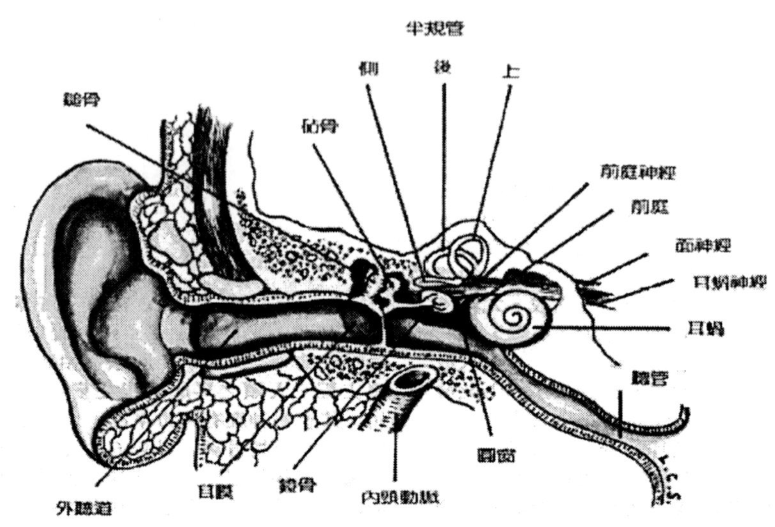

圖 2.1：耳朵基本構造 [7]

　　人耳的基本構造，由外而內主要分為外耳、中耳、以及內耳三個部份，如上圖(2.1)所示。外耳包含耳殼及外聽道；中耳包含三小聽骨(鎚骨、砧骨及鐙骨)；而內耳則是由主司聽覺的耳蝸以及主司平衡的前庭與半規管所組成。外界的聲波，經由外耳、中耳、內耳的順序依序傳遞，將聲波轉換成最後的電訊號，使我們能聽到聲音。首先，聲音訊號由耳殼及外聽道接收後撞擊耳膜，耳膜震動，進而帶動中耳的三小聽骨以槓桿原理運動推動卵圓窗，此時聲波已被轉換成機械能傳遞。之後由於卵圓窗受到推擠，能量進而傳入充滿組織液的內耳，由機械能再轉為動能，帶動內耳內組織液的流動，並於基底膜(basilar membrane)上產生行進波。

　　由於基底膜上的質地和寬度差異，靠近膜底部(前端，base)的質地較硬寬度較窄；而靠近頂部(後端，apex)較寬軟。這樣的結構使得不同頻率的訊號，在基底膜上所產生的行進波會在不同的位置產生最大振幅。因此，基底膜可視為一系列的分頻濾波器，較低頻的訊號會傳至較遠處才產生共振；而頻率較高的訊號，在靠近基底膜底部的位置就會產生共振，而可接受的波頻率範圍大約為 20 Hz 到 20000 Hz，即正常人類聽覺範圍。

　　基底膜上行進波的運動會拉動基底膜內柯替氏器(organ of Corti;圖 2.2)上，附著的數以千計的內毛細胞和外毛細胞，使之產生一連串的電化學變化，引發神經脈衝以電訊號刺激聽神經，再傳遞至大腦進行分析與整合。

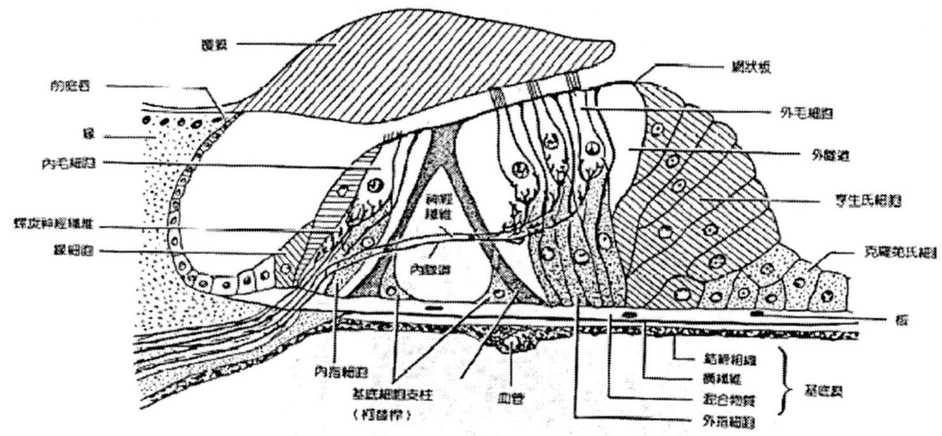

圖 2.2：基底膜內柯氏器 [7]

2.2 聽覺感知模型

　　此模型是由 NSL(Neural Systems Laboratory)實驗室所提出，藉由實際進行動物聽覺實驗，進而建構出符合哺乳類動物的聽覺系統模型，它模擬了聲音訊號從耳蝸到大腦皮質 A1 區的過程。這個模型包含了兩個主要的部分：初期耳蝸階段(early cochlear stage)及大腦皮質階段(cortical stage)。前者為聲音訊號被內耳耳蝸上的內外毛細胞所解析的過程，即預估聲音的聽覺頻譜階段；後者在於模擬大腦皮質(A1)區對其聽覺頻譜的解析，由多組的時頻域二維調變濾波器所實現。

2.3 聽覺感知模型-初期耳蝸階段

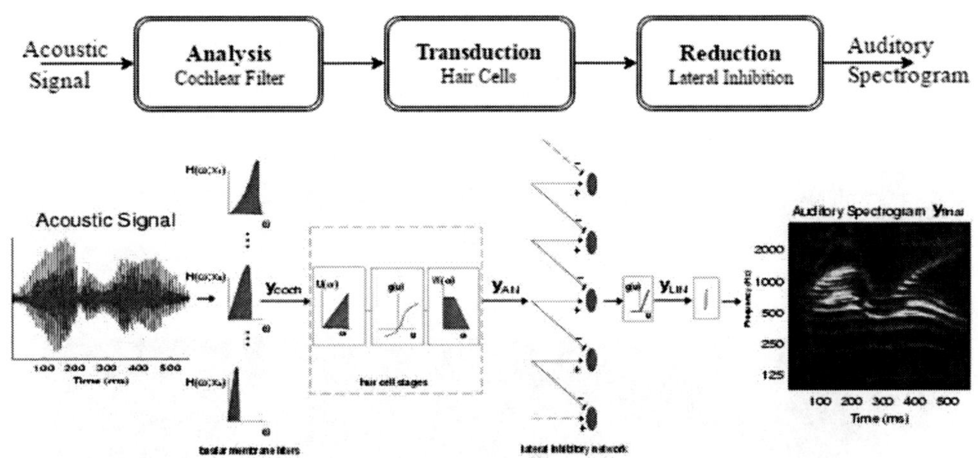

圖 2.3：初期耳蝸階段之訊號處理流程圖 [7]

初期耳蝸階主要的流程如圖(2.3)所示，每個聲音訊號進來後都會經過三個階段：分析(analysis)、傳導(transduction)以及壓抑(reduction)，而我們將利用以下數學式來完成其模擬：

$$y_{coch}(t,x) = s(t) \otimes_t h(t;x) \tag{2.1}$$

$$y_{AN}(t,x) = g(\partial_t y_{coch}(t,x)) \otimes_t w(t) \tag{2.2}$$

$$y_{LIN}(t,x) = \max(\partial_x y_{AN}(t,x),0) \tag{2.3}$$

$$y_{final}(t,x) = y_{LIN}(t,x) \otimes_t u(t;\tau) \tag{2.4}$$

式(2,1)為分析部分，用來模擬聲音 $s(t)$ 傳至耳蝸後，在基底膜上依照其本身不同的共振頻率，被不同的位置上被解析出來。$h(t,x)$ 代表基底膜上位置為 x 的共振響應，x 即為基底膜上距離耳蝸底部的距離，而模型中使用 128 個具不同中心頻率及頻寬的帶通濾波器組(band pass filter bank)來模擬各位置的共振響應，其中中心頻率和頻寬成常數 Q(constant Q)的關係，如式(2.5)

$$\left. 中心頻率(center\ frequency) \middle/ 頻寬(bandwidth) \right. = 常數 Q \tag{2.5}$$

中心頻率在對數軸上是均勻分布的，接著，每個濾波器的輸出將被傳送到一非線性壓縮階段，對應到式(2.2)。這個非線性壓縮是用來模擬耳蝸基底膜的震動轉化成內毛細胞的電位，而內毛細胞的飽和現象。接著相近的內毛細胞彼此之間會有一階側抑制作用(lateral inhibitory network ,LIN)，如式(3.3)，也模擬了聽覺上鄰近頻率的遮蔽效應。

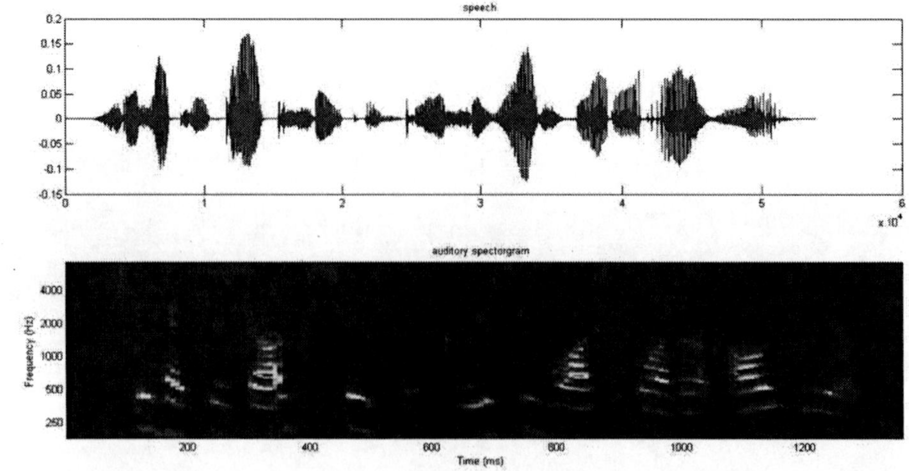

最後，訊號會通過一封包擷取器，如式(2.4)。而其積分窗函式則寫成式子(2.6)：

$$u(t;\tau) = e^{-\frac{t}{\tau}} \times \mu(t) \tag{2.6}$$

經過以上的處理，我們可以得到y_{final}，也就是時頻域的聽覺頻譜圖(auditory spectrogram)。和一般的短時傅立葉轉換頻譜圖(STFT spectrogram)不同之處為，此頻譜的頻率軸是以對數呈現，如圖(2.4)所示，接著在第二階段的大腦皮質分析將針對此聽覺頻譜作進一步的分析。

2.4 聽覺感知模型-大腦皮質階段

第二階段是在模擬大腦皮質 A1 區的神經元對於時頻的選擇性。在聽覺模型中，y_{final}是經過初期耳蝸階段所得到的聽覺頻譜圖。大腦皮質 A1 區的神經可以被視為一系列具有不同特徵參數的二維時頻調變濾波器 (spectro-temporal modulation filters , STMFs)，可以用來解析所得到的聽覺頻譜。換句話說，A1 模型將原本的聽覺頻譜根據不同的時頻調變進行解析，我們假設，在 A1 後的神經元可以收集並整合許多經 STMF 解析後的具體資訊，進而建構出更高階的大腦認知功能。

生成 STMF 的參數包含了 rate ω_c (Hz) 、scale Ω_c (cycle/octave) 以及方向性。rate 捕捉了聽覺頻譜沿著時間軸的變化速度，而 scale 則是捕捉了其沿著頻率軸的能量分布狀況，此外，rate 的符號代表了 STMF 的方向性(正/負 符號代表 向下/向上 的方向)，而 STMF 的頻率響應可以寫成 (2.7)及(2.8)：

$$STMF_{+w_c,\Omega_c}(\omega, \Omega)$$
$$= \begin{cases} |F\{h_{rate}(t;\omega_c)\} \otimes F\{h_{scale}(f;\Omega_c)\}|, 0 \leq \omega; \Omega \leq \pi \\ 0, \ otherwise \end{cases} \tag{2.7}$$

$$STMF_{-w_c,\Omega_c}(\omega, \Omega)$$
$$= \begin{cases} |F\{h_{rate}(t;\omega_c)\} \otimes F\{h_{scale}(f;\Omega_c)\}|, -\pi \leq \omega \leq 0; 0 \leq \Omega \leq \pi \\ 0, \ otherwise \end{cases} \tag{2.8}$$

而F代表一維的傅立葉轉換，$\otimes$ 是外積。rate (ω, 以 Hz 為單位) 和 scale (Ω, 以 ms 為單位) 分別是時間的頻域軸以及頻率的頻域軸。而 h_{rate} 和 h_{scale}則是代表利用珈瑪形狀濾波器(Gammatone filters)所得到的以ω_c 及Ω_c為中心的一維時間及頻率脈衝響應，如(2.9)。

$$\begin{cases} h_{rate}(t;w_c) = t^4 e^{-2\pi BW_{rate}t}\cos(2\pi w_c t) \\ h_{scale}(f;\Omega_c) = f^4 e^{-2\pi BW_{scale}f}\cos(2\pi \Omega_c t) \end{cases} \tag{2.9}$$

而頻寬BW_{rate} 和 BW_{scale}會根據中心頻率ω_c 和Ω_c而增加。

圖(2.5)則代表 24 個二維的 STMF 的脈衝響應，其參數分別為 ω_c = { 4, 8, 16, 32 } Hz, Ω_c = { 0.5, 1, 2 } cyc/otc，且其方向性為雙向。而圖(2.6)則是某例句經過初期耳蝸階段後所得到的聽覺頻譜再經過 8 種不同的 STMF 濾波後之結果。

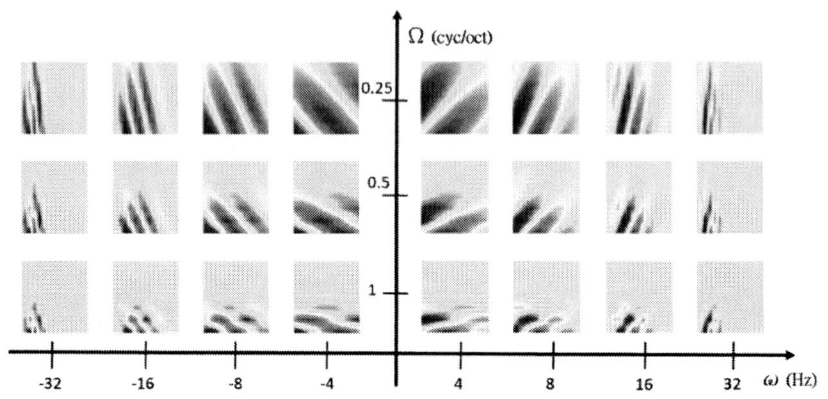

圖 2.5：STMFs 二維的脈衝響應範例

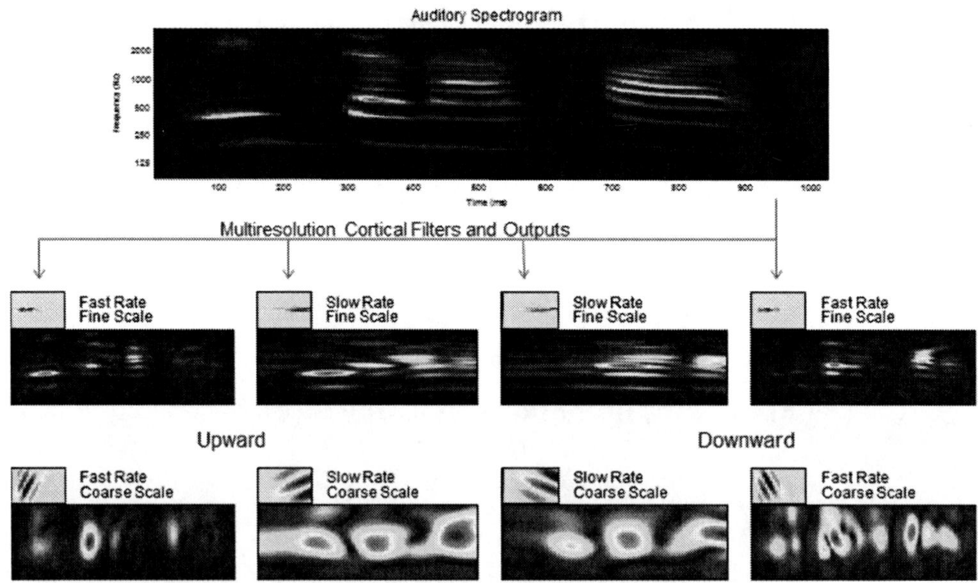

圖 2.6：經過初期耳蝸階段後所得到的聽覺頻譜再經過 8 種不同的 STMF 濾波後之結果

3. 類神經網路系統架構與參數設定

3.1 卷積神經網路簡介

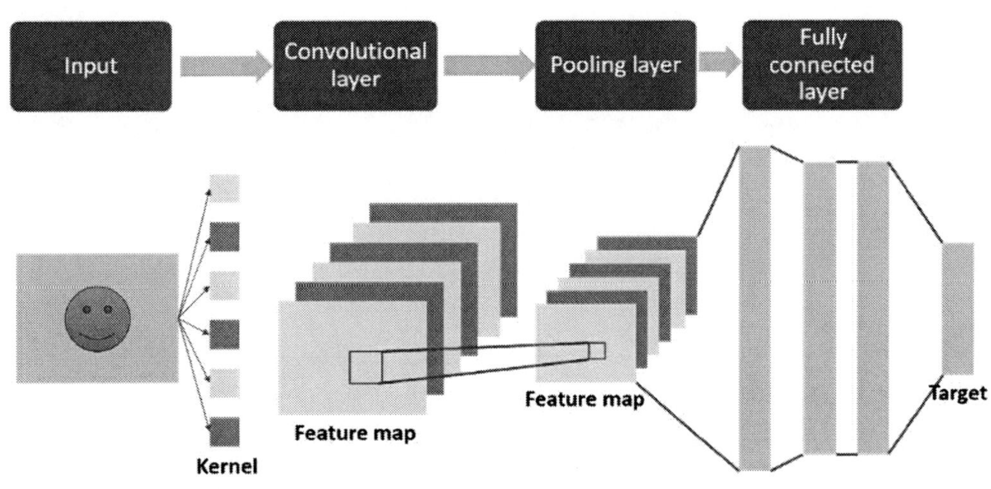

圖 3.1：卷積神經網路架構示意圖

  卷積神經網路(Convolutional Neural Network, CNN)為神經網路的變形，於近代發展起來，並備受重視，已廣泛的被應用到解決各種關於辨識與分類問題上。其由來為 20 世紀 60 年代，Hubel 和 Wiesel 在研究貓大腦皮質層中對局部方向選擇敏感的神經元時發現其獨特的結構可以有效地降低反饋神經網路的複雜性，既而提出。

  一般的卷積神經網路包含三層：卷基層(convolutional layer)、池化層(pooling layer)以及特徵整合層(fully connected layer)。圖(3.1)為標準的卷積神經網路架構之範例。以圖片分類為例，我們的輸入可以是一張二維的原始圖像，在卷積層中經過與卷積核(kernel)的運算後，可以提取到其相對應的特徵圖(feature map)，每個卷積核所得到的特徵圖皆為一獨立平面，且其平面上所有神經元之權值相等，此步驟於物理意義上為提取與目標相關之特徵，以利我們之後的計算。圖(3.2)為卷積層數學運算之範例。

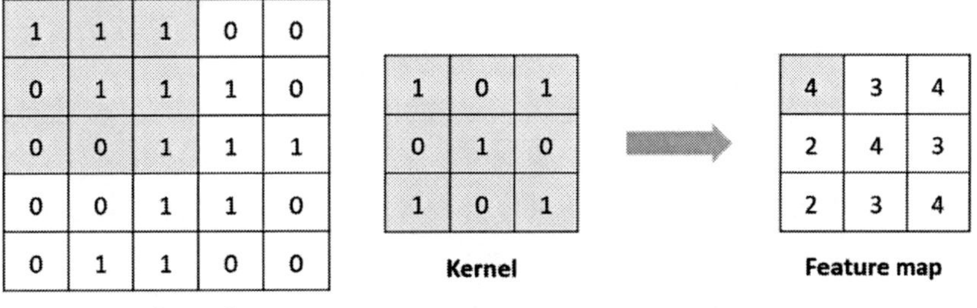

圖 3.2：卷積核大小為 3x3 之卷積層範例

當透過卷積層得到特徵圖之後，我們希望能利用這些特徵來做分類，但是對於一個太大的特徵輸入分類器來說，需要過於龐大的計算量而且很容易出現過擬合(over-fitting)的情形。因此我們希望得到的特徵圖具有平移不變性，並透過這個特性將對於不同位置的特徵值進行聚合統計，一般來說就是計算某個特定區域的最大值或平均值，而這種聚合統計的過程就稱為池化(pooling)，圖(3.3)顯示一最大池化的例子。

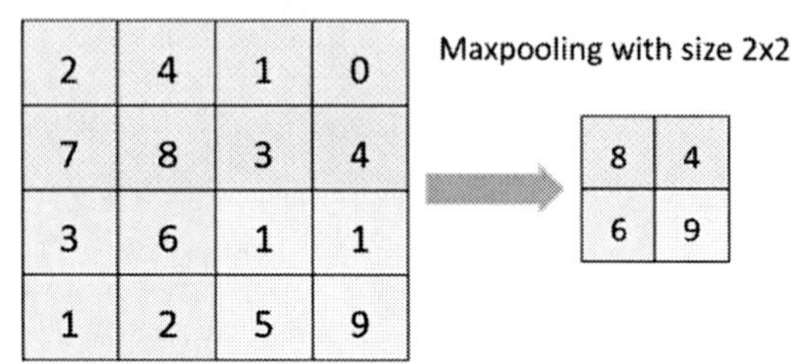

圖 3.3：大小為 2x2 之最大池化範例

而特徵整合層，為卷積神經網路最後一個階段，此層的運算方法和傳統神經網路相同，即透過輸入神經元和輸出神經元間互相連結而成，可把前面提取之參數用於分類(classification)或回歸(regression)的議題上。

3.2 模型架構

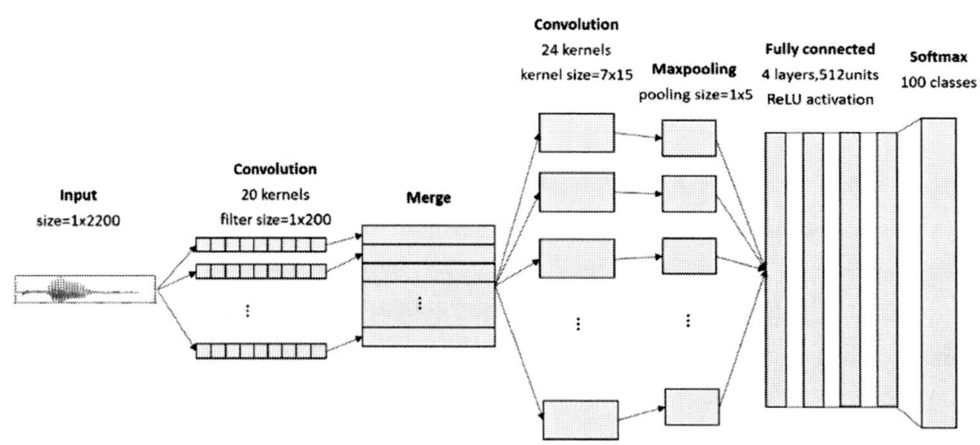

圖 3.4：所提出的模型架構

藉由聽覺感知模型的啟發，我們提出了一個基於卷積神經網路的語者識別系統。我們所提出的類神經模型，包含了輸入層、一維的卷積層、二維的卷積層、池化層，以及四層特徵整合層，如圖(3.4)所示。其中，為了要完整的模擬聽覺感知模型，我們輸入層的是未經過任何處理的一維原始音檔。

在一維的卷積層時，我們利用了卷積核權值共享的特性，我們認為在對原始音檔做卷積時，相當於對其做了不同頻率的濾波。因此我們根據耳蝸對於不同中心頻率以及頻寬的常數 Q 關係，選擇使用 20 個卷積核進行濾波，並將每個濾波器所得到的結果進行排列，可以得到基於聽覺感知模型初期耳蝸階段的聽覺頻譜。

得到聽覺頻譜後，在二維的卷積層時，我們選用了 24 個 7x15 的卷積核，來模擬大腦皮質階段時，會對聽覺頻譜作一個二維調變資訊的擷取動作。而池化層則是將我們所得到的結果，保留重要資訊並進行降維，來降低我們整體的運算量。而特徵整合層則是將我們所得到的資訊進行統整、分析，藉以模擬大腦更高階層的資訊統整動作。

3.3 實驗語料

本論文中，我們使用 2008 NIST SRE (Speaker Recognition Evaluation)資料庫中的語音訊號，此資料庫是由語言數據聯盟(Linguistic Data Consortium, LDC)及美國國家標準技術研究所(National Institute of Standards and Technology, NIST)所提出。

我們所用的資料為 training set 中 short2 的電話語料，每個音檔約 5 分鐘，左右聲道分別為不同的語者。我們隨機抽取 100 人，並將靜音的部分先行移除、合併，再將其切成 24 份 5 秒的音檔，並加入了由 NOISEX-92 資料庫取得的背景雜訊，訊雜比會在第四章詳述實驗結果時進行說明。而為了確保測試音檔的可信及穩定度，我們從 24 份音檔之中，挑選出 2 個能量最強，也就是語音資訊最豐富的音檔當作測試用資料，而剩餘的 22 份音檔則當作語者模型之訓練資料。

3.4 語音處理背景知識與參數設定

本論文中我們模型的輸入為 275ms 的片段語音，所有音檔的取樣頻率定在 8k Hz，此設定既能保有語音中的重要資訊又能有效的降低輸入維度(即輸入維度為 2200 點)。在一維的卷積層時，為了能完整的表現其濾波器的大小能夠涵蓋各種頻率，因此選擇卷積核大小為 25ms (200點)，此設定可以模擬中心頻率為 80Hz～4000Hz 的帶通濾波器的脈衝響應，並且以每 10ms (80點)為音框彼此間的間隔。藉此來模仿在做頻譜分析時，原始訊號時間軸上的處理方式。

經過一維卷積層後，我們將 20 個濾波器結果排成一張頻譜圖(大小為：20 kernel * n frame)，考慮到二維卷積核的物理意義，在時間軸上，判斷一個音素最少須 50ms 的時間，我們設計的卷積核 y 軸大小為 15，根據一維卷積核 10ms 為一間格，我們可以得知，y 軸大小為 15 的狀況下，能夠包含 150ms 的資訊；而在頻率軸上，我們選擇 x 軸大小為 7 的卷積核，是因為這個大小能夠包含兩個八度音，以人平常在講話為例子，即可以包含能量較為明顯的第一共振峰，因此在卷積的過程中，我們可以有效的擷取出較有意義的能量區塊中的隱藏資訊。

3.5 一維卷積核初始化

在聽覺感知模型中，聲音傳至耳蝸後，會在基底膜上依照其本身不同的頻率，而被不同的聽神經元解析出來。而我們所提出的模型中，一維卷積層即是要模擬耳蝸分頻的動作，也就是利用 20 組帶通濾波器，針對各個位置的共振響應，來對原始訊號進行濾波。因為基底膜對於不同位置的聲音響應過程相當於一個濾波過程，而珈瑪形狀濾波器(gammatone filter)結合了人耳的聽覺特性，也就是對中心頻率呈對數分布來模擬基底膜的特性，其數學式如下：

$$g(t) = at^{n-1}e^{-2\pi bt}\, cos(2\pi ft + \phi) \tag{3.1}$$

其中，f (Hz) 是中心頻率，ϕ 是載波相位，a 是振幅，n 是濾波器的順序，b (Hz) 是濾波器的頻寬，t 是時間。這是一個以珈瑪分布(gamma distribution) 函數來調變一單音的函式。

因此，在一維的卷積層時，我們希望所濾出來的波型的中心頻率，能根據其頻寬成常數 Q (constant Q)關係，故我們利用珈瑪形狀濾波器來產生具希望之頻率響應之濾波器組。下圖(3.5)為根據實驗設定所得到的 20 個濾波器，再分別經過 400 點的傅立葉轉換所得到的頻率振幅響應，並依照其中心頻率之高低排列(x 軸，filter index)後的結果。

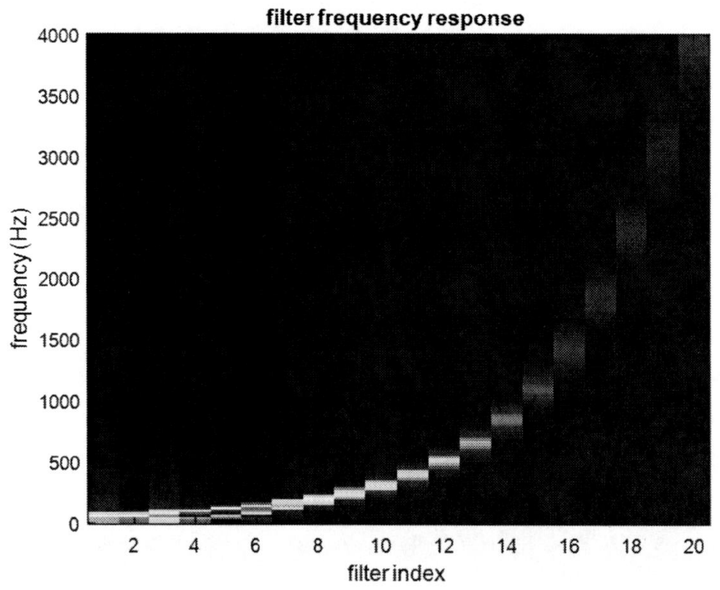

圖 3.5：20 個一維卷積核經過傅立葉轉換所得之頻率振幅響應

3.6 二維卷積核初始化

在所提出的模型中，二維的卷積層中我們使用了 24 個卷積核。我們利用 24 個 STMF 的脈衝響應，擷取比較強烈的部分，也就是 7x15 的大小，來當作我們的初始值，而我們所用到的參數分別為 rate = { 4, 8, 16, 32 } Hz, scale = { 0.25, 0.5, 1 } cyc/otc，及雙方向[28]，如圖(3.6)所示。

在頻率軸上，我們選擇大小為 7 的卷積核，是因為 7 能夠涵蓋兩個八度音(octave)，從圖(3.5)
簡單來看，編號第 14 到編號第 20 個一維卷積核所涵蓋的頻率範圍，即是 1000Hz~4000Hz，也
就是兩個八度音。

在時間軸上，因為 50ms 大約是人能夠理解語音中的最小單位的時間，但我們又希望能夠
分析到較小的 rate 所包含的語音長時資訊，因此我們選定 150ms 為我們卷積核 x 軸的大小，
而其倒數，也就是 6.7Hz，是分析所得到的聽覺頻譜的語音封包變化最小單位，但在大小為
150ms 的音框上，我們可以看到波長為 250ms 的一半以上的波型，故這個時間軸的大小，可
大約分析 rate 最低至 4Hz 的語音封包變化情形。

再加上一維卷積核是以每 10ms(也就是 100Hz)為音框彼此間的間隔，以取樣定理我們可以
得知，最高觀察 50Hz 的變化量。綜合以上兩點，在時間軸的分析上，我們可以觀察到 rate 為
4~50Hz 的時域調變變化情形。

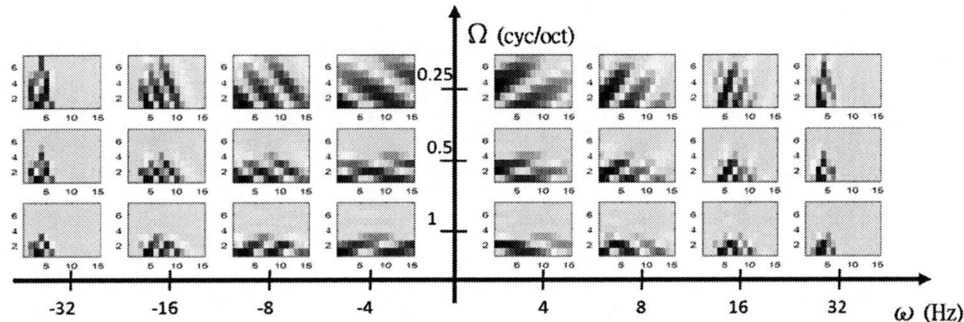

圖 3.6：24 個根據不同的 rate-scale 參數所圈出來的二維卷積核初始值

4. 實驗與討論

4.1 比較系統介紹

根據聽覺感知模型的特性，我們將考慮五大類模型來進行實驗，如下表(4.1)所示，以下針對各類模型的設定做說明：

Model		
1D CNN kernel type	2D CNN kernel type	Referred to
Gammatone Fix	A1 initial	Gammafix_A1init
	A1 random	Gammafix_A1rand
Gammatone Initial	A1 initial	Gammainit_A1init
	A1 random	Gammainit_A1rand
Both random		Bothrand

表 4.1：五大類比較之模型

Gammafix_A1init：一維卷積核固定為 20 個 gammatone 濾波器之結果，訓練時無法對此一維卷積核組進行修正；而二維卷積核的初始形狀給定計算出來之 24 個 STMF，後來透過前饋以及反向傳播演算法(feed-forward and back-propagation)進行訓練。這個模型的假設是耳蝸階段的分頻，是沒有辦法依照應用目的的不同而進行調整的；而大腦皮質 A1 區可以根據應用目的進行調整。此設定與動物神經實驗所觀察到的現象類似。

Gammafix_A1rand：一維卷積核固定為 20 個 gammatone 濾波器之結果，訓練時無法對此一維卷積核組進行修正；而二維卷積核不給特定的初始值，直接透過前饋以及反向傳播演算法進行訓練。這個模型的假設與第一類型(**Gammafix_A1init**)相似，不同的地方是二維卷積核給的是隨機初始值。我們最後會對所訓練出的二維卷積核進行分析與討論。

Gammainit_A1init：一維卷積核的初始形狀給定為 20 個 gammatone 濾波器之結果、二維卷積核的初始形狀給定為計算出來之 24 個 STMF，後來透過前饋以及反向傳播演算法對兩階段的卷積核進行調整。這個模型的假設是，聽覺感知模型的兩個階段的神經反應皆可以針對應用目的的不同而進行調整。

Gammainit_A1rand：一維卷積核的初始形狀給定為 20 個 gammatone 濾波器之結果；而二維卷積核不給特定的初始值，直接透過前饋以及反向傳播演算法進行訓練。這個模型的假設與第三類型(**Gammainit_A1init**)相似，不同的地方是二維卷積核給的是隨機初始值。我們最後會對所訓練出的二維卷積核進行分析與討論。

Bothrand：一維與二維卷積核，皆不給定特定初始值，直接透過前饋以及反向傳播演算法進行訓練。我們想藉由不給定任何初始值的狀況，來觀察在此架構下訓練調整完後一維及二維卷積核的形狀，並檢視此模型架構下與前數種模型之效益比較。

這裡所有參與比較的模型均有同樣的架構，亦即一維卷積層包含 20 個 1x200 的卷積核，並以每 80 點做一次平移相乘；而二維卷積層包含 24 個 7x15 的卷積核；後面連接大小為 1x5 的最大池化層，並在之後接上 4 層節點數為 512 的特徵整合層。如圖(3.4)所示。

4.2 實驗結果

我們利用所提出的類神經網路模型，來模擬聽覺模型中，初期耳蝸階段對於聲音訊號的分頻；以及大腦皮質 A1 區對於聽覺頻譜的時頻選擇性。因此在這個章節中，我們除了將比較五種模型對正確率的影響，同時也會針對我們所提出的類神經網路模型經過訓練後，與傳統的聽覺感知模型的相關性及意義進行討論。

在這個實驗裡我們將兩種不同的背景雜訊分別以訊雜比-5、0、5dB 與語音相混，一共產生六種不同情境下的語句同時對模型進行訓練。我們在這次的實驗中選定兩種背景雜訊，分別為 buccaneer 及 factory。

下表(4.2)為此次實驗的實驗結果，從中可以發現，在有參考 gammatone 濾波器的模型，無論是否固定其一維的卷積核，在語者識別上的校能都會比一維、二維都隨機給定初始值的模型來的好。在此我們將針對以下幾點進行討論：

I　　前四種模型，對一維卷積核的形狀進行討論。
II　　前四種模型，對二維卷積核形狀進行討論。
III　　第五種模型 Bothrand 的結果討論。

Model		SNR(dB)		
1D CNN kernel	2D CNN kernel	-5	0	5
Gammatone Fix	A1 initial	59.50%	77.25%	95.00%
	A1 random	63.50%	73.25%	93.75%
Gammatone Initial	A1 initial	67.00%	77.50%	92.00%
	A1 random	69.25%	76.50%	92.75%
Both random		56.00%	65.75%	87.00%

表 4.2：各模型在多訊雜比與多雜訊種類條件下的語者識別正確率

I　　前四種模型，對一維卷積核的形狀進行討論
首先，我們先針對前四種模型，也就是有參考 gammatone 濾波器的模型，分成固定其值

以及透過訓練去修正其值兩類，其結果如圖(4.1)所示。因為固定 gammatone 濾波器的結果並不會因為是否給定二維卷積核初始值而有所差異，故圖(4.1)左邊，代表著模型 gammafix_A1init 及 gammafix_A1rand 所固定的一維卷積核頻率振幅響應。

我們可以從圖(4.1)中右邊兩圖發現，能夠透過訓練而修正一維卷積核的模型，其卷積核大致上仍保留著 gammatone 濾波器的頻率選擇特性，但是對於不同頻帶，卻有著不同強度的增益。以高頻的卷積核來說，其明顯比左圖中原始的高頻卷積核，能量來的強。因此我們可以推論，模型經過訓練後，的確會根據應用目的的不同，或者背景雜訊的不同，來調整在該目的之下重要頻帶資訊的權重。

而我們也可以透過表(4.2)的結果發現，在低訊雜比之下，固定 gammatone 濾波器的模型明顯表現較差，故我們可以合理的推論，因為在低訊雜比下，原始訊號被破壞的較為嚴重，因此需要比較能夠凸顯某些較不受噪音影響的特定頻帶的濾波器，而透過重要濾波器所得的聽覺頻譜圖，在模型後面的階段，也就是大腦皮質階段擷取語音重要資訊時，也能較有幫助。

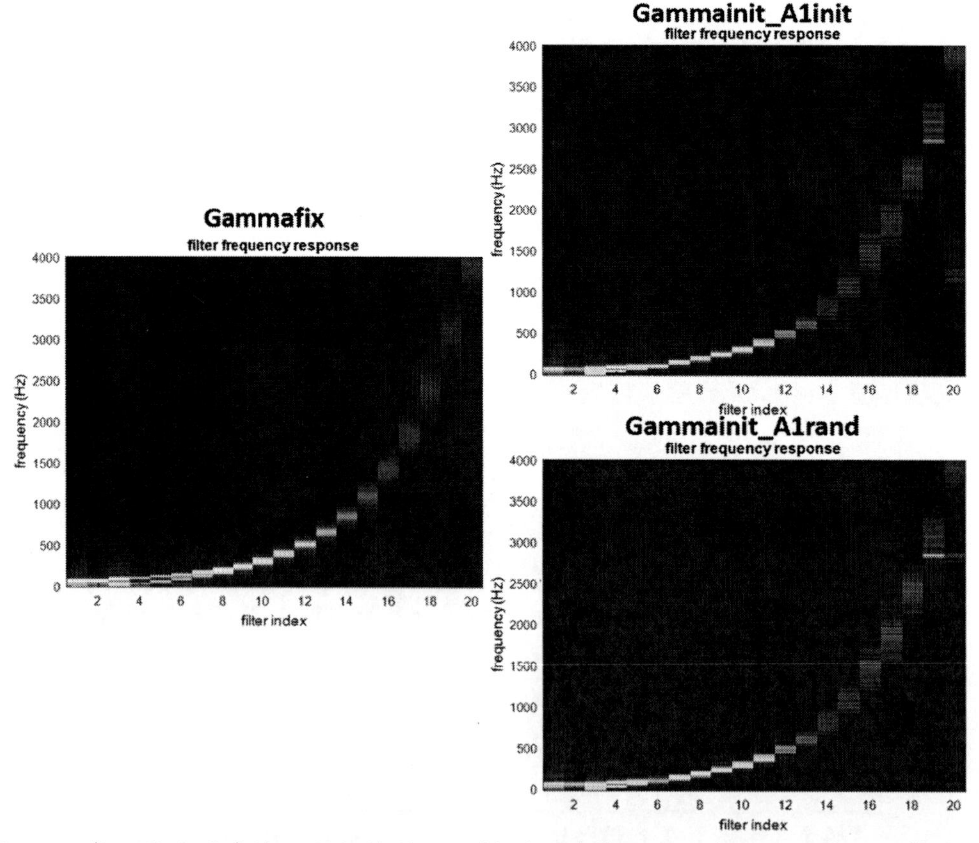

圖 4.1：多訊雜比及多雜訊種類條件下，模型訓練後之一維卷積核頻率振幅響應圖

II　前四種模型，對二維卷積核形狀進行討論
　　由上述討論我們可以知道，前四種模型無論是否透過訓練進行修正，一維卷積核都大致上

仍保留著 gammatone 濾波器的頻率選擇特性，因此，在這個階段我們將針對經過一維卷積核所得到的聽覺頻譜圖，經過第二階段，也就是仿大腦皮質階段的二維卷積核進行討論。

　　從表(4.2)中我們可以發現，在有給定 gammatone 濾波器結果之前四種模型，都有著差不多的表現，即使固定 gammatone 濾波器的模型，在 -5dB 訊雜比的狀況下有著稍微較差的表現，但其在 0dB 及 5dB 上仍有相似的表現。因此我們推論，這四種模型都有著類似功能的二維卷積核。而其結果如圖(4.2)所示。

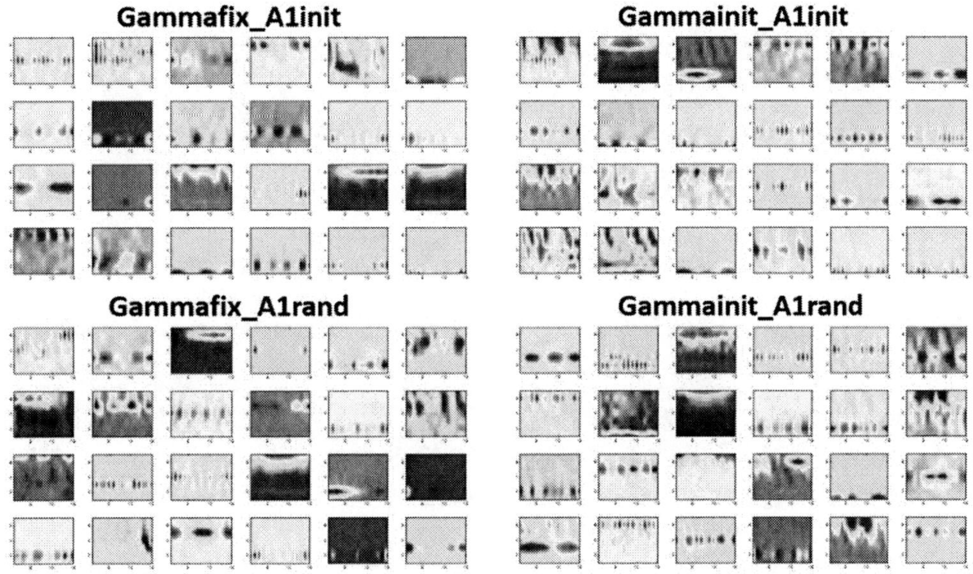

圖 4.2：多訊雜比及多雜訊種類條件下，各模型訓練後之二維卷積核形狀結果圖

　　而在圖(4.3)中，我們將一些重複於多個模型中功能類似的卷積核圈出，我們可以發現無論在何種模型中，都存在著類似功能的卷積核，這說明了無論二維卷積核是否有給定初始值，經過大資料的訓練後都會演化生成出類似的卷積核，而導致這些模型的最終結果差距不大。

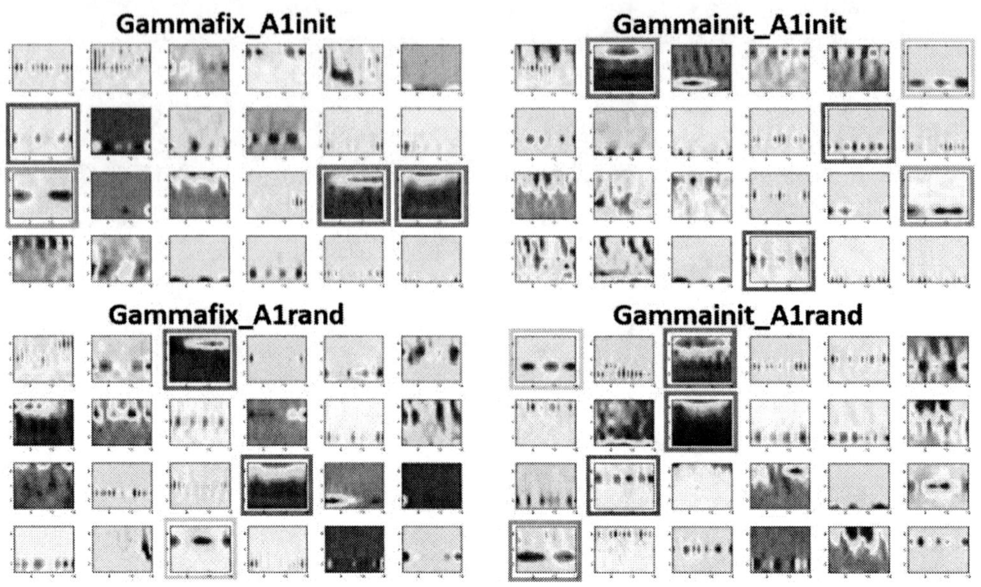

圖 4.3：多訊雜比及多雜訊種類條件下，各模型訓練後功能相同之二維卷積核形狀結果圖

　　而我們將針對特定卷積核進行討論：以下圖(4.4)為例，圖中我們可以看到該卷積核約包含 0.6 個波長，而我們的卷積核設定為可以涵蓋 150ms 的資訊，因此透過計算，我們可以得到其波型為波長 250ms 也就是頻率變化為 4Hz 的卷積核。

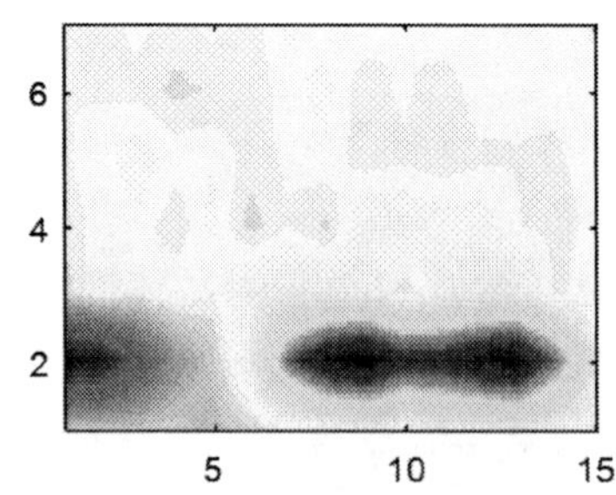

圖 4.4：擷取調變頻率變化為 4Hz 的卷積核

　　同樣的我們也可以從卷積核找出其他調變頻率變化，如 8、16、32Hz 的波型，如下圖(4.5)所示。當然，所有卷積核代表的調變頻率變化不單單只有這些，因此我們推斷，在語者辨識這個議題上調變頻率變化是一項重要的資訊。

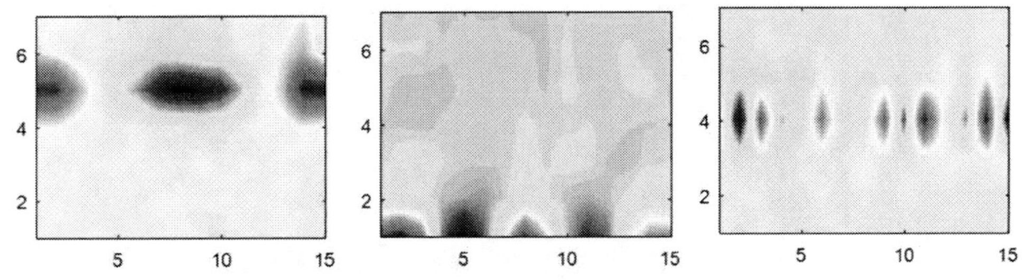

圖 4.5：由左至右為擷取調變頻率變化為 8、16、32Hz 的卷積核

　　然而，除了從調變頻率變化上來觀察訓練後得到的卷積核之外，我們也可以發現有些卷積核的區域能量特別的強，如下圖(4.6)所示，這表示此卷積核除了包含 3.5 個波型，也就是代表擷取調變頻率變化 23.3Hz 的語音資訊外，其能量呈現的方式則是代表著擷取語音資訊能量較大的共振峰部分。

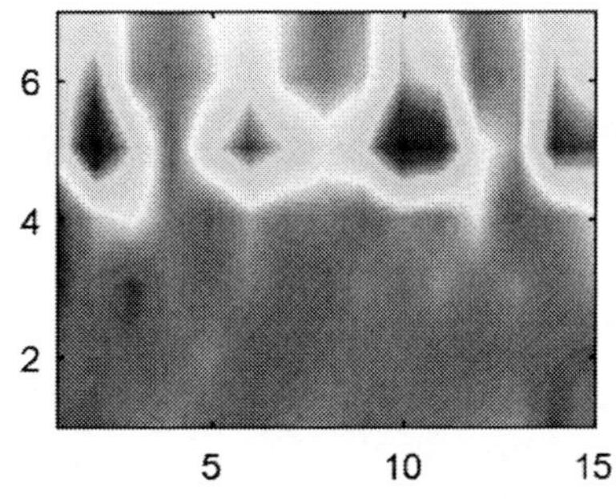

圖 4.6：擷取調變頻率變化為 23.3Hz 以及語音共振峰的卷積核

III　第五種模型 Bothrand 的結果討論

　　根據表(4.2)，我們可以發現 <u>Bothrand</u> 模型的表現不如其他有給定初始形狀的模型，我們猜想可能原因是 <u>Bothrand</u> 模型的卷積核可能還需要較長的時間或較多的資料才能訓練出更有效果的形狀，在此，我們僅就現階段的結果進行說明。

　　下圖(4.7)我們可以看到 <u>Bothrand</u> 模型的一維卷積核頻率振幅響應圖，不同於先前的比較模型，<u>Bothrand</u> 因為是隨機給定初始值而直接進行訓練，因此其並沒有像我們先前用來給定初始值的 gammatone 濾波器有依照中心頻率來排定大小順序，因而呈現出一組沒有規則的濾波器組。但我們可以從該頻率響應圖中發現，其對於不同頻率仍會有不同的解析效果，就如同 gammatone 濾波器在低頻時解析較為精細，而高頻時解析則較差。

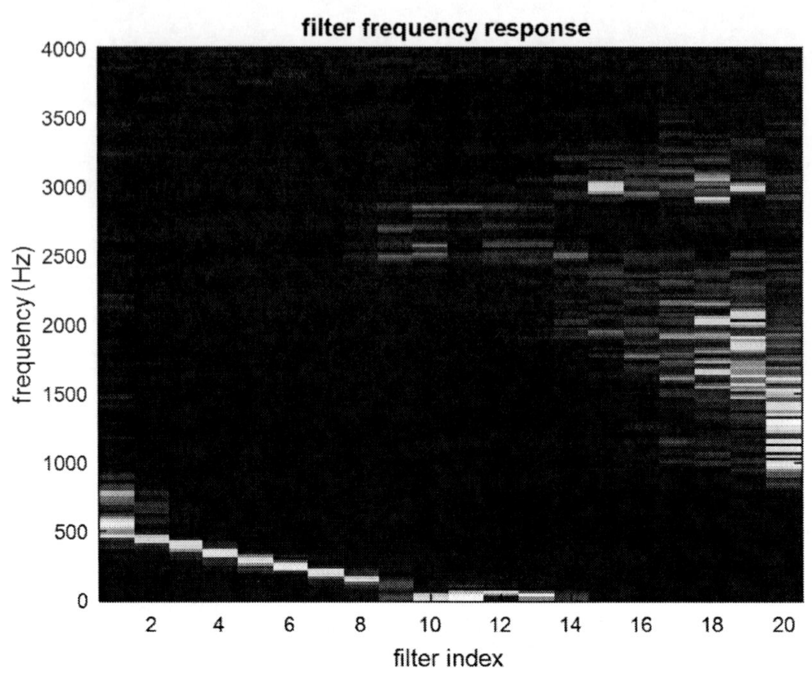

圖 4.7： Bothrand 模型的一維卷積核頻率振幅響應圖

　　並且因為其一維卷積核並沒有依照中心頻率高低順序而排列，故所得到的結果並非我們所理解的聽覺頻譜圖，因此從圖(4.8)中我們可以看到，Bothrand 所產生的二維卷積核內容顯得較為雜亂，所以要從中判讀出任何有關語音意義的資訊是非常困難的。

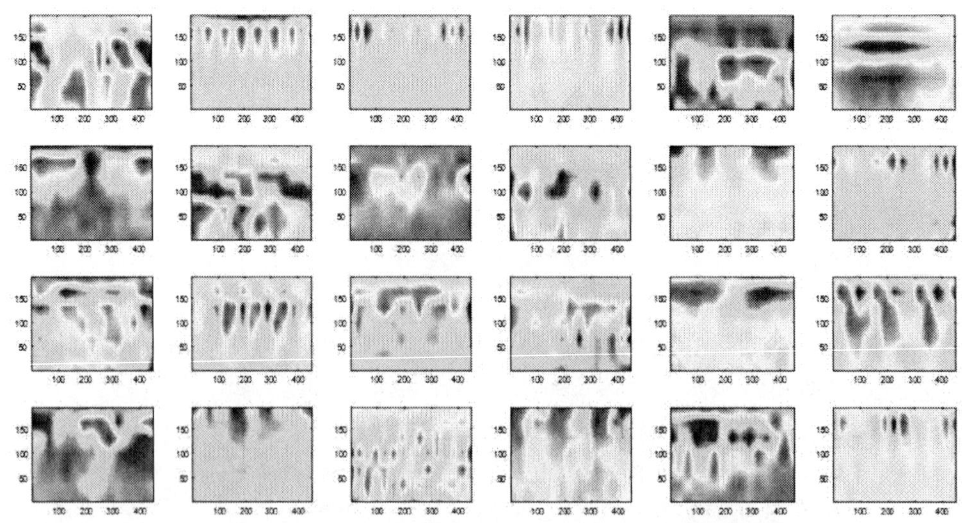

圖 4.8： Bothrand 模型的二維卷積核形狀結果圖

5. 結論與未來展望

　　在本論文裡，我們提出了一個基於兩階段之聽覺感知模型之類神經網路的模型，並將其應用來辨識語者。我們透過給予具有其物理意義的兩階段卷積層之卷積核初始值，再利用類神經網路前饋以及反向傳播演算法(feed-forward and back-propagation)進行訓練，並根據語者識別的目標來改善模型的性能表現。而我們也可以透過經過訓練後而調整的卷積核發現，無論是在第一階段的耳蝸分頻亦或是第二階段的大腦皮質階段，我們皆可以透過其訓練調整後的卷積核形狀，進行判讀與分析。這種透過輸入原始訊號(raw data)的架構理念，也許可以和以聽覺科學作為基礎的參數系統做比較，同樣的，我們也可以透過初始化卷積核，來使模型在相同的時間條件中或者較少的資料量下，其表現優於不給予任何初始值的模型，這代表著即使在較為嚴苛情況下，我們也可以透過給予卷積核初始值，使其朝著這個方向進行微調修正，來達到較好的收斂結果。

　　人類的聽覺感知系統，並非只用於單一一種目標，而近年來，有許多透過卷積神經網路(CNN)成功地應用於自動語音識別(automatic speech recognition , ASR) [4][29][30]等等議題上的例子， 因此我們希望，未來能發展一套基於感知聽覺模型並且同時應用於多種目標的架構，例如：同時應用於語音辨識及語音增強。而在此架構底下，該模型能夠隨著目標的改變進行本身參數的微調，來達到相對於其應用之較好的狀態。

6. 參考資料

[1]　Khan Suhail Ahmad, Anil S. Thosar, Jagannath H. Nirmal, and Vinay S. Pande, "A unique approach in text independent speaker recognition using MFCC feature sets and probabilistic neural network," in *Proc. of Advances in Pattern Recognition (ICAPR)*, pp. 1-6, 2015.

[2]　Yi Wang, and Bob Lawlor, "Speaker recognition based on MFCC and BP neural networks," in *Proc. of Signals and Systems Conference (ISSC)*, pp. 1-4, 2017.

[3]　Xiaojia Zhao, Yuxuan Wang, and DeLiang Wang, "Deep neural networks for cochannel speaker identification," in *Proc. of ICASSP*, pp. 4824-4828, 2015.

[4]　Yedid Hoshen, Ron J. Weiss, and Kevin W. Wilson, "Speech acoustic modeling from raw multichannel waveforms," in *Proc. of ICASSP*, pp. 4624-4628, 2015.

[5]　Wei Dai, Chia Dai, Shuhui Qu, Juncheng Li, and Samarjit Das, "Very deep convolutional neural networks for raw waveforms," in *Proc. of ICASSP*, pp. 421-425, 2017.

[6]　Tara N. Sainath, Ron J. Weiss, Andrew Senior, Kevin W. Wilson, and Oriol Vinyals, "Learning the speech front-end with raw waveform CLDNNs," in *Proc. of INTERSPEECH,* pp. 1-5, 2015.

[7]　張斌. *耳鼻喉科學*, 正中書局，台北 (1996).

[8]　Andrew Morris, Jean-Luc Schwartz, and Pierre Escudier, "An information theoretical investigation into the distribution of phonetic information across the auditory spectrogram," *Computer Speech & Language* 7.2: 121-136, 1993

[9]　Larry E. Humes, and Lisa Roberts, "Speech-recognition difficulties of the hearing-impaired elderly: The contributions of audibility," *Journal of Speech, Language, and Hearing Research,* 33.4: 726-735, 1990.

[10]　Brian C. J. Moore, "Perceptual consequences of cochlear hearing loss and their implications for the

design of hearing aids," *Ear and hearing,* 17.2: 133-161, 1996.

[11] T. Chi, P. Ru, and S. A. Shamma, "Multi-resolution spectro- temporal analysis of complex sounds," *J. Acoust. Soc. Am.,* vol. 118, no. 2, pp. 887–906, 2005.

[12] M. Elhilali, T. Chi, and S. Shamma, "A spectro-temporal modulation index (stmi) for assessment of speech intelligibility," *Speech Communication*, pp. 331–348, 2003.

[13] T.-S. Chi, T.-H. Lin, and C.-C. Hsu, "Spectro-temporal modulation energy based mask for robust speaker identification," *J. Acoust. Soc. Am.*, vol. 131, no. 5, pp. EL368–EL374, 2012.

[14] T. E. Lin, C. C. Hsu, Y. C. Chen, J. H. Chen, and T. S. Chi, "Spectro-temporal modulation based singing detection combined with pitch-based grouping for singing voice separation," in *Proc. of INTERSPEECH.*, pp. 2920–2923, 2013.

[15] F. Yen, Y.-J. Luo, and T.-S. Chi, "Singing voice separation using spectro-temporal modulation features," in *Proc. of Annual Conference of International Society for Music Information Retrieval (ISMIR)*, pp. 617–622, 2014.

[16] J. B. Fritz, M. Elhilali, S. V. David, and S. A. Shamma, "Auditory attention-focusing the searchlight on sound," *Current opinion in neurobiology*, vol. 17, no. 4, pp. 437– 455, 2007.

[17] E. R. Hafter, A. Sarampalis, and P. Loui, "Auditory attention and filters," *Auditory perception of sound sources*, Springer US, pp. 115–142, 2008.

[18] M. Elhilali, J. Fritz, T. Chi, and S. Shamma, "Auditory cortical receptive fields: Stable entities with plastic abilities," *J. Neuroscience*, vol. 27, no. 39, pp. 10 372– 10 382, 2007.

[19] Z. Q. Wang and D. Wang, "A joint training framework for robust automatic speech recognition," *IEEE/ACM Transactions on Audio, Speech, and Language Processing*, vol. 24, no. 4, pp. 796–806, 2016.

[20] H. Sak, A. Senior, K. Rao, O. Irsoy, A. Graves, F. Beaufays, and J. Schalkwyk, "Learning acoustic frame labeling for speech recognition with recurrent neural networks," in *Proc. of ICASSP*, pp. 4280–4284, 2015.

[21] D. S. Williamson, Y. Wang, and D. Wang, "Complex ratio masking for monaural speech separation," *IEEE/ACM Transactions on Audio, Speech, and Language Processing*, vol. 24, no. 3, pp. 483–492, 2016.

[22] L.-Y. Yeh and T.-S. Chi, "Spectro-temporal modulations for robust speech emotion recognition," in *Proc. of INTERSPEECH*, pp. 789–792, 2010.

[23] A. Krizhevsky, I. Sutskever, and G. E. Hinton, "Imagenet classification with deep convolutional neural networks," *Advances in neural information processing systems*, pp. 1097–1105, 2012.

[24] J. Masci, U. Meier, D. Cirean, and J. Schmidhuber, "Stacked convolutional auto-encoders for hierarchical feature extraction," In *Proc. of International Conference on Artificial Neural Networks*, pp. 52–59, 2011.

[25] T. N. Sainath, O. Vinyals, A. Senior, and H. Sak, "Convolutional, long short-term memory, fully connected deep neural networks." in *Proc. of ICASSP*, pp. 4580–4584, 2015.

[26] O. Abdel-Hamid, A. R. Mohamed, H. Jiang, and G. Penn, "Applying convolutional neural networks concepts to hybrid nn-hmm model for speech recognition." in *Proc. of ICASSP*, pp. 4277–4280, 2012.

[27] Jing Chen, Thomas Baer, and Brian CJ Moore. "Effect of enhancement of spectral changes on speech intelligibility and clarity preferences for the hearing impaired." *J. Acoust. Soc. Am.,* 131.4: 2987-2998, 2012

[28] Tai-Shih Chi, and Chung-Chien Hsu. "Multiband analysis and synthesis of spectro-temporal modulations

of Fourier spectrogram." *J. Acoust. Soc. Am.,* 129.5: EL190-EL196, 2011.

[29] Y. Zhang, M. Pezeshki, P. Brakel, S. Zhang, C. Laurent, Y. Bengio, and A. Courville, "Towards end-to-end speech recognition with deep convolutional neural networks." in *Proc. of INTERSPEECH*, pp. 410– 414, 2016.

[30] Z.-Q. Wang and D. Wang., "Robust speech recognition from ratio masks." in *Proc. of ICASSP*, pp. 5720– 5724, 2016.

The 2017 Conference on Computational Linguistics and Speech Processing
ROCLING 2017, pp. 354-369
© The Association for Computational Linguistics and Chinese Language Processing

序列標記與配對方法用於語音辨識錯誤偵測及修正

On the Use of Sequence Labeling and Matching Methods for ASR Error Detection and Correction

吳佳樺 Chia-Hua Wu, 蔡淳伊 Chun-I Tsai, 洪孝宗 Hsiao-Tsung Hung, 高予真 Yu-Chen Kao, 陳柏琳 Berlin Chen
國立臺灣師範大學資訊工程學系
Department of Computer Science and Information Engineering
National Taiwan Normal University
{chiahua, joy.tsai, alexhung, cybelia, berlin}@ntnu.edu.tw

摘要

本論文著重在研究語音辨識錯誤相關的幾個重要面向，尤其是當一般的語音辨識系統應用於特殊領域下所產生的未知詞問題。為此目的，我們提出一個兩階段的方法，包括了語音錯誤偵測和錯誤內容修補。在錯誤偵測階段，我們嘗試比較多種序列標記方法去偵測不同型態的錯誤。更進一步，在錯誤修正階段，藉由上一階段所偵測的結果作為依據，利用音素比對方法以特殊領域的關鍵詞表來修正錯誤。在四種應用領域，包括教育議題、工業技術相關訪談、語音記事及會議錄音，所進行的一系列實驗。由實驗結果顯示，我們提出的方法可以使得一般語音辨識系統在上述應用領域中有某種程度上的提升。

Abstract

This paper sets out to study several important aspects pertaining to speech recognition errors, especially the out-of-vocabulary (OOV) word problem that is caused by using generic speech recognition systems for a specific application domain. To this end, a two-stage processing method, involving error detection and error correction, is proposed. For error detection, we explore and compare disparate sequence labeling methods to detect possible errors of different types. Further, in the error correction stage, an effective phone-level matching mechanism along with a domain-specific keyword list is exploited to correct errors of different types detected by the previous stage. Extensive experiments conducted on four application domains, including educational issues, industrial technology-related interviews and speech memos and meeting recordings, show that our proposed methods can boot the performance of a given general speech recognition system on the aforementioned application domains to some extent.

關鍵詞：語音辨識，辨識錯誤，錯誤偵測，錯誤修正，未知詞

Keywords: Speech Recognition, Recognition Errors, Error Detection, Error Correction, Out of Vocabulary Words.

一、　　緒論

由於機器學習及深度學習的迅速發展[1]，許多領域的性能表現都有大幅度的提升及突破，而語音辨識也不例外。許多大型企業相繼投入語音方面的研究及應用上，並且提供使用者語音相關服務，包含雲端計算與終端裝置的語音辨識的應用程式介面(API)。因為上述平台提供的便利性，使得大量語音互動的智慧型裝置被廣泛地應用，例如車載電腦的語音對話介面和語音客服等，這類的應用通常是依附在語音辨識器之後。因為語料的收集便利性及成本的差異，使得一般的使用者日常對話或熱門話題都能達到良好的辨識正確率，但在特定領域，例如工業應用，則會遭遇到特殊詞彙或該領域的專業術語，可能造成重要字詞無法辨認的問題。最直接的解決方法是重新收集語料，包含語音以及文字內容，再應用模型調適等方法解決問題。然而，新式的語音辨識技術依賴深層類神經網路與大數據資料，需要花費更長的收集資料的時間成本，才能達到和一般情境相近的辨識率，而真實的應用情境可能無法先收集語音再使用服務。因此，如何快速地將辨識器應用至各項領域是個重要的問題。

　　近年來，大數據及電腦運算能力的大幅提升，以至於語音辨識技術已經進展到更具挑戰的應用，甚至被實踐於現實環境中[2]。而語音辨識系統中的聲學模型已由深層類神經網路(Deep Neural Network, DNN)技術取代傳統高斯混合模型(Gaussian Mixture Model, GMM)，並且在語音辨識任務上獲得更好的效能[1]。而在過去三十多年來，已有數以百計的強健性(noise-robust)語音辨識方法被提出，並且證明其中有許多方法在研究及商業用途上具有重大影響及效用[2]。而本論文主要討論在現實環境中，大規模運用的語音辨識技術，將其應用於特定領域的情境下，導致辨識率大幅降低，針對這樣不匹配(mismatch)的問題去探討其修復錯誤的可能性。本論文根據人工收集關鍵詞清單，用來

改善關鍵詞辨識錯誤所導致的問題。假設這些字詞若能被正確轉寫，則能幫助語音辨識應用於更多領域及情境之下。通用的語音辨識器是由大數據訓練而得的複雜辨識器，且需要 GPU 等運算資源，而每個終端應用都從此辨識器得到第一階段的轉寫文字，再搭配輕量的演算法，進行第二次的轉寫內容修正。我們嘗試兩階段的解決方法：首先設計一個自動分析辨識器錯誤的分類器，再根據錯誤類型資訊，搭配少量的關鍵詞清單來修正內容。

在特殊領域知識的語音辨識任務中，由於語音內容包含大量的特殊名詞，使得辭典外的未知詞(out of vocabulary words, OOV words)會嚴重影響辨識正確率。經由語音辨識流程後的結果仍有轉寫錯誤，在此我們根據是否破壞對話任務的理解，將錯誤分為兩類。第一種輕微的錯誤，通常是一般字詞，但發音不清楚導致發生語音辨識錯誤。這樣錯誤常發生在於自然對話上，例如不流利的重複贅詞或語助詞等。第二種會影響理解的錯誤，大多是特殊字詞且不存在訓練語料的辭典中，導致語音辨識器無法去正確轉寫。例如專有名詞、人名、地名、數字及中英夾雜的字詞等。在實際應用中，不流利語句造成的錯誤適合在第一階段的通用語音辨識器中解決，在此並不討論。而影響理解的特殊詞彙不容易收集大數據並加入訓練語料中，需要獨立解決此問題。重要詞彙清單較容易人工定義，而影響理解的詞可以視為關鍵詞，而我們可以從關鍵詞的精確率和召回率評估轉寫文字否能滿足對話內容的理解。

在本論文當中，我們嘗試解決在特定領域上語音辨識率的不足，將針對這個任務的缺失提出兩步驟的改善模型；第一步驟先偵測語音錯誤之區塊，第二步驟則以關鍵詞回復語音錯誤，並且提升語音辨識率及可讀性。我們提出的方法能比基本的音素對照法更可靠，並且更有效去改善文本錯誤。本論文在第二節將介紹語音錯誤偵測及未知詞改錯相關研究的發展近況；第三節介紹監督式學習的語音錯誤偵測和改錯方法；第四節則是本次改錯任務上實驗結果及討論；最後，第五節提出結論及探討未來可以嘗試的方向。

二、　　相關研究

未知詞是一個出現在測試語料，但並且不存在於辨識辭典中的字詞。然而，大多數語音辨識系統都是屬於封閉詞彙(closed-vocabulary)的辨識器，即只能辨識固定且有限的詞彙。當這些未知詞出現在測試語料中，系統將無法識別，導致它被誤認成已知詞。此外，發生未知詞的同時，更可能連帶影響周遭其他的已知詞[3]。而平均來說，一個未知詞可能產生 1.2 個字錯誤[4]。為了改善未知詞的問題，許多研究提出了以模型調適(model adaptation)或是開放詞彙(open-vocabulary)方法來做改善。一般而言，需要收集自然語句才能建立語言模型供辨識器使用，但使用專有名詞的語句不容易收集。以下我們針對語音識別錯誤的改善所使用的特徵及模型方法做更進一步的探討。

近二十年來，已有許多研究嘗試檢測和修復語音辨識錯誤。有幾個方法能夠偵測未知詞：1)以混合語言模型(hybrid language model)做解碼(decoding)，並且以音素、子詞等來表示未知詞；2)以信心分數(confidence score)和其他資訊來尋找可能的未知詞區域；3)結合混合語言模型及信心分數，進一步提升檢索性能[5]。

錯誤修復流程包含錯誤偵測及錯誤修正兩階段。錯誤偵測方法可分為基於設定門檻值(threshold-based)與分類器(classification-based)為基礎的兩種策略。兩者之間有些許差異，基於門檻值的方法是設定單一評估指標或分數來判定是否發生錯誤；而基於分類器的方法大多是整合多種特徵去訓練二元分類器。基於制定門檻值的作法可依據聲學模型的發音分數[6]或語言模型的機率當作信心分數。聲學模型所擷取的對數事後機率或對數相似值作為發音分數[7]。另一方面，利用語言模型計算詞序列機率也是常用的方法，可以作為辨識字詞的信心分數。在基於分類器的方法，主要是以統計模型、機器學習或類神經網路等的進行二元分類。例如以音長模型(duration model)、語音辨識模組中的聲學模型機率及辨識結果等作為輸入特徵，再搭配合適的標記方式，例如條件隨機域(conditional random field, CRF)[4], [8]、類神經網路(neural network, NN)[4]等都是常被採用的選項。

在錯誤修正方面，演算法可以分成簡易的字串搜尋比對，和基於語句擷取特徵再更正文字的兩類。基於語句特徵的方法是藉由上下文資訊來判斷修復內容，方法包含機率模型、統計模型、機器學習、機器翻譯[7]以及音素對照法[9]。通常是以字詞(word)、音素(phone)、符號(symbol)等作為輸入特徵。例如：[10]提出了一個在對話系統中的語音到語音(speech-to-speech)轉換機制，是利用條件隨機域偵測錯誤標記達到修正文字的目的。[11]提出了一種基於藉由潛在語義分析(latent sematic analysis, LSA)提取上下文的向量表示方法，並利用支持向量機(support vector machine, SVM)分類器作人名辨認。由於上下文語意及主題模型需要大量資料訓練字詞表示法，並且不適用於文本結構較弱的會議語音轉寫中，所以在本文，我們將採用字串搜尋比對[9]作為基礎方法。

在特定領域的語音辨識中，罕見詞或未知詞的處理都是核心的問題[2]。而本論文探討的情境是在一個具有語音強健性的辨識器的情況下，嘗試利用該領域少量的語料資源解決罕見詞與未知詞造成的問題。

三、 語音辨識錯誤偵測和改錯

在本節，我們探討辨識錯誤修正的問題，並且提出了一個兩步驟錯誤修正架構(圖一)。第一步驟，尋找可能測試語料中，可能發生錯誤的位置。第二步驟，以音素比對法尋找可能發生錯誤的區塊。以下我們將實驗架構中的兩大主軸，錯誤偵測模型與辨識錯誤修正，做更進一步的模型及方法介紹。

(一)、 錯誤偵測模型

我們探討使用機器學習及類神經網路模型來捕捉辨識字的特性，在此架構下，網路輸入為辨識轉寫文件 D，其中 n 個詞構成的語句以 $\{w_1, w_2, w_3 \dots w_n\}$ 表示。網路輸出為錯誤類別，我們使用 $p(k|w_i, \Theta)$ 來定義字詞 w_i 屬於錯誤類別k的事後機率，其中 Θ 表示模型中的參數。

1 詞表示法

詞嵌入(word embedding)是一個字詞的分布表示(distributed representation)。分布表示適用在類神經網路模型的輸入值，並且能與其一起調整參數，計算出一個更佳的任務字詞

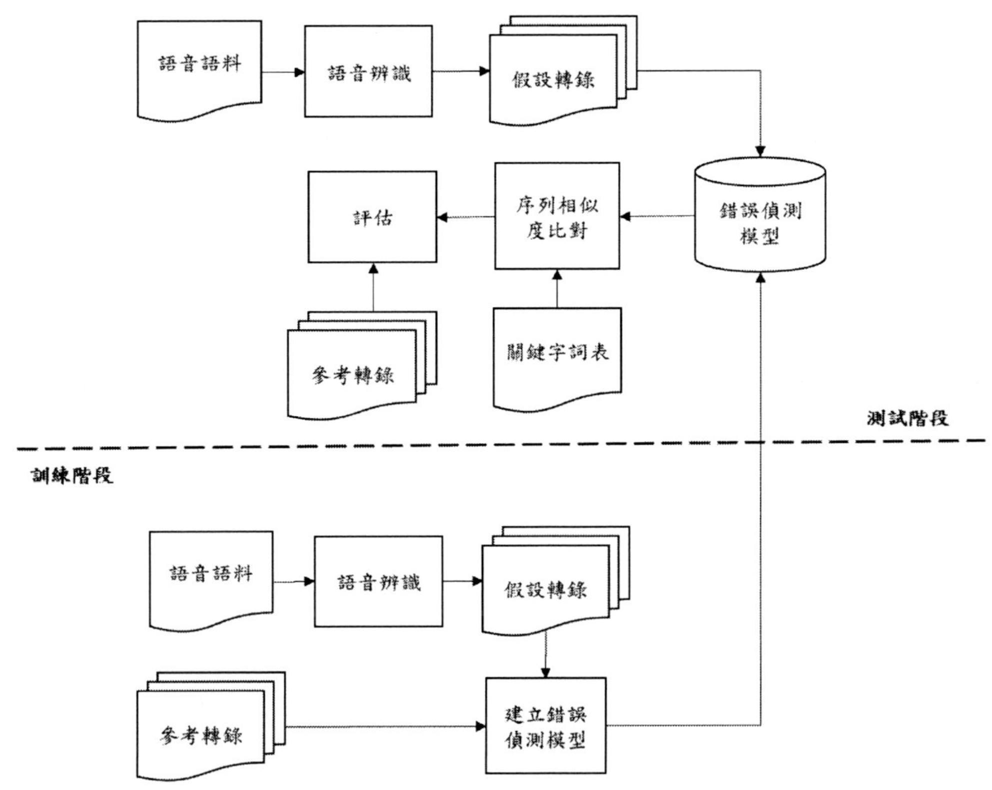

圖一、修正及偵測錯誤之流程圖

表示法。傳統表示法中，例如一元表示法(one-hot representation)，可能因為辭典太大導致維度詛咒的問題[12]。因此在本論文中，我們提出同時考慮詞與詞性的新標記，再訓練新標記的詞向量。首先將辨識結果的每個語句詞序列做中文斷詞及標記詞性，並且將字詞及詞性存放在辭典中。文本中的字詞 w_i 與其詞性 p_i 的詞索引值為 $\widehat{w}_i$，可以表示為 $\widehat{w}_i = [w_i; p_j]$ 。經由結合詞以及其詞性得到的新索引，預期增強中文詞彙在不同用法間的鑑別性，再透過預訓練詞向量作為合適的表示法，新的詞向量以 $e_1, e_2, e_3 \dots e_n$ 表示。

2 標記

語音辨識錯誤偵測任務是去評估辨識字和人工轉寫字的比對結果。而在本任務中，我們將語音辨識錯誤偵測任務歸類成三種類別，並且嘗試以機器學習及類神經網路的架構去探討偵測錯誤之效果。而在模型標記方面，我們以辨識結果之文本和人工轉寫文本計算編輯距離，並標記為三種模式：

> 正確字及錯誤字分類模型標記：正確(C)及錯誤($\bar{C}$)之區塊

> 未刪除及刪除字分類模型標記：未發生刪除錯誤($\bar{D}$)及刪除錯誤(D)之區塊

> 錯誤類型分類模型標記：正確(C)、插入錯誤(I)及替換錯誤(S)之區塊

3　模型

在模型部分，我們探討在不同監督式學習方法中，對於偵測錯誤的效能。其中，我們使用了兩種機器學習方法：：支持向量機(SVM)、決策樹(DT)，並以預訓練詞向量(pre-trained word vectors) 作為輸入。為了符合語音轉寫富含時間及序列特性，我們更深入探討了以下幾種方法，在本任務上的效能。如：深層類神經網路(DNN)、遞迴神經網路(RNN)、長短期記憶類神經網路(LSTM)、雙向遞迴神經網路(BRNN)。以詞向量作為輸入，並且與神經網路參數一同訓練。

(二)、　辨識錯誤修正

在本論文中，我們使用萊文斯坦距離(Levenshtein distance)[9]去比較自動語音辨識輸出的音素序列與假設的關鍵詞相似性，而這樣的方式也常被使用在字層級的比對。語音轉寫的錯誤主要分為三種，包含：代替、插入、刪除。當語音辨識中未知詞導致語音錯誤時，可能同時發生代替及刪除的連續錯誤。因此，為了解決連續錯誤導致字詞邊界模糊的問題，我們將使用音素層提升尋找關鍵字的可能性。並且經由我們初步實驗，音素對照法能比文字層級的比對找尋到更細部的差異，由於本論文使用之語料富含之較多領域詞，並且內容通常中英混雜，因此在這樣的情況下，以字層級來做比對是較難符合我們的期待。

　　萊文斯坦距離能夠簡單找到一組給定句子中最可能的全貌，或是用給定詞彙中最相似的詞來替換識別的單詞。而為了改善並且尋找到更多可能領域詞，我們將在本論文第四節中，我們所實驗的錯誤修正是以設定相似度門檻值為 0.8。(圖一)

表一、　華語會議語料內容介紹

錄製模式	編號代號	語音主題
實驗室錄音	Corpus01	課堂試驗對話
	Corpus02	業務拜訪對話
	Corpus03	語音記事情境
	Corpus04	技術會議對話

四、　實驗

本節中主要是介紹本論文中實驗語料庫與相關實驗設定，第一部分將介紹本論文所使用的實驗語料庫及語料庫分析；第二部分將說明本論文所使用的相關實驗設定；第三部分介紹實驗效能的評估方法；最後將呈現相關實驗結果及觀察。

(一)、　語料庫介紹

本論文使用華語對話及會議語料為台灣師範大學與國內企業的產學合作計畫語料庫，本語料部分語音為改善語音辨識錯誤而重新錄製的實驗室錄音語料。主要由四個不同領域主題內容及兩種不同的錄製模式，其中 Corpus01~Corpus04 為實驗室錄音，實驗室錄音之內容主要選取對話中關鍵詞彙片段錄製，並且由專業人員轉寫與標記。會議參與人數約 7 位語者，本實驗將語料庫分成訓練集、發展集及測試集，主要以語料之總句數比例為 8:1:1。會議語言主要為中文，夾雜少部分英文。

　　華語會議語料主要為對話或會議交談內容，語音內容是以真實對談或會議模式為主，對話內容無經過特殊設計，所以此語料內容相較於其他語料是較貼進一般領域知識對話或是實際開會內容，然而這樣的內容對於一般語音辨識系統也相對是一個困難的挑戰，其中本語料內容中可能會面臨到以下幾個問題，如：專有名詞、人名、中英文夾雜內容等，並且每位語者的說話模式可能也非常不同，如：發音準確性、語速及音量等，再加

表二、　　華語語料庫及自動語音辨識結果

	Corpus01	Corpus02	Corpus03	Corpus04
字數	3878	2593	1267	1665
句數	204	176	323	85
語者數	7	8	8	7
準確率	93.4%	87.5%	77.7%	75.9%
正確字	94.1%	87.8%	79.2%	83.3%
替換錯誤字	4.8%	11.1%	19.3%	15.0%
插入錯誤字	0.7%	0.3%	1.5%	7.4%
刪除錯誤字	1.2%	1.1%	1.5%	1.7%
關鍵字	40	52	36	28

上會議錄音中會議廳的麥克風收音效果及會議室環境下的噪音干擾等等，其實這樣的語料庫是非常具有挑戰性，因此我們也特別為此內容，重新錄製對話，並且嘗試去改善此對話內容對於語音辨識性的困難度，並藉此進一步分析更有效改善辨識結果的方法。

(二)、　　實驗設定

語音錯誤檢測的難易度與語音辨識系統的性能表現息息相關，然而語音辨識系統的表現和語者、語音的內容及錄製模式有很大關聯性，因此在語料庫方面，我們詳細分析華語語料的錄製內容及統計語音辨識後的結果。並針對辨識結果做分類，期望能夠預測辨結果的字類型，在語料庫方面我們也將其分成訓練集、發展集及測試集作訓練。

　　本實驗實作在華語實驗室錄音及會議語料上，並基於 Python 程式語言的函式庫 Scikit-learn[13]、Theano[14]及 Keras[15]等提供機器學習及類神經網路，在第三小節中詞表示法部分輸出值e 以 20 維表示。錯誤修正相似度門檻值設定為 0.8。

　　在本論文的分類問題中，我們將根據表三中的四項指標計算二種評估方式：召回率($Recall$)和準確率($Precision$)，並以 F1 分數($F1-score$)作為本實驗中主要評估。我們

表三、　　ROC 分析中的四項指標在辨識偵測任務中的定義

	描述
正確接受 (true positives, TP)	實際上是正確字，並且被分類到正確
錯誤接受 (false negatives, FN)	實際上是錯誤字，並且被分類到錯誤
錯誤拒絕 (false positives, FP)	實際上是錯誤字，並且被分類到正確
正確拒絕 (true negatives, TN)	實際上是正確字，並且被分類到錯誤

將對於正確字及錯誤字偵測結果做評估，因此我們先定義正確字偵測的召回率($Recall_c$)、精準度($Precision_c$)及 F1 分數($F1 - score_c$)的計算，反之，錯誤詞之評估方法亦可類推。

在本實驗中，我們以 F1 分數作為本論文研究討論的評估方法，由於 F1 分數能夠同時考慮召回率與精準度，將較於分類器的準確率(Accuracy)評估更能夠看見正反分類之精準度及分類的細節，故在本論文實驗中，我們將以 F1 分數作實驗結果討論的依據。

(三)、　　偵測辨識錯誤之實驗結果

本段落主要呈現第三節方法的實驗結果，偵測錯誤類型分類模型中又劃分出兩個子模型，分別是正確字(C)及錯誤字($\bar{C}$)分類模型及未刪除($\bar{D}$)及刪除字(D)分類模型，而偵測錯誤類別主要分成正確字(C)、替換字(S)及插入字(I)，並且在本實驗中，利用模型及語料主題之差異去探討偵測辨識錯誤之議題。

我們比較了分類器在各主題領域之性能表現，並且針對其分類結果計算出表四~表七的 F1 分數，觀察正確及錯誤型態分類的情形，以下我們將以兩個傳統機器學習方法：SVM、Decision tree，和四個類神經網路方法：DNN、RNN、LSTM、BRNN，並更進一步分析及探討其性能表現。做實驗中，若召回率($Recall$)及精準度($Precision$)任一值為

0 將無法計算 F1 分數，因此在實驗表格中將以 -- 表示。

首先，在表四我們能夠觀察到，在實驗室錄音語料中，表現較好分類器為 Decision tree 及 RNN，而更為複雜的 BRNN 類神經網路架構反而在錯誤字偵測上不如前者，甚至 BRNN 的正確字偵測也相對表現較差，我認為可能原因如下：1)由於實驗室錄音是屬於選取重要語句重複錄音，後者較複雜架構可能相對看了比較長的前後文資訊，並非真的有利，因為其實挑選句子重新錄製的文本相對於實際對話文本結構較弱，上下文語句的關聯性也較低，導致其在分類上受到干擾，故無法有效去做正確分類。2)以我們的資料集而言，類神經網路本身需要大量資料來訓練才能夠有較好的效能，相對於小資料集而言，過度複雜的類神經網路反而導致其發生過度擬合的現象。

表四、　　比較各模型在 Corpus01~ Corpus04 正確及錯誤區域偵測效能

	Type	SVM	Decision tree	DNN	RNN	LSTM	BRNN
CORPUS01	C	0.9	0.97	0.96	0.96	0.96	0.94
	$\bar{C}$	--	0.85	0.62	0.67	0.61	0.55
CORPUS02	C	0.9	0.97	0.97	0.94	0.95	0.91
	$\bar{C}$	--	0.88	0.84	0.69	0.73	0.59
CORPUS03	C	0.7	0.94	0.98	0.98	0.98	0.98
	$\bar{C}$	--	0.92	0.97	0.97	0.97	0.97
CORPUS04	C	1.0	0.95	0.96	0.86	0.91	0.86
	$\bar{C}$	--	--	0.62	0.70	0.79	0.71

除了探討正確字及錯誤字偵測之外，我們更進一步去討論在辨識器中所發生的刪除錯誤，並且去探討預測刪除錯誤字之議題，而由語料庫分析中我們可以觀察到由於表五，本語料刪除字平均發生機率約 1.4%，所以其實是相對非常罕見的錯誤型態，而在本語料上的刪除字偵測，我們也發現由於大部分字都歸類為未刪除，所以此任務上發現刪除

字是更為重要的效能評估方法，而我們以刪除字的效能表現來看，Decision tree 表現相較於類神經網路更為突出，針對此任務 SVM 及 BRNN 無法有較好的性能表現我認為可能原因為：1)由於大量資訊皆為未刪除字屬於分類類別數量較為極端，因此 SVM 較無法有效作分類。2)錯誤刪除資訊，其實不容易從前後文觀察到，故當我們嘗試使用較複雜的類神經網路架構時，極可能導致其反效果，而沒有良好的效能表現。

表五、　　比較各模型在 Corpus01~ Corpus04 未發生刪除及發生刪除錯誤偵測效能

	Type	SVM	Decision tree	DNN	RNN	LSTM	BRNN
CORPUS01	$\bar{D}$	0.93	0.95	0.98	0.99	0.99	0.98
	D	--	0.50	0.22	0.44	0.44	0.5
CORPUS02	$\bar{D}$	0.97	0.97	0.99	0.99	0.99	0.99
	D	--	0.66	0.66	0.66	0.66	0.66
CORPUS03	$\bar{D}$	0.96	0.98	0.95	0.96	0.94	0.98
	D	--	0.66	0.33	0.57	0.44	0.8
CORPUS04	$\bar{D}$	0.95	1.0	0.99	0.99	0.99	0.98
	D	--	1.0	0.66	0.72	0.66	--

　　討論完本實驗之子模型之後，我們將由實驗更深入討論辨識錯誤相關問題，並且由不同分類方法及語料去探討去偵測之難易度，而我們由表六可觀察發現除了 Corpus04 之外，實驗室錄音語料平均插入率為 0.83%。在實驗室錄音語料上，RNN 的分類效果最為突出，而傳統的機器學習方法都表現較差之外，本任務在插入錯誤偵測上平均表現都較為普通，主要原因為：1)由於實驗室錄音品質相對較好，所以在語音辨識上較上出現插入錯誤的情形，而由語料庫探討中我們也能觀察到平均插入率為 0.83%，相較於其他錯誤是較為少見的錯誤類型。在替換錯誤偵測上，我們也觀察到一個有趣的現象，經常被辨識錯誤且被替換的字似乎可以從一些規則中看見，例如：某字詞常被替換成其他幾

種字詞，而藉此發現我們也觀察到，以時間序列且長記憶性的神經網路在偵測替換字時能夠有很不錯的表現，這對於我們在第二步驟的錯誤修正是非常有利的一種現象。

表六、　比較 Corpus01~ Corpus04 錯誤型態偵測效能

	Type	SVM	Decision tree	DNN	RNN	LSTM	BRNN
CORPUS01	C	0.54	0.88	0.96	0.98	0.97	0.97
	S	--	0.23	0.38	0.75	0.5	0.64
	I	--	--	--	0.33	--	--
CORPUS02	C	1.0	0.87	0.97	0.97	0.96	0.96
	S	--	0.29	0.77	0.79	0.71	0.72
	I	--	--	--	0.33	--	--
CORPUS03	C	1.0	0.87	0.97	0.97	0.96	0.96
	S	--	0.29	0.77	0.79	0.71	0.72
	I	--	--	--	0.33	--	--
CORPUS04	C	0.82	0.85	0.91	0.96	0.94	0.94
	S	--	--	0.62	0.84	0.76	0.79
	I	--	--	0.18	0.33	--	--

(四)、　辨識錯誤修正之實驗結果

在表七中，我們做了錯誤修正的基礎實驗稱為音素比對法(Phone Match)簡稱為 PM 以及改良方法簡稱為 IMP_PM，如同第三節所描述方法，我們使用音素比對法來去尋找與關鍵詞相似的位置，但由實驗中觀察到，此方法在某些語料上容易產生假警報(false alarm)。為了改善這個問題，我們將偵測辨識錯誤的結果作為此部分的參考值，若我們偵測此區域發生辨識錯誤，才以關鍵字詞表做為替換的候選詞，並以音素比對法找出最相似的關

鍵字詞。而由我們在基礎實驗中的關鍵字修正表現就能達到平均召回率約 78%、精確率約 87%，然而我們更進一步做修正改善，並且呈現出更好性能表現平均召回率約 78%、精確率約 90%，有效提升 3%領域詞精確率，並且改善語音辨識文本的錯誤。

表七、　　比較以音素比對方法修正辨識錯誤之效能

Corpus Name	evaluation	PM	IMP_PM
Corpus01	Precision	75.20%	82.00%
Corpus01	Recall	94.50%	94.50%
Corpus02	Precision	87.60%	90.00%
Corpus02	Recall	87.90%	87.90%
Corpus03	Precision	94.80%	97.00%
Corpus03	Recall	91.60%	91.60%
Corpus04	Precision	93.20%	93.20%
Corpus04	Recall	39.90%	39.90%

五、　　結論與未來展望

本論文探討一般的語音辨識系統應用於特定領域的對話中導致的辨識錯誤，並且提出了兩步驟改善措施，其中包含了辨認錯誤區域和修補毀損內容。在第一步驟中，我們探討了序列標記的方法應用於錯誤檢測的效能，在實驗中我們發現利用有時間序列及記憶的遞迴神經網路對於錯誤偵測是非常有幫助的；在第二步驟中，我們以第一步驟的標記結果作為依據，並以特殊領域的關鍵詞表與錯誤字做音素比對。經由我們的兩階段改錯方法，能夠有效提高關鍵字修正的精確率，並且降低原本音素對照法造成假警報所產生的問題。未來我們希望能夠針對辨識錯誤及未知詞做更進一步的探討及分析，並且加入語句及語意資訊強化偵測模型，讓修正錯誤字能夠有更穩定的效能表現。本論文期望提出一個改善架構，來解決未知詞所導致文本語意不清的問題。

參考文獻

[1]   G.Hinton *et al.*, "Deep neural networks for acoustic modeling in speech recognition: The shared views of four research groups," *IEEE Signal Process. Mag.*, vol. 29, no. 6, pp. 82–97, 2012.

[2]   J.Li, L.Deng, Y.Gong, andR.Haeb-Umbach, "An overview of noise-robust automatic speech recognition," *IEEE Transactions on Audio, Speech and Language Processing*, vol. 22, no. 4. pp. 745–777, 2014.

[3]   L.Qin, "Learning Out-of-Vocabulary Words in Automatic Speech Recognition," 2013.

[4]   A.Ogawa andT.Hori, "Error detection and accuracy estimation in automatic speech recognition using deep bidirectional recurrent neural networks," *Speech Commun.*, vol. 89, pp. 70–83, 2017.

[5]   L.Qin, M.Sun, andA.Rudnicky, "OOV Detection and Recovery using Hybrid Models with Different Fragments," no. August, pp. 1913–1916, 2011.

[6]   Y.Kim, H.Franco, andL.Neumeyer, "Automatic pronunciation scoring of specific phone segments for language instruction," in *Proc. of EUROSPEECH*, 1997, vol. 97, pp. 649–652.

[7]   L. F.D'Haro andR. E.Banchs, "Automatic correction of ASR outputs by using machine translation," *Proc. Annu. Conf. Int. Speech Commun. Assoc. INTERSPEECH*, vol. 08–12–Sept, pp. 3469–3473, 2016.

[8]   P.Fayolle, J., Moreau, F., Raymond, C., Gravier, G., & Gros, "CRF-based combination of contextual features to improve a posteriori word-level confidence measures.," *Elev. Annu. Conf. Int. Speech Commun. Assoc.*, 2010.

[9]   J.Twiefel, T.Baumann, S.Heinrich, andS.Wermter, "Improving domain-independent cloud-based speech recognition with domain-dependent phonetic post-processing," in *Proceedings of the 28th AAAI Conference on Artificial Intelligence (AAAI-14)*, 2014, pp. 1–7.

[10]   F.Bechet andB.Favre, "ASR error segment localization for spoken recovery strategy," in *ICASSP, IEEE International Conference on Acoustics, Speech and Signal Processing - Proceedings*, 2013, pp. 6837–6841.

[11]   R.Bigot, B., Senay, G., Linares, G., Fredouille, C., & Dufour, "Person name recognition in ASR outputs using continuous context models.," *ICASSP, IEEE Int. Conf. Acoust. Speech Signal Process. - Proc.*, pp. 8470–8474, 2013.

[12]   R.Rosenfeld, "Optimizing lexical and n-gram coverage via judicious use of linguistic data," in *Fourth European Conference on Speech Communication and Technology*, 1995, pp. 1763–1766.

[13]   F.Pedregosa andG.Varoquaux, *Scikit-learn: Machine learning in Python*, vol. 12. 2011.

[14]   J.Bergstra *et al.*, "Theano: a CPU and GPU Math Expression Compiler," *Proc. Python Sci. Comput. Conf.*, pp. 1–7, 2010.

[15]   F.Chollet, "Keras," *GitHub*, 2015. [Online]. Available: https://github.com/fchollet/keras.

Association for Computational Linguistics
209 N. Eighth Street
Stroudsburg, Pennsylvania 18360

ISBN 978-1-5108-5549-6

9 781510 855496